江西省社会科学规划项目"社会力量协同精准扶贫的实践困境与提升策略研究——以志愿者为例"（项目号：19SH06）

南昌大学中国乡村振兴研究院2019年度资助项目

社会力量协同
贫困治理研究

袁小平 著

中国社会科学出版社

图书在版编目（CIP）数据

社会力量协同贫困治理研究 / 袁小平著. —北京：中国社会科学出版社，2021.7
ISBN 978-7-5203-8480-3

Ⅰ.①社… Ⅱ.①袁… Ⅲ.①社会组织—参与管理—扶贫—研究—中国 Ⅳ.①F126

中国版本图书馆 CIP 数据核字（2021）第 092683 号

出 版 人	赵剑英
责任编辑	王莎莎　刘亚楠
责任校对	张爱华
责任印制	张雪娇

出　　版	中国社会科学出版社
社　　址	北京鼓楼西大街甲 158 号
邮　　编	100720
网　　址	http://www.csspw.cn
发 行 部	010-84083685
门 市 部	010-84029450
经　　销	新华书店及其他书店

印刷装订	北京市十月印刷有限公司
版　　次	2021 年 7 月第 1 版
印　　次	2021 年 7 月第 1 次印刷

开　　本	710×1000　1/16
印　　张	21.5
插　　页	2
字　　数	350 千字
定　　价	128.00 元

凡购买中国社会科学出版社图书，如有质量问题请与本社营销中心联系调换
电话：010-84083683
版权所有　侵权必究

前　　言

在人类反贫困事业中，社会力量一直发挥着重要功能。从新近趋势看，无论是西方发达国家还是发展中国家，抑或是欠发达国家，社会力量的反贫角色在多元化、多样化的过程中不断得到增强，在减贫领域扮演着贫困群体的资源链接者、社会支持者与服务提供者等角色，是政府的友好伙伴。精准扶贫实施以来，我国政府非常重视发挥社会力量对减贫的作用，下发了诸多专门文件要求各地创新机制、积极动员社会各方面力量参与扶贫开发。在党中央的高度重视下，我国形成了以志愿服务和社会工作两类力量为主的社会力量协同精准扶贫特色实践模式。前者以志愿者为主体，后者以专业社会工作者和社会服务机构为主体。它们广泛活跃在关爱慰问、扶贫扶志教育、产业发展、健康帮扶、"互联网+"精准扶贫等领域，极大提升了扶贫效能，并涌现了诸多可行的新颖模式，产生了较大社会影响。在决战脱贫攻坚取得决定性胜利之际，如何科学地总结社会力量参与精准扶贫的经验，理解其面临的困境，对于进一步提升社会力量参与减贫的效能，优化我国减贫的治理结构与治理机制具有极其重要的理论意义和实践价值。

目前学界对社会力量协同精准扶贫这一主题的研究还未触碰到社会力量参与贫困治理效能的深层机制问题，不易为社会力量协同贫困治理的效能提升提出系统性解决方案。本书立足于精准扶贫政策对社会力量协同的目标和具体要求，主要聚焦于探究当前社会力量（志愿服务者、专业社会工作力量）协同精准扶贫的经验现状与存在困境，侧重回答制约当前社会力量协同精准扶贫的深层机制，以便更好地理解当前社会力量协同贫困治理的实践逻辑与具体效能。研究以"国家与社会关系理论""协同理论"和"合作治理理论"为理论指导，主要回答三个研究问题,即当前社会力量协同精准扶贫有何成功的经验?社会力量协同精准扶贫受何种深层机制的影响?该采取何种策略才能提升社会力量协同贫困治理的效能?

通过对我国多个省市社会力量协同精准扶贫的实地调研,本书发现,在志愿服务力量协同精准扶贫方面,目前形成了七种协同模式,分别为体制嵌入式协同、互动式协同、购买服务式协同、市场导向型协同、草根式协同、社会动员式协同和网络式协同,它们均产生了较好的反贫效果。但目前志愿服务力量协同精准扶贫在志愿服务自身和外部环境上存在着两类困境,极易产生志愿扶贫协同惰性,进而降低了协同效能。志愿扶贫协同惰性的产生主要来源于当前的辅位关系模式,这种国家与社会的不平衡关系致使志愿服务在精准扶贫中起到补位式协同的作用,主要扮演"补缺者""拾遗者"角色,并影响了志愿服务力量协同精准扶贫的理念、行为、责任和功能结构。在专业社会工作力量协同精准扶贫方面,本书发现当前专业性社会力量介入精准扶贫的方法各一,形成了三种成功模式,但通过对一个具体的介入案例分析发现,专业性社会工作协同精准扶贫面临着介入和实现两方面的困境。产生困境的机制主要源于专业性社会工作的专业性与实践性两种专业品格的张力,导致二者在协同精准扶贫中会呈现"差异互构的隔阂与形塑",这也构成了目前介入困境的深层原因。

结合我国相关政策,本书提出我国社会力量协同贫困治理应在参与式协同、互构式协同的思路上,坚持积极社会政策视角、合作视角的原则,从外部环境、社会力量内部以及多元主体关系三方面入手,提升社会力量协同贫困治理的效率和效能。一方面需要在外部环境层面优化社会力量协同贫困治理的制度环境和相关机制;另一方面需要从个人、社会组织以及企业等多元主体内部层面着手,建立相关的合作机制。

目　　录

第一篇　社会力量协同贫困治理的理论与政策脉络

第一章　导论 ……………………………………………………（3）
　　第一节　研究背景 ……………………………………………（3）
　　第二节　研究意义 ……………………………………………（6）
　　第三节　相关概念阐述 ………………………………………（10）
　　第四节　研究方法和技术路线 ………………………………（15）

第二章　国际反贫困中的社会力量 ……………………………（18）
　　第一节　国际贫困与反贫困 …………………………………（18）
　　第二节　社会力量参与反贫困的理论依据 …………………（26）
　　第三节　国际社会力量协同反贫困的历史演进与实践
　　　　　　经验 …………………………………………………（30）

第三章　中国社会力量协同贫困治理的历史缘起与实践路径 …（47）
　　第一节　中国贫困治理的历史演进及现实状况 ……………（47）
　　第二节　中国社会力量协同贫困治理的历史缘起及
　　　　　　现实形态 ……………………………………………（53）

第四章　社会力量协同精准扶贫的理论路径探析 ……………（77）
　　第一节　既有文献述评与路径争辩 …………………………（77）
　　第二节　理论基础 ……………………………………………（80）
　　第三节　分析框架 ……………………………………………（83）

第五章　精准扶贫中社会力量协同贫困治理的顶层设计 ……（85）
　　第一节　社会力量协同精准扶贫的目标 ……………………（85）
　　第二节　社会力量与精准扶贫的协同要求 …………………（87）

第二篇 志愿服务力量协同精准扶贫的实践状况

第六章 志愿服务协同精准扶贫实践缘起与目标 …………（93）
- 第一节 当前我国志愿服务的发展状况 …………………（93）
- 第二节 志愿服务协同精准扶贫的实践缘起 ……………（96）
- 第三节 志愿服务协同精准扶贫的实践特征及其目标定位……………………………………………………（99）

第七章 志愿服务协同精准扶贫的主要模式与典型经验……（105）
- 第一节 体制嵌入式协同及相关案例……………………（106）
- 第二节 互动式协同及相关案例…………………………（112）
- 第三节 购买服务式协同及相关案例……………………（116）
- 第四节 市场导向型协同及相关案例……………………（121）
- 第五节 草根式协同及相关案例…………………………（124）
- 第六节 社会动员式协同及相关案例……………………（129）
- 第七节 网络式协同及相关案例…………………………（131）

第八章 志愿服务协同精准扶贫的功能成效 ………………（135）
- 第一节 功能效果的理论分析：显功能与潜功能………（135）
- 第二节 志愿服务协同精准扶贫的直接效果……………（137）
- 第三节 志愿服务协同精准扶贫的间接效果……………（141）

第九章 志愿服务协同精准扶贫的实践困境 ………………（147）
- 第一节 扶贫领域中志愿服务的自身困境………………（147）
- 第二节 扶贫领域中志愿服务的外部环境困局…………（153）

第十章 志愿服务与精准扶贫的协同惰性、辅位关系模式……（158）
- 第一节 补位式协同：精准扶贫对志愿服务的实质定位 …（158）
- 第二节 志愿服务与精准扶贫的协同惰性………………（160）
- 第三节 志愿服务协同精准扶贫的辅位关系模式………（168）

第三篇 社会工作协同精准扶贫的实践状况

第十一章 社会工作协同精准扶贫的实践缘起及其目标定位……（173）
- 第一节 社会工作协同精准扶贫的实践缘起……………（173）

第二节　社会工作参与精准扶贫的目标定位及其特征……（183）

第十二章　社会工作协同精准扶贫的实践概况……………（189）
　　第一节　社会工作协同精准扶贫的实践概况……………（189）
　　第二节　社会工作介入精准扶贫的成功模式……………（210）
　　第三节　社会工作介入精准扶贫的效果分析……………（214）

第十三章　社会工作介入精准扶贫的案例分析……………（223）
　　第一节　社会工作介入精准扶贫的实践状况……………（223）
　　第二节　社会工作介入精准扶贫的困境分析……………（234）

第十四章　专业性与实践性：社会工作协同精准扶贫的
　　　　　　困境分析……………………………………（238）
　　第一节　社会工作协同精准扶贫的实践缘起与目标……（238）
　　第二节　社会工作介入精准扶贫的实践困境分析………（240）
　　第三节　专业性与实践性：社会工作介入精准扶贫的
　　　　　　困境机制…………………………………………（243）

第四篇　提升社会力量协同贫困治理效能的策略

第十五章　社会力量协同贫困治理的国际经验与趋势……（257）
　　第一节　发达国家社会力量协同反贫困的经验…………（257）
　　第二节　发展中国家社会力量协同反贫困的经验………（264）
　　第三节　社会力量协同反贫困的主要国际经验…………（273）

第十六章　农村贫困态势变化对社会力量协同贫困治理的
　　　　　　要求分析………………………………………（281）
　　第一节　农村贫困态势的变化分析………………………（281）
　　第二节　社会力量协同贫困治理的新要求………………（290）

第十七章　社会力量协同贫困治理：思路与提升策略……（295）
　　第一节　社会力量协同贫困的思路与原则………………（295）
　　第二节　提升社会力量协同贫困治理效能的策略………（302）

参考文献……………………………………………………（314）

第一篇

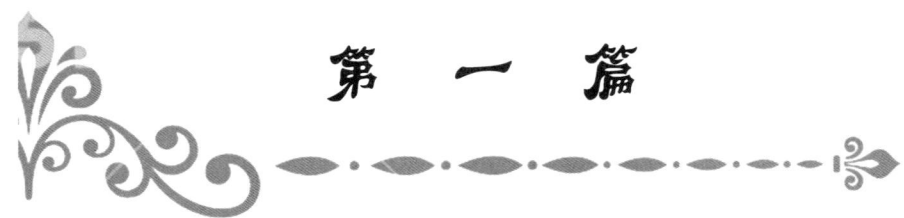

社会力量协同贫困治理的
理论与政策脉络

第一章

导 论

第一节 研究背景

我国于1986年起开始正式实施扶贫开发。但我国扶贫济困历史悠久，在长期的反贫困实践中，社会力量一直发挥着重要作用。历朝历代，慈善力量通过为贫困群体提供施粥、赈灾、关爱、扶危济困等来减缓贫困。改革开放以来，伴随着我国经济社会的快速发展，社会力量逐渐成为我国社会主义现代化建设的重要组成部分，易汇集资源等优势，在我国反贫困事业中扮演着越来越重要的角色。一方面，随着时代发展和社会分化的加剧，我国贫困特点及性质不断发生演变，以政府为主导的增加居民收入的单一化扶贫方式无法满足贫困群体的不同需求；另一方面，社会力量协同精准扶贫的功能优势和引发的反贫效应不断得到凸显。近年来，社会力量在文化教育、产业扶贫、特殊人群关怀等领域不断着力，成为推进脱贫攻坚的重要生力军，由此吸引着政府和学界对社会力量参与贫困治理的状况进行更多关注。在中国反贫事业迈入新阶段之际，非常有必要对社会力量参与贫困治理的历史与经验进行系统梳理。

1994年国务院印发的《国家八七扶贫攻坚计划（1994—2000年）》文件，是我国扶贫史上第一次明确提出并强调了积极动员社会力量参与到扶贫开发中的行动纲领。之后，1996年国务院颁布的《关于尽快解决农村贫困人口温饱问题的决定》进一步将全党动员、全社会扶贫济困作为扶贫攻坚计划的基本方针。可以说，从20世纪90年代开始，社会力量就已开始系统深入农村社区开展扶贫活动。随着时代进步与经济发展，习近平总书记在深刻了解和把握我国贫困新特点、矛盾新表征、治理新要求的前提下，于2013年在湖南湘西考察时正式提出了精准扶贫概念。

之后，政府开始积极地释放鼓励社会力量协同精准扶贫的信号。2013年国家颁布的《关于创新机制扎实推进农村扶贫开发工作意见》明确提出要创新社会参与机制，建立和完善广泛动员社会各方面力量参与扶贫开发等制度。2014年国家印发的《关于进一步动员社会各方面力量参与扶贫开发的意见》指出要坚持"政府引导、多元主体、群众参与、精准扶贫"的基本原则，积极培育民营企业、社会组织、个人等多元社会扶贫主体，以完善人人皆愿为、人人皆可为、人人皆能为的社会扶贫参与机制。2015年中共中央国务院下发的《关于打赢脱贫攻坚战的决定》明确提出要坚持政府主导、增强社会合力的基本原则，广泛动员全党全社会的力量，合力推进脱贫攻坚。2016年国家颁布的《中华人民共和国国民经济和社会发展第十三个五年规划纲要》提出健全广泛参与机制，引导社会扶贫重心下移，实现社会帮扶资源和精准扶贫有效对接。同年11月，国务院印发的《"十三五"脱贫攻坚规划的通知》明确提出坚持激发群众内生动力活力的基本原则，从国家层面予以指导，开展社会扶贫活动，在东西部扶贫协作、定点帮扶、企业帮扶、军队帮扶、社会组织和志愿者帮扶等方面，凝聚社会各方面的力量，形成脱贫攻坚的强大合力。2017年党的十九大报告提出要全面动员全国全社会力量的扶贫攻坚新机制、新策略；同年12月，国务院扶贫开发领导小组颁发的《关于广泛引导和动员社会组织参与脱贫攻坚的通知》提出创造条件，支持以社会组织为载体的社会力量参与产业扶贫、教育扶贫、健康扶贫、易地搬迁扶贫、志愿扶贫及其他扶贫等脱贫攻坚重点领域，在打赢脱贫攻坚战中发挥重要作用。2018年国务院颁布的《关于打赢脱贫攻坚战三年行动的指导意见》明确指出，坚持调动全社会扶贫积极性的工作要求，充分发挥政府和社会两方面力量，强化政府责任，引导市场、社会协同发力，构建专项扶贫、行业扶贫、社会扶贫互为补充的大扶贫格局。2019年《国务院办公厅关于深入开展消费扶贫助力打赢脱贫攻坚战的指导意见》将消费扶贫作为社会力量参与脱贫攻坚的重要途径，动员社会各界扩大贫困地区产品和服务消费，以帮助贫困人口增收脱贫，助力脱贫攻坚。同年3月《2019年政府工作报告》再次提到加强社会帮扶。这些政策文件均表了政府对社会力量协同精准扶贫的重视。

此外，精准扶贫政策本身以及国家扶贫日的确立均包含了社会参与的意蕴，为最大限度动员社会力量协同精准扶贫提供了难得的契机。

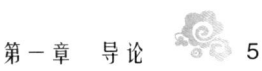

2017年6月，民政部、财政部、国务院扶贫办等部门联合下发的《关于支持社会工作专业力量参与脱贫攻坚的指导意见》明确提出，"坚持党政引领、协同推进，坚持以人为本、精准服务，坚持东西协作、广泛参与，坚持群众主体、助人自助"，支持实施社会工作教育对口扶贫计划、社会工作服务机构"牵手计划"、社会工作专业人才服务"三区"计划等脱贫攻坚重点示范项目，充分发挥社会工作专业力量在脱贫攻坚中的重要作用。紧接着各省份也出台了社会力量协同脱贫攻坚的相关政策，例如，山东省民政厅联合省选派办、省扶贫办制定出台的《山东省省管社会组织社会工作专业力量"双百扶贫行动"实施方案》强调了广泛引导和动员社会组织、社会工作专业力量参与脱贫攻坚的重要意义；贵州省民政厅、省财政厅、省扶贫办联合印发的《关于支持社会工作专业力量参与脱贫攻坚实施意见》明确了支持社会工作专业力量参与全省脱贫攻坚的重要意义、基本原则、主要目标、服务内容、主要任务和保障措施等内容，为社会工作助力全省脱贫攻坚提供制度保障；江西省扶贫开发领导小组出台的《江西省引导支持社会组织和社会工作及志愿服务力量参与脱贫攻坚的实施意见》强调要大力培育发展贫困地区社区社会组织、加快发展贫困地区社会工作、支持发展贫困地区志愿服务活动，以充分发挥社会力量助力脱贫攻坚的重要作用。

与此同时，一些地方正是由于社会力量的介入，较好地改变了脱贫攻坚的氛围，创新了精准扶贫的机制，形成了自己独特的扶贫经验和模式。① 例如，中国总工会实施的"中国教科文卫体工会启动职工脱贫攻坚志愿服务活动"；中华全国妇女联合会实施的"巾帼脱贫行动"；陕西省宝鸡市社会组织所创新的结对扶贫模式，有效地实现了社会帮扶资源与扶贫需求的对接。截至2017年年底，宝鸡市社会组织通过群众"点单"、义工"上菜"等形式，已在多个领域的扶危济困上贡献了力量，全市共有471个社会组织分别与187个村党组织结对共建，签订帮扶协议2336个，结对帮扶贫困户1727户，累计投入款物、服务折合资金4661.23万元，受益人数74043人。② 江西省社会组织在脱贫攻坚主战场上同样贡献

---

① 向德平：《专业力量推动精准扶贫持续创新》，《中国社会工作》2017年第1期。
② 中央政府网：《群众"点单" 义工"上菜" 陕西宝鸡社会组织创新结对扶贫模式》2018年2月9日，http://www.gov.cn/xinwen/2018-02/09/content_5265333.htm，2019年9月9日。

了自身力量。据统计，江西省 2018 年参与扶贫的省级社会组织达 202 个，帮扶 1704 个贫困村、25.78 万贫困人口，投入资金 11.74 亿元、物资数额 23.2 亿元，实施帮扶项目 1870 个，开展扶贫志愿服务的志愿服务团队达 7793 个、32.2 万人。[1] 2019 年 9 月 20 日至 22 日，于深圳举办的以"聚焦脱贫攻坚，共创美好生活"为主题的第七届中国公益慈善项目交流展示会上，共有来自社会各界的 791 家机构、896 个项目、917 种消费扶贫产品参展。[2] 据调查，2018 年全国共有 686 家全国性社会组织共实施脱贫攻坚项目 1536 个，总支出约为 323 亿元，惠及建档立卡贫困人口约为 581 万。据不完全统计，2018 年全国约 7000 家省级社会组织专门立项开展脱贫攻坚，投入资金近 200 亿元，受益贫困人口约 1600 万人。[3]

这一系列实践充分体现了社会工作、志愿服务等社会力量，在助力脱贫攻坚领域做出的重要贡献。志愿服务与社会工作两类力量相互协同精准扶贫，较好地促进了脱贫攻坚的深入开展。但是，也有不少研究发现社会力量在精准扶贫中存在认知不充分、地位不明确、领域不清晰及体制机制不完善等问题，社会力量协同贫困治理的效能尚未完全体现。

鉴于国家顶层设计的要求以及我国反贫困事业迈入新阶段的实践情况，本书聚焦于当前社会力量（主要为志愿服务和社会工作两种社会力量）协同精准扶贫的现状，探讨目前的典型经验、协同特点、存在困境及其提升策略，以更好地形成政府、社会共同协作的大扶贫格局，进而提升社会力量协同贫困治理的效能。

第二节 研究意义

经由多年推动，社会力量协同贫困治理已成为我国反贫困事业的新思路。充分引导社会力量参与精准扶贫，发挥协同作战优势已成为各级政府的共识。社会力量扶贫是一种补充性吸纳机制，具有扶贫主体多元化、扶贫方式多样化、扶贫目标精准化的特点，在扶贫过程中发挥着重

---

[1] 《江西省积极引导支持社会组织参与脱贫攻坚》，《老区建设》2019 年第 7 期。
[2] 中国文明网：《以公益慈善助力脱贫攻坚 第七届中国慈展会在深圳开幕》2019 年 9 月 21 日，http://www.wenming.cn/zyfw/rd/201909/t20190921_5262700.shtml，2019 年 9 月 30 日。
[3] 中央政府网：《2018 年全国性社会组织扶贫项目惠及 581 万贫困人口》2019 年 6 月 28 日，http://www.gov.cn/xinwen/2019-06/28/content_5404260.htm，2019 年 9 月 30 日。

要作用。因而，本书研究近年来社会力量协同精准扶贫的经验、困境及提升策略具有较好的理论和现实意义。

一 理论意义

贫困问题是人类在社会发展过程中出现的重要社会问题之一。在我国，以非政府组织为代表的社会力量参与农村扶贫治理工作已有 30 多年的历史，已展示出能弥补政府缺陷、贴近群众需求及凝聚社会共识等诸多功能优势。本书聚焦于社会力量协同精准扶贫的经验与困境，具有以下理论意义。

第一，可以从动态与实践层面把握社会力量协同精准扶贫的经验实质与特征。邓阳提出，我国扶贫研究存在的问题是理论本身拓展不足，现阶段仍需进一步总结扶贫的实践经验，以形成具有中国特色和时代特征的扶贫理论。① 本书着眼于社会力量协同精准扶贫成功经验的总结与提升，有助于了解我国社会力量协同精准扶贫的具体内容、具体方法和具体战略等现状，从而推进构筑适合我国国情的社会力量扶贫模式，进一步丰富反贫困领域的理论成果。

第二，可以为社会力量参与反贫困的理论研究提供全新视角，实现扶贫机制的创新与优化。国内各学者多集中于组织视角和国家与社会的关系视角上探析社会力量参与扶贫的碎片化困境与问题，而对志愿服务、社会工作等较为松散的社会力量关注较少。作为改进和反思传统扶贫开发机制的理论关照，协同治理理论框架可为创新扶贫机制提供启发性思路。② 与此同时，杨雪英提出，应从协同治理的视角出发探究扶贫主体间的本质关系，进行机制与逻辑上的创新，以此改变其碎片化扶贫现状，改善扶贫效果。③ 本书着重从合作治理理论与协作治理理论的理论视角出发，集中分析以志愿服务、社会工作等为代表的社会力量在协同精准扶贫时所面临的理论困境与实践困局，不仅可为既有的反贫困理论提供全新的社会协同案例，拓展社会力量参与反扶贫的边界，而且可

---

① 邓阳：《扶贫理论与政策的演化发展对精准脱贫的借鉴》，《理论月刊》2019 年第 3 期。
② 管志利：《协同治理视角下精准扶贫工作机制的构建——基于广西实践的反思》，《贵州省党校学报》2017 年第 1 期。
③ 杨雪英：《协同治理视角下的农村精准扶贫工作机制探析》，《广东行政学院学报》2017 年第 29 卷第 5 期。

以从理论层面为既有的社会扶贫困境提供相应的解决策略，实现贫困治理机制的创新与优化。

第三，可以为协同理论提供一种关于中国情境的新解释。现阶段以社会组织为载体的社会力量研究应跳出单一的维度而引入结构性的宏观视角，以此审视和理解社会力量的本质。① 在此基础上，有学者认为学者中国特色扶贫开发道路的经验研究应该超越结构与行动，与此同时关注其制度与政策问题。② 本书聚焦讨论社会力量协同精准扶贫的困境，关注协同背后的结构性问题和制度性原因，使本书对协同困境的解释既关注行动策略又关注制度策略，从而为协同理论添入结构与制度因子。此外，本书将协同治理理论与中国扶贫实践相结合，分析当前中国社会力量参与精准扶贫的协同现状、社会协同扶贫的制度状况等内容，从而为协同理论提供一种新的社会扶贫中国化的情景解释。

第四，可以为构建具有中国特色的社会力量协同贫困治理的大扶贫格局提供一些新策略和新思路。改革开放以来形成的以政府为主导的贫困治理模式初步探索出了一条具有中国特色的贫困治理之路，然而现阶段我国"政社联动"协同治理贫困的模式已逐渐成为主流。但是，其反贫模式、实际影响力、贡献等均有待提高。因而，本书从国家与社会关系的理论角度出发梳理二者的协同脉络，探究协同困境背后的深层原因，并在充分挖掘国外社会力量协同扶贫开发的经验基础上，结合现阶段国家有关社会力量协同精准扶贫的顶层设计和要求，提出二者的协同原则和协同策略，从而有助于构建上下联动、协作互动的大扶贫格局。

二 实践意义

我国的脱贫攻坚已取得全面胜利。后续的贫困治理需要思考如何巩固脱贫攻坚的成果，以及如何根据农村贫困态势的转变构建新的贫困治理机制。本书着眼于社会力量协同精准扶贫，对后续的贫困治理也有一定的实践价值。

第一，可以完善和补充反贫困领域中社会力量协同精准扶贫的实践

---

① 纪莺莺：《当代中国的社会组织：理论视角与经验研究》，《社会学研究》2013年第28卷第5期。

② 邢成举、李小云：《超越结构与行动：中国特色扶贫开发道路的经验分析》，《中国农村经济》2018年第11期。

经验，从而为后续的贫困治理提供值得借鉴的经验范式。《关于进一步动员社会各方面力量参与扶贫开发的意见》《中共中央国务院关于打赢脱贫攻坚战的决定》以及《关于广泛引导和动员社会组织参与脱贫攻坚的通知》等文件均提出，扎实做好脱贫攻坚的宣传工作，凝聚精准脱贫的丰富实践，以传播中国特色的减贫经验。2019年的"中央一号"文件也提出要巩固与扩大脱贫攻坚成果，坚持与推广脱贫攻坚中的好经验、好做法和好路子，总结脱贫攻坚的实践创造和伟大精神。本书着重从社会力量协同精准扶贫的经验出发，归纳与总结其典型特征，可以提炼出具有中国特色的社会协同扶贫模式，以供后续的贫困治理提供借鉴。

第二，在反贫困领域引入社会力量，能够在一定程度上弥补单一政府扶贫的不足。习近平总书记在2016年20国集团民间社会（C20）会议的贺信中提出，民间社会组织是各国民众参与公共事务、推动经济社会发展的重要力量。社会力量参与扶贫是中国扶贫的重要内容，在消除贫困方面大有可为，其可以帮助解决基层政府在精准扶贫政策实施过程中所遇到的人力资源、成本等的限制问题，这些问题的存在不仅不利于灵活对接不同贫困者的不同需求，而且不利于有限扶贫资源的有效配置，进而限制了脱贫攻坚的可持续性发展。在此基础上，社会力量以其大众性、灵活性及凝聚性的独特优势，弥补了政府主导扶贫的不足，从而使扶贫工作更加具体化、科学化，实现对贫困问题的综合治理。

第三，有助于充分调动社会力量中的志愿者、社会工作者等社会扶贫主体的积极性，发挥其在精准扶贫中的优势特点，提高反贫困的精准度。李克强总理在第十二届全国人民代表大会第五次会议所做的《政府工作报告》中明确提出，要创新扶贫协作机制，支持和引导社会力量参与扶贫，调动其参与积极性，以此提高扶贫的精准度。① 本书在总结相关社会扶贫经验的基础上，通过明确不同社会扶贫主体的独特优势，可以更好地满足不同贫困者的多层次需求。

第四，有利于营造全民参与扶贫的氛围，从而增强贫困治理的源动力。以"全国扶贫日"的确立为标志，国家日益重视大扶贫格局的构

---

① 《扶贫攻坚必须调动社会力量共同参与》2019年10月23日，http://www.boyzondarun.com/3/134639.html，2019年10月24日。

建。目前，全国各地的社会力量广泛、深入地开展扶贫工作。通过研究各地的扶贫实践典型，并进行宣传，有助于帮助贫困地区扔掉"风气懒散、思想保守"的封闭性文化氛围，帮助贫困者摆脱"等、靠、要"的懒惰思想，进而激发贫困群体脱贫的内生动力，实现"扶贫"与"扶志"相结合，从源头上遏制、抵御贫困，形成扶贫开发的良好社会氛围及奉献互助的社会环境。

第三节　相关概念阐述

一　社会力量

社会力量，指能够参与、作用于社会发展的基本单元，包括自然人、法人（社会组织、党政机关事业单位、非政府组织、党群社团、非营利机构、企业等）。按照国务院办公厅相关政策文件可知，社会力量包括各类民营企业、社会组织、机构、个人等多方力量。① 现阶段，无论是在具体的扶贫活动中，还是在国家的顶层设计上，均将社会力量扶贫聚焦于实施扶贫志愿者行动计划和社会工作专业人才服务贫困地区计划两种。截至2019年7月，我国社会工作专业人才达到120余万人，其中43.9万人取得了社会工作者职业资格证书；全国注册志愿者超过1.2亿人，依法登记的志愿服务组织已有1.2万个。② 本书亦将按照民政部的脉络与实践思路，将研究对象放在志愿服务与社会工作两大类社会力量上，并以此来审视目前我国社会力量协同精准扶贫的实践现状。

20世纪80年代，我国引入了"志愿服务"的概念。志愿服务是指任何人自愿贡献个人的时间和精力，在不为物质报酬的前提下，为推动人类发展、社会进步和社会福利事业而提供服务的活动。③ 志愿服务不仅具有志愿性、公益性、无偿性等的特征，而且具有社会教化、保障、

---

① 中国政府网：《国务院办公厅关于进一步动员社会各方面力量参与扶贫开发的意见（国办发〔2014〕58号）》2014年11月19日，http：//www.gov.cn/gongbao/content/2014/content_2792640.htm，2019年10月12日。

② 中国政府网：《民政部通报重点业务工作进展并介绍慈善事业、社会工作、志愿服务等情况》2019年7月29日，http：//www.gov.cn/xinwen/2019-07/29/content_5416331.htm，2019年10月15日。

③ 罗公利、丁东铭：《论志愿服务在我国社会风险管理中的作用》，《山东社会科学》2012年第6期。

动员和整合等功能。根据2017年9月6日民政部颁发的《志愿服务条例》可知，志愿服务是指志愿者、志愿服务组织和其他组织自愿、无偿向社会或者他人提供的公益服务。志愿服务包含着四方面的含义，即"志愿服务是一种以志愿精神为内在价值支撑而开展的活动、是一种志愿开展的活动、是一种非营利性的服务、是一种社会公益服务"。其中，以"奉献、友爱、互助、进步"为核心的志愿精神是志愿服务的理念和内在动力；以"志愿者、志愿组织、志愿服务机构"为载体的个人和组织是志愿服务的主体；以"慈善行动"为依托的志愿行为是志愿服务的具体实践活动。与此同时，志愿服务涉及扶贫济困、扶弱救弱、帮老助老、慈善捐赠、社区服务、文明劝导等多个领域。①

受西方国家的影响，社会工作于20世纪20年代开始在中国出现，并以各大高校开设社会工作课程为主要表现形式，然而我国专业性社会工作的重建则始于20世纪80年代后期。② 社会工作是遵循利他主义的价值观，综合运用科学的专业知识和专业方法，帮助有需要的个人、家庭、群体及社区，以预防和解决生活困境和社会问题，协助个人及其社会环境更好地相互适应的职业活动，其具有专业、实践和制度三个层面的性质③。社会工作以受助人的需要为中心，并以科学的助人技巧为手段，以达到助人的有效性。④ 社会工作凭借其服务为本的增能、尊重、平等、接纳等基本原则和价值观念，综合运用训练有素的技巧和方法，强调个别化、个性化服务，在良性互动和有效行动中实现社会工作者和服务对象之间的理解和改变，对准需求、解决问题，实现助人自助。⑤ 与扶贫济困具有同源性的社会工作，其服务对象是社会中的困难及弱势边缘群体，其核心理念是助人自助。本书采用美国社会工作者协会（NASW）关于社会工作的定义，即"社会工作是一种专业活动，用以协助个人、群体、社区去强化或恢复能力，以发挥其社会功能，并创造有助于达成其目标的社会条件"。

---

① 参见佘双《志愿服务概论》，武汉大学出版社2013年版。
② 王思斌：《中国社会工作的嵌入性发展》，《社会科学战线》2011年第2期。
③ 夏学銮：《社会工作的三维性质》，《北京大学学报》（哲学社会科学版）2000年第1期。
④ 王思斌：《社会工作概论》，高等教育出版社2014年第3版，第9页。
⑤ 袁小平、姜春燕：《社会工作在精准扶贫中的应用研究——基于CIPP评估模式》，《社会建设》2018年第5卷第6期。

二 精准扶贫

"贫困"问题的产生促使扶贫工作的开展,而贫困者需求的多样性及扶贫工作的进展促使精准扶贫政策的出台、实施与发展。"精准扶贫"是具有中国特色的扶贫理念,最早由习近平总书记于2013年11月到湖南湘西调研时所提出。习总书记明确指出,扶贫工作要"实事求是、因地制宜、分类指导、精准扶贫"的十六个字要求。2015年6月,习近平总书记在贵州考察时提出"六个精准",即"扶持对象精准、项目安排精准、资金使用精准、措施到户精准、因村派人(第一书记)精准、脱贫成效精准"。2015年10月,习近平总书记在2015减贫与发展高层论坛上提出"五个一批"的基本方略,即"通过扶持生产和就业发展一批,通过易地搬迁安置一批,通过生态保护脱贫一批,通过教育扶贫脱贫一批,通过低保政策兜底一批"。2016年以来,习近平总书记在新年贺词,以及考察重庆、江西、宁夏、河北和山西等地时,围绕精准扶贫、精准脱贫这个重大问题,做出了一系列深入阐释,形成了新时期扶贫开发的战略思想。由此看出,精准扶贫的概念是针对贫困家庭及其贫困人口实施精准识别、精准帮扶、精准管理和精准考核等工作,引导各类扶贫资源的优化配置,实现扶贫到村到户,从而真正实现精准脱贫的目标。精准扶贫基本内容主要包括,做到"六个精准"、实施"五个一批"、解决"四个问题"、通过"六项措施"、形成"九个路径",并最终实现精准脱贫。作为全面建成小康社会的重要环节与实现中华民族伟大复兴的中国梦的一个重大战略,精准扶贫政策不仅是思想层面向国家战略层面进行转变的标志,更是马克思主义与中国特色新时代实践相结合的理论创新。① 精准扶贫是一项包含政策、理论、机制及行为等的完整系统。② 其理念的实质在于扶贫主体、扶贫对象、扶贫路径三者的精准定位,从而达到可持续脱贫的目标,其中,政府、社会力量等在内的多方扶贫主体,在整个扶贫过程中至关重要。

---

① 潘慧、滕明兰、赵嵘:《习近平新时代中国特色社会主义精准扶贫思想研究》,《上海经济研究》2018年第4期。
② 刘解:《经济新常态中的精准扶贫理论与机制创新》,《湖南社会科学》2015年第4期。

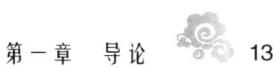

三 社会力量协同精准扶贫的内涵及内容

协同一词来源于古希腊语，或称为"协和、同步、协调、协作、合作"等。该概念由德国学者哈肯于20世纪70年代首创，并用于解决自然科学领域中的技术性问题。所谓"协同"，就是指协调两个或两个以上的不同资源或个体，协同一致地完成某一目标的过程或能力。目前，我国日益重视动员社会组织、非政府组织、非营利组织等社会力量协同精准扶贫，助力脱贫攻坚。除此之外，国家还颁发了一系列有关社会力量协同精准扶贫的政策文件。因而，本书主要从国家扶贫政策的脉络，依次梳理社会力量协同精准扶贫的内涵及其相关内容，具体政策如下。

2011年12月2日，国家印发的《中国农村扶贫开发纲要（2011—2020年）》提出，坚持政府主导、分级负责，社会帮扶、共同致富的基本原则，加强定点扶贫、推进中西部扶贫协作、发挥军队和武警部队的作用、动员企业和社会各界参与扶贫。2014年1月25日，国家颁布的《关于创新机制扎实推进农村扶贫开发工作的意见》指出，充分支持各民主党派中央、全国工商联、无党派人士以及各类企业、社会组织、个人等参与扶贫开发。建立信息交流共享平台、全面落实社会力量协同扶贫的相关支持政策、做好社会扶贫表彰工作、加强扶贫领域国际交流合作。2014年12月4日，国家颁发的《关于进一步动员社会各方面力量参与扶贫开发的意见》提出，大力弘扬社会主义核心价值观、大兴友善互助、守望相助的社会风尚，培育多元社会扶贫主体，创新多种参与方式，创新完善人人皆愿为、人人皆可为、人人皆能为的社会扶贫参与机制，形成政府、市场、社会协同推进的大扶贫格局。2015年11月29日，国家印发的《关于打赢脱贫攻坚战的决定》提出，健全东西部扶贫协作机制、健全定点扶贫机制、健全社会力量参与机制。2016年12月02日，国务院颁发的《"十三五"脱贫攻坚规划》强调，在东西部扶贫协作、定点帮扶、企业帮扶、军队帮扶、社会组织和志愿者帮扶及国际交流合作等方面做好社会扶贫工作。2018年6月15日，中共中央国务院颁布的《关于打赢脱贫攻坚战三年行动的指导意见》指出，加大东西部扶贫协作和对口支援力度、深入开展定点扶贫工作、扎实做好军队帮扶工作、激励各类企业和社会组织扶贫、大力开展扶贫志愿服务活动等工作。此外，其他部分还出台了相关文件,包括《"互联网+社会组织(社会工作、志愿服务)"行动方案(2018—2020年)》《建立健全动员社会力量参与脱贫攻坚的保障机制》等。这些文件清晰地表明了社会力量协同精准扶贫的内涵和相关内容。其内涵和内容如图1-1所示。

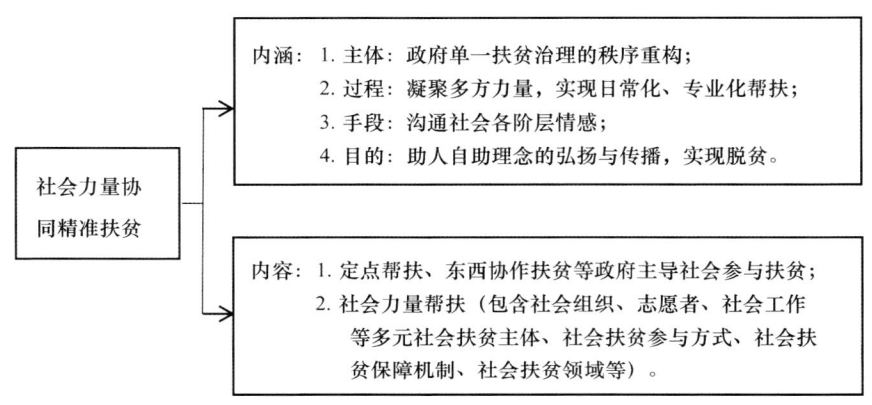

图1-1 社会力量协同精准扶贫的内涵与内容

综上可知,所谓"社会力量协同精准扶贫"是指志愿者、社会工作者及社会组织等构成的社会多元主体在政府引导的前提下,凭借自身的功能优势,通过多种参与方式协同精准扶贫政策的实施,最终取得脱贫攻坚战的胜利。社会力量协同精准扶贫的本质内涵就是对政府主导的单一扶贫模式的秩序重构,更加强调凝聚多方力量实现日常化和专业化帮扶,强调助人自助理念的弘扬与传播,强调沟通社会各阶层情感作用的发挥。以上内涵主要从扶贫主体、扶贫过程、扶贫手段及扶贫目的四个方面来进行理解。首先,扶贫主体方面,社会力量协同精准扶贫本质上重构了政府扶贫的单一秩序模式,引入社会力量协同精准扶贫是对传统的政府单一扶贫模式的重要补充,它既是扶贫范围和扶贫模式的补充,又是扶贫资源的补充;其次,扶贫过程方面,社会力量协同精准扶贫十分强调社会各方人力、物力等资源的凝聚与下沉,以此精准对接不同贫困群体,在此过程中实现社会力量的日常化、专业化帮扶;第三,扶贫手段方面,社会力量协同精准扶贫突破了单一的物质供给,其更加强调心理、精神等层面的疏解与交流,在此基础上促进不同社会群体和阶层的沟通交流;最后,扶贫目的方面，社会力量以其专业性、精准性、灵活性等特征协同精准扶贫，有利于脱贫攻坚效益的提高，有利于助人自助理念的弘扬与传播，从而做到脱真贫、真脱贫。由此可见，社会力量协同精准扶贫体现了现阶段我国贫困治理的独有特点。

社会力量协同精准扶贫侧重从社会扶贫主体的角度来阐述社会组织、企业、社会工作、志愿者等社会力量协同精准扶贫的具体内容，例如，扶贫志愿行动、扶贫公益品牌、政府购买服务及信息服务平台等社会扶贫参与方式；做好社会扶贫表彰活动、营造良好社会扶贫环境、支持社会扶贫相关政策的落实等社会扶贫保障机制等。除此之外，实践中，社会力量以其特有的方式协同精准扶贫的实施，不仅覆盖了文化、健康、医疗、教育、环境等领域，而且在产业扶贫、智力扶贫、项目扶贫、医疗卫生扶贫、金融扶贫、文化扶贫等方面发挥了重要作用。

第四节 研究方法和技术路线

一 研究方法

第一，文献研究法。对国内外相关文献的搜集和整理是本书写作的重要基础。通过图书馆及中国知网、万方等数据库，查找资料，并对文献进行整理与研究。在本书中，文献法的应用为：第一，大量阅读国内外有关社会力量、精准扶贫、扶贫协同机制等相关内容的文献资料，梳理分析并掌握其基本内涵和相关理论内容；第二，梳理分析我国和各地区关于社会力量协同扶贫、扶贫开发纲要、政府工作报告等相关统计数据和政策文件，以了解社会扶贫的政策和脉络走向，从而为本书的写作提供理论和政策支持。

第二，归纳分析法。在实地调研走访的基础上，获得各种社会力量协同精准扶贫典型材料，将各类实践经验以扶贫地区、扶贫主体及扶贫领域等为标准进行归纳，总结并提炼出分别以志愿服务、社会工作等为具体载体的社会扶贫经验模式，进而对现阶段我国社会力量协同精准扶贫的典型案例进行探究，以此了解不同社会扶贫主体构成下的整体性社会力量参与扶贫的协同特征和协同现状。

第三，案例研究法。个案研究法是本书采用的一个重要方法。个案研究的主要目的是精确描述或者再现个案。① 这种方法不仅有助于理论的抽象思考,更加有助于了解其整体性质。本书以中部江西省社会工作力量协同精准扶贫为研究对象,加以调查分析,梳理其成功经验、特点和所存困境,并由"个别"上升到"一般"。在此基础上,探索社会工作力量协同精准扶贫的脱贫之路,形成可供其他贫困地区借鉴与参考的经验,成功经验的路径分析也是个案研究法的核心所在。

第四,比较分析法。本书首先对国内社会力量协同扶贫的历时性进行比较,观察我国不同时期内的扶贫缘起、扶贫政策、扶贫理念和扶贫效果等内容,通过纵向比较分析,检视现阶段我国社会力量协同精准扶贫的成功与不足之处;然后对国内不同地区社会力量协同扶贫的模式进行同类比较,了解我国不同地区同类社会力量的扶贫现状(包含扶贫特点、扶贫类型、扶贫工作机制及扶贫外部环境等内容),立足于本国国情探讨社会扶贫的经验模式、实践特征及其所存困境;最后在与国外社会力量协同扶贫进行横向比较的基础上,结合当前我国贫困现状和顶层设计的具体要求,探讨符合中国国情的协同思路及协同原则,提出相应的协同路径,以提升社会力量协同扶贫的效能。

二 本书技术路线图

本书的研究目的是回答现阶段如何提升社会力量协同精准扶贫的效能问题,为此本书的研究对象是参与了脱贫攻坚任务的社会力量(包含志愿服务力量和社会工作力量)。本书始终贯彻"一条主线、三个目标"原则:一条主线为协同主线,即始终坚持协同理论的指导,坚持研究社会力量对精准扶贫的协同与合作;三个目标为回答当前社会力量协同精准扶贫有何成功的经验?社会力量协同精准扶贫受何种深层机制的影响?该采取何种策略才能提升社会力量协同精准扶贫的效能?

此外,本书的主要研究内容为:首先对社会力量与精准扶贫之间的关系及社会力量协同精准扶贫的空间展开理论讨论,明晰社会力量的反贫困功能和对精准扶贫的可能贡献;其次,本书将对志愿服务力量协同精准扶贫的成功经验展开一系列的实地调研分析,总结概括其表征。其中,个案研究将以江西省的社会工作力量协同精准扶贫的实践经验为特

---

① [德]伍威·弗里克:《质性研究导引》,孙进译,重庆大学出版社2011年版,第110页。

定分析对象，着重探讨其成功经验和实践特征。第三，获得了实证材料后，结合协同理论，从政社关系的角度讨论社会力量协同精准扶贫现存困境的难点、痛点及其背后的深层因素。最后，本书将借鉴在其他国家社会扶贫的主要举措、路径模式及有益经验的基础上，结合国家对社会力量协同精准扶贫的政策而展开，提出社会力量协同精准扶贫的新策略，从而为顶层设计提供相关思路。

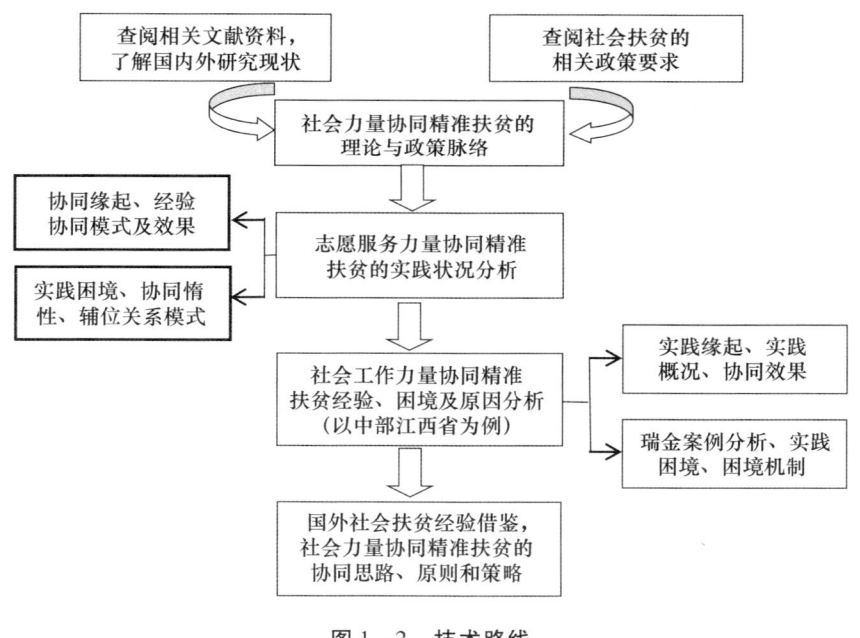

图 1-2　技术路线

第二章

国际反贫困中的社会力量

第一节 国际贫困与反贫困

贫困问题是当今世界经济发展中各个国家普遍面临的一项社会问题，是人类社会和历史发展的产物之一。贫困与反贫困是一个问题的两个方面，没有贫困就不存在反贫困。那么，什么是贫困？是食不果腹、衣不遮体、居无住所、病无所医、老无所养？学者们认为，在不同的历史、文化、地理及环境下，贫困现状与特征是不相同的。不仅如此，贫困的概念也会随着时间的改变而发生相应的变化，例如，古代主要是饥荒贫困，而在现代则出现了精神文化贫困等。由此看出，贫困难题的产生具有多因性，贫困本质上就是多方位的，所对应的不同贫困类型与贫困治理也将是多元化的。此节主要探讨国际有关贫困内涵的演变、贫困类型及反贫困等内容。

一 贫困的内涵界定及概念演变

（一）收入贫困说

有关贫困问题的研究最早可追溯至 19 世纪末 20 世纪初，迄今为止有 100 年左右的历史。英国学者布思（Booth）和朗特里（Rowntree）主要从社会救助和社会保障的角度来定义贫困，学者朗特里在 1901 年的文章中写道："一定数量的货物和服务对于个人和家庭的生存和福利都是必需的；有缺乏获得这些物品和服务的经济资源或经济能力的生活状况的人和家庭，即为贫困。"① 此种贫困又被称为"绝对贫困"，即绝

---

① Rowntree, B. S., "Poverty: a study of town life", *Charity Organisation Review*, Vol. 11, No. 65, 1902, pp. 260 – 266.

对的不平等或物质匮乏,是一种客观定义。自此开始,各个国家研究者或者国际组织(如联合国、欧共体委员会、亚太经社会、世界银行等)大多沿用经济层面的思路和绝对贫困的定义来探讨贫困问题。其经典而又被人们普遍认同的定义主要有以下几个。

英国学者汤森(Townsend)认为,贫困就是所有居民中那些缺乏食物、参加社会活动的机会、最起码的生活和社交条件的个人、家庭和群体。① 其更加关注经济层面上因资源不足所引发的贫困问题。

美国学者劳埃德·雷诺兹(Lloyd G. Reynolds)认为,所谓"贫困问题",即在美国有许多家庭,没有足够的收入可以使之维持基本的生活水平。②

欧共体于1989年也给贫困下了定义,即"贫困应该被理解为个人、家庭和人的群体的资源(物质的、文化的和社会的)如此有限,以致他们被排除在他们所在的成员国的可以接受的最低限度的生活方式之外"③。

由于经济增长的减缓以及失业率的增加,"新贫困"问题开始诞生。自20世纪50年代开始,蒂特马斯(Richard M. Titmuss)、斯密斯(T. B. Smith)等学者对贫困的内涵做了新的扩展,贫困不再是基于最低的生存需求,而是基于社会的相对比较——即相对贫困。20世纪60年代,经济学家朗西曼(Runciman W. G.)认为不能仅从绝对角度认识贫困问题,而更应从相对量及相对剥夺层面研究贫困问题,从而为相对贫困概念的提出奠定了理论基础。④ 福斯·维克托(Fuchs Victor)是最早提出"相对贫困"概念和第一次使用"相对贫困标准"的学者。汤森(Peter Townsen)随之发展并完善了相对贫困的概念。相对贫困强调社会不同成员之间生活水平的比较,属于社会道德的范畴,具有一定的主观性。从绝对贫困到相对贫困的转变虽然使得社会救助对象的范围得以扩大,但是相对贫困这一概念与绝对贫困并无实质性区别,二者均以收

---

① Townsend P., *Poverty in the Kingdom: A Study of the Household Resource and Living Standard*, London: Allen Lane and Penguin Books, 1979, p. 38.
② [美]劳埃德·雷诺兹:《微观经济学——分析和政策》,马宾译,商务印书馆1982年版,第7页。
③ Atkinson A. B., "The Institution of an official Poverty Line and Economic Policy", *Welfare state program paper series*, No. 98, 1998.
④ Runciman W. G., *Relative deprivation and social justice*, London: Routldge & Paul, 1966.

入作为测量贫困的主要办法。

（二）能力贫困说

学者们对贫困内涵的理解继续深化。贫困问题逐渐从一个经济问题转换成社会问题，并开始向社会学领域进发。从 20 世纪 80 年代后期到 90 年代末，从事世界饥荒和贫困问题研究的学者阿马蒂亚·森（Amartya Sen）一改前人对贫困内涵的了解，他认为"贫困不是单纯是由于低收入造成的，很大程度上是因为基本能力缺失造成的"。根据这一概念，贫困问题已然被视为基本可行能力的被剥夺，而非收入的不足和低下。① 故此形成了其贫困理论的核心思想，即"可行能力的不足"。所谓"可行能力"，就是免受穷苦（如饥饿、过早死亡、营养不良等）的可行能力，及享受政治参与、能够识字算数等的自由。② 它是一种实质自由，一个人的可行能力越大，他过某种生活的自由就相对越大。③ 可行能力成为判断个体是否贫困的主要因素，其可行能力的不足不仅包括个体差异的功能性不足，而且包含功能性不足衍生出的外在资源获取能力的不足，并主要表现为个体功能型、知识型及观念型能力不足这三个方面④。森的能力贫困思想产生了很大影响，世界银行也根据其思想将贫困定义为"缺少或无法达到最低生活水准的能力，如教育、营养和健康"⑤，其内涵范围比以往定义的更小，然而其外延却相对延伸，使之从单维收入视角转换为人性色彩浓厚的"多维贫困"的视角。

（三）权利贫困说

20 世纪 90 年代以来，在能力贫困思想的基础上，随着时间的推移和经济社会的迅速发展，学者们将对贫困问题的研究转换到无话语权、无权无势、脆弱性和社会排斥等的多维角度，进一步扩展了贫困的内涵。⑥ 20 世纪 70 年代，法国学者雷纳尔（Rene Lenoir）最早提出了"社会排斥"的概念。随后学者斯特罗贝尔（Strobel P.）拓展了社会排斥的概念——社会排斥是个体未享受到其应享的权利，即个人权利缺失，其强

---

① ［印］阿玛蒂亚·森：《以自由看待发展》，任赜、于真译，中国人民大学出版社 2002 年版，第 85 页。
② ［印］阿玛蒂亚·森：《以自由看待发展》，第 30 页。
③ Amartya Sen, *Commodities and capabilities*, Amsterdam: North-Holland, 1985, p. 353.
④ 李冰：《农村贫困治理：可行能力、内生动力与伦理支持》，《齐鲁学刊》2019 年第 3 期。
⑤ 世界银行：《1990 年世界发展报告》，中国财政经济出版社 1990 年版，第 52 页。
⑥ 同春芬、张浩：《关于相对贫困的研究综述》，《绥化学院学报》2015 年第 35 卷第 8 期。

调个体被社会群体的排斥性。① 20 世纪 90 年代末，脆弱性的概念开始融入社会排斥之中，权利贫困的概念自此产生。所谓"权利贫困"，是一批特定个人和群体因缺乏应享有的经济、政治、社会、基本人权和文化权利而导致的贫困。② 对权利贫困度量主要采用参与式的调查方法，如我国农村贫困的检测报告。经济学家在此种调查方法的基础上，将许多非货币因素（如心理、社会、生理、文化等）融入贫困概念之中，从而形成研究贫困的新视角。贫困内涵演变趋势如图 2 – 1 所示。

图 2 – 1　贫困内涵演变趋势

由上可知，随着经济社会的不断发展，贫困的内涵也从最初经济层面的收入贫困逐渐发展到 20 世纪七八十年代的能力贫困，并最终到 90 年代所包含的社会排斥、脆弱性、无话语权等更为广泛的权利贫困，贫困的概念不断发展和演化。收入贫困（绝对贫困、相对贫困）、能力贫困、权利贫困三种概念是对贫困内涵认识的不断完善和深化，结合贫困的这些内涵，可以将贫困分为生理形式的剥夺和社会形式的剥夺。其中，生理形式的剥夺是指健康、营养、住所、教育等生理或物质上的基本需求无法得到满足；社会形式的剥夺包括脆弱性、无尊严、无话语权和无自主权等，它们之间彼此互补、相互作用、相互影响。③。

贫困问题不仅仅是经济问题，更是政治、经济、社会及文化等各方面政策和因素相互作用的结果，在不同国家、不同历史时期的环境下表现出不同的贫困现状。贫困也是一个历史的、地域性的、不断发展的概念，具有动态性的特征，并伴随空间、时间及人们思想观念的改变而变化。④ 与此同时，阿比吉特·班纳吉（Abhijit Banerjee）和埃斯特·迪

---

① Strobel P., "From Poverty to Exclusion: A Wage-Earning Society or a Society of Human Rights?" *International Social Science Journal*, Vol. 48, No. 148, 1996, pp. 173 – 189.
② 郭熙保：《论贫困概念的内涵》，《山东社会科学》2005 年第 12 期。
③ 郭熙保：《论贫困概念的内涵》，《山东社会科学》2005 年第 12 期。
④ 姚金海：《基于 ELES 方法的贫困线测量》，《统计与决策》2007 年第 2 期。

弗洛（Esther Duflo）花费15年时间深入世界五大洲的18个国家及地区，从穷人的日常生活、教育、健康、援助、政府及非政府组织等方面展开研究，并于2013年著成《贫穷的本质：我们为什么摆脱不了贫穷》，明确提出了贫穷本质。书中基于宏观角度探寻世界的贫穷问题，总结了穷人陷入"贫困陷阱"的几个重要因素，即"穷人通常缺少信息来源，相信那些错误的事情；穷人肩负着生活中的多种逆境，更难做出正确的决定；服务于穷人的市场正在消失或穷人在其中处于不利地位；穷人往往因短视和成见放弃长远规划；穷人的自我控制更难实现，并生活在更大的压力中"①。贫困的内涵和根源也逐渐从"收入、能力及权利"的缺乏，逐步转向"社会机会"不均这一层面。社会机会的不平等具体体现为穷人缺乏教育和信息而导致的"无知"，即"穷人缺乏有效的避险工具、不做远期规划、认知水平局限促使其充满执拗和偏见"等。

二 贫困的类型

一般而言，国外的不同学者根据贫困问题的程度、研究范围的差异性以及其他标准，将贫困问题加以区分并进行分类。贫困的类型如图1.4所示。

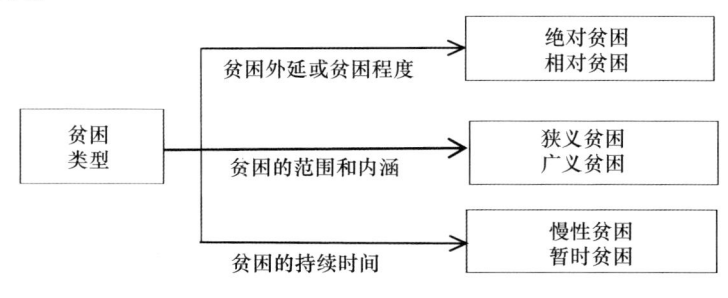

图2-2 贫困的类型

首先，就贫困的外延或贫困程度而言，可以把贫困分为绝对贫困（absolute poverty）和相对贫困（relative poverty），这是区分贫困类型最基本而普遍的方法。鲁德斯（Deloose）认为，绝对贫困标准意欲明晰

---

① ［印］阿比吉特·班纳吉、［法］埃斯特·迪弗洛：《贫穷的本质：我们为什么摆脱不了贫穷》，景芳译，中信出版集团2013年版，第203—206页。

的是维持生存所必需的基本物质条件；而相对贫困标准意欲明确相对中等社会水平而言的贫困。① 因而，绝对贫困本质上是生存性贫困，是指缺乏维持基本生存的最低需求品，温饱尚未解决的一种状态；相对贫困则指基本生存需求已经解决，且低于当时社会公认的某种生活标准和基本生活水平，即与社会上的其他个人、家庭、社区相比仍然具有明显的收入差异，是缺乏扩大再生产能力的相对低收入型的发展性贫困。目前国外的贫困现象更多地表现为一种相对贫困，即"丰裕中的贫困"。

其次，就贫困的范围和内涵而言，贫困又被分为狭义贫困（narrow poverty）和广义贫困（generalized poverty）。狭义贫困是贫困的主要内容，即生活不能温饱，基本生活难以维续，主要指经济意义上的贫困；而广义贫困是指除狭义的物质贫困外，还包含文化、社会、环境、心理及精神等意义上的贫困，如能力贫困、社会权利贫困、社会资源贫困等。

最后，就贫困的持续时间而言，贫困可被分为慢性贫困（chronic poverty）和暂时贫困（transient poverty）。其中，慢性贫困是20世纪末21世纪初兴起于西方贫困研究领域的一个分支，其主要研究力量以慢性贫困研究中心（Chronic Poverty Research Centre，CPRC）为代表，按照CPRC（2004—2005）慢性贫困报告可知，慢性贫困为"5年后仍处于贫困状态的人口"。2008年CPRC重新定义了该概念，慢性贫困即为持续时间较长的贫困。与其相关的三种贫困定义分别为长期贫困、生命历程贫困和跨代贫困。而有关暂时贫困的研究最早见于贝恩和埃尔伍德（Elwood），他们提出了新晋贫困人口和特定时段内贫困人口的区分。在此基础上，拉瓦雷（Martin Ravallion）则对贫困动态做出了明确的操作性分类，将其分为长期性贫困和暂时性贫困。所谓"暂时性贫困"，是一定的时间段内只有部分时间处于贫困的个人或家庭，又被视为持续时间较短的贫困。除此之外，还有众多有关贫困分类的不同标准，例如，就贫困认定的视角划分，贫困又被分为主观贫困和客观贫困、公开贫困和隐蔽贫困等。②

---

① 参见李明锦《我国城市贫困群体解析》，《现代城市研究》2002年第3期。
② 徐旭初：《贫困中的合作：贫困地区农村合作组织发展研究》，浙江大学出版社2016年版，第30—32页。

二 反贫困

在对贫困认识不断深化和完善的基础上,人们同时开始了对反贫困问题的研究和反思。国际学者关于反贫困的研究主要集中在以下几个方面:

(一) 反贫困的内涵方面

与贫困概念相对的反贫困,最早由瑞典学者冈纳·缪尔达尔(Karl Gunnar Myrdal)作为学术概念首次从治理贫困的政策层面上提出来,该概念对后人开展的反贫困研究产生了很大影响。[①] 国外学者认为,可以从福利制度的完善和针对穷人制定减贫措施两个方面实施反贫困。现阶段,在国际范围内关于反贫困概念大致有以下几种表述:

第一,减少贫困(poverty reduction),该概念从贫困人口的数量角度,强调了反贫困的过程性;

第二,减缓贫困(poverty alleviation),此概念则从反贫困的程度角度,表达了反贫的行为过程;

第三,消除贫困(poverty eradication),此概念着重强调了反贫困的目的性;

第四,扶持贫困,简称扶贫(support poverty),该概念主要从政策实践的角度来研究和落实政府或民间的反贫困项目和计划,此概念也是中国应用较为广泛的、中文所特有的词汇。

以上概念意义相近,常交替使用。然而实际上,反贫困的概念与减贫、扶贫的概念有着本质上的区别。扶贫与减贫多从国家与社会的角度出发,认为反贫困的主体为国家和社会,将贫困群体、贫困地区置于被动接受地位。而反贫困的概念不仅重视国家与社会此类反贫困主体,更加重视贫困者自身发展能力和内生能力的提高。[②]

(二) 国际反贫困的理论方面

世界各国在反贫困的实践过程中也逐渐形成了多元化的反贫困理论,例如:第一,促进经济增长的反贫困理论,主要包含罗森斯坦 – 罗

---

① [瑞]冈纳·缪尔达尔:《世界贫困的挑战——世界反贫困大纲》,顾朝阳译,北京经济学院出版社1991年版。

② 李瑞华:《贫困与反贫困的经济学研究——以内蒙古为例》,中央编译出版社2014年版,第6—7页。

丹（P. N. Rosenstein-rodan）的大推进理论、罗斯托（Walt Whitman Rostow）的成长阶段理论和涓流理论；第二，促进结构转换的反贫困理论，主要包括刘易斯（William Arthur Lewis）的二元经济模型、钱纳里（Hollis B. Chenery）的发展模型；第三，促进部门及地区经济增长的反贫困理论，主要包含赫希曼（Albert Otto Hirschman）的不平衡增长理论、佩鲁（Francois Perroux）的增长极理论、弗农（Raymond Vernon）的梯度转移理论。① 除此之外，还有低水平均衡陷阱理论、贫困恶性循环理论、循环因果关系理论、临界最小努力理论、人力资本理论、两部门理论等。② 与此同时，在《贫穷的本质：我们为什么摆脱不了贫穷》一书中，作者用大量实例提出了实用性较强的反贫困建议，即"利用好人口迁移的优势、重视教育的长期价值、利用好婚姻的再生作用、转变思维并改变固有认知"③。这一系列理论和建议大多在指导贫困治理方面取得了良好的效果。

（三）国际反贫困的发展历程方面

20世纪国际反贫困的发展大致经历了以下阶段：20世纪五六十年代，以物质经济援助为主的阶段。1946年6月，世界银行开始运行，并于1947年5月9日向法国提供了2.5亿美元的贷款④，以此促进其经济发展进而摆脱贫困。与此同时，联合国于20世纪60年代相继提出了四个"联合国发展十年"计划，也是一种经济增长战略，旨在改善世界各国的贫富不均状况。20世纪七八十年代，进入以人力资本发展为主的扶贫阶段。20世纪70年代，国际援助主要集中于经济领域；80年代开始拓展到社会发展领域，尤其是多边和双边的技术援助项目。⑤ 与此同时，越来越多西方援助国的援助形式开始转向人力资源开发方面。世界银行《1990年世界发展报告》指出，许多与贫困做斗争最成功的发展中国家都实行一种使用劳动力模式（尤以20世纪七八十年代的印

---

① 王雨林：《中国农村贫困与反贫困问题研究》，浙江大学出版社2008年版，第46—55页。
② 文秋良：《新时期中国农村反贫困问题研究》，博士学位论文，华中农业大学，2006年，第25—27页。
③ ［印］阿比吉特·班纳吉、［法］埃斯特·迪弗洛：《贫穷的本质：我们为什么摆脱不了贫穷》，景芳译，第109—152页。
④ 世界银行：https：//projects.shihang.org/zh/projects-operations/projects-list? searchTerm=%E6%B3%95%E5%9B%BD，2019年9月20日。
⑤ 何佩群：《性别视角下的发展理论》，《复旦学报》（社会科学版）2006年第4期。

度尼西亚和马来西亚为减贫最好范例),增加对穷人在营养保健、医疗卫生和教育方面的人力资本投资,以此改善和提高贫困人口的素质。人力资本投资也因此成为世界银行着力推荐的减轻贫困的基本战略。① 20世纪80年代后的全面减贫阶段,世界银行在1985年将人均年消费370美元即日均1美元的标准确定为贫困线,此后世界各国都在为消除贫困、解决温饱而不懈努力。② 全面减贫阶段的到来表明只有在国家、社会及贫困者的共同努力下,才可以最大程度地解决反贫困难题。由此看出,社会力量不仅在反贫困中逐渐脱颖而出,而且在反贫困中的地位也越来越重要。

第二节 社会力量参与反贫困的理论依据

西方国家以慈善机构、非政府组织、社会组织等为载体的社会力量发展较早也较为成熟。社会力量参与反贫困具有坚实的理论基础,政府/市场失灵理论、福利多元主义理论、治理理论、参与式理论、优势互补理论等均为社会力量实施反贫困工作提供了有力的理论支撑。

一 政府/市场失灵理论

美国学者伯顿·韦斯布罗德(Weisbrod B. A.)③ 运用传统的"需求—供给"经济学分析框架于1974年较早地提出了政府/市场失灵理论,该理论解释了以非政府组织、社会组织等为载体的社会力量存在的合理性与必要性,并为其现实运作提供了理论支持。政府/市场失灵理论认为,任何人都会对公共及私人物品产生需求,政府、市场和以NGO为载体的社会力量作为满足人们需求的手段存在相互替代性。

其中,"市场失灵"是指市场存在信息不对称、不完全竞争、外部性等情况,使得市场无法充分提供社会所需产品或服务的现象。此概念

---

① 参见王朝明、申晓梅主编《中国21世纪城市反贫困战略研究》,中国经济出版社2005年版,第341—345页。
② 李迎生:《反贫困的国际经验和中国实践》,《华夏时报》2016年12月19日第34版。
③ Weisbrod Burton. A. , *Toward a Theory of the Voluntary Nonprofit Sector in a Three-Sector Economy*, The Economics of Nonprofit Institutions, editor/Susan Rose-Ackerman, New York: Oxford University Press, 1986.

由美国学者巴托（Bator F. M.）①于1956年提出，并被用来形容市场机制配置资源存在缺陷。由于市场失灵的客观存在，一方面为政府干预提供了契机；另一方面也为社会力量的产生与参与提供了机会。然而，政府也并不是万能的，在提供公共物品和进行资源配置时同样会产生失灵现象。所谓"政府失灵"，即政府为弥补市场失灵而对经济、社会进行干预时，由于政府自身的局限性及其他客观因素的存在而导致新的缺陷，以致社会资源配置低效或无效的情形。此概念于20世纪70年代由以布坎南（James Buchanan）②为首的公共选择学派"滞涨"时期提出，并以寻租、腐败、政府部门扩张、内部性及公共政策失效等为主要表现形式。③

由于政府与市场在提供公共物品方面都存在失灵的风险，从而对政府、市场之外的社会力量主体产生了功能需求。以NGO等为载体的社会力量所具备的民间性、志愿性、非营利性及自治性等特征④，使其在提供公共物品时具有明显的优势，以弥补政府、市场在该方面的不足。作为一种公共物品的扶贫资源，同样可能存在政府与市场双重失灵的情形。因而，以NGO为载体的社会力量，在解决诸如扶贫帮困等社会问题方面发挥着重要的作用⑤，由社会力量提供扶贫服务和扶贫资源逐渐成为一种趋势，社会力量参与反贫困显得十分重要。

二 福利多元主义理论

20世纪80年代，福利多元主义在西方国家应对福利国家危机而引起的福利私有化的过程中应运而生。该理念在1978年英国沃尔芬德（Wolfenden）的《志愿组织的未来》这一报告中提出，其主张将志愿组

---

① Bator F. M., "The Anatomy of Market Failure", *Quarterly Journal of Economics*, Vol. 72, No. 3, 1958, pp. 351–379.
② James Buchanan, *Theory of Public Choice*, Ann Arbor: The University of Michigan Press, 1972.
③ 张晖:《非政府组织兴起的背景和理论依据》,《陕西行政学院学报》2008年第1期。
④ [美]莱斯特·M. 萨拉蒙等:《全球公民社会：非营利部门视野》,贾西津、魏玉译,社会科学文献出版社2002年版,第3页。
⑤ 顾建光:《非政府组织的兴起及其作用》,《上海交通大学学报》(哲学社会科学版) 2003年第6期。

织纳入社会福利的提供者行列。① 最早对福利多元主义的概念进行明确界定的是罗斯（Rose），随后伊瓦斯（Evers）在罗斯的基础上对福利三角的研究范式进行了修正②，伊瓦斯采用四分法的分析方式，认为社会福利的来源有四个：市场、国家、社区和民间社会，并特别强调民间社会力量在福利供给中的特殊作用。与此同时，约翰逊（Johnson）同样沿用了伊瓦斯的观点，在国家、市场与家庭的基础上加入了志愿部门，认为提供社会福利的主体应包含国家部门、商业部门、非正规部门及志愿部门四类，强调了福利供给非垄断性的特征。③ 不仅如此，福利多元主义中分权和参与的核心理念，也同样强调了政府权力的分散化以及社会福利的民营化。④ 福利多元主义理论认为福利不仅仅是政府的行为，而且应该是全社会的产物。⑤ 其主要内容包含：福利供给主体的多元化、福利传输的分权化、分散化及福利实现过程的协同参与四个方面。与此同时，福利多元主义与反贫困在理念、结构及行动上的契合性，一定程度上赋予了社会力量参与扶贫的必要性。⑥ 反贫困作为社会福利供给的重要领域之一，必然离不开社会力量这一重要福利供给主体的参与。

三 治理理论

"治理"一词由世界银行于1989年首次提出，之后被广泛运用于各国的行政、政治、经济及社会的改革之中，并逐渐演变为"治理理论"。⑦ 1995年，全球治理委员会将治理定义为各种公共的或私人的个

---

① 参见韩央迪《从福利多元主义到福利治理：福利改革的路径演化》，《国外社会科学》2012年第2期。
② Evers, Adalbert, and H. Wintersberger, *Shifts in the Welfare Mix: Their Impact on Work, Social Services, and Welfare Policies*, Frankfurt am Main: Campus Verlag, 1990.
③ Johnson, *The Welfare State in Transition: The Theory and Practice of Welfare Pluralism*, Amherst: The University of Massachusetts Press, 1987, p.94.
④ 林闽钢、王章佩：《福利多元化视野中的非营利组织研究》，《社会科学研究》2001年第6期。
⑤ 彭华民、黄叶青：《福利多元主义：福利提供从国家到多元部门的转型》，《南开学报》2006年第6期。
⑥ 向雪琪、林曾：《社会组织扶贫的理论基础与实践空间》，《中南民族大学学报》（人文社会科学版）2017年第37卷第5期。
⑦ 陈建先：《政府治理特征及模式抉择》，《行政论坛》2005年第5期。

人和机构管理其共同事务的诸多方式的总和。治理具有四种特征，即治理不是一整套规则，也不是一种活动，而是一个过程；治理过程的基础不是控制，而是协调；治理不仅涉及公共部门，也包括私人部门；治理不是一种正式的制度，而是持续的互动。① 治理同样有层次之分，其最高目标是善治。善治的几个基本要素为"透明性、责任性、合法性、回应、法治和有效"②。治理理论的实质是国家权力向社会的回归，即政府并不是国家的唯一权力中心，社会组织、NGO、民间组织、行业协会及社会个人等也可以成为社会权力的中心，参加政治及社会事务的管理，诸如社会福利供给等。

与此同时，和政府的统治相比，治理的内涵更加丰富，它既包括政府机制，又包括非政府的、非正式的机制。③ 该理论强调主体多元化、分权化、鼓励参与合作等内容④，由此为社会力量参与反贫困提供了契机和平台。治理理论在关注管理多元化的同时，也对政府角色进行了重新定位，认为应缩减政府的职能范围，并由 NGO、社会组织及私人部门等社会力量承担公共物品与公共服务的供给。⑤ 除此之外，社会力量的自身特征及其功能优势也决定了其参与反贫困的必要性。

四　参与式理论

参与式理论包括参与式发展理论和参与式扶贫理论两种。参与式发展理论最早出现于 20 世纪 50 年代英国的社区运动中，并由美国学者诺曼·乌赫弗（Norman Uphoff）提出，其核心思想为"发展对象不但要执行发展，而且还要作为获益方参与监督和评估"⑥。参与式扶贫理论是参与式发展理论在反贫困领域中的具体运用，是 20 世纪八九十年代发展出的一套实践操作方法和扶贫理念，并逐渐成为国际反贫困的主要

---

① 全球治理委员会：《我们的全球伙伴关系》，牛津大学出版社 1995 年版，第 23 页。
② 俞可平：《治理与善治》，社会科学文献出版社 2000 年版，第 7—15 页。
③ [美] 詹姆斯·N. 罗西瑙：《没有政府的治理——世界政治中的秩序与变革》，张胜军、刘小林等译，江西人民出版社 2001 年版，第 5 页。
④ 王诗宗：《治理理论及其中国适用性》，博士学位论文，浙江大学，2009 年，第 1 页。
⑤ 宋坤、庞娜：《论非营利组织在社会保障中的参与》，《山东行政学院山东省经济管理干部学院学报》2004 年第 4 期。
⑥ Cao Hongmin, *Research on China's Rural Development and Poverty Alleviation Mode*, Ph. D. dissertation, China Agricultural University, 2003.

行动方案。① 参与式扶贫的核心理念是赋权、机会均等,其最大特点为项目受益者(特别是穷人)对扶贫项目计划目标以及实施过程的参与。② 参与式扶贫理论在反贫困中具有重要作用,是对传统的政府主导扶贫模式的反思,带有某种多元性发展道路的积极取向。③ 在运行机制上,参与式扶贫理论强调以社会工作者、社会组织等社会力量的广泛参与,并以此来提升其扶贫绩效。总之,参与式理论为社会力量参与扶贫提供了可借鉴的理论基础。

除上述理论外,优势视角理论、社会支持理论、增权赋能理论、社会排斥理论及公民社会理论等均为社会力量参与反贫困提供了理论基础和机会平台。社会力量已成为社会福利服务中一个不可缺少的行为主体,在农村扶贫中发挥着重要作用。

第三节 国际社会力量协同反贫困的历史演进与实践经验

社会力量是与国家力量或政府相对而言的一个概念,最早由美国学者沃德(Lester Frank Ward)提出。政府相信市场、家庭或志愿组织等社会力量是解决某些公共问题的最佳渠道。④ 贫困作为一个重大的民生问题,为社会力量参与反贫困提供了良好的契机。本节主要探讨国际社会力量协同反贫困的历史演进、实践经验模式等内容。

一 社会力量协同反贫困的历史演进

不同国家的贫困特点、贫困人口分布等基本国情与中国有所不同,因而具有不同于我国以政府为主导的扶贫方式。国际研究者认为,社会力量扶贫和行政扶贫是一种相互制约、互为补充的关系,其对于贫困的研究方向更多地以"减贫"和"反贫困"为主。其中,社会力量协同

---

① 李兴江、陈怀叶:《参与式扶贫模式的运行机制及绩效评价》,《开发研究》2008年第2期。
② 张海霞、庄天慧:《非政府组织参与式扶贫的绩效评价研究——以四川农村发展组织为例》,《开发研究》2010年第3期。
③ 郭占锋:《走出参与式发展的"表象"——发展人类学视角下的国际发展项目》,《开放时代》2010年第1期。
④ [美]迈克尔·豪利特,M. 拉米什:《公共政策研究:政策循环与政策子系统》,庞诗等译,生活·读书·新知三联书店2006年版。

反贫困既有广义上的定点扶贫、政府非职能部门扶贫等含义，又有狭义上的慈善组织扶贫、社会工作者扶贫、社会组织扶贫、城市社区扶贫等含义。本书把政府专职扶贫机构以外所有行动主体实施的扶贫行为和扶贫活动统称为"社会力量扶贫"，并将其按照专业性的标准分为志愿服务协同反贫困和社会工作协同扶贫两种类型。

社会力量从事扶危济困由来已久。社会力量扶贫首先从零散的、业余的、无组织化的志愿服务参与减贫，发展到专业的、有组织的社会工作助力脱贫，再到政府与规范化、制度化的社会力量合作扶贫，最后到全球性社会力量协同反贫困的深化发展阶段。具体来看，其大致经历了萌芽、发展、成熟、深化四个发展阶段。

（一）社会力量协同反贫困的萌芽阶段

国外发达国家的社会扶贫活动最早追溯至中世纪的英国，其主要依靠行会内部互济与基督教会慈善施舍两种方式[1]，常采用慈善救助的模式给贫困者提供帮助。在英国社会，慈善观念本质上就源于宗教。[2] 14世纪中叶以来，受世俗观念和神恩思想双重动机的驱使，英国教会、城市行会、村庄共同体、社会富有人士纷纷参与济贫活动，依据其自身优势，通过建立济贫机构、筹集物资、提供救助津贴、施舍生活必需品等多种济贫方式，对贫困群体提供基本的生活援助。由此看出，中世纪欧洲对穷人的仁爱主要建立在基督教的意识形态基础上，并由各种各样的牧师和非专业人士实践。[3] 与此同时，《本尼狄克院规》以及1307年的《卡莱尔议会法令》等均将慈善赈济看作修道院和修道士的一种本分。[4] 1601年，英国政府通过立法的方式，出台了第一部规范慈善活动的法律《慈善用途法规》。[5] 18世纪后，西方国家的贫困群众都或多或少地依赖于私人慈善事业。19世纪初期，西方国家开始出现的宗教慈善活动类似于志愿服务，其主要以家庭、教会、乡邻等为主体实施扶危济

---

[1] 刘继同：《英国社会救助制度的历史变迁与核心争论》，《国外社会科学》2003年第3期。
[2] Dal Pont. G.，"Charity Law and Religion"，*Research*，2005.
[3] Brodman J. and Ebrary I.，*Charity & religion in medieval Europe*，Charity and Religion in Medieval Europe，2009.
[4] 王学增：《中世纪英国乡村贫困与社会济助研究》，《历史教学》（下半月刊）2018年第5期。
[5] 周真真：《charity概念在英国的历史流变及其社会意蕴》，《世界历史》2018年第1期。

困。不仅如此，作为凝聚公民力量的志愿服务，既可以通过粮食援助①、构建合作伙伴关系②、参与式方法③等多种途径为穷人提供社会服务；又可以通过社会基础设施建设和发展社会资本等④来减缓贫困。当时的教会在济贫事务中所发挥了巨大的作用，它往往将收入的1/4—1/3用于慈善事业。中世纪时期，以教会为依托，为生活贫苦者、贫民、教区内的弱势群体提高照顾和救助成为整个教会的责任。教会成为社会服务的供给主体，承担了养老、济贫、教育、收养孤儿及医疗卫生等方面的福利实践，并和修道院一起以提供现金、衣服、食物等的形式对穷人开展院外救济。⑤ 以1601年《伊丽莎白济贫法》的颁布为标志，其将分散性的救济方式转变为制度化的国家救助制度，突破了零星的社会自发性慈善行为的"瓶颈"。《济贫法》规定，政府需凭借需求评估及家计审查等向贫困者提供救助，其并未改变英国慈善救济的传统。在此基础上英国成为最早建立社会救助制度的国家，以在反贫困的领域中发挥慈善机构等社会力量的作用。这一阶段，零散化、业余化的爱心人士及慈善机构等社会力量开始缓慢形成。

（二）社会力量协同反贫困的发展阶段

19世纪末20世纪初，美国经济危机引发了贫穷问题，危机伊始国家并未重视这一问题，而作为社会力量的教会与慈善组织率先自发性地救助贫苦民众，美国的公益组织和基金会开始相继成立，洛克菲勒基金会、克利夫兰社区基金会也在这一时期成立。随着贫困问题的突出，19世纪中叶，欧美先后出现了以有效、合理调配社会资源来帮助城市贫民为目标的新一代慈善组织——慈善组织会社，如城市慈善组织协会、伦敦慈善救济和抑制行乞会社等。1869年，英国伦敦成立慈善组织会社，此后，

---

① Knight, B., *Rethinking Poverty：What Makes a Good Society?* USA：Bristol University Press, 2017, pp. 115 – 138.

② Garrow, E. E., "Does Race Matter in Government Funding of Nonprofit Human Service Organizations? The Interaction of Neighborhood Poverty and Race", *Journal of Public Administration Research and Theory*, Vol. 24, No. 2, 2014, pp. 381 – 405.

③ Hacker, Elizabeth, "Using Participatory Methodologies to Achieve Change in Valuing Volunteering", *IDS Bulletin*, Vol. 46, No. 5, 2015, pp. 43 – 53.

④ Gomez R. and Gunderson M., "Volunteer activity and the demands of work and family", *Relations Industrielles/Industrial Relations*, Vol. 58, No. 4, 2003, pp. 573 – 589.

⑤ 吴限红：《英国的宗教社会服务发展脉络及启示》，《北京理工大学学报》（社会科学版）2016年第18卷第2期。

英国其他各个地区开始效仿,后来发展到欧美其他国家。19世纪中后期在欧美活跃的"慈善组织会社"运用"友善访问员"的服务模式,通过友好访问员探访贫困者的方法,收集了贫民人格与行为问题的成因,建立相关的诊断数据,还给予这些受助者所需的辅导和相关的协助①,这一举措被视为专业化社会工作的萌芽。例如,1877年,一位美国牧师韩福瑞·哥尔亭(Rev. S. Humphrey Gurteen)成立了美国第一个慈善组织会社,并发展出了7个理念:救助机构的合作、社区教育、个别化、适当的救济、抑制行乞、预防性博爱以及个人服务。19世纪80年代后,一些宗教界人士和社会科学研究者成立了专门的慈善事业委员会和英国统计协会一起进行社会调查,以便掌握和发动社会舆论,从而引起官方对社会"阴暗"面的注意,自此"社区睦邻运动"在英国拉开了帷幕。在这场运动中,影响最大的为英国巴涅特(Samuel Barnett)建立的"汤恩比馆"以及美国的珍妮·亚当斯(Jane Addams)女士建立的"赫尔大厦"。② 这些慈善组织会社与社区睦邻运动共同促进了社会工作的形成。社会工作使有针对性地扶贫目标形成了一支双向力量,以执行有针对性的扶贫政策,以创造一种具有自上而下的政策指导和自下而上的社会参与的新局面。③ 社会工作对减贫而言,在获得安全饮水④、对受抚养子女的家庭援助⑤、小额信贷政策以及影响国际人道机构参与扶贫⑥等方面发挥着重要作用。自此,以慈善救济活动为萌芽形式的社会工作,同志愿服务力量一起成为西方国家减贫运动的重要社会主体。此阶段进程中,反贫困领域之中的专业性社会力量开始诞生并蓬勃发展。

(三)社会力量协同反贫困的成熟阶段

19世纪工业化之后,由于城市化、市场化的快速推进,现代福利

---

① 李凌、蔡乐:《从资助到影响:慈济模式对高职院校资助工作的启示》,《北京农业职业学院学报》2014年第28卷第6期。

② 江立华:《社区工作》,华中科技大学出版社2009年版,第29—33页。

③ Yutong J. and Lingwei W., "Social Work Involved in Targted Poverty Alleviation: From Individual Aid to System Change", *Contemporary Social Sciences*, Vol. 12, No. 4, 2018, pp. 63 – 75.

④ Spitzer, H., Twikirize J. M., Wairire. G. G., "Professional social work in East Africa: Towards social development, poverty reduction and gender equality", *Fountain Publishers*, 2014.

⑤ Curran, Laura, "The Psychology of Poverty: Professional Social Work and Aid to Dependent Children in Postwar America, 1946 – 1963", *Social Service Review*, Vol. 76, No. 3, 2002, pp. 365 – 386.

⑥ Ali I., Hatta Z. A., "Microfinance and Poverty Alleviation in Bangladesh: Perspective from Social Work", *The Hong Kong Journal of Social Work*, Vol. 44, No. 2, 2010, pp. 121 – 134.

国家体系得以建立，越来越多的国家将反贫困视为政府的责任，政府开始逐渐进入反贫困之中，与市场和社会力量共同发挥作用。这一时期，在政府相关政策文件引导下，社会力量逐渐制度化、规范化发展，并活跃于政府济贫体系所难以覆盖的领域，帮助政府实施扶贫行为。例如，美国以建立社会福利制度、反贫困计划和增加政府资助等的方式，动员和引导各界社会力量参与扶贫工作。到了20世纪，渐入后工业化时代的英国社会矛盾逐渐加深，在此时期，慈善组织的数量不断增长、其涉及领域也越来越广，民间社会慈善事业得到了长足的发展。与此同时，英国慈善法自1601年开始也日益得到完善，如1954年的《慈善信托法》、1958年的《娱乐慈善法》等，这一系列法规进一步拓展了现代慈善事业的范围。除此之外，以1945年10月24日联合国的正式成立为标志，提供人道主义援助成为联合国的行动使命之一。联合国下设的联合国开发计划署（开发署）、联合国难民事务高级专员办事处（难民署）、联合国儿童基金会（儿基会）、世界粮食计划署（粮食署）、联合国粮食及农业组织（粮农组织）、世界卫生组织（世卫组织）等联合国机构，在国际消除贫困方面开展了一系列活动，例如粮食署实施的营养计划为难民提供支持。自此，一方面，以联合国、世界银行等为代表的国际机构为国际合作扶贫提供了平台；另一方面，以发达国家针对发展中国家的双边发展援助为契机，社会力量协同反贫困的触角逐渐突破了国家的范围限制，向发展中国家延伸。许多发达国家的非政府机构和一些国际NGO，以直接的技术支持、资金支持、物质支持和基础设施建设等形式，向广大发展中国家提供发展援助。此阶段，社会力量协同反贫困的领域越来越广、范围也越来越大。

（四）社会力量协同反贫困的深化阶段

20世纪70年代以后，新公共管理运动开始兴起，政府公共部门兴起了一股强劲的去官僚化趋势。与此同时，学术界纷纷认为庞大的政府部门不仅是低效率的，而且政府直接干预再分配也是对市场经济原则的背弃。以此为契机，社会力量协同反贫困掀起了新的浪潮，各类社会力量纷纷组织起来，在贫困者的福利供给中扮演着非常重要的角色。美国自20世纪80年代开始，社会福利民营化大范围兴起，开始共同来承担社会福利责任，有效地缓解了政府的财政压力，并促进了社会服务质量与效率的提高。① 美国非政府组织在提供国民福利、消除贫困方面发挥的作用日益重要。1992年6月，以《21世纪议程》的为标志，该议程将逐步减轻和消除贫困视为其关键目标之一，该议程由可持续发展战略、社会可持续发展、经济可持续发展、资源的合理利用与环境保护四个部分构成，在议程第一部分第3章中强调了各种人民组织、妇女团体、非政府组织等社会力量在"使穷人能得到可持续的生计"方面的重要作用。② 紧接着，联合国秘书长加利（Boutros Boutros-Ghali）于联合国托管理事会上宣布将1996年作为国际消除贫困年，社会力量协同反贫困成为各国共同认可与采用的扶贫手段。1998年，英国签署的《政府与志愿及社区组织合作框架协议》（COMPACT），充分体现了政府对民间志愿组织的重视，并将民间慈善机构置于一种平等对话位置，由此使得"政府出资、志愿机构提供服务的合作形式"得以快速发展。③

进入21世纪，国际机构更加深刻地认识到"贫困是孕育恐怖事件的温床，减少贫困是维护世界和平的重要手段之一"④。与此同时，世界上多数国家均将反贫困作为本国的主要任务之一，反贫困的全球性趋势日益明显。2000年，在联合国千年会议上，由联合国191个成员国一致通过的"联合国千年发展目标"，确立了"消灭极端贫穷和饥饿、普及小学教育、促进两性平等并赋予妇女权利、降低儿童死亡率"等八项目标，并于2002年成立了由世界上各发达国家和发展中国家的公众社团、民间组织、政府和联合国机构等构成的扶贫工作组，更加推动了国际社会力量消除贫困的纵深发展。2006年10月17日，联合国在"共同努力摆脱贫困"的主题下，确定了第14个国际消除贫困日，该举措促使全社会更加重视贫困现象。2013年4月，国际货币基金组织与世界银行共同设定了"希望在2030年前基本消除全球绝对贫困"的目标；以及2016年1月1日联合国实行的《2030年可持续发展议程》等，使各国更加认识到国际领域交流与合作扶贫的重要性。截至2014

---

① 崔洁：《中美城市反贫困行动体系比较》，《劳动保障世界》（理论版）2012年第2期。
② 联合国新闻部：《二十一世纪议程》2004年4月18日，https://www.un.org/chinese/events/wssd/agenda21.htm，2019年9月20日。
③ 周真真：《Charity概念在英国的历史流变及其社会意蕴》，《世界历史》2018年第1期。
④ 施锦芳：《国际社会的贫困理论与减贫战略研究》，《财经问题研究》2010年第3期。

年12月,英国的各类公益组织已达50万家;美国非营利组织及基金会的数量依次为180万家和12.5万家。时至今日,社会力量受到各国政府和人民的广泛关注,并逐渐活跃于世界各国的反贫困工作中。

综上所述,社会力量协同反贫困的过程,其实是从传统的、业余的、具有随意性的慈善活动向规范性的、制度化的和组织化的专业活动转变的过程,并且日益在反贫困的实践中获得了长足的发展。

二 社会力量协同反贫困的实践经验模式

由于各国国情不同,社会经济发展和文化水平存在巨大差异,所以在反贫困的模式、方法上有所不同。国际上各国政府所采取的反贫困模式和积聚的丰富经验,大致如下。

(一)以巴西、墨西哥等国家扶贫模式为代表的"发展极"模式

以巴西为代表的拉美发展中国家,经济发展水平较低、区域差距明显、贫困问题十分严重,并集中表现为贫困规模大、贫困程度深、贫困率不断加剧;贫困区域分布极不平衡(贫困农户集中于东北部)两个方面。[①] 除此之外,墨西哥、阿根廷及智利等拉美新兴市场国家与巴西具有相似的贫困现状,且多采取了发展极减贫模式。如智利于2002年实施的"团结计划"、墨西哥于2003年实施的"机会计划"等。本书主要以巴西国家的反贫模式为例,来探讨拉美发展中国家的减贫特色。第二次世界大战后,为迅速摆脱落后和贫困的面貌,巴西政府在反贫困方面制定和实施了多项政策举措,纵观巴西的反贫困发展历程,明显分为两个阶段。

第一阶段:巴西政府在发展极模型的指引下于20世纪60年代开始实施一系列举措,以促进落后地区经济发展,达到消除贫困的目的。"发展极"理论由法国学者弗朗索瓦·佩鲁(Francois Perroux)提出,"锁定重点的扶贫目标并给予政府扶持,以鼓励政府扶贫目标的积极发展"[②],其核心方法为在经济不发达的地区建设经济中心,以对周围产生辐射和吸进作用,带动周边地区的发展,类似于中国的企业和市场扶

---

① 王俊文:《国外反贫困经验对我国当代反贫困的若干启示——以发展中国家巴西为例》,《农业考古》2009年第3期。
② [法]弗朗索瓦·佩鲁:《略论"发展极"的概念》,《应用经济学》1955年,第307—320页。

贫模式。20世纪60年代中期至70年代中期,巴西积极推行"进口替代战略"和"高增长战略",其采取的"发展极"模式相关政策有:迁都巴西利亚、建立亚马逊自由贸易区、实施东北部农业发展计划等。70年代中后期,尽管受到国际石油危机的强烈冲击,巴西经济增长率在仍维持在7%左右。"发展极"战略的推进,对推进经济增长发挥了重要的作用,但是在政府实行"积累优先"的指导思想下,巴西分配模式过于集中于在少数富人部分,经济增长的好处绝大多数都"涓滴"在少数富人身上而不是广大劳动人民身上,社会贫困差距日益加深。①

第二阶段:随着贫困问题的恶化,20世纪90年代中后期,巴西政府开始实施多元化的反贫困措施,积极开展相关社会救助项目。这些多元化的反贫困举措主要为:第一,以土地改革为核心,政府出台系列政策缓解农村地区的贫困,例如,巴西政府于1970年颁发实行的《全国一体化规划》、区域性开发计划等政策,以及以强制征收和贷款购买形式分配土地、成立土地银行、减免土地税等具体举措。② 第二,实施"有条件的现金转移支付计划"(Conditional Cash Transfer Program,简称CCT)③,向贫困家庭实行有条件的现金转移支付。第三,推行以"获得足够粮食、增加粮食产量、加强家庭农业和协调社会各阶层"为基本点的零饥饿计划(Zero Hunger Program)④,保证贫困人群的食品和营养权。第四,开展具体措施为帮助落后地区培养教师、免费发放教科书等的"扫盲计划",提高贫困人口的教育水平。第五,制定和实施多项促进就业的计划,重点解决因失业导致的贫困问题,例如,1995年政府向微小型企业和自立劳动者等提供信贷的"促进就业计划和增加收入计划"、1997年包括42项大型工程的"巴西行动计划"、2003年政府向16岁至24岁青年给予就业支持的"第一次就业计划"等。第六,制定经济适用房计划,逐步解决贫民窟居民的住房问题。第七,2006年巴

---

① 朱霞梅:《反贫困的理论与实践研究》,博士学位论文,复旦大学,2010年,第88页。
② 李华:《国际社会保障动态:反贫困模式与管理》,上海人民出版社2015年版,第136—142页。
③ Hall A., "From Fome Zero to Bolsa Família: Social Policies and Poverty Alleviation Under Lula", *Journal of Latin American Studies*, Vol. 38, No. 4, 2006.
④ de Mattos, Ely José, Bagolin I. P., "Reducing Poverty and Food Insecurity in Rural Brazil: the Impact of the Zero Hunger Program", *EuroChoices*, Vol. 16, No. 1, 2017, pp. 43 – 49.

西政府推行的"家庭医疗保健计划"① 等。在 1988 年的巴西宪法和《有机社会救助法》的指引下，陆续出台了的"家庭补助金计划"、"社会救助型养老金""农村社会福利计划"等社会援助计划，最终使得日益严重的贫困问题得以改善。②

综上可知，巴西政府不仅制定了反贫困发展战略，而且推行了以减贫为目标的积极社会政策，动员社会力量广泛参与反贫困，体现了包容性发展观和较强的社会治理能力。

（二）以印度、斯里兰卡等国家为代表的"满足基本需求"模式

印度是世界上贫困人口最多的国家之一，其贫困具有贫困规模大、贫困程度深、贫困地区分布差异明显及贫困群体分布集中等特征。20 世纪中叶，印度独立以后，政府采取了众多扶贫举措，以求消除贫困。其中，"满足基本需求"模式成为印度反贫困的主要举措，该模式由印度政府于 1962 年首次提出，并由美国学者斯特雷坦（Paul Steretein）定义为"直接向贫困者提供生活教育设施，以提高贫困者的收入和生产率"，也就是针对贫困者直接向其提供满足其基本需求的食品、水、健康服务、住房及教育服务等。其基本方法为建立最低生活水平，以满足贫困群体的最低生活需要。这一基本战略被分为两个阶段实施。

第一阶段：始于 1965 年的"绿色革命"时期。此时期，印度英·甘地政府采取了诸如"引进培育优良品种、加强水利设施建设、增加化肥使用量、提供农业优惠政策、拓宽农业信贷覆盖范围、重视农业科研教育发展"③ 等一系列具体举措，虽然极大地促进了印度农业的经济发展，但实施这一运动所期望的目的并未实现（即"通过发展农业生产力，增加粮食供给以解决部分贫困人口的吃饭问题，进而缓解部分农村地区的贫困危机"），最终导致印度贫困人口有增无减。

第二阶段：始于 1970 年的"农村减贫计划"时期。该计划提出的战略口号为"稳定增长、消灭贫困、满足最低需要"，具体实施了多项

---

① Andrews, C. W., "Anti-Poverty Policies in Brazil: Reviewing the Past Ten Years", *International Review of Administrative Sciences*, Vol. 70, No. 3, 2004, pp. 477–488.

② 雷安琪、杨国涛：《中国精准扶贫政策的国际比较——基于印度、巴西扶贫政策的案例分析》，《价格理论与实践》2018 年第 12 期。

③ 吴丹：《印度英·甘地政府时期"绿色革命"研究》，硕士学位论文，安徽师范大学，2016 年，第 30—35 页。

计划，以促进贫困地区的发展。此阶段实施的计划主要包括：1970 年至 1971 年的小农发展计划和边际农及农业劳工发展计划、1970 年至 1980 年的信贷计划①、1972 年的干旱地区发展计划②、1978 年的乡村综合发展计划③、1980 年的国家乡村就业计划、1989 年的贾瓦哈尔就业计划④等。此外，印度政府还同时推行了一系列的区域倾斜政策，例如，1996 年加快资金流动、实施新工业政策、加快基础设施建设等，以保障贫困者的最低生活保障。

总之，此种模式在一定程度上缓解了印度的贫困，然而此种政府单一主导的扶贫模式并不能完全解决贫困人口的脱贫问题，可能会导致返贫现象的存在。⑤ 自此，产生于英国殖民时期的印度社会非政府组织，通过参与基础设施建设及对贫困者开展培训的方式，开始广泛地活跃于反贫困领域，以帮助政府解决贫困难题，如最具影响力的印度农村妇女自助团体（SHGs）、农业工业基金会等。与此同时，印度政府十分注重国际反贫困的合作，积极争取发达国家和国际组织所提供的援助型扶贫项目，例如，1970 年世界银行所成立的农村工程部门，加强了对扶贫项目的监管与援助，以及印度向国际扶贫机构申请的低息或免息贷款。由此可见，在印度政府的引导下，非政府组织、公民等社会力量已成为印度贫困治理的主要力量，并在印度反贫困实践中做出了重要贡献。

（三）以欧美国家为代表的"社会保障方案"模式

以美国为代表的欧美发达国家，经济实力较强，其贫困覆盖面相对较小、贫困程度相对较低，作为一种福利制度的"社会保障方案"已成为西方发达国家的主要反贫举措。该模式是国家通过财政手段实行的国民收入再分配计划，即直接向贫困者发放社会补助，以满足贫困者的

---

① Bank W., "Scaling-up Access to Finance for India's Rural Poor", *World Bank Other Operational Studies*, 2004.

② Puttaswamaiah K., Puttaswamaiah K., "Planning for poverty alleviation through rural development in India", *Poverty & Rural Development Planners Peasants & Poverty*, 1990.

③ Kumudini M. Microfinance:, "A Tool for Poverty Alleviation: A Case Study of Rastriya Seva Samithi, Andhra Pradesh, India", *International Journal of Innovative Research and Development*, Vol. 4, No. 10, 2015.

④ Sikligar P. C., "Rural employment in India: a study in two different geographical zones", *Asia-Pacific Journal of Rural Development*, 2008.

⑤ 蓝志勇、张腾、秦强：《印度、巴西、中国扶贫经验比较》，《人口与社会》2018 年第 34 卷第 3 期。

基本生活需求，其反贫的具体举措为"政府主导、社会参与、民众评判"。主要内容包括抚养未成年子女补助、基本的教育和卫生保障、贫困家庭援助、养老及困难补贴等。1935年《社会保障法案》的确立，完善了美国的社会保障制度，美国作为世界上社会救助方案最为复杂的国家之一，已囊括了300余项社会救助项目，其中关于住房、教育、养老、疾病和生育等的贫困救助项目占据绝大多数。纵观美国的反贫困历程，可将其划分为"1930年代经济危机为诱因的托底阶段、1960年代社会运动为诱因的保全阶段、1970年代福利国家为诱因的改革阶段"三个时期[1]。由此可知，美国政府所采取的"社会保障方案"反贫模式主要包括福利保障制度、福利救济与福利补助制度两种：

福利保障制度。此种制度是覆盖全民性的保险制度，主要包含社会保障制度和工作保险制度两方面的内容。一是美国的社会保障制度，其具体措施为：①退休福利（retirement benefits）[2]，即为确保老年人的基本收入而设置的退休福利金。②联邦医疗保险福利（federal health insurance benefits），即包含了必须入保的医疗保险A计划（医院保险）和自愿入保的B计划（额外医疗保险）两部分的医疗保障制度。二是美国的工作保险制度，其具体措施为：①失业保险金（unemployment insurance）[3]，即为保障失业人员的生活质量，帮助其实现再就业的一种针对所有收入水平工薪阶层的社会保障制度。其申请资格仅限于被辞退的工人，基金仅来源于雇主所缴纳的薪资税。②工人赔偿金项目（Workers' Compensation Program）[4]，即由雇主向联邦政府、州政府或私人保险公司为雇员购买的保险金。这项基金适用于所有为雇主工作而受伤染上疾病的雇员，其赔偿金额的多少取决于雇主为雇员所购买保险额的高低。

福利救济和福利补助制度。此种制度考虑受益人收入水平的高低，主要为低收入者及其困难弱势群体而设，是扶贫的重要机制之一，其福利救济重点主要包含以下四个部分。一是对低收入者的生活实物补助方

---

[1] 左晓斯：《发达国家乡村贫困与反贫困战略研究——以美国为例》，《福建论坛》（人文社会科学版）2019年第1期。

[2] 黎帼华：《美国福利》，中国科学技术大学出版社2002年版，第55—60页。

[3] Nicholson W., Needels K., "Unemployment Insurance: Strengthening the Relationship between Theory and Policy", *Journal of Economic Perspectives*, Vol. 20, No. 3, 2006, pp. 47–70.

[4] President S. F. V., "Workers' Compensation Insurance", *Encyclopedia of Actuarial Science*, John Wiley & Sons, Ltd., 2006.

面，具体包含以下举措：①食物券（food stamp），又叫"补充营养帮助项目"①。此项目于 1962 年开始运作，并于 1964 年通过了《食物券法案》，即由美国农业部统一管理的，由各州具体派发福利给那些低收入甚至是无收入的人们。②对妇女、婴儿和儿童的特别补充营养项目（The Special Supplemental Nutrition Program for Women, Infants and Children，简称 WIC）。此项目制定于 1972 年，旨在为孕期和哺乳期低收入的妇女提供足够的食物与营养咨询，并为她们 5 岁以下的婴幼儿在获取足够营养上提供帮助。②③学校廉价或免费伙食项目（School Lunch Program）③。此项目以 1946 年《全国学校午餐法案》颁布为标志开始兴起，并包含了学校午餐项目、学校早餐项目、新鲜水果蔬菜项目、特殊牛奶项目等内容。④廉价公共房屋（public low income housing）④。主要针对低收入阶层或年龄在 62 岁以上的老年人，其住房福利主要包括租金补助、补贴性住房、廉价住房和公共住房四种类型。⑤儿童看护帮助（child care help）。⑥家居能源补助计划（Home Energy Assistance Program，简称 HEAP）等。二是对低收入者的生活现金补助方面，具体包含的举措如下：①额外保障收入，又称补充安全收入（The Supplemental Security Income Program，简称 SSI）⑤。此项目于 1972 年卡特政府执政期间被通过，旨在为那些 65 岁以上（包含 65 岁）的贫困老人及不分年龄大小的贫困残疾人和盲人提供救济金，以满足其吃、穿、住等方面的基本生活需求。②贫困家庭临时救助金项目（Temporary Assistance to Needy Families，简称 TANF）。此项目在 1996 年通过的《个人责任和工作机会协调法案》中创立，旨在以一次性拨款的形式来救济困难家庭。③紧急援助金项目（General Assistance Program）。此项目是地方政府帮助那些没有孩子的家庭或成年人应付紧急生活需要的福利金。三是对低

---

① Office U. S. G. A., "Social Security: Options to Protect Benefits for Vulnerable Groups When Addressing Program Solvency", *Government Accountability Office Reports*, 2009.

② 白增博、孙庆刚、王芳：《美国贫困救助政策对中国反贫困的启示——兼论 2020 年后中国扶贫工作》，《世界农业》2017 年第 12 期。

③ Gould G., "Overview of the School Lunch Program", *Education Digest*, Vol. 38, 1973.

④ Li L., "Review on the Development of Public Housing Policy in the United States", *Historiography Quarterly*, 2010.

⑤ Duggan M., Kearney M. S., Rennane S., "The Supplemental Security Income (SSI) Program", *Nber Working Papers*, 2015.

收入者的健康医疗救助方面,具体有:①低收入者医疗补助(low-income medical assistance)。②家中照顾计划(in home support service),此计划着重为低收入的老年人、盲人和残疾人等提供家庭照料。四是低收入者退税方面,以鼓励就业为主要目的,并主要涵盖挣得收入退税和儿童退税两种类型。①

此外,根据国情不同,欧美国家的扶贫政策也略微有所区别。例如,德国所实行的"团结计划",即为保证东部不发达地区建设,政府每年向东部提供数十亿欧元的援助款。法国于 2009 年 7 月 1 日开始所实施的"积极就业团结收入"(RSA),即失业者可以领到每月 400 多欧元的补助金,若他们找到临时或低薪工作,还能领取一定比例的补助金。② 与美国所强调的"大政府小社会""扶贫更多地靠市场和非营利组织"不同,法国式扶贫一直推行"全国一盘棋",并普遍认为"扶贫是政府的事"。③ 在美国政府社会保障体系之外,仍然有众多宗教团体、公益机构等非政府组织在反贫困领域扮演了"制度改良者、政府合作者和社会整合者"④ 的角色,并发挥了不可替代的作用。

（四）国外社会力量参与反贫困的实践经验概况

社团、工会、社会工作者及各种慈善基金会等社会力量在反贫困中起到了重要的推动作用。国外学者着重从慈善组织、社会组织、社会工作者等为载体的社会力量出发,研究其协同反贫困的方式,不仅形成了社会力量扶贫帮扶的形式,还积累了丰富的实践经验。各国政府努力倡导各种非政府组织提供信贷、积极拓宽融资渠道、技能培训和其他收入投入等广泛动员社会力量,从思想、观念及行动上鼓励、动员社会各阶层的人士参与到扶贫开发上来。⑤ 与此同时,各种民间组织共享扶贫数据,并和政府部门建立合作关系,将扶贫和个人信用挂钩,增强了扶贫

---

① 王永红:《美国贫困问题与扶贫机制》,上海人民出版社 2011 年版,第 158—180 页。
② 《"大同"社会当为全民所系》,《第一财经日报》2017 年 1 月 3 日第 2 版。
③ 陶短房:《"十三五"扶贫成热点 法国"扶贫史"值得借鉴》2017 年 3 月 3 日,海外网,http://opinion.haiwainet.cn/n/2017/0303/c353596-30770322.html,2019 年 9 月 20 日。
④ 续亚萍:《美国非政府组织反贫困研究》,硕士学位论文,河北大学,2009 年,第 19—20 页。
⑤ Robinson M., Riddell R. C., "Non-Governmental Organizations and Rural Poverty Alleviation", *OUP Catalogue*, Vol. 72, No. 3, 1995.

的可持续性。①

英国和德国颁布相关政策，允许政府和工业公司订立"计划协议"，制定优惠措施以引导企业助力扶贫。其中，德国社会保险制度的建立就起源于民间，并由一些社会团体、宗教发起的孤儿院、收容所及养老院等的社会慈善机构，从事救助贫民的活动。以德国的民爱组织为例，该组织往往通过与政府签订协议的方式与政府合作，进而实施政府的社会福利政策。② 不仅如此，德国颁布的1883年《疾病保险法》、1884年《伤害保险法》、1889年《养老保险和残废保险法》以及1953年的《重度残疾人法》等法律法规，指出私人企业、工厂有责任参与扶贫济困。法律规定：企业要雇用一定比例的残疾人，否则就需支付补偿金。③ 德国社会保障事业主要由社会进行承担，政府与慈善机构负责的社会救济和各种补贴只占总开支的1/3，2/3由各种社会保险机构承担。④

美国的NGO参与贫困治理也有悠久历史，经历了自发/民众模式、慈善赞助模式、权利与授权模式及竞争/市场模式四个演化阶段。⑤ 在1996年的福利改革中提出了社会福利民营化的观念，并允许州通过与私人组织、宗教团体及慈善组织签订契约的方式来实施福利项目。⑥ 之后，美国政府陆续推出的"建设美国投资计划""美国乡村制造倡议""农村发展中介再贷款项目""小企业投资计划""邻里复兴计划"以及"希望区计划"等，多以费用减免和税收优惠的方式调动更多的社会资本参与扶贫济困。⑦ 根据美国捐赠基金会发布的最新一版的《捐赠美国》可知，美国公民、企业和基金会的慈善捐款总额已完全恢复到大萧条之前的水平，2014年的捐款总额约为3583.8亿美元。⑧ 美国以扶贫

---

① 文丰安：《新时代社会力量参与深度扶贫的价值及创新》，《农业经济问题》2018年第8期。
② 向春玲：《德国社会保障制度的改革》，《学习月刊》2009年第11期。
③ 乔庆梅：《德国残疾人就业：立法、实践与启示》，《社会保障研究》2009年第2期。
④ 吴育频：《西方社会保障五种模式》，《经济体制改革》1995年第5期。
⑤ 郑光梁、魏淑艳：《浅议国外非政府组织扶贫机制及其启示》，《辽宁行政学院学报》2006年第6期。
⑥ 赵文聘：《构建我国福利事业共建共享格局——基于国外构建公私伙伴关系的政策经验与启示》，《青海社会科学》2019年第3期。
⑦ 陈霞、李佳璐：《美国农村贫困问题简析及启示》，《中国经贸导刊》2015年第22期。
⑧ "Giving USA: American charity back to pre-recession levels", *Nonprofit Business Advisor*, 2015.

慈善组织、志愿参与的方式深入社区发展和社区生活之中，在救济穷人、解决贫困儿童教育问题、改善基础设施建设以及满足其他社会需求中发挥了重要作用。

在澳大利亚的反贫困实践中，慈善机构（教堂和非教堂）在为那些"跌入裂缝"的人们提供援助方面始终发挥作用。① 澳大利亚拥有超过700000个的慈善机构，并于2012年12月建立了国家慈善监管机构，成立了澳大利亚慈善与非营利委员会（ACNC）以监管非营利组织的各项活动。② 澳大利亚政府不仅采取了资产测试型社会援助方案来提高其贫困人口的识别精准度，而且采用了审计法规确保审计长的独立地位来保证扶贫效果的精准考核。③ 不仅如此，澳大利亚政府也十分重视通过国际援助来减轻发展中国家的贫困问题，其通过澳大利亚国家开发署非政府组织计划（ANCP）来资助符合专业认证标准的非政府组织，在海外实施自己的发展和扶贫计划。④ 这一系列举措无不反映着社会力量在反贫困中的重要作用。

韩国也鼓励社会力量介入济贫事业。韩国对社会弱势群体的济贫主要经历了四个时期，即家庭与氏族互助时期、公共补充私立事业时期、私立团体支援公共事业时期、强调公共责任和非物质服务时期。其扶贫主体也逐步由个人扶贫转向由宗教团体、慈善机构、社会团体、市民团体等构成的社会力量与政府合作扶贫的多元化局面，在一定程度上推动了扶贫事业和福利事业的发展。⑤ 韩国被誉为"在短期内实现减贫的最成功案例"之一。1970年4月，韩国发起的"新村运动"解决了工农差距和农村问题⑥，使农村摆脱贫困取得了显著成效。在1998年亚洲经济危机之后，韩国还实施了紧急公共工程计划、新收入支持计划，紧接

---

① Byers S., "Who Deserves Charity", *Eureka Street*, Vol. 19, No. 13, 2009.

② McGregor-Lowndes M., "Australia-Two political narratives and one charity regulator caught in the middle", *Chi.-Kent L. Rev*, Vol. 91, 2016.

③ 黄倩柳：《国外反贫困的经验》，《中国社会科学报》2018年10月8日第7版。

④ Reid M. M., "Summary of AusAID NGO Cooperation Program (ANCP) Review Recommendations-December 2006", *Aid. dfat. gov. au*.

⑤ 杨鲁慧、牛林杰、刘宝全：《亚太发展研究》（第3卷），山东大学出版社2005年版，第338—358页。

⑥ Hailong C., "New-village Movement in Korea and Its Enlightenment", *Journal of Henan Radio & TV University*, 2012.

着其成立了一个准政府机构来管理综合的国民健康保险等。① 2000 年 10 月，韩国颁布了《国家基本民生安全法》以取代《民生保护法》，这一社会制度为社会福利政策奠定了划时代的基础，并反映了其向全社会扩展福利和更新制度的愿望。②

广大发展中国家也倡导社会力量介入贫困治理。例如，菲律宾、肯尼亚、柬埔寨等发展中国家，贫困者在政府的引导下还组建了"贫民联合会"以协同脱贫。③ 菲律宾在扶贫工作中，采取多种形式争取社会各界的参与以及国际社会的援助。其中，过去菲律宾政府每年拨出 6400 万比索（折合人民币 2100 多万元）支持扶贫开发和社会福利项目。④ 2017 年，菲律宾政府发起了"变革恩典"的扶贫方案，旨在鼓励人民积极参与治理及帮助解决菲国的问题，以将菲国 21.6% 的贫困率减少至 14%。⑤ 在肯尼亚，给需要帮助的人们发放现金的，是名为"直接给钱"的慈善组织。该组织由 4 名美国哈佛大学和麻省理工学院的毕业生根据"无条件现金转移"理论成立，并通过名为 M-PESA 的手机银行服务打钱给贫困家庭，凡是被其选中的贫困家庭，每年可无条件获得 1000 美元的资助。肯尼亚绝大多数家庭都采用了移动货币系统 M-PESA，预计其会增加人均消费水平，并使 194000 户家庭（占肯尼亚家庭的 2%）摆脱贫困。⑥

印度在社会扶贫上，依靠 Basix、Syedhashim 家族慈善机构、印度自我就业妇女协会慈善组织等社会力量，通过为有生产能力的穷人（妇女）提供就业和创业机会，来改变穷人现状，以此达到减贫目的。⑦ 与此同时，孟加拉国社会工作视角下的扶贫小额信贷模式、玻利维亚的 NGO 扶贫、泰国的旅游产业扶贫、哥斯达黎加的卫生部门改革和萨尔

---

① Kwon H. J., "The Economic Crisis and the Politics of Welfare Reform in Korea", 2004.
② Cho H. S., "Inequality, Poverty and Social Welfare in Korea", *Social Security Studies*, 2007.
③ 秦浩：《国外反贫困的经验及启示》，《中国县域经济报》2017 年 9 月 7 日第 3 版。
④ 王廉、崔健：《世界的扶贫实践与政策方向》，暨南大学出版社 1996 年版，第 93—96 页。
⑤ 中国国际贸易促进委员会：《菲律宾总统将在纳卯推出扶贫方案》2017 年 12 月 7 日，http://www.ccpit.org/Contents/Channel_4114/2017/1207/927185/content_927185.htm，2019 年 9 月 20 日。
⑥ Suri T., Jack W., "The long-run poverty and gender impacts of mobile money", *Science*, Vol. 354, No. 6317, 2016, pp. 1288 – 1292.
⑦ 焦婷：《国外反贫困经验对我国精准扶贫的启示》，《边疆经济与文化》2017 年第 2 期。

瓦多的教育改革等等，均在反贫困领域中引入了社会力量，并取得了显著成效。此外，以社会组织为载体的社会力量，充分利用市场机制，通过"开发道德市场、开发穷人资本及发展社会企业"[①]等方式集聚了扶贫经验，并在扶贫路径选择上形成了"慈善救助、增能赋权和岗位开发"[②]三种典型模式。社会力量以其独有的功能优势，在政府与市场双重失灵时发挥着重要作用，为反贫困事业做出了积极的贡献。

总而言之，无论是在西方发达国家还是发展中国家，抑或是欠发达国家，社会力量始终在反贫困领域扮演着政府的友好伙伴、贫困群体的资源链接者、社会支持者与服务提供者等众多角色，并且其减贫角色也在多元化、多样化的反贫困过程中不断得到增强。

---

① 苟天来、唐丽霞、王军强：《国外社会组织参与扶贫的经验和启示》，《经济社会体制比较》2016年第4期。

② 陈成文、陈建平：《社会组织与贫困治理：国外的典型模式及其政策启示》，《山东社会科学》2018年第3期。

第三章

中国社会力量协同贫困治理的历史缘起与实践路径

第一节 中国贫困治理的历史演进及现实状况

一 中国贫困治理的历史进程

消除贫困是世界各国推进经济与社会发展的一个重大历史任务和战略选择,中国也不例外。作为世界上最大的、人口最多的发展中国家,我国一直致力于国家经济、社会发展和人民生活水平的改善。新中国成立至改革开放的30年时间里,由于农业资源匮乏、农民知识贫乏等原因,我国的生产力、经济发展水平及农民生活条件均处于极不发达的状态之中,贫困问题十分严重。党和政府始终领导全国人民积极进行扶贫开发工作,党的十一届三中全会的召开,将全党的工作重心转向经济建设,以尽快改变贫穷落后的面貌。按当年现行农村贫困标准衡量,1978年末,我国农村贫困发生率高达97.5%,以乡村户籍人口作为总体推算,农村贫困人口规模高达7.7亿人。改革开放后,我国在消除和减缓贫困方面取得了显著的成就,农村贫困现象已得到明显缓解,贫困发生率也已降到2018年末的1.7%,1978年成为我国真正意义上扶贫事业的起点。从时序、政策文件及扶贫主体等综合来看,改革开放以来,我国的脱贫行动至少有三个节点,即1986年、2001年、2010年。在此基础上,我国扶贫开发大致经历了以下几个阶段。

(一)体制改革推动的规模式扶贫阶段(1978—1985年)

改革开放初期,我国农村中处于绝对贫困状态的贫困人口高达2.5亿人,占当时农村总人口的30.7%①,贫困人口主要集中于农村且极端

---

① 高鸿宾:《跨世纪的扶贫开发工作》,人民出版社1999年版,第16—17页。

贫困现象非常突出。人民公社制度使得农民的生产积极性及农业发展陷入迟滞阶段。1978年国家开始进行农村经济体制变革，其采取的家庭联产承包责任制，改变了我国农村旧的经营管理体制，解放了生产力，极大地调动了农民的生产积极性。[①] 与此同时，逐步放开农产品价格、转移农村劳动力以及发展乡镇企业等各方面的改革，也使得农民收入快速增加，这些变革均使得人民生活水平普遍得以改善。

除此之外，国家所实施的"以工代赈"模式、"三西"专项建设等扶贫政策，在一定范围内增强了贫困地区的经济活力，也进一步缓解了贫困地区的贫困现状。这些政府主导下的经济体制改革显示出巨大优势，扶贫效果显著。由此政府主导型的扶贫模式成为此阶段历史的必然选择。据统计，这一时期我国农村居民家庭人均纯收入翻了2.5倍，按国家统计局的贫困线计算，1978年至1985年我国农村贫困人口从2.5亿减少到1.25亿，贫困人口减少了50%左右，贫困发生率下降至14.8%。[②]

（二）全国性的区域开发式扶贫阶段（1986—2000年）

20世纪80年代中期，许多农村地区凭借党的扶贫政策及自身的优势，获得了经济增长，但仍然有部分地区由于自然、历史、地理等因素的限制，发展较为滞后，甚至有相当一部分人不能维持其基本生存。这也间接地拉大了不同地区农户间的贫富差距，进一步导致了农村贫困人口在空间分布上的变化，凸显了区域性的特征。在此情况下，我国开始在全国范围内针对落后地区实施以"区域性"为主的扶贫工作。1986年，全国人民代表大会六届四次会议更将扶持老、少、边、穷地区这一内容，列入国民经济"七五"（1986—1990年）计划之中。同年，国务院还成立了专门扶贫机构，明确了扶贫职能，确定了贫困县的扶持标准，选定了国家级和省级贫困县，并开始实施开发式扶贫方针。经过这一系列扶贫举措的实施，减贫成效虽然明显，但是减贫速度也开始有所下降，贫困现状也由区域连片式的分布状况转向散点式的分布局面，地缘性贫困问题更加突出。

伴随着扶贫工作的深入开展，仅靠大水漫灌式的扶贫举措难以解决

---

① 万红燕：《江西省茶产业发展现状、存在的问题及对策建议》，《江西科学》2012年第1期。
② 张磊：《中国扶贫开发政策演变》，中国财政经济出版社2007年第1版，第64页。

自然条件恶劣的中西部特殊地区的贫困问题，必须采取更具针对性的扶贫措施。1994 年《国家八七扶贫攻坚计划》的颁布，标志着我国正式进入区域攻坚的开发式扶贫阶段。这也是我国扶贫历史上第一个有明确任务、对象、方法及期限的扶贫工作纲领。随后国家颁发的《残疾人扶贫攻坚计划（1998—2000）》《中共中央国务院关于进一步加强扶贫开发工作的决定》等一系列政策文件，不仅将特殊困难群体纳入国家的整体扶贫规划之中，还确定了以贫困村为单位、以贫困户为工作对象的扶贫政策，并将社会力量纳入国家的扶贫体系，强调了动员和组织社会各界力量参与扶贫的重要性。

此阶段初期，除官方支持的大型社会组织外，我国几乎没有可以深入基层的社会组织；在此阶段后期（1994 年开始），政府不再将扶贫视为其单方面的责任，而是勇于承认社会力量的作用。"政府主导、社会参与"成为此阶段的扶贫方针。据统计，按照当时我国现行扶贫标准，全国农村贫困人口已从 1985 年的 1.25 亿人减少到 2000 年的 3000 万人，贫困发生率也从 14.8% 下降至 3% 左右；在"八七计划"执行期间，国家重点帮扶贫困县的工业增加值、农业增加值及粮食产量分别增长 99.3%、54% 和 12.3%，且其地方财政收入和农民人均纯收入分别年均增长了 12.9% 和 12.8%。此外，截至 2000 年年底，我国贫困地区通电话、通邮、通路、通电的行政村分别高达 67.7%、69%、89% 和 95.5%。[①] 总之，经过多方的努力，"八七计划"所确定的战略目标得到了基本实现，贫困人口的温饱问题也得到了基本解决。

（三）综合参与式扶贫阶段（2001—2010 年）

进入 21 世纪后，随着我国贫困线标准的提高，全国贫困人口也从 3000 万增加到了 9422 万。这一时期呈现出多因性、阶层性及相对性等贫困新特征，并因此成为我国反贫困事业的新起点。2001 年开始，以《中国农村扶贫开发纲要（2001—2010 年）》的颁发为标志，我国扶贫工作开始进入解决与巩固温饱并重的综合扶贫阶段。这一时期，我国在 592 个扶贫重点县的基础上，进一步核定了 14.8 万个贫困村，并以村级瞄准为重点，实施整村推进的综合参与式扶贫工作，以缩小城乡与不

---

① 黄国勤：《中国扶贫开发的历程、成就、问题及对策》，《中国井冈山干部学院学报》2018 年第 3 期。

同群体之间的贫困差距,进一步推动农业与农村经济的快速发展。在扶贫内容与途径上,特别注重发展贫困地区的教育、科学技术及医疗等事业,明确了扶贫与生态建设结合的重要性,并鼓励 NGO 等社会力量参与扶贫开发。

这一时期,社会力量在扶贫领域的作用和成绩更加得到了政府肯定,逐渐承担起了愈加重要的扶贫任务。据统计,根据 2010 年 1274 元的扶贫标准衡量,我国农村贫困人口已从 2000 年年底的 9422 万人减少到 2010 年的 2688 万人,农村贫困人口占农村人口的比重也从 2000 年的 10.2% 下降至 2010 年的 2.8%。[①] 农村绝对贫困人口大量减少,贫困地区的生活水平也有了很大改善。

可以说,这一时期我国扶贫开发取得了显著成就,并积聚了许多经验。例如,扶贫政策从救济式扶贫为主转向开发式扶贫为主、救助式和保障式扶贫为辅的模式;扶贫理念从输血式扶贫转变为造血式扶贫;扶贫重点从单一的物质扶助、经济增长扩展到教育、医疗、环境及社保等方面的综合扶助;扶贫主体也从单一化的政府主导转向社会力量等更为多元化的主体。

二 中国贫困治理的新阶段:精准扶贫

2011 年,中央决定将国家扶贫标准调到 2300 元(以 2010 年不变价计算),对应的全国农村贫困人口按照这一标准,2011 年约为 1.22 亿人,占全部农村户籍人口的比重为 12.7%。同年,《中国农村扶贫开发纲要(2011—2020 年)》颁布,将连片特困地区作为扶贫的主战场,明确了"两不愁三保障"的任务要求,并提出坚持专项扶贫、行业扶贫及社会扶贫相结合等内容。此政策文件对我国扶贫工作做出了更系统、更全面、更完善的部署和规划。与此同时,新一届政府和领导人高度关注和重视我国的贫困问题,致力于人民温饱需求的解决和生活水平的提高。2013 年,习近平总书记于湖南考察时首次提出"精准扶贫"概念,并发布了《关于创新机制扎实推进农村扶贫开发工作的意见》。随后,习总书记多次对精准扶贫做出重要论述,精准扶贫思想不断完善,相应的目标、具体要求及实施举措大体如下。

---

① 史志乐:《1978—2015 中国扶贫演进历程评述》,《中国市场》2016 年第 24 期。

（一）精准扶贫的目标

精准扶贫政策提出之后，中共十八届五中全会提出了脱贫攻坚的总目标，即"到 2020 年中国现行标准下农村贫困人口全部脱贫，贫困县实现摘帽，解决区域性整体贫困"。与此同时，国务院扶贫办主任刘永福指出，"为实现到 2020 年全面消除现有极端贫困的目标，将全面实施精准扶贫战略"。这一目标是精准扶贫政策内涵的近期目标。在此基础上，该政策的中期目标为，在消除绝对贫困的基础上，巩固脱贫成效防止返贫现象的发生，继续改善民生；远期目标为，在消除贫困现象后，实现贫困者长期可持续稳定脱贫。

（二）精准扶贫的具体要求

2015 年，为更好地贯彻落实精准扶贫战略，习近平总书记在贵州调研时就加大力度推进扶贫开发工作提出"4 个切实"的具体要求：一是要切实落实领导责任；二是要切实做到精准扶贫；三是要切实强化社会合力；四是要切实加强基层组织。六个精准要求的具体化："扶贫对象精准、项目安排精准、资金使用精准、措施到户精准、因村派人精准、脱贫成效精准"；以及五个一批的脱贫措施："发展生产脱贫一批、易地搬迁脱贫一批、生态补偿脱贫一批、发展教育脱贫一批、社会保障兜底一批"。2018 年 2 月 12 日，习近平总书记在四川成都市主持召开打好精准脱贫攻坚战座谈会时表示，实施精准扶贫的第一条就是坚持党的领导、强化组织保证，落实脱贫攻坚一把手负责制，省、市（州）、县、乡（镇）、村五级书记一起抓，为脱贫攻坚提供坚强政治保证。

（三）精准扶贫的实施举措

2015 年 12 月 15 日，国务院新闻办公室举行的"十三五"脱贫攻坚新闻发布会上，扶贫办主任刘永福表示，落实脱贫攻坚，扶贫办将搭建五个工作平台，开展六项扶贫行动，实施十项精准扶贫工程。具体如下：①五个工作平台，包括国家扶贫开发大数据平台，省级扶贫开发融资平台，县级扶贫开发资金项目整合管理平台，贫困村扶贫脱贫落实平台，社会扶贫对接平台。②六项扶贫行动，包括教育扶贫行动，健康扶贫行动，金融扶贫行动，劳务协作对接行动，革命老区百县万村帮扶行动，民营企业万企帮万村行动。③十项精准扶贫工程，包括整村推进工程，职业教育培训工程，扶贫小额信贷工程，易地扶贫搬迁工程，电商扶贫工程，旅游扶贫工程，光伏扶贫工程，构树扶贫工程，贫困村创业致富带头人培训工程，龙头企业带动工程。①

总而言之，作为涵盖"精准识别、精准帮扶、精准管理和精准考核"四方面内涵的精准扶贫政策，其目标、具体要求及实施举措如图3-1所示。

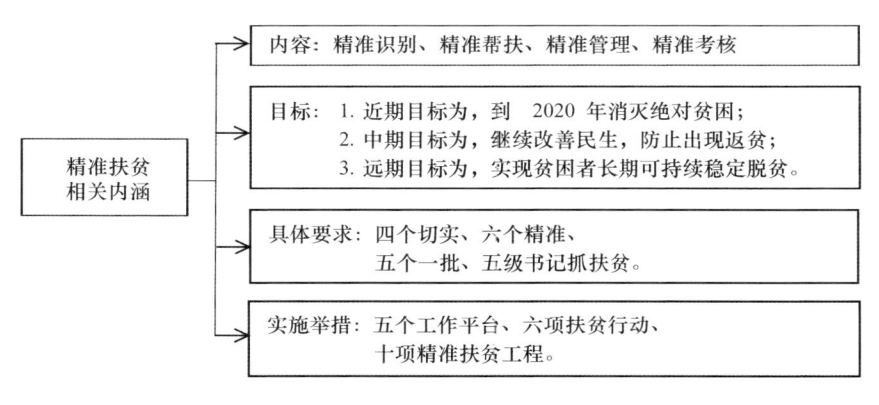

```
                    ┌─ 内容：精准识别、精准帮扶、精准管理、精准考核
                    │
                    ├─ 目标：1. 近期目标为，到 2020 年消灭绝对贫困；
                    │        2. 中期目标为，继续改善民生，防止出现返贫；
  精准扶贫           │        3. 远期目标为，实现贫困者长期可持续稳定脱贫。
  相关内涵  ─────────┤
                    ├─ 具体要求：四个切实、六个精准、
                    │            五个一批、五级书记抓扶贫。
                    │
                    └─ 实施举措：五个工作平台、六项扶贫行动、
                                 十项精准扶贫工程。
```

图 3-1　精准扶贫内涵概况

除此之外，自 2011 年以来，我国建立了较为完善的精准扶贫考核监督、奖惩和工作机制，在一定程度上提高了扶贫的效能。与此同时，国家所颁发的《关于进一步动员社会各方面力量参与扶贫开发的意见》《关于打赢脱贫攻坚战的决定》等一系列扶贫政策文件均明确提出，要广泛动员社会各界力量参与脱贫攻坚，构建政府、社会及市场协同推进的大扶贫格局。现阶段，国家采取的"制定 2020 年脱贫新目标、强调全方位地推进脱贫工作、设立国家扶贫日、注重多种扶贫手段相结合的扶贫方式"等扶贫举措，均反映了滴灌式扶贫、造血式扶贫、政府主导扶贫和社会力量协同扶贫的重要性和必要性。

2017 年 10 月 18 日，以党的十九大为标志，中国特色社会主义进入了新时代。作为新时代解决贫困问题的行动指南和解决社会难题的重要产物——精准扶贫，也随之踏入新时代的征程。新时代下的精准扶贫，

---

① 央广网：《采取五个平台、六项行动、十项工程实施精准扶贫》2015 年 12 月 15 日，http：//www.scio.gov.cn/xwfbh/zwbfbh/wqfbh/2015/33909/zy33913/Document/1459275/1459275.htm，2019 年 9 月 17 日。

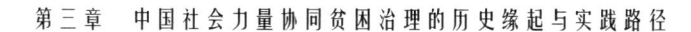

扶贫目标更加明确、扶贫措施更加精准、扶贫步骤更加有序、扶贫投入更加增多。据国家统计局全国农村贫困监测调查，2018年全国农村贫困人口继续大幅减少，贫困发生率明显下降，贫困地区农村居民收入增长幅度高于全国农村平均水平。截至2018年年底，从贫困人口看，我国贫困地区农村居民人均可支配收入为10371元，贫困人口也从2011年的12238万人减少到1660万人，贫困发生率下降到1.7%；从区域分布来看，2018年东、中、西部地区农村贫困人口全面减少；分省来看，2018年我国各省农村贫困发生率普遍下降到6%以下。[①] 实现这一成绩的切实举措离不开政府主导、社会协同的精准扶贫政策的贯彻落实。

第二节 中国社会力量协同贫困治理的历史缘起及现实形态

随着我国扶贫工作的扎实推进和深入发展，参与扶贫的机构和组织愈来愈多，除国家机关、各级政府机构及国际非政府组织外，我国许多以非政府组织、慈善机构、社会组织及各界爱心人士等为载体的社会力量也加入扶贫的行列中来，使得社会协同扶贫的趋势更加明显。社会力量已成为我国反贫困事业的重要主体之一。因而，审视我国社会力量协同贫困治理的历史渊源、发展历程及现实形态显得十分必要。

一 历史缘起及进程：中国社会力量协同贫困治理

（一）中国古代社会力量参与反贫困的缘起

我国历来是一个充斥着志愿文化和慈善行为的国家，乐善好施、济困扶贫、社会互助始终是中华民族的传统美德，社会力量参与扶危济困的活动自古有之。我国古代社会救助主要以"民本、儒家仁政、墨家兼爱、道家劝善以及佛教的慈悲观念"等为其思想基础。就扶贫主体而言，我国古代的扶贫活动可以分为官府实施的贫困救济和民间自行实施的贫困救助两类，并分别称其为"社会救济"和"社会救助"。其中，各朝各代的官府开展社会救济时，大多设置了专门官职与机构。例如，

---

① 中央政府网：《国家统计局：2018年全国农村贫困人口减少1386万人》2019年2月15日，http://www.stats.gov.cn/tjsj/zxfb/201902/t20190215_1649231.html，2019年9月20日。

南北朝时期的六疾馆、唐代的病坊以及元明清兴办的养济院等。而且官府所实施的大规模的社会救济行为（如赈济、工赈），大多发生在灾荒期间、战乱年代及贫困人口突然增加之时。由于种种原因，政府对于人们日常的、非灾年的贫困救助常常无力也无心涉及。我国日常社会中的贫困救助主要由民间社会力量自己实施。即使是灾荒及战乱年代的救济，同样需要民间社会资源的参与。由此可见，社会力量在扶危济困中发挥着重要作用。人们将救助穷苦视为一种美德，并积极投身于实践，不仅涌现出大批救孤恤贫、周急帮困的仁人义士，而且还出现了专门致力于此的机构。① 纵观我国古代社会力量协同扶贫的发展情况大致如下。

中国古代的慈善传统可追溯至西周时期，这一时期的扶贫活动主要由朝廷实施，并被称为"荒政"。春秋战国时期，民间社会力量多以"施粥"的简单形式对贫困民众实施救助。先秦时期，除了国家的救济外，更多的救助活动发生在宗族救助、邻里间的互济互助方面。其中，宗族救助的内容主要为救助穷困的族人、本族孤子及丧葬救助三方面；而邻里互助的内容则主要为救助本乡的贫弱人群、吉庆相贺和死丧相恤等。② 秦汉时期，商人不仅会在灾荒年间救助乡邻，而且还会庇护同族，开展对贫困族众的慈幼、养老和济贫等救济活动。此外，众多商人还建立了同乡会馆，以开展扶贫活动，如杭州的新安惟善堂、苏州的安徽会馆等。两汉期间，随着宗族聚居的扩充和发展，扶危济困、丧葬救助等宗族内部互助的民间慈善事业得到了发展，佛教也于此时传入我国。在唐代，宗族救助变得十分普遍。宋代民间社会力量扶贫济困也趋于活跃，出现了完全由民间组织乃至个人兴办且无宗教背景的慈善事业，其中最著名的有范仲淹的"义庄"和刘宰的"粥局"。前者被视为"家庭扩大化"模式的宗族慈善形式；而后者则以社区居民为对象，以社区组织的方式开展慈善活动，且这些组织主要由乡绅掌握。③ 与此同时，寺院不仅设置了悲田院，其僧人也会发动众多佛教信徒施粥以赈济贫民。活动内容涉及扶危济困、施医赠药、助学济士、养老慈幼及赈粜施粥等各个方面。明清时期，是我国古代民间救助事业发展的鼎盛时

---

① 王卫平、郭强：《社会救助学》，群言出版社2007年第1版，第107页。
② 甄尽忠：《先秦社会救助思想研究》，中州古籍出版社2008年第1版，第140—160页。
③ 曹立前：《社会救助与社会福利》，中国海洋大学出版社2006年版，第47—48页。

期，不仅出现了最早的以济贫教化、民间互助为宗旨的慈善社团，如放生会、同善会及会馆等，而且其"宗族义庄""善堂善会"的扶贫活动更加兴盛。

综上所述，作为过渡时期的先秦时代，官府在扶危济困中发挥了主要作用，并形成了由政府承担救济职责的传统；而秦汉后官府救济逐渐减弱，民间救助逐渐增加，但官府仍占重要地位；宋朝时期，民间救助力量开始大量兴起；直至明清时期，民间救助出现高峰，民间社会力量突破以往的碎片化、私人化的局限，初步形成了组织性、地域性的机构，如善会善堂、田义庄等。除此之外，在我国古代社会，民间社会力量开展扶贫活动的基本途径大致分为"地方精英救助、宗族救助及宗教团体救助"三类。其中，地方精英救助包含乡绅和商人两类，常以"粥厂""社仓"及"出资"的形式提供救助；宗族救助主要通过义庄、族田等形式，针对本族族人开展日常的孤寡者的贫困救助活动。此外，中国古代宗教类型主要有佛教、道教及后来出现的伊斯兰教，而宗教团体救助可分为合法僧团和非法秘密会社两类，并以"施粥""天课""火房"及"符禄治病"等形式开展社会救助。① 总而言之，这些民间社会力量对鳏寡孤独废疾等贫困者开展的救助活动，成为传统社会扶贫事业不可或缺的组成部分。

（二）中国近代社会力量参与反贫困的状况

近代社会力量协同扶贫的发展状况主要包含清朝后期、民国时期两个阶段。伴随着外敌的入侵、自然灾害的发生以及全国经济的不断衰退，使得社会上的贫民越来越多。清政府一系列的割地赔款使得政府救助资金更加匮乏，这一方面导致了官府扶贫的日渐衰落；另一方面也为民间社会参与扶贫提供了契机和条件。在此基础上，中国近代社会救助的思想得以转变，其转变的一个重要标志为救助方式上从"养"转向"以教代养"。蔡勤禹认为，中国近代社会救助思想的转变主要包括"富国养民、以教代养、推广工艺，振兴实业"四个方面的内容。我国近代政府于1915年、1928年、1943年先后颁布了《贫民习艺所章程》《各地方救济院规则》《社会救济法》等政策，这一系列政策更加体现

---

① 刘志扬：《我国古代的社会救助：途径与成效》，第三届社会政策国际论坛论文集，2007年7月，第115—121页。

了我国重视社会进行救济的思想精神。

清末由于清政府统治权力的衰败、绅权的兴起以及政治、经济等多方面的原因，建立在经济发展和政治权力基础上的国家救济系统日益受到破坏，官方的扶危济困能力也不断下降。相较于官方的救济活动而言，民间救助因其形式上的灵活性、时间上的及时性、距离上的靠近性等特点而蓬勃发展，在整个扶贫事业中发挥了很大的作用。晚清时期，以传教士举办、绅商兴办的两类新式救助为民间力量扶贫的特色。第一类，传教士救助最早开始介入的是我国的医疗事业。1900年，法国天主教系统在天津、青岛、九江等地开办了医院和数十处小型诊所。英美基督教会所属诊所及医院在1990年前共有40余所，分布于江浙、两广一带。[①] 外国传教士也介入我国的另一领域为慈幼事业，包括聋哑学校、幼稚园、育婴堂、孤儿院等，并以育婴堂和孤儿院为最多。第二类为绅商兴办的慈善事业。例如，1903年北京地方政府创办的工艺局规定其收养对象为："①身家清白，穷无所归者为上；②本有行业，遭难流离者次之；③平日懒惰成性，兼有嗜好者又次之；④甘心下流，近于邪僻者为下。"自此风气后至1910年，直隶、山东、江西、四川等地工艺局开始遍地而起。与此同时，1906年11月6日，中国历史上第一个独立管理民政事务的中央政府机构——民政部正式诞生。[②] 这两类中，前者主要开展医疗救助、慈幼教育、赈济灾荒、兴办济良所及安老院等活动来实施救助；后者则通过成立协赈公所、上海孤儿院及中国妇孺总会等，来救助游民、孤儿、沦落妇女。[③] 其扶贫范围涉及赡老、赠医、舍药、育婴及义学等多方面。此外，义赈活动也成为当时社会力量不可或缺的重要扶贫方式和手段。

民国时期初步建立了以总统制为核心的政府体制，并主要经历了南京临时政府、北洋军阀政府及国民政府等阶段。民国时期社会救济兴盛发展主要表现为以下两个方面：第一，慈善团体的出现与发展。1904年日俄战争期间，"上海万国红十字会"正式成立，并于1911年正式更名为"中国红十字会"。红十字会不仅开展救死扶伤的活动，而且也

---

① 顾长生：《传教士与近代中国》，上海人民出版社1991年版，第275页。
② 姚建平：《中美社会救助制度比较》，中国社会出版社2007年版，第86页。
③ 蔡勤禹：《国家、社会与弱势群体：民国时期的社会救济（1927—1949）》，天津人民出版社2003年版，第45—49页。

会开展抗灾等扶危济困活动，在民国社会中发挥着越来越重要的作用。据调查，1930年总计566个县市共有1621个机构有慈善团体，到1946年末时，全国29个省市共有救济机构3045个，其中私立的为1011个，约占总数的33%。① 这些组织主要开展赈灾救贫、施医舍药、育婴恤孤及养助丧等活动。由此看出，民国时期各类慈善组织数目相对较多，如敦厚堂、救济院及载德慈幼院等。另外，19世纪20年代，随着基督教本土化运动的不断兴起，由教会人士所构成的宗教类慈善团体也开始逐渐兴盛，例如道院、悟善社及一心堂等，这些宗教团体所作慈善活动多涉及慈幼、办学、赈灾、济难等各个方面。第二，慈善家群体的开始形成，并于1919年成立了中华慈善团体全国联合会。第一个慈善家群体产生于清末时期，该群体以上海协赈公所为中心聚集起了经元善、郑观应、谢家福等十多位江浙绅商。在此基础上，民国时期大批慈善家群体在全国各地开始大批形成。例如，民初中国红十字会在开展兵灾赈济时，形成了包含沈敦和、施则敬、吴重熹、吕海寰等在内的一个新慈善家群体；1919年成立了中华慈善团体总会，1920年华洋义赈会成立后，也聚集起了孙仲英、余日章、严兆濂等在内的慈善家群体……② 在红十字会、慈善机构及众多慈善家群体的影响下，民国时期的慈善事业和扶贫活动也开始愈加兴盛。

综上可知，近代时期，民间社会力量快速发展，而且在国家救济难以满足贫困群众日益扩大的需求时，慈善组织、传教士、宗教及乡绅等在扶贫事业中发挥了重要作用。

（三）新中国成立后社会力量参与贫困治理的历程

新中国成立后至改革开放前这段时间，由于我国实行的是计划经济，许多民间社会组织、慈善机构等都被撤销或接受政府改组。因而，这一时期的扶贫事业全部由政府承担。改革开放以来，国家努力开展扶贫事业，我国贫困人口大幅度减少、贫困发生率大幅度下降。纵观我国扶贫开发的历史进程可知，具有志愿性、自发性、民间性的社会力量以其固有的优势和特点在协同扶贫的舞台上逐渐崭露头角。与政府扶贫开发呈

---

① 黄剑波：《福利慈善、社会资本与社会发展——论宗教在当代中国社会中的参与需要和可能》，《广西民族研究》2005年第4期。
② 杨守金：《中国特色慈善事业发展研究》，博士学位论文，东北师范大学，2006年。

阶段性特点相同，我国社会力量协同贫困治理大致经历了以下阶段。

1. 参与意识萌芽的内生性扶贫阶段（1978—1985年）

改革开放后，随着我国体制改革和经济社会的高速发展，国家逐渐放松对社会领域的管制，以 NGO、慈善机构及社会组织等为载体的社会力量有了较大的发展。这一时期的社会力量大多出于人道主义救援和慈善公益的目的，开始自发地参与贫困群体的救助活动。据相关资料显示，1978年我国的社会组织大约有6000个；1982年、1984年及1985年分别成立了宋庆龄基金会、残疾人福利基金会和南京爱德基金会等公益机构。因而，具有官方背景、拥有较为充足资源的部分基金会、社会团体成为国家社会力量协同扶贫的主要组成部分。总体而言，我国的民间组织数量较少，社会力量的基础较为薄弱。社会力量更多地在全能干预型政府的主导下自发参与中国的扶贫事业中。此阶段属于社会力量内生性地、无序地、零散地参与扶贫的意识萌芽时期。

2. 扩大参与的外生性扶贫阶段（1986—2000年）

改革初期，众多 NGO 及慈善组织的目标过于多元化、社会各界爱心人士的力量也过于零散化，以致社会力量协同扶贫大多处于自发无序的状态中。在政策上，1994年，中央颁发的"八七计划"明确提出，要动员社会力量积极参与到扶贫中来。随后，1996年，国家发布的《关于尽快解决农村贫困人口温饱问题的决定》指出，实行全党动员、全社会扶贫济困的扶贫方针等。国家颁发的一系列政策文件，均鼓励以 NGO、民间组织及慈善机构等为载体的社会力量参与扶贫开发，扶危济困得到了全社会的注意。在政府的政策支持和鼓励引导下，各类社会力量参与扶贫的意愿不断增强。

在实践上，根据民政部统计，1988年民间组织合计为4446个，到1992年增加到154502个。相比其他活动领域，参与扶贫的社会组织数量较多，2000年约有20.95%的社会组织活跃于扶贫领域，并主要开展扶危济困、抗灾赈灾、公益援助及安老助孤等活动。与此同时，1986—2000年，国家、全社会、NGO 投入扶贫资金分别为1776.3亿元、2310.4亿元、567亿元。[①] 这一时期，中国青少年发展基金会、中国扶

[①] 曲天军：《非政府组织对中国扶贫成果的贡献分析及其发展建议》，《农业经济问题》2002年第9期。

贫基金会、中国扶贫开发协会及中华慈善总会等扶贫机构也相继成立，具有组织性、规模性的社会力量也因此形成。社会力量在政府的支持下得到了高速发展，并不断扩大其参与扶贫的活动范围和领域。然而，国家所颁发的政策文件中，针对社会力量如何协同扶贫的方式、社会力量协同扶贫的效能发挥及社会力量协同扶贫的制度安排等的法律法规尚处于欠缺状态。因而，此阶段属于外生性的、有序的、扩大参与的社会力量协同扶贫的时期。

3. 规范化参与的制度性扶贫阶段（2001年至今）

21世纪以来，一方面，公民意识及政治文明的提升极大地促进了公民社会的形成；另一方面，贫困现状的改变以及国家扶贫政策方向与重点的变化极大地激发了社会的扶贫意愿。在此背景下，社会力量协同精准扶贫上升到了国家战略层面。社会成为政府与市场之外的另一支重要力量，在扶危济困和社会治理中扮演着越来越重要的角色。

在政策上，政府颁发的《中国农村扶贫开发纲要（2001—2010年）》指出，为社会组织、NGO参与扶贫事业积极创造条件，以形成"政府主导、社会参与"的扶贫新格局。这一时期，中央出台了许多与慈善机构、社会组织等为载体的社会力量相关的法律法规，如《基金会年度检查办法》《民间非营利组织会计制度》和《社会组织评估管理办法》等；相关部门也相应地出台了一系列鼓励引导以志愿服务、社会工作等为载体的社会力量参与脱贫攻坚的政策文件。例如，2017年7月6日，民政部、财政部、国务院扶贫办联合印发的《关于支持社会工作专业力量参与脱贫攻坚的指导意见》明确提出，社会工作专业力量参与扶贫的服务内容、重点项目及组织保障等相关内容；2017年11月16日，民政部、国务院扶贫办联合制定的《社会工作教育对口扶贫计划实施方案的通知》明确指出，实施社会工作教育对口扶贫计划的总体要求、基本原则、主要任务及实施步骤等内容；2018年2月26日，中国志愿服务联合会发布的《关于印发中国志愿服务联合会2018年工作要点的通知》提出，推动志愿服务制度化发展、加强志愿服务信息系统建设、深化志愿扶贫品牌项目建设及理论研究等志愿扶贫的要点和方向；2018年5月10日，民政部印发的《关于深入开展脱贫攻坚志愿服务宣传展示活动的通知》指明了，脱贫攻坚志愿服务的活动目标、活动重点、活动安排及工作要求等相关内容；2019年6月15日，中国社会工作教育协会发布的《关于进一步落实民政部等三部委文件精神加快推进社会工作教育扶贫若干工作的通知》提出了，社会工作教育扶贫的实施要点和要求……这些均为社会力量的规范发展提供了良好的法律环境，更加为社会力量协同扶贫指明了前进的方向。

在实践上，2001年10月，中国非政府组织扶贫国际会议上《中国NGO反贫困北京宣言》的发表，掀起了社会力量广泛参与贫困治理的浪潮。随后，"万企帮万户""巾帼脱贫行动""志愿扶贫项目""国家扶贫日的设立"及"中国社会扶贫网的上线"等众多社会扶贫模式，不仅受到了国家和人民的广泛关注，而且取得了较好的扶贫成效。2018年12月8日，王铮键在中国社会工作教育扶贫暨精准扶贫与社会工作研讨会上指出，通过民政部、扶贫办等部门的指导推动以及社会工作教育协会和社会工作院校的努力，社会工作教育对口扶贫工作取得了显著成效，并体现出了"参与度高、组织有力、产出多元、影响广泛"等方面的特点。除此之外，据国家发布的《2018年民政事业发展统计公报》可知，截至2018年年末，全国共有各类社区服务机构和设施42.7万个，社区志愿服务组织（团体）12.9万个；全国共有经常性社会捐助工作站、点和慈善超市1.2万个；全年有1072.0万人次在民政领域提供了2388.7万小时的志愿服务；全国持证社会工作者共计43.9万人；2018年，全国社会组织捐赠收入919.7亿元，比上年增长26.1%。2019年6月5日，在《中央财政支持社会组织参与社会服务项目资金使用管理办法的通知》和《2019年中央财政支持社会组织参与社会服务项目实施方案的通知》的基础上，评审出了186个中央财政支持的社会组织参与社会服务项目。其中，2019年发展示范（A类）项目有60个、承接社会服务试点（B类）项目有50个、社会工作服务示范（C类）项目有43个、人员培训示范（D类）项目有33个。在此阶段，以志愿组织、社会工作机构、NGO为载体的社会力量开始日益壮大和成熟，社会力量协同扶贫逐步走向规范化、制度化、有序化的发展阶段。

二 现实形态：新时代社会力量协同精准扶贫

自2013年以后。随着精准扶贫上升为国家战略，我国政府鼓励、支持社会力量参与精准扶贫工作，力争形成政府主导、社会协同的大扶贫格局。实践上，作为精准扶贫的重要主体，社会力量在助力打赢脱贫攻坚战时发挥了很大的作用。社会力量协同精准扶贫也逐渐成为一种重要的反贫困模式。

（一）社会力量协同精准扶贫的功能与目标

第一，有效地弥补政府扶贫的不足。多年的实践经验证明，坚持政府主导是搞好脱贫攻坚工作的必要前提。政府主导模式的扶贫计划大多考虑到一般的、普遍的、共性的贫困难题，在解决整体性的、区域性的、大面积的贫困问题方面十分有效。然而，随着经济社会的快速发展和人民生活水平的不断提高，目前的贫困状况更多地处于分散化、个性化的状态之中，政府因其人员不足、资源不够及方法不当等的缺点，在解决差异化、特殊性的贫困问题上尚有缺陷，往往使得扶贫的"精准度"难以有效落实。据统计，在国家"八七计划"期间，民间组织和其他社会力量直接动员的各类扶贫资金和物资折款500多亿元人民币，占扶贫资金的28%，扶贫贡献率在30%—35%。进入21世纪，在政府的鼓励和支持下，民间组织在促进贫困地区教育公平、改善贫困地区卫生健康条件、提供及时人道救援和促进农村贫困社区发展等方面扮演着重要角色。

第二，贴近群体，有助于满足新时代下不同贫困群体的特殊需求。精准扶贫政策被提出之后，"精准识别"成为扶贫工作开展的首要步骤。国家需要首先有效地识别出贫困地区、贫困县、贫困村及贫困户，辨别出不同群体的真实致贫原因，在此基础上实施精准帮扶，以满足不同贫困群体的不同需求。但是，实践证明国家在精准扶贫中仍存识别不精准、帮扶不精准等困境，从而在一定程度上降低了精准扶贫政策实施的有效性。面对此实践困境，自下而上凝聚而成的社会力量，不仅可以很快地与村民打成一片，而且可以很好地了解村民的基本生活情况，进一步熟悉整个村庄的生活环境和不同贫困户的第一手资料信息，从而辅助政府做好精准识别工作；另外，社会力量以其丰富的经验、专业的姿态和科学的手段，针对不同群体的不同致贫原因精准施策，增进扶贫工作的准确性，真正做到"补短板""挖穷根""扶民志""扶民智"。

以江西省修水县太阳升镇爱心协会情况为例，该协会于2016年11月3日登记成立，根据不同群体的不同需求开展扶贫活动。自2016年9月份成立以后，该协会对本镇失依困境儿童采取"一对一"的结对帮扶方式，并举办了关爱留守儿童"送寒衣，送温暖"的活动；对本镇突发疾病患者通过轻松筹的筹集资金方式，以减轻其经济负担；对敬老院的五保老人采用物质扶贫和关爱慰问的方式,满足其心理需求;对生活不能自理的残疾人进行发放轮椅等等,以此满足不同群体的不同需求。① 再如,以贵州白云的"红云社区"为例,其以社区为依托,开始的服务有:①组织志愿者围绕实际需求定期帮扶空巢老人,让他们感受到亲人般的温暖和关怀,如陪老年人聊天、做家务、做饭、组织展演、开展健康体检和健康讲座活动等;②组织志愿者走家串户,给予留守儿童进行生活照顾和亲情关爱,如为留守儿童提供心理健康教育、学业辅导、亲情陪伴及开展关爱劝学行动等;③组织志愿者开展关爱农民工志愿服务,如权益维护、技能培训、素质提升、政策咨询等;④组织志愿者开展关爱残疾人服务,如就业指导、生活照顾、康复咨询、健康体检、法律援助及心理抚慰等。② 这一系列举措因时因地且因人制宜地满足了不同贫困者的不同需求。除此之外,社会力量是自发地帮扶贫困群众,它可以摒弃政治噱头和形式主义,避免出现扶贫的形象工程、面子工程及腐败现象。总之,社会力量以其草根性、志愿性及灵活性的优势,可以有效地进行精准识别和精准帮扶,从而满足新时代下不同贫困群体的特殊需求。

第三,有益于扶贫理念与扶贫方式的创新。社会力量在参与精准扶贫的过程中,通常会应用许多新的思路、新的设计和新的做法等,从而为我国的脱贫攻坚工作增添新的理念与活力。在扶贫理念上,社会力量不同于官方的政府机构,其没有太多的条框限制,并且可以引进国外的扶贫经验(如参与式扶贫理念),根据本国国情更新扶贫理念,不断地以新思维、新思路开展扶贫攻坚工作,这样不仅有利于新时代下扶贫理念与扶贫方式的创新,而且有利于带动贫困群体的全面脱贫。例如,民间组织探索产生的"倡导型公益"思路,主要致力于公益理念的传播和公益活动的体验,而非向贫困者直接送物送款,最终推动了全民扶贫理念的创新。

在扶贫方式上,社会力量协同扶贫不同于传统政府主导的扶贫模式,社会力量参与扶贫能够将"大水漫灌式""输血式"的扶贫真正地

---

① 数据来源于江西省修水县调研时获取的《太阳升镇扶贫济困爱心协会总结》一文中。
② 人民网:《白云区红云社区"五开展"为辖区群众提供全方位服务》2018 年 7 月 24 日,http://gz.people.com.cn/GB/n2/2018/0724/c373839 – 31852509.html,2019 年 9 月 27 日。

转换为"滴灌式""造血式"的扶贫。社会力量利用互联网技术，探索出了诸如微信捐款、网络募捐、饥饿24小时、善行者公益徒步等不同方式。例如在2016年3月，中国扶贫基金会通过3小时的电商推广，将震后重生的10万斤雅安黄果柑全部售空，并由此成为社会力量探索扶贫新方式的一次成功实践。以潍坊市为例，该市社会组织已开展了诸如"黄谷生机""授渔工程""果农帮扶计划""乡村公益游"等一系列扶贫活动。① 此外，现阶段的旅游扶贫（如全国第一个国家级旅游扶贫实验——六盘山旅游扶贫试验区②）、公益扶贫、金融扶贫、电商扶贫、互联网扶贫、消费扶贫及商贸扶贫等，均是创新性的社会力量协同精准扶贫的模式。

第四，有利于吸纳和整合社会资源，促进资源配置的最优化。现阶段，政府给予了许多专项扶贫资金，但是由于贫困地区和人员众多、地方财政能力有限以及贪污腐败等问题的存在，使得扶贫面临着资金不足的困境。社会力量协同扶贫凭借扶贫主体的多元化、扶贫方式的多样化和扶贫目标的精准化，在一定程度上有利于实现扶贫资源配置的广泛性、灵活性和契合度，因而，社会力量协同扶贫本身就是精准扶贫资源配置的一种补充性的吸纳机制。③ 相较于政府而言，社会力量拥有较好的社会动员能力，其不仅可以动员社会各界人士参与到精准扶贫之中来，而且可以通过公开募集、项目宣传及义卖义演等的形式，将社会闲散资金吸纳、注入扶贫事业之中。

以中国青基会实施的希望工程为例，截至2019年9月，全国希望工程累计接受捐款152.29亿元，资助家庭困难学生599.42万名，援建希望小学20195所，同时，希望工程还根据贫困地区实际推出了"圆梦行动""希望厨房"、乡村教师培训等项目，积极进行教育扶贫，促进了贫困地区基础教育全面发展。与此同时，社会力量协同精准扶贫在扶贫资金使用上，具有密度高、覆盖范围小及精准性强的特点，可以在一定程度上

---

① 潍坊市扶贫开发办公室网站：《山东潍坊公示第二批社会组织精准扶贫项目》2017年1月24日，http：//www.chinanpo.gov.cn/6010/101395/index.html，2019年9月30日。
② 中央政府网：《宁夏：旅游扶贫试验区引领六盘山旅游走出"深闺"》2014年5月27日，http：//www.gov.cn/xinwen/2014-05/27/content_2688254.htm，2019年9月30日。
③ 陈成文、王祖霖：《"碎片化"困境与社会力量扶贫的机制创新》，《中州学刊》2017年第4期。

促进资源再分配,从而有利于扶贫资金配置最优化的产生。

(二) 社会力量协同精准扶贫的活动领域

以 NGO、慈善机构、社会组织等为载体的社会力量在精准扶贫中扮演着社会服务者、专业技术指导者、合作伙伴以及宣传倡导者等多种角色。① 其通过义拍义卖、政府购买服务、教育培训、慈善募捐及搭建平台等方式,在教育扶贫、健康扶贫及产业扶贫等领域发挥着重要作用。目前社会力量协同精准扶贫主要涉及以下几个活动领域。

第一,关爱和慰问扶贫。现阶段,农村老龄化及空心化现象较为严重,农村地区老、幼、弱、病及残等留在家中的现象十分普遍,这些弱势群体囿于社会结构的弱势,只有在政府与社会的帮助下,才能实现真正的脱贫。新时代下关爱和慰问扶贫已成为社会力量协同精准扶贫的一个重要领域,主要做法为:发放慰问金、送米面等日常生活用品、深入贫困者家中与其交流并疏解其内心情绪等等。以实地调研的江西各县市为例,每到一个贫困户家中,当询问其帮扶干部、第一书记及志愿者是否有来家中探望,都做了什么事情时,贫困户普遍反映这些人都很好,每次来都会和他们说说话、聊聊天、干干活、问问自己的身体状况如何,有的时候还会给送棉被、米面油等生活用品。由此可见,这些都是关爱和慰问扶贫的主要形式。

除了社会力量的日常慰问扶贫外,中秋节、春节、重阳节等节假日的关爱慰问活动更为普遍。以实地调研的江西省黎川县为例,2018 年 11 月 22 日,抚州市人力资源和社会保障局印发的《抚州市人社系统 2018 年脱贫攻坚"秋冬会战"工作方案的通知》指出,要切实努力做好扶贫慰问活动。2019 年 8 月 21 日,中秋节将要来临之际,黎川县红十字会干部职工深入樟溪乡东港村帮扶点开展扶贫慰问活动。此次慰问共为 10 户贫困户送去了价值 6000 元的家庭温暖包和衣服。入户过程中,各职工详细地询问贫困者的身体、生活、子女上学情况、各类惠农补贴落实情况以及当前脱贫过程中存在的问题、困难等,并鼓励他们要积极发展生产,依靠自己的双手努力改善家庭生产生活条件。② 在新时

---

① 陈小娟:《慈善组织参与精准扶贫问题探析》,《齐齐哈尔大学学报》(哲学社会科学版) 2017 年第 10 期。

② 黎川县人民政府:《下乡慰问送温暖 精准扶贫暖人心》2019 年 8 月 26 日,http://www.jxlcx.gov.cn/art/2019/8/26/art_2346_3101603.html,2019 年 10 月 1 日。

第三章　中国社会力量协同贫困治理的历史缘起与实践路径

代，精准扶贫已进入深水区和攻坚期，单纯的以送钱、送物的物质扶贫，已不能完全满足贫困群体心理方面的需求，社会力量于此时深入贫困地区、贫困户之中，向贫困者提供慰问、关爱等精神关爱以助力脱贫攻坚。

第二，思想和教育扶贫。新时代精准扶贫的任务要求为将扶贫与扶智、扶志相结合，社会力量以其贴近群众、志愿性、灵活性及专业性的特征，深入贫困者家中帮扶脱贫，帮助其转换"等、靠、要"的思维观念，以激发贫困者自身的脱贫意识和脱贫能力，做到"真脱贫、脱真贫"。此外，孩子是祖国的花朵，是祖国的明天，更是祖国的未来，因而，智力和教育扶贫也相当重要。目前，教育扶贫也成为社会力量协同精准扶贫的一个重要领域。江西省修水县暖冬志愿者协会共资助建档立卡贫困户 43 个学生，其与修水县红绳志愿者协会、修水县心理健康教育协会共同成立"修水阳光助力爱心社"。爱心社通过接受社会资金、物资，提供志愿服务、设立助学基金等，积极配合精准扶贫，为全县建档立卡贫困户家庭的学生发放助学金 10 多万元，实现了社会组织、政府、学校及家庭"四位一体"的扶贫模式。①

比较普遍的现象是，拥有文化素养和科学知识的优秀大学生作为社会力量的一分子，经常以支教的形式深入教育稀缺的贫困地区，从而帮助改善该地区的教育匮乏的状况。例如，2012 年 5 月成立的南昌大学黔·行支教调研团（公益性支教调研团队），于每年 7 月份赴贵州省剑河县久仰乡等贫困地区开展支教等实践活动。此团队共开展有"暑期支教、爱心义卖、寒假暖春、爱心一帮一及福利院关爱残缺儿童"等多个特色项目。2012—2015 年来，该团队的支教活动直接受益人数达 1800 余人，间接受益人 4200 人；累计捐助衣物 2100 余件、图书 2400 余本、笔和作业本等其他学习用品若干；期间多次举办园游会、趣味运动会和文艺汇演等活动，并建立图书室，建设广播站，开设普乐课堂，设计校园墙报，放映露天电影等。2019 年 7 月初，该团队的志愿者再次启程，走进苗寨，为爱黔行，开展团队第八年的支教调研活动。

除此之外，社会各界爱心人士、基金会等社会力量也会实施教育帮扶措施。伟鸿高端教育基金（简称鸿基金）于 2013 年 5 月 27 日发起的

---

① 数据来源于江西省修水县调研时获取的《我县社会组织参与精准扶贫工作情况汇报》一文。

以关爱留守儿童为宗旨的"爱的背包"项目,旨在通过"爱的背包"和"爱的邮箱"为留守儿童与父母之间搭建一座亲情桥梁,帮助留守儿童健康快乐成长。该项目的主要包括"一个书包、一本图书、一个手电、24个信封、一个相册及爱的邮箱"等内容。自该项目发起以来,已先后走进安徽、湖南、重庆、四川等25个省的1874所学校,为十万名留守儿童送去爱的背包,物资运输里程累计104万公里。与此同时,广西壹心贫困山区助学服务中心发起的"书香校园"项目、中国社会福利基金会发起的"暖流计划"、北京立德未来助学公益基金会的"美丽中国教育项目"、刘发英发起的"英子姐姐助学网"等活动,这些均是社会力量助力教育扶贫的具体举措。

第三,产业扶贫。产业扶贫是指以市场为导向,以经济效益为中心,以产业发展为杠杆的扶贫开发模式,是促进贫困地区发展、增加贫困户收入的有效途径。产业扶贫是一种内生发展机制,目的在于促进贫困个体(家庭)与贫困区域协同发展,根植发展基因,激活发展动力,阻断贫困发生的动因。产业扶贫是精准扶贫的一个重点领域,也是提高贫困者自身造血能力的一个重要战略。江西省修水县爱心联合会结合工作实际,开拓思路,助力产业脱贫,增强贫困户信心。帮助 HS 镇 STP 村 LWQ 销售猪肉等农产品,资助其开展养殖、种植,先期资助 5000元;帮助 TYS 镇贫困户 YX 销售花红 577 斤,收入 2885 元;帮助杭口贫困户 LXL 销售猪肉,收入 6000 元;帮助西港"爱心妈妈"QYX 销售家禽 150 余只及麦冬等农产品,收入约 2 万元;帮助西港镇 YS 村民 LQY 家庭,多次销售鸡、鸭、菜干等,收入 10000 元。①

龙头企业、商会组织、乡村精英及各界爱心人士等社会力量依据当地的生态环境和实际情况,通过投资、建厂等来兴办具有本地特色的优势产业和主导产业,以建立长效的、可持续的扶贫发展机制。此时,贫困地区的贫困者可依据自身情况选择入股分红、入厂打工等形式参与其中,此模式不仅可以调动其自身脱贫的积极性,而且可以有效防止返贫现象的发生。以实地调研的青海省循化县为例,截至 2019 年 6 月,该县根据乡、村、户资源禀赋,不断壮大扶贫产业经济,建成"黄河彩篮"现代菜篮子生产基地、产业园(民族用品)和一批乡村旅游景区景点的基础

---

① 数据来源于江西省修水县调研时获取的《修水县爱心联合会脱贫攻坚事迹材料》一文中。

上,大力实施特色产业项目,培训技能,投入4000余万元落实特色种植业、养殖业、运输业等。与此同时,扎实开展"雨露计划"和新型职业农民技能培训,累计转移就业9.87万人次。不断扶持壮大"拉面经济",100多个城市中以撒拉人家为主的餐饮店达7500家。①

再如,河北省实施的"千企帮千村"中的中翼扶贫基金会于张家口市YY县开展的产业扶贫。该县为河北省十大深度贫困县之一,基础条件相对落后、思想观念较为保守、土地贫瘠、产业基础单一且薄弱,在此基础上,河北省工商联和基金会采取了"基金会+企业+合作社+农户"的帮扶模式,发展绒山羊养殖产业。具体由基金会这一社会力量搭台,RS房地产发展股份有限公司出资捐赠,以BMY村为试点,建成一个占地约5万平方米、规模存栏2000只的大型扶贫养殖基地。目前已实际投入700万元,初步完成了羊场的厂房基础设施建设,并已购入约1300只优质绒山羊。不仅如此,基金会还引入了羊绒产业龙头企业——HT集团,将供产销融为一体。这一产业扶贫举措在一定程度上促进了贫困户脱贫,而且带动了周边贫困村的发展。

除此之外,以河南省开封市为例,该市出台了《关于进一步加快推进产业扶贫工作的通知》等文件,明确了"1+2+2+N"的产业发展目标,即市级层面扶持支持一批龙头企业;县区层面选择2个以上的大型龙头企业;乡村层面因地制宜选取2个以上种植养殖项目,努力实现每个贫困户都有3个以上产业帮扶措施,确定了禾丰牧业生态养殖、沃森百旺设施农业、丽星食品高效农业等9家龙头企业的产业发展模式。截至2019年7月底,开封带贫企业共42家,其中龙头企业23家,一般带贫企业19家,新建成并投入使用具有带贫能力的种植大棚1.47万座;实施产业项目总数296个,产业项目资金总量28979万元,带贫户数40021户,预计户均收益4614.4元。② 由上可知,各个贫困地区的"扶贫车间"、农产品特色产业基地、种养殖合作社、旅游业及光伏产业等,这些社会力量协调精准扶贫均是比较普遍的产业扶贫手段,并取

---

① 青海新闻网:《"摘帽"后循化既回头看又向前干》2019年6月12日,https://baijiahao.baidu.com/s? id=1636103226822420392&wfr=spider&for=pc,2019年10月2日。
② 根在中原网站:《"三股劲"拧成脱贫一股绳 河南省开封市打好打赢脱贫攻坚战纪实》2019年9月24日,http://www.rootinhenan.gov.cn/sitesources/kf/page_pc/cxzc/article07984cb741434575b0cd965797cd2e4a.htm,2019年10月5日。

得了较为显著的成效。

第四，健康扶贫。新时代的健康扶贫是一项长期的任务。据统计，截至2017年年末，3000万建档立卡贫困人口，因病致贫、返贫家庭占40%左右，患大病和慢性病的贫困人口占20%左右。① 现阶段，由于贫困地区的地理位置和卫生条件较差、村民医疗保健常识缺乏、医疗保险报销的看病范围、疾病范围、报销水平有一定的限制，且农村地区的家庭纯收入相对较低，农村地区家庭一旦有人患上重病、大病，将非常容易导致返贫、致贫现象的发生。新时代社会力量凭借自己专业的医疗知识，通过健康指导、义诊体检、人才援助、医疗设备援助、疾病预防宣传等的方式，提高贫困地区的医疗水平和贫困者的预防能力，以防止贫困的发生。

2018年10月18日，在北京召开的社会力量参与健康扶贫协作论坛指出，我国实施健康扶贫工程中的大病专项救治病种已扩大到21种，963家三级医院与所有贫困县1180家县级医院已建立对口帮扶关系，年均超过3万人次的城市三级医院医务人员派驻到贫困县县级医院。在这些健康扶贫举措的帮助下，因病致贫返贫贫困户已经脱贫581万户，为脱贫攻坚的顺利开展做出了重要贡献。② 不仅如此，由中国人口福利基金会发起的"健康暖心"工程，实施4年来已累计动员社会捐助4.5亿元，为487家县级医疗机构和乡镇卫生院捐赠1360套（台）价值2.4亿元的医疗设备，培训基层医务人员和临床医生2448名，救助贫困患者3万余人。③ 除此之外，中国扶贫基金会等发起的"顶梁柱"健康扶贫公益保险、乡村医生健康扶贫公益项目；中国残疾人福利基金会实施的"集善扶贫健康行"公益项目；三门峡武强医院开展的"康复一患者，解救一家人"主题医疗援助活动；青海省藏医药学会举办的"名医下乡"帮扶义诊项目……也在提升健康扶贫实效上起了重要作用。总而言之，社会力量仍然是健康扶贫的重要补充，在实现精准脱贫

---

① 新京报网：《全国近3000万人口未脱贫 因病致贫返贫家庭占4成》2018年3月30日，http：//www.bjnews.com.cn/health/2018/03/30/481367.html，2019年10月5日。
② 中国经济网：《社会力量参与健康扶贫协作论坛在京召开》2018年10月18日，http：//www.cpad.gov.cn/art/2018/10/18/art_2624_90408.html，2019年10月8日。
③ 健康报：《健康扶贫再添社会力量》2018年7月16日，http：//szb.jkb.com.cn/jkbpaper/html/2018-07/16/content_221460.htm，2019年10月8日。

第三章　中国社会力量协同贫困治理的历史缘起与实践路径　　69

的过程中发挥着不可替代的作用。

第五，"互联网+"扶贫。在新时代精准扶贫中，互联网信息技术在一定程度上辅助着社会力量参与扶危济困。近年来，社会力量形成了"互联网+"的扶贫新模式。该模式利用大数据优势、互联网思维及公益理念，充分整合社会各界的资源，开发公益网络平台，助力精准脱贫。根据中国互联网络信息中心（CNNIC）发布的第43次《中国互联网络发展状况统计报告》得知，截至2018年12月，中国网民规模达到8.29亿，全年新增网民5653万，互联网普及率为59.6%；农村网民规模达2.22亿，占整体网民的26.7%，较2017年年底增加1291万人，增长率为6.2%；农村地区互联网普及率为38.4%，较2017年年底提升3.0个[①]。据统计，2018年上半年，我国网络慈善的参与人数达到35.7亿人次，一些慈善组织的网络募捐已经占到捐赠总收入的80%以上，网络慈善已成为集聚扶贫资金的新模式。[②]

例如，2017年7月12日，由中国扶贫基金会等共同发起"顶梁柱健康扶贫公益保险项目"，为国家级贫困县20至60岁的贫困户免费投保，为农村家庭中的"顶梁柱"提供保障，解决因病致贫、返贫的难题；[③] 由中华思源工程扶贫基金会、中国国际电子商务中心等知名电商企业组成的中国电商扶贫联盟，覆盖全国21个省份的340个贫困线，打造不同贫困地区、贫困户销售农副产品的重要渠道，以实现消费扶贫的"最后一公里"；[④] 由广东省扶贫办和广东移动联合发起的"互联网+消费扶贫"，加强了与桂滇川黔四省份扶贫产品的产销对接，2018年销售金额59.69亿元，其中省外38.4亿元，省内21.29亿元，累计带动贫困人口29.12万人增收脱贫；2019年1月至

[①] 中国网信网：《互联网络发展状况统计报告（2019年2月）》2019年2月28日，http://www.cac.gov.cn/2019-02/28/c_1124175677.htm，2019年10月10日。

[②] 新民网：《民政部：2018年上半年网络慈善参与人数达35.7亿人次》2019年1月14日，http://mini.eastday.com/mobile/190114174611063.html，2019年10月10日。

[③] 人民政协网：《"互联网+公益"创新模式助力健康扶贫》2017年7月18日，http://csgy.rmzxb.com.cn/c/2017-07-18/1662944.shtml，2019年10月10日。

[④] 人民政协报：《340个贫困县将受益于"互联网+扶贫"》2018年8月9日，http://gongyi.sina.com.cn/gyzx/2018-08-09/doc-ihhnunsp7155457.shtml，2019年10月10日。

5月累计销售4.42亿元,带动贫困人口2.26万人增收①……这些均是社会力量在"互联网+"领域所做出的"互联网+健康""互联网+教育""互联网+电商""互联网+消费"及"互联网+公益"等的扶贫举措。

(三)社会力量协同精准扶贫的阶段性成效

近年来,在党和政府的鼓励引导下,我国社会力量在协同精准扶贫的过程中取得了阶段性的成就,也为扶贫事业做出了自己的贡献。

首先,集聚了大量的社会资源,提升了扶贫的效能。社会力量根植于民间、人数众多、种类繁多,已经在扶贫过程中汇集了多方的资源以及各行各业的人员、组织。首先,在人员方面,专业性人才以及爱心人士越来越多,且广泛地活跃于扶贫领域。以我国的慈善爱心人士为例,即有关志愿者及志愿服务方面,根据《2018年中国志愿服务发展指数报告》可知,自2013年8535万人的志愿者开始增长到2018年的19811万人,总增长率为132%,由此看出这6年间我国的志愿者数量呈现出迅速增长的势态。其中,2018年度志愿者最热衷的领域主要为帮老助残、扶贫济困,其占比依次为61.05%和46.57%②,总体看志愿者更多从事帮扶弱势群体等的扶贫活动。

其次,在组织方面,基金会、社会团体等机构也越来越多,并在国家政策的引导下而广泛地参与到脱贫攻坚中来。以社会组织为例,截至2018年年底,根据民政部发布的社会组织统计数据可知,全国共有社会组织81.6万个,其中社会团体、民办非企业单位(社会服务机构)、基金会的总量分别为36.6万个、44.3万个、7027个(如表1-1所示)。其中,2018年全国共有686家全国性社会组织开展脱贫攻坚项目1536个,总支出约323亿元,惠及建档立卡户及建档立卡贫困人口数分别约63万元和581万元。与此同时,据不完全统计,2018年全国约7000家省级社会组织专门立项开展脱贫攻坚,投入资金近200亿元,

---

① 新快报:《"互联网5G+"体系 助力消费扶贫》2019年6月16日,http://finance.sina.com.cn/roll/2019-06-16/doc-ihvhiews9169082.shtml,2019年10月10日。
② 参见杨团《慈善蓝皮书:中国慈善发展报告(2019)》,社会科学文献出版社2019年版,第49—87页。

受益贫困人口约 1600 万人。① 由上可知，无论是对于志愿者个体而言，还是对于社会组织机构而言，扶贫领域中的人员数量越来越多，这在一定程度上取得了聚集人力的优势。以实地调研的河北省故城县为例②，该县目前已吸纳脱贫攻坚青年志愿者 60 余名开展了北斗关爱新行动——关爱留守儿童公益活动，为近千名留守和困难儿童发放总价值 30 余万元的安全礼包，服务贫困群众 120 多人。故城县青年志愿者的这一举动助推了脱贫攻坚的顺利进展，从而提升了扶贫的效能。

表 3-1　　　　　　　　　2018 年社会组织类型及数量

类型	数量（万个）	较上年增长率（%）
社会团体	36.6	3.1
民办非企业单位	44.3	10.8
基金会	0.7027	11.4
社会组织总数	81.6	7.1

数据来源：《慈善蓝皮书：中国慈善发展报告（2019）》。

最后，资金方面，社会扶贫资金来源越来越广泛、数目也越来越大。据统计，截至 2018 年 12 月 31 日，中国扶贫基金会总收入达 7.69 亿元，捐赠收入为 7.33 亿元，其中公众捐赠达 3.34 亿元，企业捐赠为 3.99 亿元。中国红十字基金会年度总收入为 6.96 亿元，其中社会捐赠收入为 4.47 亿元。中国社会福利基金会总收入为 6.53 亿元，捐赠收入为 6.32 亿元。③

2019 年 6 月 28 日，据国务院扶贫办、民政部就"社会组织参与脱贫攻坚工作"情况所举办的新闻发布会可知，扶贫资金除了来源于中央与地方政府之外，基金会、企业、公益协会等社会力量也在扶贫资金方面贡献了自己的力量。以 2018 年全国性社会组织的扶贫项目与扶贫资

---

① 中央政府网：《2018 年全国性社会组织扶贫项目惠及 581 万贫困人口》2019 年 6 月 28 日，http://www.gov.cn/xinwen/2019-06/28/content_5404260.htm，2019 年 10 月 11 日。
② 数据来源于调研时获取的《故城县贫困退出自评报告（2018 年 10 月 30 日）》一文。
③ 公益时报：《2018 基金会筹款成绩单（三）：月捐和会员捐赠获多家机构重视》，2019 年 5 月 23 日，http://www.gongyishibao.com/html/yaowen/16604.html，2019 年 10 月 13 日。

金投入为例（如表3-2所示）。据统计，2018年全国性社会组织开展产业扶贫项目达到404个，投入资金24亿元，引导各类企业产业投入超过了100亿元。全国性社会组织在教育扶贫方面开展的项目400个，投入资金39亿元。医疗类全国性社会组织在"三区三州"等贫困地区开展了179个项目，投入资金30亿元。全国性社会组织参与易地搬迁的基础性项目建设156个，投入资金11亿元；在搬迁村开展其他各类项目37个，投入资金近2亿元。① 这一系列举措均表示，社会扶贫资金已被广泛地用于诸如教育、医疗、产业等多个扶贫领域。总而言之，社会各界人员、组织及资源等方面的扶贫参与力度日益增强，并在一定程度上提升了扶贫的效能。

表3-2　　　　2018年社会组织扶贫项目与扶贫资金投入

社会组织扶贫领域	扶贫项目（个）	扶贫资金（亿元）
产业扶贫	404	24
教育扶贫	400	39
"三区三州"医疗扶贫	179	30
易地搬迁扶贫	193	13
总计	1176	106

数据来源：http://www.mca.gov.cn/article/xw/mtbd/201907/20190700018051.shtml.

又次，一般而言，单一政府主导的扶贫工作其常采用送钱送物的形式助力贫困者解决绝对贫困，其在解决普适性贫困问题上较具成效，但很难满足不同贫困群体的不同需求。现阶段，我国的贫困现象已由绝对贫困转向绝对贫困与相对贫困并存的时期，值此脱贫攻坚关键之期，政府囿于人员不足、资源有限、专业性欠缺等问题，为社会力量助力精准扶贫提供了契机与平台。实践中，社会力量参与扶贫的规模越来越大、领域越来越多元、运行机制越来越完善、资金来源渠道越来越多元，其凭借贴近群众、专业性及灵活性的优势，向贫困者提供个性化、特殊性

---

① 中央政府网：《民政部举行社会组织参与脱贫攻坚工作专题新闻发布会》2019年7月1日，http://www.mca.gov.cn/article/xw/mtbd/201907/20190700018051.shtml，2019年10月13日。

的服务，将扶志、扶智作为重点，以提高贫困者自身的发展能力，最终实现了精准脱贫。

首先，在扶智方面，社会力量通常以宣传、农业技能培训以及教育扶贫等的形式，转变了贫困者"等靠要"的旧有思维观念，唤醒了贫困者自身的参与意识，培养其相互合作和自我救助的合作精神，不断增强贫困者自身的自我造血能力。在宣传扶智上，以实地调研的河北省张家口市为例。① 2018 年以来，张家口市崇礼区组建了志愿者脱贫攻坚先锋服务队，将宣传教育作为激发群众内生动力的重要抓手。该区的志愿服务队发放《农民工服务》《金融扶贫宣传手册》等政策性资料 5 万余份，张贴各类扶贫海报 300 余张，分发扶贫手提袋、围裙等宣传品 4000 余份。与此同时，举办"聊天谈心，听抗战老兵讲述张垣大地上的革命故事""木兰有约"等扶贫文艺汇演、基层宣教活动 22 场。通过一系列的宣传教育活动，群众的"等靠要"思想逐渐破除，扶贫政策的知晓率也显著提高。在农业技能扶智上，以甘肃省开展的苹果种植技术培训为例，其在提高贫困者果树种植技术的基础上，提升了贫困者的种植收入，以此助力脱贫。2019 年 3 月 11 日，甘肃林业职业技术学院开展历时 20 天的麦积区 WL 镇农业实用技术现场培训，为贫困村民做关于果树栽培综合技术的讲解和示范，其共完成有关 28 个行政村的花椒、苹果、核桃等林果栽培及病虫害防治技术的现场培训，共培训了果农 1698 人，其中有贫困户 1216 人。② 以农林业学校为载体的社会力量依据其自身优势，为贫困者提供具有针对性的实用技能培训，进而取得了社会扶智促农增收、助推脱贫的效果。"扶智"还应重视贫困地区及贫困者的教育事业，社会力量在助推教育扶贫，以避免贫困现象的"代际传递"方面，取得了显著的成效。

其次，在扶志方面，社会力量通常以鼓励贫困者以劳获酬及心理疏导的形式，增强贫困者勤劳致富的主动性和能动性，从而扶起了他们的"脱贫之志"。在心理疏导扶志方面，社会力量除日常慰问及关爱扶贫，

---

① 数据来源于调研时获取的《张家口市崇礼区 扶贫开发和脱贫工作领导小组文件 崇扶贫脱贫〔2018〕123 号》一文。
② 甘肃林业职业技术学院官网：《学院农业实用技术现场培训助力产业扶贫》2019 年 3 月 14 日，http://www.gsfc.edu.cn/info/1092/3045.htm，2019 年 10 月 15 日。

从思想上扶起贫困者的脱贫意识外，不乏众多利用专业社会力量开展心理疏导的扶志现象，并取得了显著成效。以山东省胶州市为例，山东省胶州市的社会扶贫同样重视将扶智与扶志相结合。2016 年开始，以胶州市社会心理服务中心为载体的社会力量创新地实施了"心理敞亮工程"。2019 年 4 月，其派出了 120 余名心理咨询师对 1300 余名贫困户进行心理疏导，帮助了他们恢复对美好生活的向往与追求，使其掌握了脱贫技能，实现了思想脱贫，从而激发了贫困群众主动脱贫的心态、提振了贫困者脱贫的"精气神"。① 在鼓励贫困者以劳获酬进行扶志方面，社会力量着重从给予贫困者公益岗位、扶助就业及劳动积分换物品等的途径助力脱贫攻坚，其中尤以"扶助就业"的参与力度最强。以实地调研的河北省石家庄市行唐县扶助就业为例，其不仅通过推广"扶贫微工厂"，促进了贫困者的就近就业，而且通过创办"双创园"的方式，解决了残弱群体的就业。截至 2018 年年底，全县发展"扶贫微工厂"30 家、家庭手工业扶贫点 42 个，带动就业 2046 人，其中贫困户 673 人。在双创园上也已实现园内安置贫困残疾人、残疾人家属和农村留守妇女就业 161 人，并设立扶贫助残"巧手坊"，带动 2199 名贫困残疾人和一般贫困户就业增收。②

总而言之，通过政府引导下社会扶贫的一系列举措，均展现出社会力量直接给钱给物的"输血式"扶贫模式比例不断下降，而增强其内生动力的"造血式"扶贫方式逐渐成为主流，真正做到了扶贫与扶智、扶志相结合。

最后，全社会慈善意识及互助友爱精神的初步形成。社会力量是精准扶贫的参与者，也是社会责任的承担者，还是爱心传递的助推者。社会力量在协同精准扶贫时，其不仅仅重视提供信息、资金和技术支持，也十分注重贫困群众自身思想意识、素质水平及各项能力的提升，以转换贫困者的思维观念，唤起贫困者及社会上其他群体的参与意识，从而引导全社会向善。

在扶贫储备人员数量方面，志愿者及社会工作者等社会力量日益增

---

① 凤凰网：《山东胶州：扶贫与扶志扶智相结合激发脱贫内生动力》2019 年 4 月 28 日，http://qd.ifeng.com/a/20190428/7389583_0.shtml，2019 年 10 月 15 日。

② 数据来源于调研时获取的《市发改委牵头赴行唐县贫困退出工作组 行唐县贫困县退出初审报告》一文。

多。据统计，2018年中国志愿者总数约为1.98亿人，占中国大陆人口的14%；2018年全国社会工作专业人才数量达到124万人。根据《2018年中国志愿服务发展指数报告》可知，目前，中国红十字总会注册志愿者121.87万人，全国妇联巾帼志愿者约1044万人，中国文化志愿者注册人数接近百万人，文艺志愿者约31.56万人。与此同时，2018年度我国共有6230万名的志愿者通过143万家志愿服务组织参与了志愿服务活动，服务时间高达22亿小时，志愿者的贡献价值约为824亿元。① 2018年度我国志愿服务发展指数如下图3-2所示。

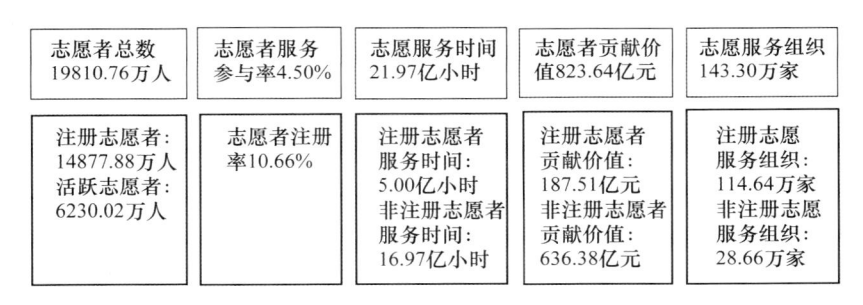

志愿者总数 19810.76万人	志愿者服务 参与率4.50%	志愿服务时间 21.97亿小时	志愿者贡献价 值823.64亿元	志愿服务组织 143.30万家
注册志愿者 14877.88万人 活跃志愿者： 6230.02万人	志愿者注册 率10.66%	注册志愿者 服务时间： 5.00亿小时 非注册志愿者 服务时间： 16.97亿小时	注册志愿者 贡献价值： 187.51亿元 非注册志愿者 贡献价值： 636.38亿元	注册志愿 服务组织 114.64万家 非注册志愿 服务组织 28.66万家

图3-2 2018年度中国志愿服务发展指数

在扶贫参与度及认知度方面，社会各界对于参与脱贫攻坚的认同感和责任感逐渐增强。伴随着扶贫日、互联网宣传以及国家各种政策引导力度的日益加大，社会各界也更加清晰地认识到扶危济困不仅仅是政府的任务，更是亿万社会大众的共同责任。以2012年民政部、全国工商联、广东省政府和中国慈善联合会等联合发起的中国公益慈善项目交流展示会（简称"慈展会"）为例。据统计，第六届慈展会覆盖了31个省、自治区、直辖市以及港澳台地区，吸引了8273家机构参展，举办了各类公益慈善活动1300多场，近99.6万人光顾展会，对接项目2234个，对接金额达454亿元。② 这一活动从侧面反映了日益浓厚的志愿精神。

综上可知，社会力量助力脱贫攻坚时除重视扶志与扶智相结合外，还更加注重"扶贫要扶德"的思想理念，进而补足了贫困群众的精神

---

① 杨团：《慈善蓝皮书：中国慈善发展报告（2019）》，第49—70页。
② 《第七届慈展会将于9月在深圳举行》，《中国民政》2019年第15期。

之"钙",推动了互助友爱社会风尚的形成。社会力量在扶危济困方面做出了卓越的贡献,凸显了公益慈善的精神,激发了社会上互助友爱氛围的形成,进而引领全社会力量助力脱贫攻坚。

第四章

社会力量协同精准扶贫的理论路径探析

第一节 既有文献述评与路径争辩

在脱贫攻坚的战场，扶贫不仅是国家的责任，也是全社会及每个人应负的责任。国内众多学者认为，助力扶贫的社会力量不仅包含社会工作机构、慈善机构、NGO及基金会等组织性力量，而且包含志愿者、社会爱心人士及专业社工等个人性的力量。社会扶贫资源的来源既包含有形的人员、物资及资金投入，也包括无形的信息、管理、技术支持等。目前以社会组织为载体的社会力量，依托政府/市场失灵理论、治理理论、福利多元主义等理论，正在教育培训、健康扶贫、社区发展扶贫及生态环境扶贫等领域助力脱贫攻坚。[①] 随着社会组织的快速发展及国家对社会力量协同精准扶贫的日益关注和重视，国内学者关于此方面的研究也逐渐增多，主要体现在以下几个方面。

社会力量协同精准扶贫的现状研究。新时代、新形势下，扶贫的主体、手段及对象均实现了新突破，精准扶贫亟须与社会力量相融合。单纯地依靠经济带动和政府救济已不能充分实现精准脱贫，以社会组织为载体的社会力量已作为精准扶贫的补充形式参与进来[②]，在弥补政府扶贫"短板"、弱化城乡二元结构、增强贫困者"造血"能力及创新扶贫模式等方面发挥着重要作用。社会力量协同精准扶贫充分体现了我国的政治优势与制度优势，也充分体现了中国特色社会主

[①] 向雪琪、林曾：《社会组织扶贫的理论基础与实践空间》，《中南民族大学学报》（人文社会科学版）2017年第5期。

[②] 程禹、王洪涛：《社会组织协同参与精准扶贫政策中存在的问题及对策》，《农家参谋》2018年第13期。

义的强大号召力和动员力。① 作为扶贫重要组成部分的社会力量,在协同扶贫时的意愿不断增强、范围不断变广、投入力度愈来愈大、扶持方式也更为多元,呈现出行动方式内源发展、行动内容需求导向、行动目标价值理性及行动主体网络互动的特点②,并形成了内涵催生型、发展促进型、机制倒逼型及政策导向型等五种资源整合方式③。不仅如此,以公益慈善精神为核心理念的社会力量协同精准扶贫也已在格局构建、平台搭建、内容拓展和模式创新等方面取得了显著成效④。

社会力量协同精准扶贫的困境研究。当前社会力量协同精准扶贫在实践中发挥了很大作用,但其也正面临着"碎片化"困境,即社会协同扶贫正处于非系统性、零散性的运行状态之中,具体表现为扶贫主体行动的个体化、扶贫激励政策的地方主义等。⑤ 许多学者认为,以社会组织为载体的社会力量协同扶贫时,不仅面临着社会组织内部自身(如公信力、独立性及能力不足)和外部法律政策环境较差的双重现实困境,而且面临着网络、规范和信任缺失的问题。最关键的是,在目前的大扶贫格局构建中,其面临着政府与社会力量协同性不足⑥的难题,并严重影响了社会力量在扶贫领域的作用发挥。此外,社会力量在参与文化扶贫方面仍存合力不足、参与主动性不强、保障和评价机制不完善等的困境。⑦

社会力量协同精准扶贫的路径研究。各学者认为,新形势下面对社会力量协同精准扶贫的困境,应主要从制度环境营造、自身能力打造、工作机制创新及政社相互信任等方面提升其参与效率和参与水

---

① 王春燕:《动员社会力量参与扶贫攻坚的建议》,《财政科学》2016 年第 12 期。
② 苏海、向德平:《社会扶贫的行动特点与路径创新》,《中南民族大学学报》(人文社会科学版)2015 年第 3 期。
③ 李颖:《社会扶贫资源整合的类型及其适应性》,《探索》2015 年第 5 期。
④ 廖建军:《公益慈善参与扶贫:成效、问题和对策——以广东省为例》,《理论探索》2014 年第 3 期。
⑤ 陈成文、王祖霖:《"碎片化"困境与社会力量扶贫的机制创新》,《中州学刊》2017 年第 4 期。
⑥ 程禹、王洪涛:《社会组织协同参与精准扶贫政策中存在的问题及对策》,《农家参谋》2018 年第 13 期。
⑦ 李梅等:《社会力量参与文化扶贫的成效、困境及路径》,《云南农业大学学报》(社会科学版)2019 年第 1 期。

平。现阶段，中国式扶贫机制所存的"碎片化"困境阻碍了脱贫目标和扶贫效果的实现，对此构建整体性治理视域下的协同扶贫机制显得十分必要①。为使社会扶贫取得最优效果，必须实现工具理性与价值理性的统一。②在大扶贫格局中激发全社会的潜力，亟须从培育多元社会扶贫主体、构建政社扶贫协同机制、搭建完整社会扶贫平台、完善社会扶贫激励机制及营造社会扶贫文化等方面着力。此外，作为社会力量形式之一的社会组织，不仅应扮演好调和者、引导者、中介者及创新者等多种角色，更加需要组织自身的主动突破和内生自觉，以规避组织的行政异化。③

综上所述，社会力量与精准扶贫均是对创造社会经济效益、促使社会和谐发展起重要作用的概念，各学者大多从二者协同的现状（可行性、作用及特征等）、困境以及策略入手，对本书具有借鉴意义，但是社会力量协同精准扶贫的研究中仍存在以下不足。

首先，对社会力量协同精准扶贫的成功经验缺乏系统的研究和提炼。国内学者注重从社会力量协同精准扶贫的功能优势、实践困境及路径选择等方面展开研究，对其成功经验的实质特征缺乏系统而深入的分析，不利于社会力量协同扶贫模式的形成与推广。

其次，从整体性社会力量的自身层面分析社会协同精准扶贫的研究相对较少。国内学者着重从单一的政府角度或综合性的多元主体角度探讨协同机制，对其整体性社会力量的自身关注稍显不足，所得结论应用较为狭窄，难以从系统上提升社会力量协同精准扶贫的效能开出系统性的解决方案。

最后，既有研究呈现任务导向特征，不仅将精准扶贫与反贫困相等同，而且缺乏一定创新性和比较性。精准扶贫是一项阶段性的反贫困，它的理念、具体任务、要求及所要实现的目标等都有中国特色，国内学者将精准扶贫与反贫困的理论等同，对社会力量协同精准扶贫

---

① 汪锦军：《农村公共服务提供：超越"碎片化"的协同供给之道——成都市公共服务的统筹改革及对农村公共服务供给模式的启示》，《经济体制改革》2011年第3期。

② 向德平等：《价值理性与工具理性的统一：社会扶贫主体参与贫困治理的策略》，《江苏社会科学》2018年第2期。

③ 黄承伟、刘欣：《本土民间组织参与扶贫开发的行动特点及发展方向——以贵州省某民间组织为例》，《贵州社会科学》2015年第1期。

与反贫困的研究不做区分,而且缺乏多种维度的比较,所提出的策略以完成国家既定任务为主,无法跳出既定框架的桎梏,缺乏创新性。因而,本书着重从经验与理论相结合的角度出发,探究当前社会力量(志愿服务力量、社会工作力量)协同精准扶贫具有何种典型经验,二者协同存在哪些困境,此困境背后的结构性原因是什么及需要何种解决机制等问题,以提升社会力量协同精准扶贫的效能,具有一定的意义。

第二节 理论基础

本书以"国家与社会关系理论""协同治理理论"和"合作治理理论"为理论视角,来探究社会力量协同精准扶贫。

一 国家与社会关系理论

国家与社会是人类发展史上的两大基本领域。其中,国家是指拥有行政权威的政治性组织,如政府;而社会主要指除行政权威之外的、非政府的、非市场的公共空间,如企业、NGO、慈善机构等。国家与社会关系的研究起源于西方,并经历了前工业化时期的国家与社会"二元论"、工业化时期的国家与社会"对立性"和"同一性"并存、后工业化时期的国家与社会的"多元论"等不同历史阶段。[①] 在此基础上,形成了国家先于市民社会(国家中心论)、市民社会先于国家(社会中心论)及国家与社会合作互动等理论。其中,国家优于市民社会认为市民社会是独立于国家而存在的,但却从属于国家,强调国家权威的至高无上,代表人物为黑格尔、马基雅维利等;市民社会优于国家则认为国家是由社会所决定的,关注和强调巨大的社会力量,代表人物有洛克、孟德斯鸠、托克维尔及卢梭等。

20世纪90年代以来,人们逐渐认识到国家与社会并非简单的零和博弈关系,而是交融互动、互相形塑的。国家与社会互动论认为,国家与社会之间是互相制约、相互合作的,两者不可脱离对方而单独发生作

---

① 王建生:《西方国家与社会关系理论流变》,《河南大学学报》(社会科学版)2010年第6期。

用，代表人物为米格代尔（国家在社会中）、埃文斯（国家与社会共治）、奥斯特罗姆（公私合作伙伴关系）等。20世纪中后期开始，国家与社会关系的研究逐步扩展并应用于公共管理领域。在扶贫开发中，同样存在"国家"与"社会"两种力量，如扶贫领域中的国家表现为拥有行政权威，可以制定相关政策、分配资源并可提供服务的政府机构，而扶贫领域的社会力量主要体现为各种基金会、企业、NGO、草根组织及各界爱心人士等。国家与社会最应然的状态应为两者在扶贫领域的互动合作与持续对话，在现实中却表现出"行政国家"与"隐形社会"的互动形态。①

二 协同治理理论

协同治理理论来源于自然科学的协同学和社会科学的治理理论两者的融合。20世纪70年代，德国物理学家赫尔曼·哈肯提出了"协同学"，他认为"在一定条件下，由于构成系统的大量子系统之间相互协同的作用，在临界点上质变，使系统从无规则混乱状态形成一个新的宏观有序的状态"。这一理论常被用以反映复杂系统与子系统间的协调合作关系。自20世纪90年代开始，"治理"理论开始被广泛地应用于政治和社会管理领域之中。治理不同于传统的"管理"与"统治"，其更强调将单一的政府主体管理转为民主式、互动式的多元主体治理。1995年，全球治理委员会对治理做出如下定义，即"治理是各种私人的或公共的机构、个人管理共同事物的诸多方式的综合。"具有四个特征：治理不是一套规则，也不是一种活动，而是一个过程；治理的建立不以支配为基础，而以调和为基础；治理涉及公与私两个部门；治理有赖于持续的互动，而非一种正式制度。② 自此协同治理理论开始兴起。

基于协同学与治理两种理念的融合，有关学者认为，协同治理是指"政府组织、企业组织、公民个人及NGO等社会多元主体，在互联网与信息技术的支持下，相互合作、相互协调、共同治理公共事务，以实现

---

① 许源源、邹丽：《"行政国家"与"隐形社会"：农村扶贫中的国家与社会关系》，《社会主义研究》2010年第3期。
② 俞可平：《治理与善治》，第270—271页。

治理效能的最大化，并最终达到最大限度地增进社会公共利益的目标"①。其内涵包括治理主体的多元性、治理权威的多元性、各子系统间的协同、自组织的组织间协同以及共同规则的制定等。与此同时，该理论还强调多元的治理主体、一致的治理目标、共同的治理规则、协同的治理过程及共享的治理资源等特征。协同治理理论所具有的这些特征决定了其可以实现对公共事务"整体大于部分之和"的治理成效，因而成为处理社会公共事务的理想方式。②

协同治理理论与贫困治理由于其治理主体的相同、治理过程的相似及治理目标的相近而被国内学者广泛应用于扶贫领域的研究之中。协同治理理论下的精准扶贫属于一种具备社会性、真实性、精准性、高效性及协同性的治理型扶贫模式，并可从价值与规范、合作与参与、增能与赋权三个层次去理解。③ 协同治理与精准扶贫具有的内在逻辑关联性与运作自洽性、应用实践可行性的特征，为传统扶贫模式的创新提供了有益的启示。总而言之，协同治理理论在政府主导扶贫的基础上，引入了公民个人、公益机构、社会工作者等社会多元主体，使其参与其中并最终影响着整个扶贫治理的效率，从而为扶贫开发这一公共活动提供了新的治理范式。

三 合作治理理论

20世纪90年代提出的治理理论，在合作治理理念的指引下强调政府与社会共治的创新治理模式，即合作治理理论。该理论不仅打破了传统政府管理理念下的公共政治目标的单一性，而且摆脱了单纯地要政府机构负责的线性关系形态。这一理论因政府失灵的存在、社会自治的需要及避免政府治理盲目性等原因而得以存在，并在基础设施建设、教育、医疗、养老服务、环境保护、社区发展及扶贫领域得以应用。

我国学者中，张康之关于合作治理理论的研究相对较多，其相关著

---

① 陶国根：《协同治理：推进生态文明建设的路径选择》，《中国发展观察》2014年第2期。
② 何水：《协同治理及其在中国的实现——基于社会资本理论的分析》，《西南大学学报》（社会科学版）2008年第3期。
③ 杨平璋、蒋永甫：《协同治理范式下精准扶贫的理念变革及路径转向》，《广西大学学报》（哲学社会科学版）2018年第1期。

作有《合作的社会及其治理》《走向合作的社会》及《行政伦理的观念与视野》等。张康之认为："合作治理是指民间组织与公民个人以一种互动的心态、伙伴的情谊去共同主事、共同参与的治理形式，其突破了以往自上而下的政府全能范式和专家指导模式。"因而，所谓"合作治理"，即政府、社会等多元主体在平等的前提下，通过合作互动的方式共同参与社会治理的一种模式。它在打破政府一元化和政府垄断社会治理的基础上引入了社会力量，主张政府与社会的互动、交流与合作。该理论不仅强调维护和增进公共利益这一目标，而且强调治理主体间的高度信任以及公共利益基础上的公平与公正。就其基本内容而言，该理论强调由传统的行政管理转向治理网络和公私伙伴关系，并包括了"政府公共管理的市场化、无统治的管理、非政府行为者的活动以及善治"等方面的内容。就其核心要义而言，该理论主张从单一的政府治理走向合作共治的发展路径。就其基本特征而言，主要表现为治理主体的多元性、治理方式的多样化、权责界限的明晰化、合作地位的平等化、运行机制的合作化、公共权力的分散化等。①

在贫困治理领域，合作治理理论要求切实转变和拓宽反贫困的思路，注重社会力量的发挥，强调政府、民间组织等社会力量互动交流、优势互补，以提升反贫困的效能。

第三节　分析框架

由上可知，国家与社会关系理论、协同治理理论及合作治理理论为贫困治理提供了新的思路和范式。作为扶贫治理主体的政府，其扶贫政策的制定与执行关系着扶贫的有效性，而其他社会主体的协同则影响着治理的效率。社会力量作为脱贫攻坚的一个重要主体，发挥着其不可替代的作用和独特的功能优势，精准扶贫视域下社会力量的作用开始逐渐凸显出来。本书以上述理论为指导，探究当前社会力量协同精准扶贫的现状，存在何种困境及社会力量该如何与之协同等问题。下文关于"精准扶贫"的分析框架如图4-1所示。

---

① 赵守飞、谢正富：《合作治理：中国城市社区治理的发展方向》，《河北学刊》2013年第3期。

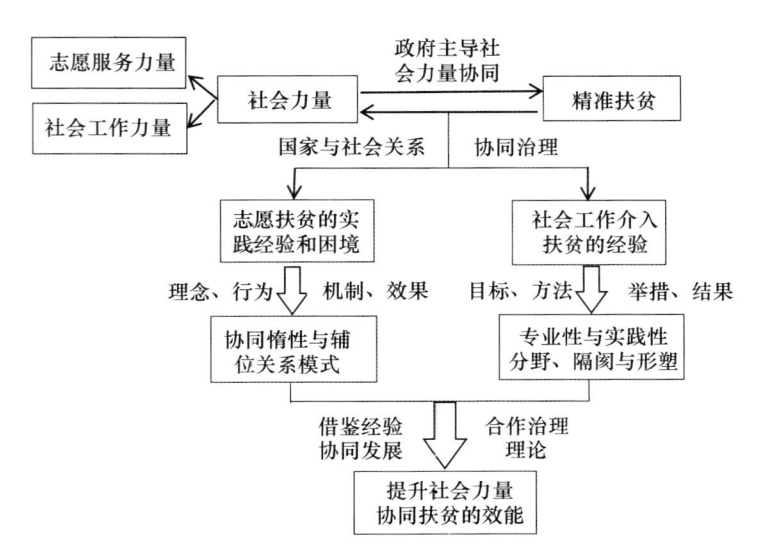

图 4-1 分析框架

第五章

精准扶贫中社会力量协同贫困治理的顶层设计

第一节 社会力量协同精准扶贫的目标

"十三五"时期是决胜小康社会和实现中国梦的重要转折时期，打赢脱贫攻坚战是其关键指标之一。作为国家重要战略方针的精准扶贫政策，不仅涉及政治、经济领域，而且涉及社会、文化和心理等领域。精准扶贫是全社会的责任，更需要凝聚全社会的智慧和力量来完成。相关政策文件指出，社会力量协同扶贫主要包含定点扶贫、东西部扶贫协作、军队和武警部队扶贫、企业和社会各界（社会工作者、志愿者、NGO、慈善机构及基金会等）协同扶贫等。社会力量协同精准扶贫不仅具有总目标，而且具有相应的分目标。

一 总目标

社会力量作为扶贫开发的重要主体，其总体目标离不开脱贫攻坚目标的实现。2015年10月，党的十八届五中全会明确提出脱贫攻坚目标。同年11月《关于打赢脱贫攻坚战的决定》，明确打赢脱贫攻坚战的总体目标。此外，《中国农村扶贫开发纲要（2011—2020年）》《国务院办公厅关于进一步动员社会各方面力量参与扶贫开发的意见》《十三五脱贫攻坚规划》以及习近平总书记关于扶贫工作的系列讲话等一系列文件均指出，精准扶贫的总体目标为：到2020年，稳定实现贫困者的"两不愁、三保障"，贫困地区农民人均纯收入增长幅度高于全国平均水平，基本公共服务主要领域指标接近全国平均水平，扭转发展差距扩大趋势。这一总目标以及前文所探讨的精准扶贫近期、中期、远期目标的存在，从本质上决定了社会力量协同精准扶贫的总目标为：帮助贫困者实现长期可持续的稳定脱贫，进而实现共同富裕。

二 分目标

社会力量协同精准扶贫又有其自身的目标。比如，根据《创新扶贫开发社会参与机制实施方案》可知，其具体目标为完善社会扶贫工作体系、创新社会扶贫工作机制、健全社会扶贫支持政策、营造社会扶贫浓厚氛围等；再如，由《关于进一步动员社会力量对贫困村实行包干扶贫的实施方案》可知，社会力量协同精准扶贫的具体目标为：以包干扶贫的贫困村"减贫摘帽、整体脱贫"为总目标，通过资金扶贫、招工帮村及产业带村等不同形式，带建一批基础设施、带活一批市场、带动一批项目、带强一批产业，使贫困村特色产业形成规模、基础设施明显改善、社会事业不断发展、组织能力得到提升、农民收入大幅增加，实现整村脱贫等。与此同时，各地政府也颁发了相关政策以明确本地区的社会扶贫目标。2016年11月7日，湖南省浏阳市关于印发《浏阳市社会扶贫专项工作实施方案的通知》提出，其目标任务为创新社会扶贫参与机制，营造全社会关心扶贫、爱心助贫的良好氛围，努力加大社会扶贫工作力度，构建全社会协同推进精准扶贫的工作格局，并体现为构建社会扶贫工作体系、创新社会扶贫工作机制等具体目标；2017年7月23日，四川雅安市石棉县政府印发的《动员社会力量参与精准扶贫工作方案的通知》明确指出其工作目标为，应使每个贫困村及每户贫困户达到脱贫退出标准，确保脱贫不返贫，脱贫成果得到进一步巩固；2018年12月28日，陕西省汉中市汉台区颁布的《关于社会扶贫工作的实施方案》提出，其目标任务为创新社会扶贫参与机制，充分发挥社会力量的功能优势，为贫困户提供精准化、个性化帮扶，营造全社会关心扶贫、爱心助贫的良好氛围，构建全社会协同推进精准扶贫的工作格局……

综上所述，社会力量协同精准扶贫的总体目标也是社会主义的本质要求，即消除贫困、改善民生、实现共同富裕（社会力量协同精准扶贫的总体目标与具体目标，如图5-1所示）。其具体目标离不开以下几点：首先为确保贫困人口全部脱贫及贫困村全部摘帽，做到"真扶贫、扶真贫"。李周认为，当前政府所倡导社会扶贫的目标已由最初的筹措扶贫资金，转为以下两个目标，其一为借助社会扶贫的特色功能优势，提高扶贫的精准度；其二为将社会各方力量有效整合起来，形成大扶贫格局。① 社会力量应精准对接贫困地区和贫困者的需求，激发贫困群众的脱贫动力和内生能力，提升和巩固扶贫效果，防止返贫现象的发生，以打赢脱贫攻坚战，从而实现全面建成小康社会的宏伟目标。其次为创新社会扶贫工作体制机制，以构建三位一体的大扶贫格局。建立和完善社会扶贫动员参与机制、信息沟通机制、激励机制、资源筹集配置及监管等机制，以动员社会各界力量广泛参与脱贫攻坚。最后为营造良好的社会扶贫氛围，中国社会科学院农村发展研究所贫困与发展金融研究室主任吴国宝表示，应强调综合扶贫，强调政府、行业及社会多方扶贫主体相结合，以达到人人皆愿为、人人皆可为、人人皆能为的目标。采用公益广告、全媒体、专栏报道及网络宣传等创新方式，大力宣传社会各界的扶贫善举，大力弘扬"乐善好施、扶贫济困"的传统美德，努力营造"人人皆愿为、人人皆可为、人人皆能为"的良好扶贫氛围，以形成全社会协同推进精准扶贫的工作格局。

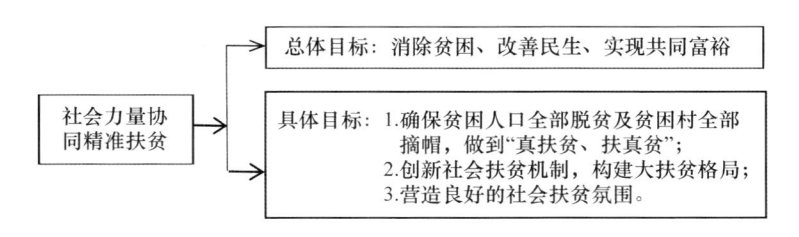

图 5-1　社会力量协同精准扶贫的目标

第二节　社会力量与精准扶贫的协同要求

社会扶贫是脱贫攻坚的重要组成部分和有效补充，而社会力量是推进精准扶贫工作的一支重要生力军。广泛动员社会力量协同精准扶贫，在树立和强化社会各界的责任意识、提升社会责任感方面具有一定的作用。我国在 2014 年、2015 年分别将每年的 10 月 17 日、9 月 5 日设立为"国家扶贫日"和"中华慈善日"，这本质上就是广泛动员社会力量协同精准扶贫的一项重要制度安排。不仅如此，政府也相继

---

① 李周：《社会扶贫的回顾与展望》，《中国乡村发现》2016 年第 6 期。

出台了一系列政策文件来明确社会力量助力精准扶贫的协同要求,相关文件通知如下。

2011年12月2日,中共中央国务院《中国农村扶贫开发纲要(2011—2020年)》提出,坚持社会帮扶、共同致富的基本原则,广泛动员企业和社会各界参与扶贫。

2014年1月25日,中共中央办公厅国务院办公厅《关于创新机制扎实推进农村扶贫开发工作的意见》指出,创新社会参与机制,鼓励引导各类企业、社会组织及个人以多种形式参与扶贫开发,建立信息交流共享平台,形成有效协调协作和监管机制。精准扶贫将社会各界力量的监督提上日程。

2014年5月26日,国务院扶贫办、中央农办、民政部、人力资源和社会保障部等多部门印发的《建立精准扶贫工作机制实施方案》提出,搭建社会扶贫信息服务平台、完善社会扶贫帮扶形式方面,提高社会力量参与扶贫的精准性、有效性。

2014年12月4日,国务院办公厅《关于进一步动员社会各方面力量参与扶贫开发的意见》是新时代下国家首次以政策文件的形式鼓励社会扶贫的战略举措,该意见要求坚持政府引导、多元主体、群众参与、精准扶贫的原则,培育多元社会扶贫主体、创新社会扶贫参与方式(如开展扶贫志愿行动、打造扶贫公益品牌、构建信息服务平台、推进政府购买服务),以推动构建政府社会协同的大扶贫格局。

2015年11月29日,中共中央国务院《关于打赢脱贫攻坚战的决定》提出,坚持政府主导、增强社会合力的基本原则,在全国扶贫日、扶贫志愿行动计划、社会工作专业人才服务贫困地区计划、扶贫公益品牌打造及社会扶贫网的构建等方面广泛动员全社会力量,合力推进脱贫攻坚。

2016年3月17日,《中华人民共和国国民经济和社会发展第十三个五年(2016—2020年)规划纲要》在第五十八章第二节明确提出,健全广泛参与机制,引导社会扶贫重心下沉,实现社会帮扶资源和精准扶贫有效对接。

2016年12月2日,国务院《"十三五"脱贫攻坚规划》明确指出,广泛动员基金会、社会团体、社会服务机构及社会组织等社会力量从事扶贫开发事业、进一步发挥社会工作专业人才和志愿者扶贫作用、办好扶贫日系列活动。

2018年6月15日，中共中央国务院《关于打赢脱贫攻坚战三年行动的指导意见》，再次将社会扶贫上升到战略高度，明确提出坚持调动全社会扶贫积极性的总体要求，激励各类企业和社会组织参与扶贫、大力开展扶贫志愿服务活动。

2019年1月14日，国务院办公厅《关于深入开展消费扶贫助力打赢脱贫攻坚战的指导意见》指出，坚持政府引导、社会参与、市场运作、创新机制，着力激发全社会参与消费扶贫的积极性，动员社会各界力量扩大贫困地区产品和服务消费以助力精准脱贫。

此外，《关于支持社会工作专业力量参与脱贫攻坚的指导意见》《关于广泛引导和动员社会组织参与脱贫攻坚的通知》《"互联网＋社会组织（社会工作、志愿服务）"行动方案（2018—2020年）》等文件，进一步显示了社会力量协同精准扶贫的重要性，以及国家对社会力量协同精准扶贫在原则、制度及领域等方面的宏观要求。在中共中央政府的政策文件引领下，各民族、各地区也相继颁发了适合本地区的扶贫政策方针和落实方案，并对社会力量如何协同精准扶贫提出了具体的要求。

综上所述，社会力量协同精准扶贫要求（如图5-2所示）为：首先为坚持政府引导、多元社会主体参与的基本原则，提高认识、凝聚合力，广泛动员社会力量推进脱贫攻坚。其次为构建社会力量协同扶贫的信息共享平台，以实现扶贫信息的互动互通。黄承伟提出，"社会力量参与精准扶贫总的要求就是打破政府、市场、社会扶贫的边界，深化三者在贫困治理中的合作路径"。这一论断本身就含有构建扶贫信息共享

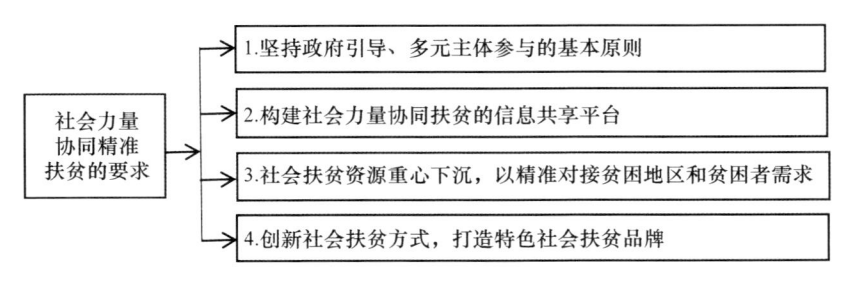

图5-2　社会力量与精准扶贫的协同要求

平台的要求①。再次为社会扶贫重心下沉，社会帮扶资源、帮扶服务等需精准对接贫困地区和贫困者需求，以做到"真脱贫、脱真贫"。最后为社会力量应创新扶贫参与方式，服务于精准扶贫的重点项目和领域，打造社会扶贫品牌，以构建"专项扶贫、行业扶贫、社会扶贫"三位一体的大扶贫格局。

---

① 黄承伟：《深化精准扶贫的路径选择——学习贯彻习近平总书记近期关于脱贫攻坚的重要论述》，《南京农业大学学报》（社会科学版）2017年第4期。

第二篇

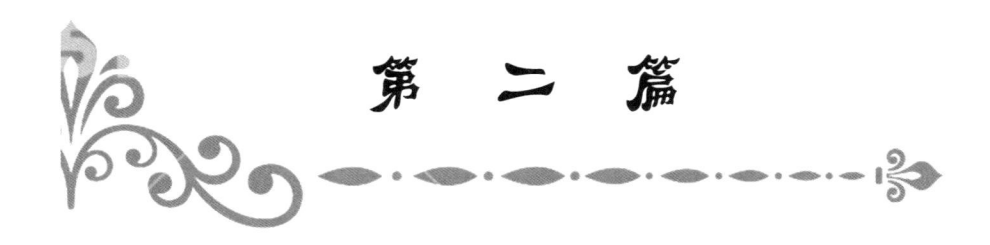

志愿服务力量协同精准扶贫的实践状况

第六章

志愿服务协同精准扶贫实践缘起与目标

现阶段，扶贫对象的多样化、需求的多元化，使得扶贫工作面临着碎片化和分散化的情景，作为社会力量之一的志愿服务力量以其饱满的热情和积极的行动，成为脱贫攻坚大军中的重要一员。当前志愿服务已被纳入全面深化改革的大局之中，扶贫志愿服务也已逐渐上升为国家的战略层面。因而，本章节主要考察我国志愿服务的发展状况、志愿服务协同精准扶贫的历史缘起及目标定位等内容。

第一节 当前我国志愿服务的发展状况

现阶段，志愿服务在扶危济困、扶幼助弱、帮残助老及环境保护等诸多领域发挥着重要作用。我国当代志愿服务于20世纪80年代以学雷锋活动为基础开始兴起，并于2008年以汶川地震和北京奥运会为契机日趋完善、蓬勃发展。本节主要从志愿服务事业的发展历程、类型及发展模式、志愿服务体系建设模式、功能作用、取得成就、发展趋势、政策制度及目前规模等方面，来审视当前我国志愿服务的发展现状。

在发展历程方面，改革开放以来，我国志愿服务事业发展大致经历了探索阶段（1978—1993年）、发展阶段（1994—2007年）、迸发阶段（2008—2015年）、纳入国家发展战略阶段（2016年至今）四个时期；在类型及发展模式方面，我国志愿服务探索出了"自下而上发起，自上而下推广的社区志愿服务""自上而下发起并推广的青年志愿服务"及"自下而上发起、自下而上扩展的草根志愿服务"三种不同的模式类型[①]；在

---

① 邓国胜：《中国志愿服务发展的模式》，《社会科学研究》2002年第2期。

志愿服务体系建设模式方面，主要形成了以北京为代表的行政推广模式、以上海为代表的文明影响模式、以广东为代表的社会合作模式、以浙江为代表的人性培育模式、以辽宁为代表的优势转换模式及以四川为代表的内外互动模式等六种模式①，并最终形成了"引进与融合""继承与创新"的南北志愿服务特色②；在功能作用方面，志愿服务具有社会教化功能、社会整合功能、社会保障功能、社会动员功能等社会功能③，其可以促进社会安定、保障弱势群体、建立新型人际关系、创造经济效益、推动精神文明建设、提高公民素质④；在取得成就方面，我国的志愿服务队伍不断壮大、领域不断扩展、组织体系日益健全、法制化进程日益加快、志愿精神理念日益普及及社会影响不断扩大⑤；在发展趋势方面，志愿服务也逐步向着发展社会化、团体独立化、活动效益化、资金多元化、项目创新化、人员长期化、管理层次化、交往多样化、网络普遍化及保障法制化等方面拓展⑥。

  志愿服务的政策制度方面不断完善和健全，其志愿服务政策发展脉络如表6-1所示。中央各部委先后颁发的《关于深入开展志愿服务活动的意见》《关于深入开展学雷锋活动的意见》《志愿服务记录办法》《中国社会志愿者队伍建设指导纲要（2013—2020年）》《关于推进志愿服务制度化的意见》等一系列政策文件，为志愿服务的制度化发展奠定了基础。此后，2016年5月29日，中共中央宣传部、中央文明办、民政部等8部门联合印发的《关于支持和发展志愿服务组织的意见》指明了我国志愿服务组织的发展方向。2017年8月22日，国务院颁发的《志愿服务条例》正式将志愿服务工作以法律的形式固定下来。志愿服务不断深入发展的同时，其也日益与精准扶贫政策相融合，扶贫志愿服务也开始备受国家和人民的广泛关注和重视。例如，2016年5月重庆市印发的《"我们一起奔小康"扶贫志愿服务行动方案的通知》明确提

---

① 谭建光、朱莉玲：《中国社会志愿服务体系分析》，《中国青年政治学院学报》2008年第3期。
② 谭建光：《中国特色的志愿服务理论体系分析》，《青年探索》2015年第1期。
③ 廖恳：《论志愿服务的社会功能及其形成》，《中国青年研究》2012年第3期。
④ 时小燕：《我国志愿服务的现状及对策分析》，硕士学位论文，河海大学，2007年，第20页。
⑤ 魏娜：《我国志愿服务发展：成就、问题与展望》，《中国行政管理》2013年第7期。
⑥ 谭建光：《中国志愿服务发展的十大趋势分析》，《广东青年干部学院学报》2005年第4期。

出,构建参与广泛、内容丰富、形式多样、机制健全的扶贫志愿服务体系,为推进精准扶贫、精准脱贫贡献力量。与此同时,在中共中央的政策引导下,各机构发布的《关于印发中国志愿服务联合会2018年工作要点的通知》《民政部办公厅关于深入开展脱贫攻坚志愿服务宣传展示活动的通知》《民政部办公厅关于进一步加强脱贫攻坚志愿服务宣传展示工作的通知》等文件显示出,扶贫开发已成为我国志愿服务作用的重点领域之一。以江西省为例,其于2018年10月19日出台的《江西省引导支持社会组织和社会工作及志愿服务力量参与脱贫攻坚的实施意见》,明确了志愿服务参与扶贫开发的重点领域,即主要为易地搬迁扶贫、健康扶贫、教育扶贫、产业扶贫、贫困群众关爱保障等领域。[①]

表6-1　　　　　　　　　　我国志愿服务政策发展

年份	政策名称	相关内容
2008	《关于深入开展志愿服务活动的意见》	充分认识深入开展志愿服务活动的重要意义,营造浓厚的志愿服务社会氛围,开展多种形式的志愿服务活动,提高其专业化、社会化水平。
2012	《志愿服务记录办法》	规范志愿服务工作,维护志愿者和志愿服务对象的合法权益,推动志愿服务健康有序发展。
2013	《关于在全国推广"菜单式"志愿服务的通知》	逐步建立起志愿服务供需有效对接机制和服务长效机制,在实现志愿服务常态化、制度化方面进行了卓有成效的探索。
2013	《中国社会服务志愿者队伍建设指导纲要(2013—2020年)》	广泛开展志愿服务、支持发展志愿服务组织、建立完善社会志愿服务体系,加快推进我国社会服务志愿者队伍建设。
2015	《志愿服务信息系统基本规范》	我国志愿服务信息化建设领域第一个全国性行业标准。
2015	《关于规范志愿服务记录证明工作的指导意见》	规范志愿服务记录证明工作,提升志愿服务规范化水平。
2016	《中华人民共和国慈善法》	首次从法律层面确立了志愿者招募、登记、培训、服务记录和证明等重要制度。
2016	《关于支持和发展志愿服务组织的意见》	到2020年基本建成布局合理、管理规范、服务完善、充满活力的志愿服务组织体系。
2017	《志愿服务条例》	正式将志愿服务工作以法律的形式固定下来。

---

① 王冰洁:《江西省出台引导支持社会组织和社会工作及志愿服务力量参与脱贫攻坚的实施意见》,《中国社会组织》2018年第20期。

当前的志愿服务规模快速发展、志愿服务覆盖面不断壮大。根据全国志愿服务信息系统网可知，从全国及各地的整体情况看，截至2019年8月，我国已有中国志愿服务联合会、中华志愿者协会、中国志愿服务基金会、中国青年志愿者协会、中国文艺志愿者协会、中国扶贫志愿服务促进会及中国助残志愿者办会等多个全国性的志愿服务机构，还有北京市志愿服务联合会、上海市志愿服务联合会、河北省志愿服务基金会等27个省市设立了地方性的志愿服务机构；截至2019年10月28日，在全国志愿服务信息系统中注册的实名志愿者总数为1.33亿人次、志愿团体总数为66.72万个、志愿项目总数为293.23万个、服务时间总数为16.17亿小时。[①] 以江西省为例，截至2019年10月28日，全省在该网站上注册的志愿者总数为523.38万个、志愿服务队总数为4.10万个、志愿项目总数为21.4万个等。据统计，2018年该省开展扶贫志愿服务的志愿团队约为7793个、32.2万人。[②]

总之，新时代下志愿服务事业已上升为国家的战略层面，并与精准扶贫、乡村振兴、环境保护等政策逐渐融合在一起，城乡各地也已基本实现了志愿服务项目和志愿服务组织全覆盖，志愿服务的政策法律制度也日益健全，志愿服务队伍和规模也不断扩大，志愿服务事业开始步入持续健康发展的轨道上，并在凝聚社会资源、推动社会治理创新、促进社会稳定发展、弘扬慈善友爱传统美德等方面发挥着不可替代的作用。

第二节　志愿服务协同精准扶贫的实践缘起

几千年前我国就有着扶危济困、互帮互助、助人为乐等的优良传统。我国古代的儒家、墨家、道教及佛教等学派，大多宣扬济世、博爱、平等、团结及仁义的社会慈善思想，其承载着浓厚的"奉献、友爱、互助、进步"的志愿精神，在一定程度上积淀了志愿服务的思想根

---

① 中国志愿服务网：《全国志愿服务数据统计》2019年10月28日，https://www.chinavolunteer.cn/? tdsourcetag = s_pcqq_aiomsg，2019年10月28日。

② 江西省扶贫办公室：《江西省积极引导支持社会组织参与脱贫攻坚》，《老区建设》2019年第7期。

第六章 志愿服务协同精准扶贫实践缘起与目标

基。① 我国古代扶贫善事多由官府和寺院成立的专门机构来做，到明清时期，民间慈善事业开始逐渐兴起。② 即使如此，历史上也有许多社会力量志愿参与扶贫的地方实践，最早的当属先秦时期宗族开展的社会救助，其主要实施救助本族贫困者、孤子及丧葬救助等活动③，除此之外还有地方精英的救助（如乡绅设立的"社仓"和"粥厂"）及宗教团体的救助等活动④。其中，社仓最早出现在隋唐时期，宋代趋于完善，它是一种丰年储备粮食以备荒年使用的一种民间帮扶形式。粮食主要来自募捐或劝捐，一般不设立专门仓库，而是借用寺庙祠堂来储备粮食。与此同时，义庄也是一种民间互助形式。通常由族中富户拿出一定的钱财置办田地，用其田租以帮助族中贫困之人，有的义庄还包括宗族祠堂、公益性学校等内容。以北宋时期范仲淹父子开办的"范式义庄"为例，其规定凡族人每天可领 1 升米作为口粮，每年冬天每人可领 1 匹绢，娶媳妇者可领 20 贯钱，嫁女者可领 30 贯钱等。直至明清时期，民间的救助行为更加社会化，体现出了超越宗族互助的特点，进而救助了社会上的大批穷人，在一定程度上缓解了贫困的现象⑤。

随着社会的不断变迁，我国传统的慈善救济活动逐步向现代意义的慈善事业转变，从单纯的慈善救济转向为从习艺、教育等方面帮助贫困者提高自身能力。新中国成立后，我国于 1955 年和 1989 年分别诞生了最早的、有组织的公益团体——青年志愿垦荒队、社区志愿服务团体。其中，北京市第一支青年志愿垦荒队于 1955 年 8 月成立，数万名青年积极踊跃报名，自愿到边远地区开荒种田。与此同时，志愿服务这一概念也于 20 世纪 80 年代开始传入我国。

改革开放后，志愿服务也逐渐开启了扶贫开发的尝试。例如，1989年由团中央、中国青少年发展基金会所发起的以"建设希望小学、资助贫困地区失学少年儿童重返校园、改善农村办学条件"为宗旨的公益事业"希望工程"，成为扶贫开发中教育扶贫的典型经验；2003 年由团中

---

① 蔡静等：《我国志愿组织产生的历史演进及转型发展》，《内蒙古师范大学学报》（哲学社会科学版）2019 年第 4 期。
② 余文：《古代"裸捐"与最早的慈善组织》，《政府法制》2011 年第 2 期。
③ 甄尽忠：《试论先秦时期的宗族与宗族社会救助》，《青海民族研究》2006 年第 3 期。
④ 刘志扬：《我国古代的社会救助：途径与成效》，《学习与实践》2007 年第 9 期。
⑤ 陈忠海：《古代的"扶贫"》，《农村·农业·农民（A 版）》2018 年第 3 期。

央、教育部、财政部及人事部共同实施的"大学生志愿服务西部计划"也成为扶贫开发中贫困地区扶贫的简单形式……此外，据《中国的减灾行动》白皮书显示，2008年汶川地震的发生后，中国公众、社会组织和企业等志愿者和志愿服务机构自发奔赴灾区实施救援工作，深入灾区的国内外志愿者达300万人，参与后方抗震救灾的志愿者达1000万人以上。① 这一举动不仅引起了国家和人民的广泛关注，而且促使志愿服务的扶危济困功能正式的显现出来。与此同时，以公益慈善为核心理念的志愿服务所参与的社会治理活动，助推了扶贫、脱贫等目标的实现。

2013年，习近平总书记于湖南湘西正式提出了精准扶贫政策，自此我国的扶贫事业也从"大水漫灌式"走入了"精准滴灌式"的时期。同年12月，由志愿者组织、志愿者自愿组成的全国性、联合性、非营利性社会组织——中国志愿服务联合会（China Volunteer Service Federation，简称CVF）在北京成立。此联合会成立之初，便发布了"邻里守望"的倡议②，并于2017年发表了《中国志愿服务发展报告2017版》《邻里守望在中国》等志愿服务丛书。以中国志愿服务联合会于2015年12月起实施的"邻里守望"志愿服务活动为例，此活动号召广大志愿者从关爱做起、从身边做起、从你我做起、从日常做起，关爱空巢老人、留守儿童、农民工和残障人士，用志愿服务使每一个遇到困难、渴望帮助的人得到及时的关爱。自此开始，全国各地广泛开展了符合本地实情的志愿扶贫活动，如武汉百步亭社区创新的"邻里守望亲情卡"、无锡东亭街道社区实施的"邻里画展"居民展才艺、江苏省常州市开展的"邻里守望志愿服务 给孤寡老人拜早年"等活动。由此看出，中国志愿服务联合会发起的这一项目本身就表明了，志愿服务以公益慈善助力扶贫济困的本质。

现阶段，志愿服务因其社会接受度强、较易激发感恩心理和消除信息不对称困境等因素而参与精准扶贫之中，志愿服务协同精准扶贫成为

---

① 国务院新闻办公室网：《中国1300多万名志愿者参与汶川地震抗震救灾》2009年5月11日，http：//www.scio.gov.cn/zfbps/jdbps/Document/1435689/1435689.htm，2019年10月28日。
② 姚培硕：《中国志愿服务联合会开展"邻里守望"志愿服务活动》2013年12月19日，http：//www.chinanews.com/gn/2014/03－01/5898138.shtml，2019年10月28日。

传统扶贫模式的革新和有益补充。① 新时代下，精准扶贫的问题导向和志愿服务的特性导向均要求志愿服务的参与。② 志愿服务与精准扶贫不仅相互作用，而且具有高度的现实契合性。精准扶贫赋予了志愿服务以新的历史使命，扶贫开发自此成为我国志愿服务事业的重要作用领域之一。作为创新治理方式之一的志愿服务以其慈善、公益、贴近群众等的功能优势，在扶贫开发中发挥着重要的作用，它既是志愿服务的历史使命，也需要发挥志愿服务的独特优势。志愿服务以 NGO、草根组织、志愿服务机构、志愿者（尤其是青年群体）等为载体，通过教育扶贫、产业扶贫、健康扶贫、旅游扶贫、技术扶贫以及关爱扶贫等方式，在脱贫攻坚中扮演着"查漏补缺"和"社会自我治理的自发性"两类角色。③ 现阶段，我国出现了大量的科技志愿者、助学志愿者、医疗志愿者等，为贫困者提供物质、教育、营养、卫生、心理及其他服务，并呈现出"扶智、助人自助、互联网 +"的特点④，在一定程度上提升了扶贫的效能和精准度。

第三节 志愿服务协同精准扶贫的实践特征及其目标定位

志愿服务力量协同精准扶贫既是脱贫攻坚中的新事物，也是志愿服务中的新事物。扶贫志愿服务主要为老年人、失学儿童、残疾人和特殊困难家庭等弱势群体和贫困者，提供力所能及的帮助，以助力精准扶贫目标的顺利实现。

一 志愿服务协同精准扶贫的实践特征

志愿服务与精准扶贫密切相关、始终相伴。扶贫志愿服务也在一系列的实践探索中形成了"凝聚整合性、贴近现实性、多领域性、创新性和传播性"的实践特征。

---

① 吕承文：《志愿服务参与精准扶贫的现实动因：以 N 县为例》，《厦门特区党校学报》2018 年第 3 期。
② 陈瑶瑶：《精准扶贫与志愿服务》，《领导科学论坛》2016 年第 15 期。
③ 李芳等：《志愿服务如何增力脱贫攻坚战》，《中国社会工作》2018 年第 7 期。
④ 张祖平：《脱贫攻坚志愿服务的成效、特点与发展思路》，《中国社会工作》2018 年第 7 期。

第一，凝聚性。精准扶贫的成功需要凝聚社会各方合力，而志愿服务则是其实施的有效手段。志愿服务协同精准扶贫的过程中，凭借其自身强大的社会动员优势，鼓励不同社会阶层助力扶贫开发，进而为贫困地区、贫困者凝聚更多的人力、物力、财力等社会资源。以深圳市"三感一行"爱心志愿服务队为例，2019年4月志愿者在深入广西基层了解贫困现状的基础上，积极动员企业和学校等各界社会力量，共筹集善款750万元，帮扶大化、都安等贫困山区兴建希望小学、爱心水柜等6个慈善项目。10多年来，在深圳市"三感一行"爱心志愿者服务队的动员下，凝聚了众多社会人力与物力，为广西大化、都安等县（区）累计捐款近1600万元，建成和在建希望教学楼、希望宿舍、希望饭堂、爱心驿站等20个慈善项目，推动了此地区教育扶贫工作的深入开展。据不完全统计，江西省新余市（县区）参与脱贫攻坚计划的社会组织有236家。2018—2019年9月，行业协会商会、志愿服务组织等在产业扶贫、教育扶贫、志愿扶贫等领域投入扶贫资金（含物资）高达2.7亿余元，受益贫困人员15000余人次。① 此外，随着精神文明水平的提升和信息技术的普及，人们的捐赠渠道不断增多、信息共享能力也不断增强，各地区志愿者、志愿服务机构在凝聚社会资源的基础上，也会更加关注社会资源的整合，以实现资源配置的最优化。

第二，贴近现实性。在脱贫攻坚工作中，志愿服务以其灵活性、草根性等的优势，可以深入贫困地区和贫困者之中，以清晰地知道不同贫困地区和贫困者的不同致贫原因。在了解其致贫原因的基础上，志愿服务可以精准对接不同群体的不同需求，满足其最迫切的需要。江西省新余市行业协会根据不同的致贫原因，采用了多样化的扶贫模式。例如，新余市婚姻家庭协会走进农村，开展"牵手联谊"公益活动，为未婚贫困户提供一次交友的机会。万商红鞋业协会组织各会员单位，为特困户提供就业岗位，解决当地25户贫困户的低收入问题。家具建材（装饰）协会宽泛招收贫困人群并开展就业培训，并对因大病或残障原因无法参加工作的特困人群提供物资及资金支持，已有40户特困户纳入帮扶对象。汽车行业协会应用"消费扶贫""信用扶贫"，为观巢30户贫

---

① 数据来源于江西省新余市调研时获取的《新余市社会组织多措并举发力，脱贫攻坚亮点多》一文。

困户开展帮扶行动。① 以福建福安实施的"双向建档精准对接,量身定做志愿服务"为例,其正是其贴近现实性的典型经验。2019 年 9 月,福安市通过招募村中热心公益的群众,进而组建新时代文明实践志愿服务队,对本地区的五保户、低保户、重度残疾人、贫困户、病灾户等困难群众进行定期走访,客观了解其最迫切的需求,如需要房屋家具修缮、种养技术指导、慢性疾病诊疗、青少年学习辅导等方面的帮助,并将其需求进行登记。在开展扶贫志愿服务行动时,依据不同困难群众的不同需求,组织有针对性专业的志愿者前往帮扶,以精准对接贫困需求。比如一位残疾老人独居,家具破旧、墙壁剥落、水管电线老化,大留村志愿服务队就组织包含乡村医生、木工、泥水工、电工、水管工等志愿者在内的服务队前往帮扶,同时还有志愿者帮老人做卫生、理发等等。此外,志愿服务协同精准扶贫也并非"高不可攀",其非常贴近现实,具有浓厚的生活气息,如邻里之间的互帮互助、乡村的义诊以及扶贫文艺汇演等。

第三,多领域性。志愿服务结合脱贫攻坚的行动,在协同精准扶贫时的服务领域不断扩大、活动范围也越来越广泛,涉及文化教育、科学技术、文体娱乐、环境保护、医疗保健等众多领域。2008 年 10 月,友成企业家扶贫基金会成立后便启动了扶贫志愿者行动计划,并首次提出了"扶贫志愿者"的概念。其创新项目主要集中在教育扶贫和电商扶贫两个领域。在教育扶贫方面,友成基金会先后推出了"常青义教""双师教学"以及"青椒计划"等多个项目。② 电商扶贫方面,友成基金会先后推出了"让妈妈回家""领头雁计划"等计划,通过线上和线下的培训,培训贫困地区的人们通过网络电商脱贫致富。据统计,截至 2019 年 8 月,青椒计划的受益者共计 53368 人,遍及全国 20 个省 202 个市县区中的 8678 所学校;电商扶贫项目的受益者共计 12507 人,遍及 69 个县,受益者人均增收 500 至 3000 元。③ 与此同时,依托志愿者

---

① 数据来源于江西省新余市调研时获取的《新余市社会组织多措并举发力,脱贫攻坚亮点多》一文。
② 张羽漫等:《友成志愿者驿站:打通社会扶贫"最后一公里"》2018 年 5 月 22 日第 8028 期, http://dy.163.com/v2/article/detail/DJ1U19AH0521LJMO.html, 2019 年 10 月 29 日。
③ 搜狐网:《友成应邀参加亚洲教育科技峰会,介绍教育扶贫与电商扶贫经验》2019 年 8 月 20 日, http://www.sohu.com/a/334965390_415781, 2019 年 10 月 29 日。

驿站这一形式,在赈灾、产业扶贫、信息化扶贫、农村社区综合发展以及农村金融小额信贷等诸多领域开展了扶危济困活动。除此之外,扶贫志愿服务不仅需要给予贫困者物质上的帮助,而且需要给予其心理援助、人文关怀等,实行"一对一""一对多""多对一"的帮扶模式,涉及了物质领域和精神领域的双重扶助。

第四,创新性。志愿服务协同精准扶贫本身就是一种创新模式,志愿扶贫是一种契合时代的服务创新。扶贫志愿服务在开展过程中紧跟时代的步伐、不断创新、不断满足社会的需要。以2018年四川协力公益发展中心和四川省青少年发展基金会等承办的"免费车票"公益项目为例,该项目旨在帮助山区贫困孩子解决上学放学交通的费用和道路安全的问题,并通过该措施减轻贫困家庭的经济负担。自该项目实施以来,截至2019年9月已在大小凉山彝区、高原藏区、秦巴山区、乌蒙山区的8个贫困县生根萌芽,帮助1870名贫困孩子解决上学回家的交通难题的同时,推动了脱贫攻坚的顺利开展。除此之外,现阶段,我国扶贫志愿服务已经创新了多种扶贫方式,如消费扶贫、党员志愿服务扶贫、电商扶贫、网络扶贫、公益扶贫及爱心超市等,并取得了显著的成就。

第五,传播性。当前志愿精神日益普及、志愿服务的政策制度日趋完善、媒体对志愿服务的关注开始逐渐提升,志愿服务的影响力也逐渐扩大,志愿服务渐成日常化的生活方式。2015年9月9日开始,由腾讯公益联合数百家公益组织、知名企业、明星名人等各界爱心人士共同发起的一年一度的全民公益活动,促使志愿扶贫活动在全社会得以传播。2019年为期三天的99公益日期间,超过2500家企业配捐3.07亿元,更有多达4800万人次爱心网友通过腾讯公益平台捐出善款17.83亿元,是去年捐款数量的2倍多,① 由此更加映射了志愿扶贫的广泛传播性。与此同时,扶贫理念深入人心,全社会参与扶贫的社会基础和社会认同感逐渐增加,志愿扶贫的特征日益显著。国家将每年的10月17日设为扶贫日,弘扬并传播公益慈善的精神,引导社会各界人士参与脱贫攻坚,以营造良好的扶贫氛围。自此志愿扶贫超越了职业、空间和时间等

---

① 界面新闻网:《腾讯2019年99公益日收官,超4800万人次捐出善款17.83亿元》2019年9月10日,https://www.jiemian.com/article/3491358.html,2019年10月29日。

方面的限制，普及到扶贫开发的各个领域，在全社会形成了强烈的辐射效应。①

二 志愿服务协同精准扶贫的目标定位

志愿服务协同精准扶贫已然取得了较好的成就，与此同时，国家也颁布了一系列的政策文件明确了扶贫志愿服务的目标定位。2014年国务院将每年的10月17日设立为"全国扶贫日"，同年国务院《关于进一步动员社会各方面力量参与扶贫开发的意见》明确提出，要建立扶贫志愿者组织、构建贫困地区扶贫志愿者服务网络。2015年中共中央国务院《关于打赢脱贫攻坚战的决定》提出，要实施扶贫志愿者行动计划。2016年国务院《关于印发"十三五"脱贫攻坚规划的通知》指出，制定出台支持志愿服务力量参与脱贫攻坚的专项政策。此外，2017年全国志愿服务信息系统的正式上线以及《志愿服务条例》《关于规范志愿服务记录证明工作的指导意见》等条例的出台，也将志愿服务提上了新日程。2018年《政府工作报告》首次提出促进志愿服务健康发展，同年中共中央国务院《关于打赢脱贫攻坚战三年行动的指导意见》明确提出，推进扶贫志愿服务制度化，建立扶贫志愿服务人员库，鼓励国家机关、企事业单位、人民团体、社会组织等组建常态化、专业化服务团队，制定落实扶贫志愿服务支持政策。综上可知，国家期望志愿服务协同精准扶贫更具组织化、专业化、制度化和网络化。

第一，更具组织化。当前的扶贫志愿服务尚处于萌芽阶段，具有零散性、简单化的特征。国家出台的相关政策文件支持并希望建立志愿机构、志愿协会等志愿服务组织，完善志愿服务组织体制机制，从而为实施更具社会化、规模化的扶贫活动提供更好的平台。

第二，更具制度化。缺乏招募、培训、激励及其保障等制度机制的扶贫志愿服务，不仅其开展的扶贫活动不会长久，更加不会吸引更多社会人士的参与。为了切实做好扶贫志愿服务，要制定支持扶贫志愿服务的专项法律建设、政策建设、服务规章建设及服务细则建设等，以推进扶贫志愿服务的制度化、规范化、常态化发展。

第三，更具专业化。与传统的慈善事业相比，近年来扶贫服务更倡

---

① 王超：《志愿行动与党的群众工作创新》，《岭南学刊》2012年第6期。

导专业化，所谓"专业扶贫志愿服务"，是用专业的知识、技能（如财务、法务、管理等技能）为贫困群体提供更高层次的服务。国家颁发的有关政策文件，提倡将志愿服务与社会工作相结合，以使其更具专业性。此外，在社会实践层面，《中国专业志愿服务发展报告（2018）》的发表、2018年北京举办的以"精准扶贫与专业志愿服务"为主题的中国专业服务周（GPBW）活动的开展、《中国专业志愿服务基线标准》的发布和2018年度"I WILL专业志愿最佳实践案例"的活动等，也在一定程度上希望扶贫志愿服务更具专业化，以回应更高的扶贫要求。

第四，更具网络化。国家倡导未来的扶贫志愿服务应更具网络化，主要表现为以下两点：第一，志愿服务以其强大的动员能力，凝聚了全社会的力量助力脱贫攻坚，包含志愿者、志愿团队、草根组织等的这些力量在开展扶贫活动时，应在网下构成一个系统的志愿扶贫网络，以避免社会资金、人员等的扎堆现象。第二，国家颁布的相关政策，如"互联网+社会组织（社会工作、志愿服务）"行动方案，提出扶贫志愿服务应充分利用好互联网这一科学技术，将"互联网+扶贫+志愿服务"相结合，以实现信息共享、提高扶贫的效能。

第七章

志愿服务协同精准扶贫的主要模式与典型经验

自精准扶贫工作开展以来，作为社会力量形式之一的志愿服务一直活跃在脱贫攻坚的各个领域，在一定程度上推动了扶贫目标的顺利实现。以2014年"全国扶贫日"、2016年"中国扶贫志愿服务促进会"等的设立为标志，扶贫志愿服务正式被国家和各地区所重视。自此全国各地开始积极踊跃地开展多种形式的扶贫志愿服务活动。如全国层面上的志愿扶贫大致有：中国青少年发展基金会的"希望工程"项目、中国志愿服务联合会的"志愿扶贫"品牌项目、中国扶贫基金会的"爱心包裹"项目、中华志愿者协会的"百县中国·扶贫与发展"等活动。以及财政部、教育部、农业部等机构和中国总工会、中国妇女发展基金会、中国扶贫志愿服务促进会等协会组织也都陆续地实施相关的扶贫志愿服务。与此同时，各地区所实施的扶贫志愿服务活动也开始逐渐展开，如江西省的"微爱留守"志愿服务项目、甘肃省的"红十字会99公益"志愿服务项目、山西省的"共青团四项工程"、福建省的"精准扶贫 爱心同行"志愿服务项目……由上可知，全国各地区均通过志愿服务的形式逐渐参与到精准扶贫中来，不仅获得了许多典型的志愿扶贫经验，而且形成了众多志愿服务与精准扶贫的协同模式。

本章以各个地区的扶贫实践为基础，从扶贫机构性质、扶贫主体人数、扶贫主体间关系三方面入手，分析志愿服务协同精准扶贫的路径和模式，发现志愿服务在中国脱贫攻坚的任务中已形成了较为固定的协同机理，分别为体制嵌入式协同、互动式协同、购买服务式协同、市场导向型协同、草根式协同、网络式协同、社会动员式协同七种协同模式。

第一节 体制嵌入式协同及相关案例

"嵌入"概念由美国经济史学家卡尔·波兰尼（Karl Polanyi）在 *The Great Transformation*（中译为《大转型》）中首次提出，后由美国社会学家马克·格兰诺维特（Mark Granovetter）进行扩展，原义为一事物内生于其他事物中或一个系统有机结合到另一系统中的状态，其具有目标嵌入、功能嵌入、结构嵌入和关系嵌入等不同嵌入方式和表现形式。① 此概念不仅可以应用于经济领域，还可应用于政治、社会等领域，如我国学者熊跃根就曾用"体制嵌入"的概念来研究政府与社会工作间的交互关系②。本节采用"体制嵌入"这一概念用于分析相关政府机关和人员"借用"志愿服务这一名义参与精准扶贫的现象。

一 体制嵌入式协同概述

"体制嵌入式协同"是指以由国家供养的政府机关、企业、事业单位等为代表的拥有国家权力、国家资源的人员和组织，通过"体制人员外派、政治动员、资源下放"等的形式嵌入精准扶贫的机制之中，进而以志愿服务的名义协同一致地参与实现脱贫目标的过程。体制嵌入式协同的本质在于，扶贫志愿服务组织由政府主导，人员多由教育局、财政局、人社局、高校、科研院所等在内的政府、事业单位的公职人员构成。值得注意的是，体制式协同扶贫期间，各组织和人员在将资源和服务嵌入基层扶贫中的时候，依然从事自己的本职工作。此种协同十分强调政府的主导地位和政府作用，在扶贫主体层面上类似于传统的扶贫开发模式，也是现阶段我国志愿服务协同精准扶贫的主要路径和最常见方式之一。根据体制式协同的体制人员外派、政治动员、结构嵌入、资源下放和服务下沉等形式来看，其典型经验具体如下。

---

① 王志华：《论政府向社会组织购买公共服务的体制嵌入》，《求索》2012 年第 2 期。
② 熊跃根：《论中国社会工作本土化发展过程中的实践逻辑与体制嵌入——中国社会工作专业教育 10 年的经验反思》，中国社会工作教育协会、中国社会工作教育协会《社会工作专业化及本土化实践——中国社会工作教育协会 2003~2004 论文集》，中国社会工作教育协会、中国社会工作教育协会：《中国社会工作教育协会》，2003 年。

二 体制嵌入式协同——体制人员外派经验

体制嵌入式协同中体制人员外派的形式在我国最为普遍,如国家规定的每个贫困村必须有 3 人以上的驻村工作队就属于此。主要表现为帮扶单位、驻村第一书记、帮扶责任人等党政干部或者相关政府机构嵌入精准扶贫过程之中。2014 年 12 月 4 日,国务院办公厅颁布的《关于进一步动员社会各方面力量参与扶贫开发的意见》指出,社会扶贫内容包含定点扶贫及东西扶贫协作两种模式,并集中表现为政府主导、社会参与扶贫。由此可知,此种类型的体制人员外派中,在形式上隶属于社会力量协同精准扶贫中定点帮扶、东西部协作扶贫的内容之一。据统计,截至 2015 年 10 月我国已基本实现驻村帮扶工作队对贫困村的全覆盖[1],而且十八大以来,全国共选派了 19.5 万名机关优秀干部到村任第一书记[2],共选派了 277.8 万人驻村帮扶[3]。以江西省为例,截至 2019 年 2 月,全省共有 1.7 万余名的第一书记奋战在脱贫攻坚的最前线[4]。

在定点帮扶方面,以实地调研过的山西省忻州市 KL 县[5]为例,当地十分注重机关定点扶贫这一政府主导社会参与扶贫的社会扶贫模式。该县建立"县级领导联乡镇、部门联村、干部联户"的"三联"帮扶责任制度,由国家统计局、省总工会、省国土厅、省煤炭地质局、市纪委、市农委等中央、省市 28 家单位,103 个县级单位和 12 个乡镇的 4054 名帮扶干部,组成 193 支驻村工作队,与全县 116 个建档立卡贫困村、86 个非贫困村的 8535 户 20271 位贫困人口进行对接帮扶,实现了定点帮扶到村到户到人全覆盖。2016 年以来各级驻村帮扶单位累计投入帮扶资金 800 万元,支持村级活动场所,爱心超市建设助力种养殖

---

[1] 新华网:《全国驻村帮扶工作队基本实现对贫困村的全覆盖》2015 年 10 月 21 日,http://www.xinhuanet.com//politics/2015-10/21/c_1116897176.htm,2019 年 9 月 17 日。
[2] 中国新闻网:《全国共有 19.5 万驻村第一书记奋战在脱贫一线》2017 年 6 月 27 日,http://www.sohu.com/a/152342542_123753,2019 年 9 月 30 日。
[3] 中国网:《国务院扶贫办:十八大以来全国共选派 277.8 万人驻村帮扶》2018 年 1 月 5 日,http://mini.eastday.com/mobile/180105211420918.html#,2019 年 9 月 17 日。
[4] 中国江西网:《脱贫攻坚当尖兵——红土地上第一书记群像扫描》2019 年 2 月 7 日,http://epaper.jxwmw.cn/html/2019-02/07/content_155660_930533.htm,2019 年 10 月 11 日。
[5] 数据来源于调研时获得的《岢岚县脱贫攻坚总指挥部文件 岢脱贫指挥部〔2018〕12 号》一文。

合作，举办农民夜校，激发内生动力，进一步助推了脱贫攻坚的深入开展。

在东西扶贫协作方面，以 2018 年上海市十大典型案例之一的"沪滇协作"为例。据统计，2018 年云南 MH 县受援上海财政和社会帮扶资金 3829.3455 万元，涉及 55 个项目。志愿服务力量在东西协作产业扶贫方面的具体举措如上海六尘茶道有限公司成立西双版纳玉海茶业有限公司，计划投入 2000 万元建设茶厂，并与 58 户贫困户签订茶叶收购协议，带动 171 人稳定增收。与此同时，双方开展干部人才双向挂职工作，上海市 SJ 区选派 3 名干部到 MH 县挂职，SJ 区的 8 名志愿者服务于 MH 县 XD 乡的住建、人社及教育等部门，派出 8 名教师和 39 名卫生专家到 MH 县开展工作，累计为该县培训基层专业人才 1684 人。①沪滇扶贫协作项目也是志愿服务力量助力东西协作扶贫的创举之一，并在基础设施建设、医疗、产业、就业及教育等方面推动了脱贫攻坚的深入开展。

除了最常见的体制人员外派到贫困县、贫困村做固定的帮扶职位外，政府也会有不定期的、临时性的体制人员外派扶贫。政府机构的工作人员常在日常或者春节等节假日，实施送物资、送关爱的扶贫活动。例如，2019 年 8 月 12 日，河南省南阳市 TH 县 CT 镇镇政府机关干部组成志愿者队伍，深入建档立卡贫困户较多的 HW 村和 YZ 村，开展"扶贫帮困"志愿服务活动。在服务过程中，主要帮助这些贫困户打扫卫生、收拾柴火，了解家庭实际情况和困难之处，并向其提供力所能及的帮助，鼓励他们增强对生活的信心，以推动脱贫攻坚的顺利实现。

三 体制嵌入式协同——政治动员经验

体制嵌入式协同中常常会出现由政府机关牵头后，凭借其行政权力和自身权威，通过政治动员各方力量（如教师、警察、公务员、退伍军人等）开展扶贫志愿服务活动的情况。这些扶贫志愿服务本质上是由政府机关主导，并由体制内人员实施的，因而属于体制式协同的一种。例如，江西省新余市民政局广泛动员该市社会组织参与脱贫攻坚，主导实

---

① 国务院扶贫开发小组办公室：《云南：泸滇携手 扶贫协作结硕果》2019 年 6 月 3 日，http://www.cpad.gov.cn/art/2019/6/3/art_5_98665.html，2019 年 10 月 13 日。

施"幸福来敲门"关爱农村困境老人活动和"天使陪伴"农村困境儿童支持计划。截至目前,该市已动员行业协会、商会、社会团体等20余家社会组织参与,覆盖了14个乡镇办,受益群众3522人次。该市逐步探索一条"党建引领+商会支持+三社联动"的服务模式,在全市形成了良好的志愿扶贫的氛围。①

以2018年6月11日广西壮族自治区文明办及广西志愿服务联合会在全区开展的"献礼壮乡60载·志愿服务亮八桂"农村扶贫济困、社区邻里守望志愿服务系列活动为例,6个月时间内,在51个国定贫困县、自治区贫困县的村屯以及62个志愿服务工作薄弱的社区开展了113场活动,积极动员社会各界力量,参与志愿者累计6207人次。通过走访慰问贫困户、孤寡老人、空巢老人;为留守儿童带来学习用品,开展各类安全教育;为社区居民提供理发、家电维修义务服务等方式,共帮扶了近5万名困难群众。② 再如,2015年10月,中国扶贫基金会联合共青团四川省委、四川省民政厅、中国公益研究院等共同发起的留守儿童关爱项目——"童伴计划"项目。该项目主要通过"一个人——童伴妈妈;一个家——童伴之家;一条纽带——县项目联动机制"等方式,解决包含"儿童户籍、儿童大病救助、辍学儿童返校"等儿童福利问题25000余例,满足了留守儿童在教育、医疗、基本生活及其社会融入等各方面的需求。截至2018年5月,该项目已覆盖四川、贵州20个县203个村,其中91个建档立卡村,受益儿童达10万名。③ 这一项目使得越来越多的人投身于公益,并为脱贫攻坚贡献了一分力量。

除此之外,2016年开始,由云南省残联主办,省人社厅、省扶贫办和省民政厅等部门共同实施的"助贫脱盲"行动,也是政府机关进行政治动员开展扶贫活动的案例之一。3年来,共帮扶了7257人,就业率高达84%,月平均收入达3500元以上。④ 据统计,截至2019年5

---

① 数据来源于江西省新余市调研时获取的《新余市民政局关于市委脱贫攻坚专项巡视整改专题 民主生活会见有关任务进展情况汇报》一文。
② 王春楠:《扶贫济困行善举 守望相助献爱心》,《广西日报》2019年1月11日第4版。
③ 双翼行公益互助平台:《童伴计划》2018年5月8日,https://mp.weixin.qq.com/s/RjGjQAXndKx8ja9eZm4Pbg,2019年10月10日。
④ 郎晶晶、马春花:《省残联举办"助盲脱贫"三周年纪念活动》2019年3月18日,https://www.sohu.com/a/301986858_123753,2019年10月15日。

月 13 日，云南省仍有残疾人 288 万，其中视力残疾人约为 54.7 万人，这些视力残疾人中的近 80% 人员仍然生活在农村。该行动已在云南全省 16 个州市展开，计划实现在"十三五"期间，培训扶持贫困盲人示范带头人 1 万人，扶持建设 500 家盲人规范化按摩店①，主要对列入本省建档立卡就业年龄段的贫困视力残疾人免费进行盲人按摩培训，鼓励它们走出家门、自食其力。该行动取得了较好的脱贫成效，并于 2018 年被中国残联、财政部、人力资源和社会保障部、国务院扶贫办等部门采用并拓展至全国，在全国范围内开展了"助盲就业脱贫"行动。

四 体制嵌入式协同——结构嵌入经验

体制嵌入式协同也经常通过结构嵌入的机制实施精准扶贫。我国有很多属于体制内管理的志愿者协会，也称"官办志愿扶贫机构"。湖北省的鹤峰县志愿者协会②就是其中之一，该协会在共青团鹤峰县委员会等部门的领导下，于 2017 年 3 月 5 日正式成立。该协会中的志愿者队伍多由政府各部门、各乡镇团委、团组织等体制内成员组成，现有注册志愿者 500 名左右，并设有鹤峰义剪服务队、县医院医疗服务队、五里志愿服务分队等。在不同时间段，根据驻村尖刀班提供的有效信息，鹤峰县的志愿者还经常组织回收闲置衣服，清洗干净后送给五保户和低保户家中，新旧搭配，减少贫困户劳作服的支出费用。现阶段鹤峰的各驻村尖刀班干部，可实现快速入户、精准对接。截至 2019 年 1 月，该协会已志愿服务 5000 余人次，服务时长多达 2 万多小时。

以江西省南昌市安义县同心圆志愿者协会为例，此协会是由县委统战部牵头，县工商联（总商会）及其他统战系统单位共同参与发起的，以全县非公经济爱心人士为主体，由县文明办指导、县民政局注册成立的非营利性公益慈善志愿服务组织，其本质上属于结构嵌入式的官办志愿者协会。自 2017 年 12 月底筹建到现在，协会已发展爱心志愿者 296 人。协会通过县工商联（总商会）平台，自 2017 年 12 月 25 日至 2018 年 2 月 2 日，组织开展"精准扶贫"爱心捐款活动，共接收捐款 36 万余元。与

---

① 每文：《云南省"助盲脱贫"行动纪实》，《中国残疾人杂志》2019 年 4 月 29 日，https://mp.weixin.qq.com/s/_9YNT-DskYLxaWENPN4z8Q，2019 年 10 月 17 日。

② 数据来源于湖北省鹤峰县调研时访谈鹤峰县志愿者协会中志愿者 TJY 得到的一手资料。

此同时，自 2018 年 2 月启动"精准扶贫乡村行"三风志愿服务活动以来，先后开展了各类公益志愿服务活动 20 余次，深入 8 个乡镇 21 个村居委会、自然村及相关单位开展志愿服务工作，共走访慰问帮扶精准扶贫困难户 377 户，帮扶困难学生 100 余人次，其中精准扶贫建档立卡未脱贫大学生 11 人，动员和组织社会力量直接参与志愿服务 1300 余人次，发放各类帮扶慰问资金、物资折合人民币 40 余万元。2019 年 4 月在江西省安义县举办的新时代文明实践——最佳志愿服务项目评选中，"精准扶贫乡村行"三风志愿服务活动项目荣获全县一等奖。

五、体制嵌入式协同——资源下放和服务下沉经验

体制嵌入式协同精准扶贫的一个典型是，体制内人员通过资源下放、服务下沉到基层群众之中，来助力脱贫目标的顺利完成。青海循化县所进行的服务下沉扶贫获得了众多贫困者的一致好评。循化县基层政府定期组织培训拉面技艺，培训对象普及贫困户和非贫困户等各个群体，一般采用集中实践培训的方式，培训完成后给予颁发相应的资格证书，许多贫困户依据这一拉面手艺在多地餐馆找到了工作，更有甚者自己开起了拉面馆、干起了小生意，从而摆脱了贫困、实现了脱贫。[①]

再如，山东省淄博市 ZB 区政府也十分注重扶贫志愿服务的开展。山东省淄博市 ZB 区依托新时代文明实践站在各村组建"党员暖心"、"文明婚庆""入学升学""大健康""陪你到老"五大新时代文明志愿服务队，将志愿服务活动下沉到最基层，努力将试点工作做成临淄品牌、淄博样板、山东标杆。[②] 与此同时，临淄政协机关服务大队作为临淄志愿服务队的一个分支，每年机关全体党员干部和 237 名委员都会参加诸如社区义诊、助残养老、捐赠物资、慰问幼老等的扶贫志愿服务活动，将资源和服务下沉到每一个贫困家庭之中。

此外，湖北省恩施土家族苗族自治州 LF 县政府与 8 家金融机构签订扶贫小额信贷"脱贫合作协议"，提供 3000 万元风险补偿金，按比例分配到各金融机构，组织各家金融机构，把金融扶贫政策送到田间地

[①] 数据来源于青海循化县调研时访谈贫困者 FGL 得到的一手资料。
[②] 唐磊：《淄博市临淄区：五大志愿服务队 助力新时代文明实践》，《临淄区广播电视台》2019 年 3 月 25 日，http：//www.cnr.cn/sd/gd/20190325/t20190325_524554359.shtml，2019 年 10 月 17 日。

头。2017年，该县累计发放金融扶贫贷款2.87亿元，贷款贫困户达5500余户，占建档立卡贫困户总数的26.46%。2017年至2018年3月，该县金融机构为306户贫困户发放免担保、免抵押、全贴息扶贫小额贷款1343万元，用于发展藤茶、绿茶、药材、生猪等产业，激发了贫困户自主脱贫的内生动力。LF县政府将服务下沉打通了金融扶贫的"最后一公里"。①

志愿服务与精准扶贫的体制嵌入式协同着重以政府机关或政府人员为主导，通过体制人员外派、牵头动员、自我管理、资源和服务下沉等方式，来大范围、多层次地开展普及率较高的志愿扶贫活动。此活动多为技能培训、捐助物资、开展慰问、健康义诊、为人民群众办实事和送温暖等的活动，旨在帮助广大贫困者实现脱贫目标。

第二节 互动式协同及相关案例

随着扶贫开发的逐渐推进和贫困特征的日益改变，传统的以政府为主导的单一性扶贫模式，已难以满足当前扶贫开发精准化、扶贫对象多样化和贫困需求多元化等的特征。在此背景下，作为应对社会问题而自发产生的志愿服务力量逐渐参与到脱贫攻坚中来，各扶贫主体间的交流互动开始逐渐展开。顾名思义，"互动式协同"涉及两个以上的主体，主要指主体间彼此交流合作以达成共同目标的过程。

一 互动式协同概述

所谓"互动式协同"，即政府和枢纽型社会组织如共青团、慈善总会、志愿者联合会、基金会、专业机构等社会力量彼此互动，整合各自的人员、权力、资源等，以共同实现脱贫目标的过程。"枢纽型"社会组织概念见于2008年9月北京市社工委出台的《关于加快推进社会组织改革与发展的意见》这一官方文件中。枢纽型组织即在同性质、同类别和同领域的社会组织中，在政治上、业务上和管理上均处于领导和核心地位的社会组织。枢纽型社会组织按照其实践形态分为

---

① 谭燚:《服务下沉 评级授信 来凤打通金融扶贫"最后一公里"》，《恩施新闻网》2018年3月30日，http://www.enshi.gov.cn/2018/0330/630979.shtml，2019年10月18日。

政治性人民团体、行业协会或联合会、社区社会组织服务中心或综合性社会组织联合会三种①;按照其生成形态,又被分为政府主导型和社会主导型两种类型②。互动式协同最常采用"政府+志愿服务团体+贫困者"的模式,此种协同方式强调了资源的凝聚与整合,有利于资源的优化配置;按照其生产形态,其典型经验如下。

二 互动式协同——政府主导下枢纽型社会组织扶贫经验

一般来说,由政治性人民团体(如共青团、妇联、残联等)和政府主导设立的具有枢纽性的社会组织(如中国志愿服务联合会、慈善总会、公募基金会、社会组织孵化中心等)所实施的志愿扶贫活动,大多具有政府主导型枢纽型社会组织互动式协同的特点。

云南省共青团昭通市委围绕脱贫攻坚的部署,实施了"志愿服务·志立扶贫"行动③。自该行动实施以来,组建了志愿者队伍 1.6 万余人,结对 49947 人,为群众做好事、办实事 3530 件,组织转移农村劳动力就业 1.4 万余人,健康扶贫 1300 余人次,筹集爱心资金 3776 万元资助大学、高中贫困学生 5703 人次,共争取到社会各类爱心资金、物资折合 2144.25 万元。该行动大致有以下四种做法:实施"春风筑梦"行动,加强与长三角、珠三角用工单位和人社、就业、职业技术学校协作,以促使青年劳动力转移就业;实施"夏日阳光"行动,加强与科技、农业院校的工作协调,以促使青年实用技能的提升;实施"金秋助学"行动,广泛联络志愿者和社会资源,争取社会力量参与到助学帮困行动中,以圆青年就学梦想;实施"青春暖冬"行动,组织动员返乡大学生、志愿者、干部职工利用"青年之家""七彩小屋"等阵地,精准帮扶农村贫困青少年。

再如,江西省慈善总会正是政府主导下枢纽型社会组织开展扶贫活动的典型经验之一。2018 年,江西省慈善总会筹集社会捐赠款物及争

---

① 王鹏:《什么是枢纽型社会组织》,《中国青年报》2013 年 10 月 28 日第 2 版。
② 李芳:《枢纽型社会组织与民间公益组织的培育》,《东方论坛:青岛大学学报》2014 年第 4 期。
③ 何倓倓、贺迎春:《云南昭通:实施"志愿服务·志立扶贫"行动》,《人民网》2019 年 2 月 28 日, http://gongyi.people.com.cn/n1/2019/0228/c424397 - 30908267.html, 2019 年 10 月 20 日。

取各类项目资金共计 3.96 亿元，发放救助款物及慈善项目资金 3.71 亿元，惠及困难群众 10 万余人。共发放慈善扶贫专项工程"六大任务"项目资金 5025.65 万元，其中，"刨穷根"项目资助了 3465 名贫困中职学生和 2349 名高考贫困学子，共下拨资金 2979.43 万元；"救病难"项目发放救助资金 478.23 万元，资助了 162 名贫困大病患者；"暖床前"项目关爱孤寡、失独、失能老人群体，服务人次达 19.25 万人次，服务时间达 122.6 万小时；"扶自立"项目关爱农村留守儿童和困难残疾人，服务人次达 29.1 万人次，服务时间 87.3 万小时。与此同时，首批"童伴妈妈"项目在江西省罗霄山集中连片特困地区等 10 个贫困县 100 个村实施，发现和解决儿童福利问题 3606 个，开展主题活动 1050 次，惠及农村留守儿童 128030 人次；"推厕改"项目在玉山县、乐安县开展试点，下拨资金 490.8 万元，帮助 2454 户贫困户改建厕所；"栽富树"项目 14 家入股企业（合作社）已发放分红资金 158.3 万元，惠及贫困群众 1100 余户。以 2016 年江西省慈善总会实施"栽富树"产业扶贫项目为例，此项目针对贫困群众，采用慈善股权定向帮扶的模式，由总会出资入股当地龙头企业或农民专业合作社，由企业、合作社等专业团队负责生产经营，每年产生的股金收益定向发放给贫困户，通过此项目，让每户贫困户每半年可以有 1000 元到 1500 元的收入。①

此外，自 2003 年湖南省慈善总会主办的"爱心改变命运"慈善助学活动开展 16 年以来，省慈善总会本级共筹集 9100 余万元爱心助学款，帮助了 2.3 万多名贫困学子，全省慈善会系统为"爱心改变命运"慈善助学活动筹集了近 2.4 亿元爱心助学款，帮助 4.8 万多名贫困学子迈入大学校门。与此同时，中华慈善总会实施的"慈善情暖万家"活动、"春立阳光计划"项目、"一张纸献爱心"行动、"为了明天——关爱儿童"项目以及"慈爱孤儿工程"等一系列项目在一定程度上提升了扶贫的效能。

三 互动式协同——社会主导下枢纽型社会组织扶贫经验

通过社会力量主导成立的或者在政府推动下由社会力量主导运营的

---

① 人民政协网：《江西省扶贫攻坚中的慈善公益"好声音"》2018 年 7 月 24 日，http：//csgy. rmzxb. com. cn/c/2018－07－24/2121452. shtml，2019 年 10 月 20 日。

具有枢纽型的社会组织（如中国乡村儿童联合公益团队、基金会中心网、上海恩派等）所实施的志愿扶贫活动，大多具有社会主导型枢纽型社会组织互动式协同的特点。

以湖北省鹤峰县为例，2011年10月以来，中国乡村儿童联合公益团队与鹤峰县人民政府互动合作，先后实施了"免费午餐""乡村儿童大病医保""儿童安全""拾穗行动""暖流计划""e农计划"等多个公益项目，保障了乡村儿童的福利和权益①。例如，中国乡村儿童联合公益团队与鹤峰县委、县政府达成协议，按照"1+2"模式，实施"免费午餐"项目——2011年10月8日，鹤峰县中营镇高原小学作为湖北省第一所免费午餐学校开餐；2011年12月1日，鹤峰43所乡村小学同时开餐，成为自免发起费午餐以来开餐人数最多、一次性覆盖学校最广的县；2012年5月，鹤峰县免费午餐计划和国家营养改善计划实现无缝对接，免费午餐学校由最初的43所增至52所，由原来的免费一餐扩大至两餐，即"营养早餐"与"免费午餐"，受益学生从小学延伸覆盖到全县农村初中和小学。留守儿童关爱工程——该工程包含了实施"拾穗行动"，关爱事实孤儿；开展儿童安全宣讲活动，为留守孩子健康成长保驾护航；实施"暖流计划"，为留守孩子送去希望；实施"点亮心灯"工程，改善农村校园照明环境等等。这些公益行动与政府互动并最终着眼于贫困儿童本身，取得了较好的成效。

以江西省赣州市南康区志愿者联合会为例，这一社会组织成立于2010年3月，是社会各界爱心人士广泛参与、有政府注册备案的合法民间公益组织，也是典型的社会自发型枢纽型社会组织的互动型协同。据不完全统计，从2010年到2017年，南康区志愿者联合会注册志愿者有1000多名，累计开展志愿服务3000余次，参加活动的志愿者20000多人次，志愿服务工时累超达10万小时，成功募捐并发放爱心资金约160万元。此联合会的七大项目主要为："夏送清凉 冬送温暖"爱心敬老项目、"苗苗助学"助学项目、"走进社区 关爱空巢孤寡老人"社区项目、"保护碧水蓝天 共享绿色南康"环保项目、"车行万里路 平安每一步"应急

---

① 数据来源于湖北省鹤峰县调研时获得的《政府与民间良性互动助推经济社会创新发展——在中国乡村儿童联合公益2017年会上的讲话》一文。

交通劝导项目、"涓涓热血 呵护生命"无偿献血项目以及"平等参与 共享阳光"助残项目。该联合会于2017年3月实施的"暖床前"项目已开展20多次慈善助老服务活动，为留守孤寡老人提供包含"生活照料、文艺活动、健康体检、心理辅导、专业义剪"等在内的志愿服务，为它们送去慈善的温暖与社会的关爱，最终取得了良好的效果。由此可见，这一社会主导下枢纽型社会组织经常性地开展多元化的志愿活动，并在助老、教育、医疗、应急救援以及心理关爱等方面提升了扶贫效能。

总之，无论是政府主导型枢纽型社会组织还是社会主导型枢纽型社会组织，其互动式协同扶贫都具有半官方的色彩。此协同模式与体制嵌入式协同的本质区别在于，体制嵌入式协同主张政府主导的单一扶贫主体，而互动式协同不仅强调两个以上的扶贫主体，而且主张政府与社会各方力量通过平等交流、互动合作开展扶贫活动。

第三节 购买服务式协同及相关案例

1995年，"罗山会馆"在上海浦东新区建立的，这是我国较早阶段政府向非营利组织购买服务的实践探索，它打破了单一政府的投入与运营机制，引入了民间社会力量这一形式。国家层面上，国务院于2001年印发的《中国农村扶贫开发纲（2001—2010年）》提出，鼓励、支持民间组织等社会力量参与扶贫项目的实施。2013年9月，国务院办公厅《关于政府向社会力量购买服务的指导意见》明确提出，政府向社会购买服务的必要性、基本原则、目标任务及保障措施等内容，正式将其置于国家发展战略的地位。紧接着，财政部和民政部于2014年和2016年分别发布的《关于支持和规范社会组织承接政府购买服务的通知》《关于通过政府购买服务支持社会组织培育发展的指导意见》等文件，明确了其总体要求、规范细则等相关内容。2016年12月2日，《十三五脱贫攻坚规划》明确指出，应在扶贫开发中推广政府购买服务、政府与社会资本相合作等的模式，以推进脱贫攻坚目标的顺利实现。政府将公共物品或服务以契约化的形式外包给社会机构，可以在一定程度上激发社会的参与热情、提高扶贫资金的使用效率、提高公共品的供给效力。

实践层面，2005年12月19日，国务院扶贫办、亚洲开发银行及江西省扶贫办等启动的"政府与 NGO 合作实施村级扶贫规划项目",标志着政府向社会购买服务进入规范化试点阶段。[①] 2012 年,为了充分调动社会组织参与社会服务的积极性,中央财政开始安排专项资金支持社会组织参与社会服务,这一举措标志着政府向社会购买服务进入常态化阶段。以 2017—2019 年来中央财政支持社会组织参与社会服务的项目为例,2017 年、2018 年、2019 年中央财政支持社会组织参与社会服务中,A 类发展示范项目、B 类承接社会服务试点项目、C 类社会工作服务示范项目及 D 类人员培训示范项目的个数如表 7-1 所示。这些服务购买的项目涉及残疾人服务、居家养老、社区矫正、教育、文化、家庭关爱及慈善救助等扶助弱势困难群体方面的内容,由此看出,在扶贫领域同样存在政府购买服务这一方式,并日益受到国家的关注和重视。政府购买扶贫服务逐渐成为一种常见的扶贫模式。

表 7-1　2017—2019 年中央财政支持社会组织参与社会服务项目个数　（个）

项目类型 \ 年份	2017 年	2018 年	2019 年
A 类发展示范项目	168	164	60
B 类承接社会服务试点项目	148	143	50
C 类社会工作服务示范项目	125	121	43
D 类人员培训示范项目	39	35	33
总计	480	463	186

数据来源：民政部网站。

一　购买服务式协同概述

政府以购买的方式提供社会公共服务在转变政府角色和职能、节约政府开支、改善社会服务供给效率和质量以及保障社会和谐公平等方面具有一定的作用。政府向社会购买扶贫领域的公共服务实际是政府购买扶贫服务的主要手段。本节探讨的"购买服务式协同"是指政府通过定向委托或公开招标的方式,吸引专业的社会机构、公益团体、基金

[①] 苏明、贾西津、孙洁、韩俊魁：《中国政府购买公共服务研究》，《财政研究》2010 年第 1 期。

会、贫困者个人等全方位地参与到脱贫攻坚中来，在订立契约的基础上由前者支付费用并由后者实际运作，两者协同发展进而实现脱贫目标的活动过程。这种协同机理的实质是"委托——代理"关系，类似于PPP模式。此种模式与互动式协同的相同之处在于，两者均强调两个以上扶贫主体之间的互动，其不同之处在于购买服务式更强调委托或竞争的方式、合同的订立以及绩效的验收等内容。购买服务式协同最常见于购买专业机构类扶贫服务，如扶贫领域的养老服务、基础设施建设、易地扶贫搬迁等项目。此外，还有一种购买服务式协同的外延形式，即购买个人类服务，如护林员、护路工等公益岗位，其典型案例大致如下。

二 购买服务式协同——购买机构类扶贫服务经验

政府购买助老方面的扶贫服务。其中，山东聊城启动的"养老+扶贫"模式最为典型。聊城市致力于打造扶贫养老救助模式，当地政府通过购买服务的方式协同专业的养老中心，协助政府分担部分社会救助压力，以帮助贫困户实现脱贫。以聊城市金柱千岛山庄颐养中心为例，该中心会给居住在此的建档立卡贫困人口统一配备床褥、桌凳等生活用品，定期为他们检查身体，并负责他们日常的生活起居、卫生保洁和照料工作。由此看出，聊城市主要采用了集中养老的志愿扶贫模式。

山东省东营市也采用了"养老+扶贫"这一模式。对于不愿意入住养老中心的贫困户，河口区还开展了政府购买居家养老服务，人群涉及60周岁以上孤寡老年人、失独老年人、新中国成立前老党员、失能老年人、70周岁以上建档立卡贫困老年人、80周岁以上空巢老年人、高龄老年人等。主要通过发放"居家养老服务代金券"的形式，面向社会公开招标方式确定服务组织。相较于集中帮扶，这种"私人订制"的上门服务将一些不愿离家的贫困老人覆盖进来，在一定程度上帮助贫困户实现了居家脱贫。

政府购买扶幼方面的扶贫服务。除了"养老+扶贫"模式外，政府购买专业社工机构帮扶留守儿童的现象也十分常见。例如，江西省上犹县盾诺社会工作服务中心承接的江西省慈善总会"扶自立"关爱农村留守儿童和残疾人服务项目，该项目主要针对贫困县的农村留守儿童，通过关爱农村留守儿童帮扶载体，动员专业社工与志愿者共同参与，对留守儿童进亲子教育、心理咨询、安全教育等服务，让农村留守儿童得

第七章 志愿服务协同精准扶贫的主要模式与典型经验

到真正的帮助。无论是扶老，还是扶幼，均脱离不了购买服务式协同扶贫这一模式。

政府购买助残方面的扶贫服务。政府购买助残服务是指将原来由政府直接提供的、为社会公共服务的事项交给有资质的社会组织或市场机构来完成，是一种新型的政府提供助残服务方式。各地方政府大多将扶助残疾人委托给专业的社会组织，通过购买助残服务的方式来达到扶贫目的。例如，江苏省太仓市残联引入"中德善美"助残组织的契约模式；江苏省常熟市残联与小蜗牛特殊儿童康复训练中心共同完成的合作模式；湖北省武汉市武昌区残联依托阳光家园所形成的行政模式；上海松江泖港镇政府购买的社会组织公共服务中上海松江区泖港镇尚艺社区文化服务社开展的"社管办助残自强"服务项目；杭州市下城区政府向武林心航阳光公益服务中心购买的武林街道残疾人服务项目；重庆市合川区政府购买的合川区景盛青年社会工作服务中心的"残疾人职业技能"培训项目以及"残疾人扫盲"培训项目等。

政府购买医疗卫生方面的扶贫服务。以2018年中央财政支持的A类发展示范项目——青海省藏医药学会开展的"名医下乡"帮扶偏远少数民族地区义诊示范项目为例，该项目通过组织青海省藏医院、青海大学附属医院、青海省中医院等单位的藏医、藏西医以及中医领域的知名专家，引导优质医疗资源向偏远少数民族地区流动，使得偏远少数民族地区的民众在家门口享受到诸如"体质检查、藏医外治、医疗科普教育、免费药品及健康咨询指导"等优质医疗服务。[1] 在MH县GG乡举行的第四站"名医下乡"义诊活动，引来了GG乡各村社的330余名群众前来就诊，共诊治患者240余人次，血糖检测90余人次，测量血压150余人次，"藏医外治"治疗32余人次，免费发放价值3.5万元的药品。[2] 与此同时，钦州港滨海医院开展的"贫困医疗救助"示范性项目、海南省医药行业协会开展的"救助偏远地区贫困疾病患者发展"示范项目以及仪陇县扶贫开发协会开展的"困难群众大病医疗救助发

---

[1] 胡贵龙:《青海省中藏医启动"名医下乡"义诊少数民族地区》2017年8月5日，https://www.sohu.com/a/162509898_363891，2019年10月18日。

[2] 仁增才郎:《青海省藏医药学会2018年度中央财政支持社会组织示范项目"名医下乡"义诊活动第四站在民和县甘沟乡举行》，《中国藏青网通》2018年11月14日，https://www.tibet3.com/Culture/whdt/2018-11-14/93092.html，2019年10月18日。

展"示范项目等,均是政府购买医疗领域扶贫服务的典型案例。

三 购买服务式协同——购买个人类扶贫服务经验

作为购买服务式协同的一种外延形式,在购买个人类服务的活动中,政府旨在增加贫困者自身的收入,以提高贫困者自身脱贫动力和内生能力,从而做到"扶真贫、真扶贫"。在上述的"养老+扶贫"模式的基础上,各地市还扩展出了"互助养老"购买服务式协同的模式。此种模式"以贫服贫",相当于购买贫困者个人扶贫服务,更加强调贫困者间的互相帮扶和慰藉。

以山东省日照市 WL 县 HNY 村为例,该村以政府购买服务的形式,聘请本村有就业意愿和劳动能力的建档立卡适龄贫困人口为"互助养老护理员",并按照标准支付其一定的报酬,让他们帮助照料本村无劳动能力的贫困家庭的日常生活,为其提供力所能及的帮助和服务,如洗衣做饭、打扫卫生和日用代购等。互助扶贫公益岗位既能帮助贫困人员在公益性岗位就业获得稳定收入实现脱贫,又通过贫困人员在岗工作互助帮扶了其他"老弱病残幼"贫困人口,有利于实现"扶贫"和"服贫"的双赢效果。

再如,江西省遂川县政府筹资购买城乡公共服务公益性岗位 558 个,行政村(社区)公益性岗位主要从事劳动保障、民政优抚、护林等工作,吸纳退伍军人 1 人,"4050"就业困难人员 37 人,其他愿意从事基层公共服务公益性岗位人员 290 人就业。[①]

除此之外,政府通过雇佣贫困者个人做一些诸如护林员、护路员、保洁员、交通维护员等的公益岗位,以安置贫困者就业从而实现脱贫的现象,在我国十分普遍。以实地调研过的河北省石家庄市 XT 县[②]为例,该县开发了护林员、护路员等 6 类公益岗位,通过购买贫困群众的劳动能力来促使贫困群众稳定就业,进而实现脱贫目的。截至 2018 年年底,已累计开发公益岗位 3302 个,占全县未脱贫人口的 24.99%。其中,护林员 307 个、治安联防员 792 个、护路员 935 个、河道治理联防员

---

① 王一凡:《遂川三类公益性岗位圆百余人就业梦》,《中国广播网》2011 年 5 月 13 日 http://jx.cnr.cn/2011jxfw/xwjj/201105/t20110513_507991691.html,2019 年 10 月 18 日。

② 数据来源于调研时获得的《行唐县贫困县退出申请报告》一文。

361个、矿山治理员172个、环境监督员735个,每人每年增加工资性收入4320元。与传统扶贫手段不同,购买服务式协同的"公岗扶贫"是一种"造血式"扶贫手段,就是聘请贫困户在某公益岗位上提供一定服务,由政府按照一定的标准支付其报酬,从而提高贫困者的收入。

第四节 市场导向型协同及相关案例

改革开放以来,市场机制一直在扶贫事业中占据着重要地位。2013年精准扶贫政策提出后,精准对接并满足贫困者的不同需求成为是否能够顺利脱贫的重中之重。与此同时,国家和人民逐渐在志愿服务扶贫中引入了以满足不同贫困者需求为中心的市场机制,以实现志愿服务供给主体与贫困者需求主体的直接互动,"市场导向型扶贫"由此产生。

一 市场导向型协同概述

市场导向型协同即在政府支持、鼓励并引导某种活动或行为的基础上,以满足贫困者的个人需求为中心,通过企业等市场力量进行拉动,进而以社区为载体实施具体活动进行扶贫开发的过程。该协同机理始终以满足贫困者需求为中心,以市场为导向的前提下驱动政府、企业和社区三者协同,其不仅强调了企业支持的力量,而且强调了社区这一实施载体的重要作用。在国家精准扶贫政策的引领下,我国最为典型的市场导向型协同的机构——中国社区扶贫联盟应运而生。该联盟于2017年12月12日成立,在隶属于国务院扶贫办下的中国扶贫志愿服务促进会的监督下,由易居乐农联合十多家企业共同发起,与彩生活服务集团形成战略伙伴关系,以社区支持农业及巨大的消费力为支撑,面向贫困地区,通过社区消费、精英帮扶,让贫困户参与生产、销售自己的农产品获得有尊严的收入,从而达到增收脱贫的公益组织。

二 市场导向型协同——"爱心超市"案例

最具代表性的市场导向型协同模式的扶贫案例是爱心超市。扶贫"爱心超市"是社会各界广泛参与的扶贫济困新模式,建立了对农村困难群众帮扶的新平台、新机制。爱心超市是一些地方部门为了实现精准扶贫,在贫困农村设立的专门为贫困农民提供免费购物、积分兑换商品的一种特殊超市。超市提供的商品涉及衣食住行、生产劳作方方面面的物品，超市以公益性的形式开展，由地方政府出资，企业爱心捐助的形式运营。目前，扶贫"爱心超市"项目已在各地陆续启动，如河南省兰考县、江西省横峰县、四川省宜宾市以及湖南省长沙市等。扶贫"爱心超市"注重贫困群众精神上"志智双扶"，旨在转变贫困群众"等靠要"的固有思想，引导其树立自立自强、勤劳致富的理念，进而激发每位贫困者自身脱贫的信心，从而助力脱贫攻坚的深入开展。

以云南省曲靖市 QL 区的绿币爱心超市为例。2018 年 6 月在 QL 区建立了首家绿币爱心超市，截至 2019 年 7 月 8 日，全区共建成 28 个"绿币爱心超市"、50 个服务点、100 余个流动网点，实现了所有镇（街道）全覆盖，累计接受各类捐款捐物 700 万元，兑换积分 1367580 分，服务群众 16 万人次。[①] 爱心超市是在县委县政府的高度重视和倡导下，企业等社会各界人士支持和以社区为依托和载体而开办的。超市内货架也按"学习用品类""日用品类""小家电类"等类型摆放物品，所有生活物品琳琅满目。这个绿币爱心超市的物资主要由各"挂包帮"责任单位、社会各界爱心人士及企业自愿捐赠。依托这一平台，该社区的困难群体可通过参与各类公益活动，并依靠村干部、驻村工作队等的评价来获得相应的绿币积分，然后拿着积分卡去绿币爱心超市兑换所需物品。绿币爱心超市的志愿者队伍和工作人员，对于不方便到超市的捐赠者可上门接收，对于行动不便、年老体弱的服务对象也实施送物到户、上门救助的扶贫活动。

再如，实地调研过的山西省大同市所开展的"爱心超市"项目。2018 年，大同市云州区制定了社会扶贫"爱心超市"工作实施方案，成立了区、乡镇、村三级社会扶贫"爱心超市"领导小组，并向全社会发出了倡议，希望社会各界积极捐款捐物、捐献生活日用品、学习体育用品、生产工具、衣物以及家用电器等物品，奉献爱心。截至 2019 年 3 月，云州区已建立 1 个区级扶贫"爱心超市"、10 个乡镇"爱心超市"和 20 个村级"爱心超市"。云州区所形成的爱心超市三级网络，主要为区指挥

---

① 云南文明网：《曲靖市麒麟区"绿币爱心超市"积分兑换暖人心》2019 年 7 月 8 日，http：//images.wenming.cn/web_yn/gzdt/zhoushifengcai/qj/201907/t20190708_5177926.shtml，2019 年 10 月 20 日。

部负责捐赠款物的接收、采购和分配；乡镇指导中心负责村级"爱心超市"的布点建设、管理运行和监督指导；村"爱心超市"终端负责物品的发放。为了确保爱心超市良好运行，该区制定了村级"爱心超市"的"4+1+1"评分标准，建立了"爱心积分卡"领取物品制度。"4"即社会公德、家庭美德、遵纪守法、内生动力，包括积极主动参加村集体组织的公益活动、注重户容户貌、尊老爱幼、夫妻和睦、邻里团结、遵守法律法规、遵守村民规约、积极参加技能培训等内容。此外还通过评选"最美家庭""脱贫先锋""最好婆媳"等十佳模范以及评选生活特别困难的低保户、特困户、优抚对象、在校特困生等帮扶特困对象，给予积分奖励。由村两委干部、驻村工作队及群众代表等组成评议小组，通过随机抽查、民主评议的方式，按月或按季度对村民的家庭卫生、掌握脱贫政策、参加村集体活动等情况进行评议打分，对户容户貌脏乱差、打架斗殴、不遵纪守法等的行为进行扣分，贫困户在分数上可有相对的倾斜。核定结果经村里公示通过后，村民以积分的多少兑现积分奖励，兑换相应分值的生活用品。① 截至2019年6月，该区已累计接受150余家单位捐赠的各类物资5.4万余件，受益4418户12151人。

除了纯粹的线下爱心超市外，湖北省宜昌市创建的线上、线下相结合的爱心扶贫超市，更具影响力。以湖北省宜昌市XS县为例，其创新的"众筹扶贫"模式，为3万名志愿者和2.6万个贫困群众搭起精准帮扶的桥梁。2017年10月，XS县投资100多万元，建设了爱心超市和众筹网站。该网站主要用于贫困户发布需求、爱心人士捐赠物资，以实现精准对接。截至2019年3月，该中心线上、线下共筹集资金306.2万元，募集衣物及日用品5.77万件。累计向贫困户发放物资3.7万多件，价值177万余元。爱心超市的工作人员多是爱心志愿者，志愿者会将捐赠的物资清洗消毒、整理维修、登记编码后上架。在这个2000平方米的爱心超市内，衣服、被褥、锅、盆、米、油等日用品一应俱全。贫困户凭借其政府发放的"爱心扶贫超市卡"在此购物。此外，居民可以将自己想要但是超市里没有的商品发布在众筹网站上，企业或爱心人士看到后可以采购或捐赠相应的物品，有的贫困户在网站上表示需要水

---

① 中国扶贫：《山西大同这些"超市"不简单!》，2019年3月11日，https://baijiahao.baidu.com/s?id=1627718402015137357&wfr=spider&for=pc，2019年10月20日。

瓶，有的则希望为女儿添置新书包……

总之，市场导向型协同引导企业、爱心人士等市场力量助力脱贫攻坚，以精准对接贫困户的不同需求为中心，最终落脚于社区这一实施载体，突出强调了市场的作用和社区更贴近、更好地满足贫困居民真实的生活需求这一特性。

第五节 草根式协同及相关案例

随着经济社会的快速发展和人们精神生活水平的不断提高，具有乡土气息的普通民众也开始觉醒，逐渐形成了草根式协同扶贫的新模式。"草根"主要指生活在社会较低层的普通大众或者平民，被视为其形象化的称呼，包含草根个人和自下而上形成的草根组织等。

一 草根式协同概述

所谓"草根式协同"，是指草根个人和以草根团体、草根组织等为代表的志愿群体，凭借其慈善、公益、奉献的精神和自身的资源力量，主动自发地参与到精准扶贫之中，进而促使脱贫目标实现的过程。草根式协同扶贫是最贴切贫困群体的一种志愿扶贫模式，具有自发性、民间性和志愿性等的特征。此种模式的协同本质在于，具有草根性质的扶贫主体，在不拥有任何权力的前提下，完全凭借自己的爱心和能力，自身主动地协同扶贫的过程。值得注意的是，此种模式完全出于自发行为，一般不涉及体制内的政府机关和政府人员。关于草根个人和草根团体的典型经验如下。

二 草根式协同——草根个人协同扶贫经验

草根个人协同精准扶贫是社会上常见的一种志愿扶贫模式，并常由社会各界爱心人士采用。除湖北长阳英子姐姐的助学经验、重庆最美扶贫志愿者冉雷雨产业扶贫、"信义兄弟"孙东林等的典型经验外，江西省萍乡市的段华胜也是当之无愧的草根义工。段华胜是萍乡市安源区八一街藕塘边社区的一个普通居民。他从1978年开始就自发从事义务帮教工作，至今已有41年，先后义务赴省内外各地监狱探监、看望、帮教100余次，结对帮教600多名失足人员，资助费用8万余元。他于

2008年加入安源志愿者协会后，又先后参加了6个公益志愿组织。① 在段华胜的影响下，他的女儿也成为新一代优秀志愿者，孙子、外孙女从初中就跟着他做志愿者，一家祖孙三代志愿者。段华胜还免费帮邻里维修电器，主动上门对接帮扶特困群众。段华胜的众多帮扶对象中，也有很多人主动加入志愿者协会以回报社会。2014年3月13日，江西省首个戒毒矫治跟踪工作服务站于萍乡建立，并对出所后生活困难、无家可归、无亲可靠、无业可就的人员做好回归服务工作，积极协助予以解决低保、过渡性的生活保障及就业推介等工作。同年他还成立了"萍乡市夕阳红爱心协会"②。段华胜通过帮思想、解困境和助就业等的方式帮扶了一个又一个"心理"贫困者，为扶贫开发事业贡献了自己的力量。

再如，河南省漯河市的"奶牛哥"张向阳的草根个人扶贫案例③。1995年，张向阳凭借5000元创办了一家奶业公司。几年来，他先后招收200多名残疾人就业，各类捐款近百万元，资助贫困学生500多人，进而带动了一大批人实现了脱贫梦。张向阳的扶贫经历主要涉及四方面的内容：一是产业扶贫，漯河市YH区YYZ村地理位置偏僻，农民以种植粮食为生，张向阳让农民以土地入股，带领村民养殖奶牛、种植牧草等，使得600多户村民养殖奶牛3000多头、种植牧草6000多亩，为农民每年增收许多种养殖收入。二是就业扶贫，张向阳开办的奶业公司用工400多人，有200多人来自周边农村，其中有残疾人50多人。根据不同职位和工种给予不同的劳动报酬，这一举措也为弱势困难群体提供了脱贫之路。三是教育扶贫，张向阳在带动周围村民的同时，也资助了一大批贫困大学生。自2000年开始，张向阳与其公司每年扶持20—30名左右的贫困大学生，累计投入教育扶贫资金50多万元，使得500多名贫困家庭的大学生受益，进而减轻了其家庭负担。四是创业扶贫，自2014年起，张向阳就在各大学校园创立了"创业吧"，免费为大学生开展创业培训指导，为其提供创新创业实习机会，并对其创新创业作品进

---

① 安源电视台：《【喜讯】萍乡安源区志愿者段华胜入选1月份"中国好人榜"》2018年1月31日，https://www.sohu.com/a/220172082_99928295，2019年10月20日。
② 萍乡日报：《萍乡夕阳红爱心协会成立》2014年10月10日，http://px.jxnews.com.cn/system/2014/10/10/013366417.shtml，2019年10月20日。
③ 人民政协网：《河南九三学社社员张向阳："奶牛哥"的扶贫四部曲》2018年2月6日，http://www.rmzxb.com.cn/c/2018-02-06/1954604.shtml，2019年10月20日。

行改进，最终孵化出成型的大学生创业项目。不仅如此，2016年5月23日，张向阳与漯河医专口腔医学系共同创立了"大学生创新创业孵化站"，其不仅为学生提供急救小药箱等的爱心服务，而且为其提供诸如代购团购、快递收发等的有偿服务。这一系列活动进一步助推了本地区的脱贫攻坚进程。

最后，以山东省台儿庄草根创业者领办的扶贫车间为例。2011年，返乡农民工黄飞创办了钩包来料加工点，2014年实现个转企，带动800余人就业，其中有贫困人口30多名。台儿庄来料加工现有钩包、喜庆用品等加工品种36大类5000多个品种，创建专业村139个，发展来料加工点636个，带动5万多人就业，人均年加工费收入6000多元。除此之外，JTJ镇SL村贫困户孙守才在镇扶贫办的帮助下新建了"扶贫车间"，目前其皮鞋厂已带动30多人就业，年收入10多万元。截至2018年4月，台儿庄区累计投入扶贫资金1270万元，在贫困村建成来料加工"扶贫车间"56个，其中46名从事服装、玩具等来料加工项目的"草根"创业者进驻"扶贫车间"，带动4326名贫困人口人均年增收2000余元。① 草根创业者的这一举措，不仅实现了自身脱贫梦，而且带动了贫困人口脱贫，进而实现了扶贫产业发展的双赢。

三 草根式协同——草根组织/机构协同扶贫经验

新时代下以规模化的、组织化的草根组织和草根团体，出于慈善公益的目的所做的扶贫爱心活动也相对较为普遍，最常见的便是各地的爱心公益志愿者协会、志愿者团队、志愿者服务队等。值得关注的是，这些草根组织有的是已经在各地民政部门（或相应部门）登记注册的，有的则未注册登记。无论是注册登记的民间机构，还是非注册登记的民间机构，都具有草根式协同的特征。

以全国性的民间草根公益组织——"麦田计划"为例。麦田计划创立于2005年6月16日，2010年9月在广东省民政厅注册成立广东省麦田教育基金会。通过建立全国的志愿者团队，开展麦苗班、一对一助学以及彩虹课程等项目，旨在改善贫困山区儿童和城市流动儿童的教育生活现状。目前已在全国成立86个志愿者团队、建立58个资助点、服务

---

① 张环泽：《台儿庄：草根创业者领办扶贫车间》，《大众日报》2018年4月19日第7版。

学校 500 多所。麦田计划教育基金会目前正在开展的麦田项目主要为：

（1）麦苗班。麦苗班是指把同一个县（乡）、同一个年级的贫困学生集中在同一个学校，成立一个全方面由麦田计划资助的班级。麦田为这个班的孩子提供为期三年的助学资助，通过推动深度助学实践，应用有趣的徽章系统，提升麦苗班学生的综合素质。从 2005 年启动第一个麦苗班至今，麦田累计开设麦苗班 64 个，已经毕业班级 35 个，目前在校班级为 29 个。

（2）彩虹课程。以彩虹口袋、乡土艺术课程、健康课堂等为主题活动的第二课堂项目，通过简单易行的教程和配套材料来实施彩虹课程，带动当地美育教学。①彩虹口袋项目，是彩虹课程项目的子项目之一，其彩虹口袋物资主要有帆布袋、素描纸、水粉纸、水粉笔、油画棒、彩色铅笔、水粉颜料、安全剪刀以及塑胶折叠洗笔桶等。旨在通过艺术与自然的认识与发现，逐步建立更为多元丰富的世界观，通过游戏与实践获得艺术。截至 2019 年 7 月，彩虹口袋已覆盖中国 20 个省区，91 个城市。累计服务 460 多个乡村小学，累计派发 62082 彩虹口袋。②健康课堂。该子项目是指使用卫生用品和儿童性教育教材，为乡村孩子带去卫生和性健康知识，帮助孩子养成良好卫生习惯，了解成长与发育，掌握人际交往的方式，提高自我保护意识，并传递人人平等、相互尊重的价值观。其中健康包物资主要有牙膏、牙刷、毛巾、香皂、卫生巾、健康口袋及性健康教育读本。截至 2018 年 6 月，共有 17 个分社/团队，在 30 个学校开展健康课堂项目。项目一共发放健康包 9669 份，受益孩子达 9856 个，并有 3 个学校将健康课堂项目设为校本课程。

（3）一对一项目。麦田计划通过志愿者团队 100% 实地走访调查贫困学生家庭，收集贫困学生资料，发布到麦田计划官方论坛，供有资助意愿的爱心人士选择资助，从而为孩子寻找一对一的长期资助人。麦田计划统一接收资助款，统一安排发放和监督使用，为资助人提供发放反馈。资助形式采用一对一或多对一进行。截至 2017 年 12 月，麦田一对一项目共建立了 58 个资助点，遍布全国 11 个省，由 42 个团队负责执行，资助孩子超过 8000 人。

（4）麦田图书角。通过为乡村学校的班级建立图书角，结合阅读活动，促进学校教师多方位成长。2016 年下半年开始实施以来，目前全国各地的乡村学校 600 多个图书角正在建设当中。

（5）麦田少年社。为广大乡村小学建设一个多媒体活动中心，通过这个平台可以让孩子更好地发展兴趣，让老师找到更好的教学方法和内容，让志愿者实现投身公益行动的愿望，是一个每个人都可以参与的公益项目。现已建 120 余间。

（6）麦暖童心。在每年冬季来临之前，为山区孩子送上棉被、冬衣等物资，帮助孩子度过一个温暖的冬天。

再如，以江西省修水县上庄爱心救助协会为例，该协会发起于 2015 年 9 月份，并于 2016 年 5 月正式在民政局登记成立。该协会由当时在广东的乡亲们一起集资支持老人的活动，得到启发而开始筹建。目前，此协会由于帮扶对象信息采集困难的原因，而将其帮扶范围限于原籍是上庄的困难人员，真正实现了"一方水土帮一方人"的服务模式；此协会的全体执行委员，都是兼职的志愿义务工作者，其所有的活动经费均由各自承担而不向协会报销一分钱。历经两年多的运行，该协会已取得 300 多人的支持与共同参与，共已募集爱心救助款 245070.64 元，先后帮扶了 22 个困难家庭及 16 位困难学生，发放帮扶资金 134500 元。通过一段时间的运行，该协会已为家乡中仍然处在困难状态的家庭贡献了一份自己的力量。①

最后，以地方性的河北省阳光公益志愿协会为例。该协会于 2014 年 11 月 27 日成立，以纯民间草根公益团队的形式开展了众多社会公益活动。截至 2018 年 12 月，该协会先后开展精准扶贫活动（如助老、助学、助孤、爱心慰问和疾病救助等）480 多次，为贫困者送达各类捐助款物 600 余万元。在公益活动中志愿者们折合单车行驶里程 60 余万公里，公益服务时数 10 万余小时。② 2019 年 1 月 4 日，该协会在灵寿爱心群友的带领下，来到东柏山中心小学、南燕川希望小学等 7 所学校，为这些学校的 24 名贫困学生发放了 2019 年第一批助学金 2.28 万元；走访了 4 户贫困学生家庭，为 1 户特困学生家庭捐助了 800 元，并入户核实和耐心慰问每个贫困学生的家庭；自 2019 年 1 月以来，该协会又在赞皇县黄北坪乡、巨鹿县、灵寿县、行唐县等地先后助学助贫活动。

---

① 数据来源于江西省修水县调研时获取的《修水县上庄爱心救助协会总结》一文。
② 河北新闻网：《河北省阳光公益志愿协会第二次会员代表大会在石举行》，2018 年 12 月 26 日，http://jingji.hebnews.cn/2018-12/26/content_7157948.htm?from=timeline，2019 年 10 月 20 日。

总之，这个民间公益团体通过长期开展助学、扶贫等公益活动，给河北省内贫困山区生活在穷困、无助当中的人群带去生活的信心与希望，在一定程度上改善了弱势群体的生活窘况和求学困境，进一步推动了精准脱贫的实现。

第六节 社会动员式协同及相关案例

扶贫领域最常见的社会动员方式是传统的自上而下的压力型动员（又称政治性动员），即政府依托自身的行政体制和行政权威，将职责和任务分级下压，其本质就是"对社会进行动员"。新时代下，人民主体意识和责任意识逐步增强，动员方式也逐步从以"政府为主体"向以"政府为主导、社会为主体"转换，其变化趋势为"由社会自己动员"。社会动员式协同主要采用后者的理念。

一 社会动员式协同概述

社会动员式协同，即社会中具有一定财力、资源和能力的各个社区、企业等所成立的志愿者协会、社会组织、社工协会等非政府组织，运用自身强大的动员能力和独特的影响力，鼓励引导他人实施与扶贫相关的活动的过程。值得注意的是，社会动员式协同必须在国家和政府的监管下进行。该协同机理的主要特点是，动员过程的引导他人性；动员主体的非政府性（即社会组织、慈善机构等非政府组织）；动员目的的公益慈善属性和社会责任考量。此外，社会动员式协同主要通过舆论动员、价值动员、资源动员和组织动员等方式助力精准扶贫。其相关案例如下。

二 社会动员式协同——"彩虹盒子"助学案例

江西省南昌市的崛美公益发展中心所实施的"到家啦"公益快车项目，具有社会动员式协同的典型特征。除此之外，浙江杭州滴水公益服务中心[①]同样具有动员、引导他人协同扶贫的特点。该公益服务中心的前身是杭州滴水公益（于2006年9月成立），而目前的杭州滴水公益服

[①] 中国文明网：《杭州滴水公益服务中心》，http://www.wenming.cn/specials/zyfw/4g100/zjzyfwzz/201512/t20151204_2999974.shtml，2019年10月20日。

务中心(简称"杭州滴水")则正式成立于 2013 年 12 月。杭州滴水的宗旨是弘扬大爱、乐善天下,其使命是让更多的人参与公益。杭州滴水的工作主要细分为四个版块:①助学支教。包含了贵州助学项目,如滴水未来班、奖学金、爱心午餐、支教老师等;彩虹盒子助学项目;暑期支教(大学生支教联盟)、山区学校设施完善项目等。②应急救援,包含滴水应急救援队;突发灾害紧急救援等。③海豚(心理)热线,包含沙龙讲座;户外瑜伽研习等。④社区服务,包含正月初一送温暖活动;爱心集市,如便民服务、衣心衣意、爱心义卖等;环保,如爬山捡垃圾、滴水爱心环保站等。

  以彩虹盒子助学项目[①]为例,该项目是滴水公益于 2011 年发起的一项长期助学活动,旨在通过社会点滴爱心的汇集,为贫困山区儿童筹集生活及学习用品,将爱装入盒子里。通过"彩虹盒子"架起城市与山区的桥梁,为大山里传递彩虹的温暖。"彩虹盒子"每年开展两期。每期 1 万份,每份 39 元,包含 AB 两款,以适应不同山区儿童的需求。其中,A 款包含一个简易背包+一件雨披+一双雨鞋+两双棉袜+一双手套+一条围巾+一套文具用品+一张明信片;B 款包含一个简易背包+一条毛毯+一双棉鞋+两双棉袜+一双手套+一条围巾+一套文具用品+一张明信片。彩虹盒子的本身物资费用,加上执行及物流等费用,每期所需爱心款约为 42 万元。

  首先,筹集善款方面,着重强调价值、舆论及资源动员。"滴水公益"会不定期地举办各类活动,通过与学校、商场、广场合作,开展爱心义卖;与企业合作,在企业活动中融入公益,以募捐、义卖、拍卖、直接捐赠等形式助力"彩虹盒子"。项目每年举办活动超 30 场(如"在光脚中释放你的爱""垃圾变资源,资源汇爱心"、公益拍卖会等),约有千名志愿者参与服务,带动了超万名的市民支持公益活动。其次,制作方面,着重强调组织动员。每期"彩虹盒子"的 1 万份物品,是单件向厂家定制或采购,汇总至仓库通过 300 多名志愿者的流水线式工作后打包成一份份礼物的。这些志愿者来自"滴水公益"团队,中小学班级小分队,大学社团,企业的党员、团员及员工团队等。第三,运输

---

① 中国社会工作:《脱贫攻坚 志愿服务在行动》2017 年 10 月 19 日,http://www.sohu.com/a/198919978_825958,2019 年 10 月 20 日。

方面。将这些"彩虹盒子"由杭州发往云南、贵州、青海、西藏、宁夏、新疆等山区儿童手中。最后,发放方面,"彩虹盒子"的发放主要依靠当地的志愿者,同时在每期发放时,"滴水公益"都会选择1—2个地区的社会爱心人士或企业员工参与进来。"滴水公益"的彩虹盒子助学项目通过捐赠服务及社会倡导,吸引社会各阶层人士的参与,鼓励动员了上千名志愿者,深入贫困山区之中协同扶贫,并取得了较好的成效。

第七节 网络式协同及相关案例

根据《中国互联网发展报告(2019)》可知,截至2018年年底,我国的互联网普及率达59.6%,网民规模达到了8.29亿,其中农村网民规模达2.22亿,占整体网民的26.7%。新时代下,作为新兴科技的互联网信息技术发展迅速,几乎渗透到了我国的各个地区、各个角落。随着国家对网络扶贫的日益关注(如网络扶贫计划的实施、社会扶贫网的设立等),互联网也逐渐在精准扶贫中发挥着重要作用。"互联网+"扶贫在一定程度上实现交流互通、信息共享,不仅将线上线下融合在一起,而且将社会供给与贫困需求精准对接,以共同助力脱贫攻坚的顺利完成。根据中国社会扶贫网可知,截至2019年8月26日,在该网站注册的建档立卡户已覆盖28个省、349个市、2436个县、356995个行政村。在该网站发布的爱心需求已达554.95万个,共对接成功了414.61万个,获得爱心捐款高达62120.58万元。现阶段,无论是政府机关和工作人员,还是贫困者、爱心人士、志愿机构、企业等志愿力量,大多会使用网络这一媒介协同精准扶贫,进而实现脱贫。

一 网络式协同概述

网络式协同,指的是各个扶贫主体和扶贫客体,通过网络平台进行交流、互动与协作,形成一个网络化体系以助力精准扶贫的过程。网络式协同正逐渐成为志愿服务协同精准扶贫的一种"新时尚"。此种协同模式十分强调互联网信息技术的重要性和社会大众力量的参与。网络式协同具有包容性特征,将政府、志愿者、志愿机构、贫困者等各方力量融合在一起,利于交流互通、信息共享,充分实现政府、企业、志愿机构、社会各界爱心人士和贫困者等的互助自助，从而促进脱贫成效的持续深入。

现实中，正是网络式协同模式的应用，使得那些囿于信息阻塞、交通不便等因素而陷入贫困的地区和人群，可以跨越时空距离和数字鸿沟，最终"走出"大山、走向现代化、实现脱贫梦。当前以政府为引领、互联网为枢纽，各地区创新出了"互联网+公益众筹""互联网+电商""互联网+产业""互联网+金融""互联网+就业/培训"等一系列网络式协同经验。本节主要探讨现阶段网络式协同中最为流行的"互联网+公益众筹""互联网+电商"的协同案例。

二 网络式协同——"互联网+公益众筹"案例

据国务院扶贫办摸底调查显示，全国贫困人口中因病致贫的占比达42%，其中患慢性病或大病的超过1000万人①。对他们而言，一人患病全家入贫。当前因病致贫、因病返贫仍然是脱贫攻坚中最难啃的硬骨头之一。"互联网+公益众筹"是被广泛采用的一种扶贫模式，主要用于因病致贫、因病返贫的贫困人群之中，常见于微公益、轻松筹、水滴筹、慈善医疗众筹等不同筹集形式。

以湖北省慈善总会的"慈善医疗众筹"项目为例。该项目由湖北省慈善总会联合湖北各地慈善会于2017年10月共同发起实施，广泛动员社会力量参与慈善医疗救助，专门为困难群众开展医疗个人求助提供互联网互助筹募服务的平台，以助力缓解因病致贫、因病返贫的难题。该项目不向患者收取任何费用，将善款众筹与医院的收费系统连接在一起，患者可通过手机将所筹善款直接拨付给医院，其支持边筹边用、即筹即用，但不支持募集资金的提现功能。与此同时，该项目已获准接入湖北省居民家庭经济状况核对中心数据库，利用信息技术对大病众筹患者经济状况进行核实，自动识别已在民政局登记在案的低保患者身份信息。②湖北省ES市74岁的TLA患直肠癌两年，因无钱治疗手术一直拖延，在志愿者帮助下，老人的女儿发起"慈善医疗众筹"。省慈善总会通过项目为老人提供5000元救助资金，老人通过项目筹集社会捐赠

---

① 陈天翔：《精准扶贫，撑起保险"保护伞"》，《第一财经》2017年12月10日，https://www.yicai.com/news/5381884.html，2019年10月20日。
② 中新网：《湖北"慈善医疗众筹"救助贫困大病患者逾万名》2019年6月6日，http://www.sohu.com/a/318970717_313287，2019年10月20日。

11564 元，共计 16564 元善款由其女儿通过平台直接支付给医院。经过手术治疗出院时仅自费了 195 元。在这个网络平台的帮助下，缓解了老人的经济压力，助力健康扶贫目标的顺利实现。该项目自启动以来，截至 2019 年 8 月 20 日，全省已签约定点医院 152 家，其中 100 家已实现全自动系统接入，项目累计筹集善款 6624 万余元，112 万人次参与捐款，惠及 11837 名大病患者。①

三 网络式协同——"互联网+电商扶贫"案例

国家十分重视电商扶贫的重要性，如制定《关于促进农村电子商务发展指导意见》《关于促进电商精准扶贫的指导意见》和《"十三五"脱贫攻坚规划》等政策文件，相继提到以实施电商扶贫工程，加快贫困地区的脱贫攻坚的进程。除"互联网+公益众筹"外，最常见的一种网络式协同模式便是"互联网+电商"扶贫了。"互联网+电商"主要表现为通过电商平台开展商品交易活动，实现贫困者的自主创业和就业，将电子商务运用互联网技术将农副产品等商品与社会各方力量供需对接，实现消息互通，以拉动社会力量购买消费此类物品，促进贫困地区的贫困家庭脱贫致富，带动当地产业发展。这一模式也间接推动了产业扶贫的发展进程。

以新疆地区的电商扶贫为例。2019 年 7 月 24 日，新疆电商扶贫联盟正式成立。该联盟由本区 96 家涉及农特产品加工、电子商务等领域的企业自发成立，致力于挖掘自治区优质农特产品，促进农特产品线上线下产销对接，带动贫困地区的农民脱贫致富。② 2019 年上半年，自治区农产品网络销售额达 174.18 亿元，同比增长 22.75%。截至 2019 年 8 月 1 日，全区已培育了 20.8 万家网络店铺和一批本地电商服务企业。③ 截至 2019 年 8 月 19 日，全区共有 47 个国家级电子商务进农村综合示范县，实现了国家级贫困县全覆盖，建有 47 个县级电商公共服务中心和物流配送中心、近 2500 个乡村级站点，累计销售农产品 33.95

---

① 人民网：《湖北公安县启动实施"慈善医疗众筹"项目》2019 年 8 月 21 日，http://baijiahao.baidu.com/s? id=1642438162461320173&wfr=spider&for=pc，2019 年 10 月 20 日。

② 新疆农业信息网：《新疆电商扶贫联盟成立——新疆维吾尔自治区农业农村厅》2019 年 8 月 24 日，http://news.wugu.com.cn/article/1542032.html，2019 年 10 月 20 日。

③ 雷鸣：《"电商扶贫天山行"在乌鲁木齐启动》，《农民日报》2019 年 7 月 31 日第 8 版

亿元，服务建档立卡贫困人口 18.02 万人次①。电商平台将具有"新疆味道"的红枣、哈密瓜、苹果、香梨、蜂蜜、核桃和巴旦木等特色产品销售至全国各地，也让新疆众多贫困者实现了脱贫目标。

综上可知，志愿服务协同精准扶贫所形成的以上七种协同机理各有优劣，且在精准扶贫中均取得了一定的成效。从主体看，体制嵌入式协同的主体为体制内拥有一定行政权力的政府机构、行政单位及其工作人员等；草根式协同的主体多为具有爱心和奉献精神的个人或团体；社会动员式协同主体多为拥有一定财力和资源的非政府组织；互动式协同、购买服务式协同、市场导向型协同、网络式协同这四种协同模式均具有多元化扶贫主体（即包含政府、社会组织、志愿机构、贫困者等多元主体）的特征。从方式看，体制嵌入式协同多为行政命令控制方式；购买服务式协同、市场导向型协同多采用竞争性的方式；草根式协同、互动式协同、网络式协同多采用自愿主动、鼓励引导的方式；而社会动员式协同多采用舆论动员、价值动员、传媒动员等方式开展各类扶贫活动。

这些协同模式并不是相互独立运行的，而是互相影响、相互作用地开展扶贫活动的。值得关注的是，每种协同模式中都综合着其他扶贫模式，且各种扶贫模式都有其特征。其中，体制嵌入式协同的显著特征是行政性；互动式协同的特征为扶贫主体的互动性；购买服务式协同的特点为契约合同性；市场导向型协同强调以满足贫困者不同需求为中心的特征；草根式协同更关注扶贫主体自发性和非政府性；社会动员式协同注重于社会力量的引导性；网络式协同强调互联网信息技术的运用。无论何种协同模式，都以扶贫济困、助人为乐为核心，且得到社会各界的广泛认可和积极响应，并在脱贫攻坚中发挥着不可替代的作用。

---

① 新疆平安网：《疆电商扶贫持续发力》2019 年 8 月 19 日，http://www.xjpeace.cn/content/2019-08/19/content_6314.html，2019 年 10 月 20 日。

第八章

志愿服务协同精准扶贫的功能成效

扶贫本身就是一种慈善文化,志愿就是一种最好的扶贫。志愿服务助力精准扶贫的协同主要从政府所不能作用和不好作用的领域进行补位,弥补"政府失灵"的弊端。在此过程中,志愿服务协同精准扶贫这一模式对扶贫领域造成了何种影响?取得了何种功能成效?这些问题非常值得我们关注。本章主要借鉴美国著名社会学家默顿(Merton)的功能分析范式,来分析当前志愿服务协同精准扶贫的客观后果。

第一节 功能效果的理论分析:显功能与潜功能

美国社会学家默顿是结构功能主义的代表人物之一,他于1949年在其《社会理论与社会结构》中,对传统功能主义理论的三大基本假设(即社会功能一体假设、普遍功能主义假设和必要性假设)[1] 进行了批判和拓展,在此基础上,默顿认为:①我们不能假设社会是完全整合的;②我们必须承认一个文化项目的正功能和反功能的双重后果;③功能替代的可能性必须在功能分析中加以考虑。[2] 由此默顿提出了自己的功能分析框架(即经验功能主义)。默顿认为,社会是由各部分组成的一个结构系统,各组成部分间凭借某种稳定形式结成一定关系,这些关系表现为功能并对社会现象造成决定性的影响。而"功能"就是调整系统状态使其适应环境变化的某种或某些机能,它

---

[1] [美]罗伯特·K. 默顿:《社会理论和社会结构》,唐少杰等译,译林出版社2008年版,第97—111页。

[2] 参见黎民、张小山《西方社会学理论》,华中科技大学出版社2005年版,第151页。

是有利于既定系统调整或适应的可观察性结果,也是分析社会现象的重要理论方法。① 默顿的功能分析指出,需将主观意向和客观结果区别开来,并且着重强调的是客观后果(可能是明显的,也可能是潜在的),而非主观意向(目的、动机、目标)。② 也就是在功能分析框架中,"功能"是用于分析某一具体社会现象所产生客观后果的理论基础。

默顿提出,功能不仅有正负之分,而且有显隐之别。其中,正功能又称积极功能,指的是社会结构的各组成部分及其相互关系对社会系统的适应和调整起帮助和促进作用的功能;负功能又称"反功能或功能失调",主要是阻碍或削弱社会系统调整性和适应性的结果;显性功能又称为"直接效果",是指容易被人观察和感知到的客观后果;隐性功能又称"潜在效果"或"间接效果",主要指不易被人们所认识和观察的客观后果。③ 值得关注的是,默顿对显隐功能的划分正是他对早期功能主义"三大理论假设"进行批判的回应。

除此之外,志愿服务参与精准扶贫作为一项公共政策,其执行到一定阶段必然产生一定的效果。依据公共政策效果的分析框架可知,政策效果的类型包含直接效果、潜在效果等,其中,直接效果指公共政策实施对主体所要解决的公共政策问题及相关人员所产生的作用;而潜在效果是指由于公共政策的实行有其延续性,一个现行公共政策不仅对目前环境发生作用,还将对未来不确定的新情况发生潜在的影响。实践中,显性功能往往对应于"直接效果",而隐性功能则对应于"潜在效果"。因而,本章主要根据默顿所提出的"显性功能"和"隐性功能",着重从"志愿服务本身、政府自身、贫困者自身、扶贫目标及社会环境"等层面,来分析志愿服务协同精准扶贫这一具体社会现象到底取得了何种功能成效,因而具有一定的现实和理论意义。

---

① 参见倓杰、王志洋《网络用语的社会功能分析——基于默顿功能论视角》,《高教学刊》2015年第4期。
② 参见徐缓、张汝立《默顿功能分析在我国教育领域实证研究与思考》,《天津市教科院学报》2014年第5期。
③ 参见王晓霞《默顿功能分析中的几个重要概念》,《天津党校学刊》1998年第3期。

第二节 志愿服务协同精准扶贫的直接效果

现阶段，社会力量扶贫被国家和人民广泛关注且寄予厚望。作为社会力量形式之一的志愿服务，凭借其公益性、灵活性特征，在扶贫开发中扮演重要角色，并取得明显成效。志愿服务协同精准扶贫在实践过程中，取得了诸如弥补政府缺位、凝聚社会资源、创新扶贫模式、提升扶贫满意度及缓解贫困现状等的直接效果。

首先，在弥补政府缺位方面取得了一定的成效。志愿服务协同精准扶贫在一定程度上不仅减轻了政府的负担，而且尝试性地解决了精准扶贫中诸如"扶志"等在内的难点问题。志愿者、志愿服务机构等力量大多扎根于社会基层，其人力、财力及物力资源储备丰富，可以深入政府机构难以全面覆盖的地区和贫困家庭中，进而减轻政府负担。除此之外，志愿服务力量大多独立于政府机关，其在组织活动中往往不局限于固定的扶贫模式，并通过开展各类实用技能培训、文艺汇演及送温暖等方式，将大量的扶贫政策、技能知识及科学文化知识传递给扶贫对象，将扶贫与扶志相结合，提升其自我发展能力进而转变扶贫对象"等、靠、要"的旧有观念。以广西壮族自治区柳州市三江侗族自治县 DJ 镇 FH 村为例，2018 年 11 月 1 日，来自市中西医结合医院及市文艺志愿者协会等 15 支志愿服务队 34 名志愿者深入偏远地区，开展文艺汇演、家电维修及便民服务等扶贫活动。经统计，当天医院志愿者为村民检查体检 160 多人次，理发志愿者为村民理发 50 多人，文艺志愿者为村里 25 位老人照相打印照片，家电维修志愿者维修家电近 20 件，应急志愿者培训心肺复苏术 30 多人次，发放一批价值 1500 元的药品，还慰问了 10 户贫困户，给村里 40 多名 1—3 年级学生开展团体辅导活动、派送礼物。驻村工作队员 WQ 表示："这些服务虽然非常普通，但对于出行不便的村民来说却是雪中送炭，当前在农村有些政府层面难以做到的事情，志愿服务刚好弥补了其不足，服务了偏远山区的村民。"

其次，在凝聚与整合社会资源方面取得了很好的直接效果。志愿服务协同精准扶贫在吸纳和整合社会资金、社会人员方面，取得了显著的成效。以慈善公益理念为核心指导的志愿服务，已动员并吸纳众多志愿者和资金参与到扶贫开发中来，为精准扶贫积聚了大量社会资源。根据

《慈善蓝皮书：中国慈善发展报告（2019）》可知，2018 年，我国志愿者总数约为 1.98 亿人，占我国大陆人口的 14%，比 2017 年增加 4003 万人，人数增长 25%。经测算，实际有 6230 万名志愿者通过 143.3 万家志愿服务组织参与志愿服务活动，贡献志愿服务时间总计为 22.0 亿小时，志愿者贡献总价值为 823.6 亿元，与 2017 年度比较，增加超过 50%。在人员队伍建设方面，凝聚了诸如政府机关在内的党政干部组建的志愿者队伍、各级文明单位组成的志愿者队伍、社会组织和草根组织组建的志愿者队伍等各行各业的专兼职扶贫志愿者。在扶贫资金方面，与政府、企业相比志愿服务力量牵扯利益相对较少，其可通过义卖义演、网络募捐、公开募集、项目宣传、公益众筹等多种方式，从社会上募集了大量资金。以河南省开封市的社会扶贫为例，其纳入了诸如市扶贫办、市总工会、市妇联、市工商联、企业及爱心人士等社会各界力量的志愿者助力脱贫攻坚，并以此为基础凝聚了大量社会资源。据不完全统计，自 2018 年至 2019 年 6 月，开封市共认捐社会扶贫资金 10188 万元，捐物折合 598 万元。其中，爱心美德公益超市建设实现有脱贫攻坚任务的乡镇全覆盖，惠及 2.7 万户贫困群众；美丽乡居环境改善工程完成 1903 户；"巧媳妇"工程累计安置 1067 名建档立卡贫困户妇女实现就业；助学扶贫共帮扶 3948 名贫困学生顺利实现上学梦；全市 121 家企业及商会通过"百企帮百村"与 133 个贫困村结成帮扶对子，实施帮扶项目 186 个，受益贫困人口超过 1.5 万人，社会扶贫在凝聚与整合人力、物力等社会资源方面明显提质增效。[①] 除此之外，志愿服务力量独有的筹集渠道和灵活化的优势，也在一定程度上促进了资源配置的最优化。

第三，在创新扶贫模式方面进行了较为有益的探索。志愿服务协同精准扶贫的实践探索，创新了诸如公益众筹扶贫、智力扶贫、电商扶贫、金融扶贫及消费扶贫等众多扶贫模式。以政府为主导的传统扶贫模式，囿于时间、精力和专业性不足等因素，其通常采用物质扶贫的方式开展整体性的、规模化的扶贫开发。传统扶贫模式已越来越不适应现阶段的精准扶贫现状。因而，作为社会力量形式之一的志愿服务逐渐介入脱贫攻坚领域之中，其凭借灵活性、公益性、精准性等独特优势，不仅积聚

---

① 议政网：《市委统战部奋力推动社会扶贫工作全面提质增效》2019 年 6 月 4 日，http://www.kfzx.gov.cn/index.aspx?lanmuid=81&sublanmuid=1075&id=2331，2020 年 9 月 30 日。

了丰富的扶贫经验,而且创新了众多扶贫模式。这些扶贫模式具体表现为"科技扶贫、思想扶贫、生态扶贫、金融扶贫、互联网+扶贫"等。其具体经验如下:①志愿服务协同精准扶贫创新的金融扶贫模式,主要为贫困者提供小额信贷服务。由中国扶贫基金会于2008年创设的中和农信便是其中之一。该机构自成立起,已累计放款288万笔、471亿元、约500万名农村百姓从中受益。作为一家扎根农村的小型金融服务机构——中和农信,截至2019年5月末,小额贷款业务覆盖20个省的十万多个村庄,贷款余额100.9亿元,在贷客户40.4万户(其中农户占比92%,女性客户占比53%)。①②中国平安银行凭借"志愿服务+科技+金融"的优势于2018年10月所创建的"三村晖时间银行"。所谓"时间银行",是指用参与公益服务的时间来量化志愿者的付出,并借鉴银行"当下储存、未来支取"的存兑模式,以实现志愿者群体互利共赢的公益新形态。志愿者们在三村晖平台上完成公益任务,即可获得相应的"时间币",当志愿者本人需求助时,就可以通过兑换个人账户中的"时间币"来获取他人所提供的志愿服务。此种"以爱易爱"的方式打破了以往志愿服务的单向输出,在一定程度上推进了"三村工程"(即主要面向"村官、村医、村教"三个方向,实施产业扶贫、健康扶贫、教育扶贫,实现贫有所助、病有所医、学有所教)的顺利进行。

第四,在提高精准度方面取得了显著成效。志愿服务协同精准扶贫灵活对接贫困者的不同需求,在一定程度上改善了贫困地区和贫困人口的贫困现状。我国政府主导的扶贫开发已取得了巨大成就,但是现阶段我国的"相对贫困"现象日益加重,脱贫攻坚已进入"深水区"和"后扶贫时代"。政府的单一力量在解决个人化、分散化的贫困难题时,显得有些力不从心。志愿服务凭借其贴近民众和灵活性的优势,深入贫困地区和贫困者的家庭之中,围绕不同贫困地区及贫困群众的不同致贫原因和需求,将扶贫与扶志、扶智相结合,开展诸如关爱、文化、产业、教育、医疗卫生、技能培训、及环境保护等主题的志愿扶贫活动,以精准对接贫困者的不同需求,进而改善和解决了贫困地区和贫困者的贫困现状。以中盐集团定点帮扶陕西省YC县和DB县为例,中盐集团

---

① 经济网:《中和农信发布2019年5月业务报告 在贷客户超40万户》2019年6月20日, http://www.ceweekly.cn/2019/0620/259824.shtml,2020年9月30日。

依据国家精准扶贫的要求，了解两个扶贫地区虽已解决温饱问题但农民创收能力不足的现实情况，就因地制宜地采取扶贫举措。在产业扶贫方面，中盐集团帮助 YC 县 JY 镇 ZL 村搭建了桃池果业专业合作社，以"党支部+企业+合作社+农户"的模式帮助 ZL 村在内的三个村销售花椒等农特产品，销售总额达 140 万元，不仅促进了该区花椒产业的发展，而且惠及了该镇全体椒农，助力其实现脱贫；基础设施建设方面，中盐集团与中国志愿基金会合作，持续向两县投入基础设施建设资金 175 万元，助力两县大力实施"美丽乡村"计划；教育扶贫方面，2016 年中盐集团与中国青基会"爱心衣橱"开展了"大爱中盐 温暖乡童"教育扶贫活动，为两县 4 所学校的 907 名中小学生捐赠保暖冲锋衣校服及部分体育器材、办公设备①……中盐集团的一系列扶贫举措，满足了此地区及扶贫对象最迫切的项目需求，提高了扶贫的精准度和有效性，取得了很好的帮扶成效。

第五，在贫困户方面提升了其对脱贫工作的满意度和认可度。志愿服务协同精准扶贫不仅在提高扶贫精准度方面取得了一定的成效。扶贫精准度本身就意味着在某种程度上提升了扶贫对象的满意度，与此同时，志愿服务协同精准扶贫的开展过程，始终坚持走村入户、坚持做实事，始终强化思想教育宣传、强调对贫困户进行关爱及精神扶助，以帮助贫困户真正树立起对美好生活的信心。扶贫志愿服务的开展让扶贫政策带上了感情，与贫困户交朋友，带着"温度"去温暖贫困户的心，搭好与贫困户的连心桥，进而提升了贫困户对脱贫工作的满意度和认可度。2018 年 6 月 28 日，修水县城区卫协党支部全体党员在 LXE 的带领下，冒着高温酷暑驱车前往马坳镇 DS 村举行义诊赠药活动，为居民们免费做体检、测血糖等，并且受到居民们的一致好评。② 以山东省泰安市 FC 市 JK 区为例，该市的 JK 区机关志愿服务队于 2019 年 6 月 24 日深入各贫困户家中，为贫困者送上床单、电锅等捐赠物品，并与贫困者一起铺床单、整理床铺、打扫卫生，进而提高贫困者的生活质量。与此同时，志愿者还和贫困者问冷暖、拉家常，询问他们的身体情况和家庭

---

① 新华网《李耀强：因地制宜 提高精准扶贫的精准度和有效性》2018 年 9 月 29 日，http：//www.xinhuanet.com/food/2018-09/29/c_1123503324.htm，2020 年 9 月 30 日。

② 数据来源于江西省修水县调研时获取的《简讯》一文。

困难情况等，为他们提建议。今年以来连续开展"爱心墙上拉面""八有"捐赠、志愿走访等活动共有 200 余次，解决了贫困者的实际难题，增强了贫困者的脱贫信心，提升了扶贫对象的幸福感和满意度。

最后，在社会环境方面，志愿服务协同精准扶贫营造了良好的社会扶贫氛围。我国始终有着助人为乐、扶危济困的优良传统，这一中华传统美德广为人知。然而以慈善公益为核心理念的志愿服务这一概念引入我国的时间相对较短，导致很多人不理解甚至不认同志愿服务。扶贫志愿服务注重精神扶贫，志愿服务借助精准扶贫这一契机开展扶贫济困活动，在脱贫攻坚的过程中潜移默化地推动了慈善公益、奉献友爱等志愿理念的传播，调动了全社会参与扶贫的热情，加强了人们履行社会责任的意识，推动了社会各方面力量对它的了解和认同，从而带动更多周围的人及贫困者自身参与到脱贫攻坚之中。江西省修水县凤凰志愿者协会以"扶贫先扶志"为根本指导思想，开设了"夕阳家园""巾帼家园"和"童伴家园""点亮梦想、圆梦六一"等一系列关爱儿童、关心青少年成长、关爱老人的公益活动，在一定程度上树立了贫困户对中国共产党的理想信念、丰富了村民的文化生活强化了村民互帮互助的传统美德。[①] 以广东省惠州市的鹅城慈善会为例，该慈善会成立于 2008 年，截至 2019 年 3 月会员已达 322 人。据不完全统计，10 年来，鹅城慈善会累计捐出 129.6 万元善款。其中，用于助学的有 73.8 万元，用于其他群体的有 55.8 万元。目前，鹅城慈善会在 AD 镇，共资助了 20 多名学子，帮助 4 户贫困户发展畜牧养殖。如今，鹅城慈善会已发展成为集助学、敬老、扶贫为一体的公益团队。受他们热情的感染，不断有企业、单位、个人参与到公益活动中来。不仅如此，该慈善会的会员 LNJ 表示，每年他们将助学金送到贫困家庭孩子手上时，都会跟他们聊天，教育他们做对社会有用的人，而且许多他们资助过的孩子进入社会后，也积极回报社会，参与公益助学活动。

第三节　志愿服务协同精准扶贫的间接效果

志愿服务协同精准扶贫不仅取得了众多易于感知的直接效果，而且

---

① 数据来源于江西省修水县调研时获取的《修水县凤凰志愿者协会助力精准扶贫——精神公益引领社会新风尚》一文。

也间接地取得了不少效果,具体如下。

首先,志愿服务协同精准扶贫间接地加快了志愿服务的常态化发展以及志愿服务的制度化建设进程。2013 年精准扶贫政策提出后,国家十分强调发挥社会力量尤其是志愿服务力量助力脱贫攻坚的重要性。一方面,国家颁发了诸如《关于打赢脱贫攻坚的决定》《关于印发"十三五"脱贫攻坚规划的通知》和《关于广泛引导和动员社会组织参与脱贫攻坚的通知》等一系列政策文件,积极支持扶贫志愿者行动计划的实施。另一方面,《志愿服务条例》《关于支持和发展志愿服务组织的意见》和习近平总书记关于扶贫的系列讲话等,也提出了要推进志愿服务的制度化、常态化发展。在此背景下,志愿服务被纳入国家国民经济和社会发展的总体规划之中。志愿活动和志愿服务机构都得到了大规模的发展,扶贫志愿服务体系也得以初步建立。与此同时,以各地的政策实践探索为例,①政策探索上,成都深入推进志愿服务的制度化建设,并先后出台了《成都市志愿服务条例》《成都市志愿者注册登记管理办法(试行)》《成都市志愿服务供需对接制度(试行)》《成都市志愿服务记录办法(试行)》《成都市志愿者星级评定制度》等一系列制度化文件,为推进志愿服务制度化发展奠定了基础;江西省颁发的《江西省引导支持社会组织和社会工作及志愿服务力量参与脱贫攻坚的实施意见》《修水县社会组织参与精准扶贫实施方案》的通知以及山西省下发的《深入推进青年志愿者助力脱贫攻坚行动实施意见》等文件,也为扶贫志愿服务的制度化发展指明了方向。②实践探索上,2018 年河北省形成了"党员志愿者微信+双报到、爱心门店、志愿服务组织孵化基地、积分回馈激励以及党建引领+村民互助"等八种模式①,以及安徽省歙县 HC 镇政府采取的"人员特色化、服务贴心化、形式多样化及激励常态化"四项措施等助推了志愿服务的制度化、常态化发展②……由此可见,国家有关扶贫志愿服务的顶层设计和各地区关于志愿扶贫的政策实践探索,进一步助推了志愿服务的制度化建设和发展。

其次,志愿服务协同精准扶贫间接地推动了农村志愿服务体系的完

---

① 刘冰洋:《河北省"八和模式"助推志愿服务制度化常态化》,《河北日报》2019 年 3 月 5 日第 6 版。
② 歙县徽城镇人民政府:《徽城镇:"四举措"助推志愿服务常态化》2019 年 4 月 22 日,http://www.ahshx.gov.cn/BranchOpennessContent/show/1315978.html,2020 年 10 月 2 日。

善，提升了农村治理的现代化能力和水平，从而有利于城乡统筹发展的实现。在当前农村社会福利短缺的情形下，志愿服务已成为农村社会福利供给的重要主体[1]，作为社会发展重要力量的志愿者及其机构，在城乡统筹的进程中发挥着重要的作用[2]。然而目前我国志愿服务工作的推进情况呈现区域发展不平衡的状态、仍存重城市轻农村的现象，志愿服务协同精准扶贫的进程既是慈善公益理念走进农村的过程，又是城市人才和资源等流向农村的过程，进而间接地推动了农村志愿服务体系的完善，提升了农村治理的现代化能力和水平。定点帮扶、东西协作扶贫、第一书记、驻村工作队及社会各界爱心人士等志愿服务力量，更多地汇聚和团结于乡村的志愿者团体，进而形成"以我为主"的志愿服务组织和群体，缩小了与城市志愿服务的差距，使得城乡志愿服务得以平衡发展。以河南省灵宝市 JC 镇为例，该镇成立了志愿者服务活动领导小组，动员机关干部、农村党员干部、基层群众和社会各界力量参与到志愿服务活动中来，形成了镇区、农村、学校、医院、商店等多级志愿服务体系，并根据各自特点有针对性地开展志愿服务活动。截至 2018 年 12 月底，该镇成立卫生整治、理论宣讲、济困扶贫等志愿服务队伍 60 余支，开展爱心互助、文化扶贫等志愿服务活动 820 余次，使得农村志愿服务体系得以持续健全。除此之外，浙江省嘉兴市倡导的"有困难找志愿者""有时间做志愿者"的理念，正伴随志愿者们跃动的身影从城市走向农村[3]，并在构建农村志愿服务网络、打响农村志愿服务品牌和探索农村志愿服务模式上，成为嘉兴城乡一体化的全新样态。

第三，志愿服务协同精准扶贫的实践探索，间接地推进了国家扶贫政策的优化。志愿服务助力扶贫开发的过程，实际上是实施精准扶贫政策的过程。在此过程中，志愿者和志愿服务机构不仅可以深入贫困地区和贫困者之中，而且可以深刻地了解精准扶贫的相关政策要求。志愿服务因而发挥着中介协调的作用，将贫困者的需求与政府的扶贫政策相对接，并为政府提供有益意见和建议，从而在一定程度上促进了国家扶贫

---

[1] 张祖平：《〈河南省志愿服务条例〉的创新与发展》，《河南日报》2018 年 12 月 14 日第 14 版。
[2] 周斌、吴梅：《城乡统筹进程中的志愿者及其管理制度探讨》，《科技创业月刊》2011 年第 24 卷。
[3] 共青团嘉兴市委：《创新志愿服务辐射新农村》，《中国共青团》2016 年第 10 期。

政策的优化。例如，国家将扶贫志愿服务探索出的"电商扶贫"模式，上升为了"消费扶贫"的战略层次。此外，志愿服务所累积的众多扶贫经验、创新的扶贫模式，也间接地给予了国家扶贫政策些许借鉴。以2019年6月5日国务院扶贫办社会扶贫司指导的全国志愿者扶贫案例征集和《民政部办公厅关于进一步加强脱贫攻坚志愿服务宣传展示工作的通知》等为例，其均旨在完善社会扶贫工作台账，发掘社会扶贫典型案例，总结、交流并推广志愿者参与精准扶贫的经验做法，进而形成可信、可行、可学的扶贫志愿服务案例、路径和操作模式，以此为其他地区脱贫攻坚志愿服务项目的开展提供借鉴。

第四，志愿服务协同精准扶贫所创新的"互联网+"扶贫模式，间接地促进了互联网技术的广泛应用。随着我国经济与科技的迅速发展，互联网信息技术已被广泛应用于扶贫领域。国家开始日益重视"网络覆盖、信息服务、网络公益和农村电商"等五个方面的工程，志愿服务也逐渐与互联网融合在一起，相互影响共同推进精准扶贫的实践进程。互联网在一定程度上助推了志愿扶贫的多元化、规范化和常态化发展，志愿服务所创新的"互联网+"扶贫模式也间接地推动了互联网的广泛应用。中国社会扶贫网、中国志愿服务网及各地市志愿服务网等网站设立后，贫困者与志愿者等各方力量在网络中的注册率和使用率开始不断上升。当前各贫困地区所实施的网络公益众筹、网络电商扶贫等活动，也使得社会各方的网上互动与交易不断增多等等，这些均间接地促进了网络的广泛使用。以湖南省在中国社会扶贫网上的实践探索为例，截至2019年10月，湖南省全省注册数达608万人，已累计发布贫困帮扶需求171.4万条。如在"中国社会扶贫网"开辟"户帮户亲帮亲"专栏，页面日点击量超40万人次，已累计对接帮扶48.2万次，帮扶资金超6000万元。①

第五，志愿服务协同精准扶贫间接地推动了专业志愿服务的发展。志愿服务日益活跃在扶贫领域，扶贫志愿服务逐渐为广大群众所熟知和认同，在此基础上人们开始"呼唤"专业性服务。2017年9月21日，中国专业志愿服务创新发展论坛在北京召开，和众泽益志愿服务中心主

---

① 中国政府网：《湖南"互联网+"社会扶贫成效显著》2019年10月16日，http://www.gov.cn/xinwen/2019-10/16/content_5440412.htm，2020年10月3日。

任王忠平表示"志愿服务从纵向上可分为基础志愿服务、技能志愿服务、专业志愿服务三类"。其中，专业志愿服务是指应当由专业的人员、专业的团体来设计开展专业精准的志愿服务项目，打造专业志愿服务生态系统，更加有效地促进精准扶贫。① 此外，友成基金会的"乡村青年教师社会支持公益计划"和泰安市泰山小荷公益事业发展中心的"彩虹村"助学项目等的数十个公益项目入选专业志愿服务最佳实践项目案例。② 与此同时，实践中扶贫政策精准性的要求、贫困地区和贫困者致贫原因的多元化以及扶贫项目操作难度大等因素，使得专业化的扶贫志愿服务得以形成并发展。汪文斌强调"应以专业开展公益服务、专业引导社会资源、专业赋能贫困人口和专业实施公益项目来聚焦精准"③，进而推动贫困治理和专业志愿服务的发展进程。只有志愿服务更专业，才能更贴近服务对象的内在需求。以天津市红桥区为例，近年来，该区充分发挥行业职能部门的人才和技能优势，围绕法律、医疗、环保、教育和文体等方面，组建了由各单位技术骨干人员组成的专业化志愿服务队伍，充分发挥志愿者专业特长。2019年，该区继续开展"嫩芽呵护行动""爱牙让生活更美"和"话剧团走基层"等专业化、个性化志愿服务项目，通过专业化志愿服务同服务对象的需求进行精准对接，从而不断满足市民群众对志愿服务活动的分众化、多样化需求。④

最后，志愿服务协同精准扶贫推动了农村贫困地区的快速发展，从而间接地促进了乡村振兴目标的实现。志愿服务协同精准扶贫的过程也是农村志愿服务快速发展的过程，农村志愿服务的推进是"提升乡村治理水平、提高乡村社会文明程度以及实施乡村振兴战略"的题中之意⑤。城市反哺农村的构想也通过扶贫志愿服务这一契机而得以实现，并在某种程度上推动了农村贫困地区的发展。近年来，扶贫志愿服务涉

---

① 公益时报：《志愿服务的专业化发展路径探索》2017年9月27日，http://www.gongyishibao.com/html/yaowen/12557.html，2020年10月3日。
② 中国发展简报：《"中国经验"亮相全球专业志愿联盟第四届亚太区峰会》2018年12月6日，http://www.chinadevelopmentbrief.org.cn/news-22313.html，2020年10月3日。
③ 汪文斌：《用"专业化"聚焦扶贫脱贫"精准度"》，《行政管理改革》2017年第11期。
④ 天津文明网：《志愿服务引领红桥文明新风》2019年1月11日，http://wenming.enorth.com.cn/system/2019/01/07/036629637.shtml，2020年10月3日。
⑤ 李三辉：《河南农村志愿服务发展及其问题审视》，《云南农业大学学报》（社会科学版）2019年第13卷。

及了农村基础设施建设、产业、教育、文化、医疗及生态等多个领域，通过其努力农村贫困地区的经济水平和文化软实力明显改善，贫困群体的脱贫意识和自主发展能力显著增强，进而为推进新农村建设和实现乡村振兴奠定了坚实的基础。以企业为载体的志愿服务力量为例，各个志愿者已广泛活跃于农村基层，并成为扶贫济困和农村发展的重要力量。据统计，截至2018年年底，7.64万家民企参与"万企帮万村"行动，帮扶8.51万个村，产业投入712.46亿元，公益投入127.74亿元，安置就业67.97万人，技能培训84.60万人，惠及970余万贫困人口。[①]企业、社会组织及各界爱心人士等扶贫志愿服务力量，正用自己的实际行动践行着慈善公益精神、改善着农村地区的贫困样貌、塑造着乡风文明的新风尚，在推动脱贫攻坚顺利实现的基础上助力了乡村振兴。

由上可知，志愿服务协同精准扶贫所取得的无论是显功能还是隐功能，扶贫志愿服务均在"减小阶层差距、缓解社会矛盾、推动社会融合、增进社会文明和谐"等方面发挥了重要的作用。

---

① 中国统一战线新闻网：《"万企帮万村"惠及近千万贫困人口》2019年4月19日，http：//tyzx.people.cn/n1/2019/0419/c372194-31038409.html，2020年10月3日。

第九章

志愿服务协同精准扶贫的实践困境

志愿服务在精准扶贫中发挥了不可或缺的作用,并取得了许多功能效果,包含直接效果和间接效果。但由于志愿服务扶贫的自身和外部环境制约,使得志愿服务协同精准扶贫面临着许多实践中的难题。

第一节 扶贫领域中志愿服务的自身困境

随着精准扶贫政策的实施与推进,扶贫志愿服务组织日益增多和趋于完善,并逐渐成为脱贫攻坚的重要扶贫主体之一。然而由于扶贫志愿服务在我国的发展相对较晚,其本身尚处于萌芽探索阶段,以至于志愿服务自身存在一系列问题,进一步导致志愿扶贫的优势难以完全发挥。

一 扶贫志愿服务自身的独立性不足

首先,纵观我国志愿服务的实践缘起和发展进程,以慈善公益、非盈利等为核心理念的志愿服务,多凭借外部捐助和政府财政拨款,来维持机构自身的生存与发展,使得扶贫志愿服务的依赖性较强且能动性不足。志愿服务资金筹措的主要途径有政府资助、民间捐助和商业交易三种,其中,尤以政府资助最为重要。例如,2018年度山东省民政厅、财政厅对山东省扶贫开发基金会等108家全省性社会组织给予资金支持共计1500万元,其中社会团体85家,民办非企业单位(社会服务机构)17家,基金会6家。[①] 与此同

---

① 孔见、苏安星:《山东对108家全省性社会组织给予资金支持1500万元》,《中国社会组织》2019年第1期。

时，实践中来自社会群体、企业、爱心人士等的外部资助，存在筹资渠道单一、资金总量较小、不稳定性较强等特征，这在一定程度上导致了志愿服务对政府财政的较强依赖性。调研时，志愿者 LXL 表示："我们机构开展扶贫志愿服务的经费大多来源于政府专项资金、购买服务或者给予税收优惠等途径，而且像志愿者协会或公益组织这样的机构想要在社会上公开募捐资金是需要取得国家认可的募捐资格的，如果组织没有募捐资格，那么就只能依靠社会各界爱心人士自发主动的捐赠，所以我们机构主要是靠财政拨款来开展扶贫活动。"除此之外，回顾我国扶贫事业的发展历史可知，我国一直凭借主导性的政府力量开展各种扶贫济困活动，慈善志愿力量在实施扶贫开发的过程中始终从属于政府的管理和控制之下，这在一定程度上使得扶贫志愿服务的能动性不足。

其次，我国深受传统官僚制影响，当前扶贫志愿服务仍存在行政化的倾向。志愿机构往往依靠政府机关提供项目和资金，并受政府机构的监管，其在工作作风、行为方式等方面往往具有较强的行政性质。而在这些扶贫志愿服务机构之中任职的志愿者，也大多来自于党政机关、事业单位、退伍军人、退休干部等的公职人员群体。以 HF 县志愿者协会为例[①]，该协会是在共青团 HF 县委员会等部门的领导下，在民政局注册备案后于 2017 年 3 月 5 日成立，该协会的主要专职志愿者仍以政府机关人员居多，并有众多兼职志愿者一同从事扶贫活动。该协会的志愿者 ZL 说："我们虽然有很多注册志愿者，但专职志愿者还占少数，我们协会的内部人员也需要接受体制内的管理。"由此看出，在组织结构和人员构成双重行政化的影响下，扶贫志愿服务的政府依赖性显得更强。

最后，扶贫志愿服务的公益性目标与其主管部门的行政目标间容易产生偏离，导致公益目标让位于行政目标的现象发生。康晓光认为："中国的公民社会具有官民二重性的特点。"现阶段，扶贫志愿服务组织发展迅速，即使部分组织的官办性质不强，但已注册的、正规的志愿扶贫组织必须在国家主管部门的监督与控制之下开展扶贫活动，这就使得扶贫志愿服务机构具有了一定的行政任务导向。双重管理体制下扶贫志愿服务的官民二重性，在一定程度上削弱了志愿扶贫的灵活性和独立性，进而影响了志愿扶贫的扶贫效率和精准度。

---

① 资料来源于调研时访谈 HF 县志愿者协会的志愿者 ZL 所获取。

总而言之，扶贫领域中志愿服务组织所具有的财政资源依赖性、行政倾向性和组织从属性等特征，均在很大程度上削弱了其本身的独立性，进而影响了志愿扶贫的效能。

二 扶贫志愿服务人员的专业性不足

志愿服务参与扶贫开发不仅需要志愿者的奉献、人道主义精神和爱心，更加需要志愿者专业性知识和技能，以确保做到"真扶贫、扶真贫"。汪文斌认为，志愿服务力量只有用其专业性，来开展精准扶贫、精准脱贫，才能做到真正聚焦于扶贫脱贫的"精准度"。① 但是现阶段仍存在扶贫志愿服务专业性不足的困境。

首先，从精准扶贫政策本身来看，精准扶贫政策所提出的精准识别、精准帮扶、精准管理等内容，均要求参与脱贫攻坚的扶贫主体能够精准识别和对接不同贫困者的不同需求。这一特点要求扶贫志愿服务人员在参与扶贫开发的过程中，除了需要深入了解贫困地区、贫困者的实际情形外，还需要具备专业化的技能、知识和业务素质等能力，以便为贫困者提供更加深入且细致的服务。从目前的扶贫志愿服务的实践来看，扶贫志愿者多为政府机构、社会爱心人士、企业、社会组织等各类群体，他们对精准扶贫相关的帮扶技巧了解不够深入且实务经验和能力有所欠缺，这也导致了志愿扶贫的效率低下。调研时，一位志愿者 XJL 说："像我们这些志愿者很多人都是自发参与扶贫活动的，我们就想献出自己的一份爱心。拥有专业技能资格证书的人相对较少，但是相关扶贫技巧及实践能力等方面正是我们每个志愿者希望加强的地方。"

其次，从扶贫志愿服务本身来看，扶贫志愿者的人才资源储备不足。由于以自愿奉献精神为指导的志愿者不求任何薪资回报这一特点的存在，使得许多高素质的专业性人才为了生存而对志愿事业望而止步，反之去从事其他特定的行业和职位。调研时，当问及是否有考虑成为专职志愿者时，很多志愿者表示："自己可能会长期进行献爱心、扶贫济困等活动，来贡献自己的一份绵薄之力，但是没有考虑成为一个专职的志愿者，毕竟自己需要挣钱养家糊口。"除此之外，即使有部分参与扶

---

① 汪文斌：《用"专业化"聚焦扶贫脱贫"精准度"》，《行政管理改革》2017 年第 11 期。

贫志愿服务的高素质人员，囿于自身精力、时间的限制和约束，对扶贫方面的专业行为受到限制。例如，在调研时发现的湖北省 HF 县志愿者大多以自身时间为依据开展扶贫活动，这也限制了志愿者参与和从事相关扶贫政策专业知识技能的培训开发，进一步约束志愿者自身专业性活动，从而导致扶贫志愿服务的响应时间存在一定的滞后性。与此同时，当前普遍存在扶贫志愿服务机构的专职人员不足、兼职人员过多的现象。以慈善公益社会组织中的基金会为例，截至 2015 年年底，我国基金会的人力资源在总体上较为匮乏，超过一半的基金会全职人员不足 5 人。这些兼职人员通常有自己的本职工作，受到自身时间、经历的影响使其对扶贫的专业知识了解不足限制。这些因素的存在均在一定程度上导致了扶贫志愿者较差的专业性。

再次，扶贫志愿服务的方法在精准的要求下有待改善和增强，而且扶贫志愿精神的不足也会影响志愿者的专业性。当前精准扶贫"相对贫困"现象较为突出，并对扶贫志愿服务提出了更高的要求。在此背景下，精准扶贫要求志愿服务的人员应当具有某项专业知识技能或者获得专业资格。与此同时，志愿者应在扶贫领域中灵活运用自身专业技能，其理念也应符合助人自助、托底保障等的专业要求，即志愿服务的扶贫方法和专业技能应当紧跟时代、与时俱进。实践中的扶贫志愿服务与此要求相对比显得其专业性不足。除此之外，现阶段社会上存在这样一种情景，即只要与贫困者挂钩的措施全都归位于扶贫志愿服务，且志愿者多开展形式化的扶贫活动。如部分地区扶贫志愿服务活动陷入服务内容单一的形式化怪圈。[①] 以大学生青年这一重要志愿服务力量为例，在开展支教助学、扶贫济困等活动时不仅自己得到了成长，也对社会做出了贡献。但是现阶段许多大学生开展志愿服务活动的初衷不是源于"好奇、好玩"这一心理，就是源于"加学分"这一制度，真正发自内心热爱扶贫工作的青年与过去相比虽有所提高但仍旧较少，进而使得志愿服务活动未能完全发挥其积极效应。[②] 由此看出扶贫志愿精神的匮乏也导致了扶贫专业性的不足。

---

① 铜陵文明网：《暖冬志愿服务谨防陷入形式化怪圈》2015 年 12 月 16 日，http://tl.wenming.cn/wmpl/201512/t20151216_2201688.html，2020 年 10 月 3 日。
② 斯涵涵：《"志愿服务"要摒弃功利化形式化》，《济南日报》2019 年 8 月 16 日第 2 版。

最后，扶贫志愿服务机构独立性的不足影响了志愿者专业能力的发挥，进一步表现为扶贫志愿者的专业性不足。由于扶贫志愿服务机构的财政资源依赖性、组织从属性和行政倾向性等所导致的独立性不足，志愿者在实施扶贫活动时不可避免地受到行政目标和公益目标的双重驱使。扶贫志愿服务机构为了生存极有可能会开展自身并不擅长的扶贫活动，因而阻碍了其专业知识和技能的应用与发挥，并最终表现为扶贫志愿服务人员专业性的欠缺。

三 扶贫志愿服务机构的内部管理欠缺规范

作为志愿服务载体的志愿服务机构，需要系统性的、规范化的管理制度以提高扶贫志愿服务的效能。管理制度是保障扶贫志愿服务健康发展的前提条件和重要基础。管理制度体现为组织的结构管理制度、人员管理制度、内控管理制度三个方面。由于扶贫志愿服务机构成立时间较短，以致其在扶贫组织、人员和内控体系等的管理规范性有所欠缺。

结构管理制度方面。扶贫志愿服务机构的组织架构设置不甚健全，降低了扶贫效率。首先，很多扶贫志愿服务机构中缺少高水平的理事会，服务理念和管理体制滞后，以致管理混乱现象的产生。其次，实践中由于基金会、慈善机构等志愿服务部门的专职人员较少，从而在组织架构的设置过程中容易出现将各职能部门掺杂在一起的现象，不利于组织整体效率的提升。如将财务部门与行政部门整合在一起等。最后，众多志愿服务机构内部缺少一个专门负责扶贫的部门，以及与合作伙伴、政府等进行交流互动的部门，以致扶贫的失效。调研时志愿者MJC说："因为我们的内部人员较少，我们机构开展扶贫工作是和其他活动同时进行的，这些活动没有明确区分开来，也并没有专门从事扶贫和与外界沟通交流的部门。"

人员管理制度方面。扶贫志愿服务机构的人员选拔制度、参与扶贫制度尚不完善，以致内部人员管理欠缺规范。首先，扶贫志愿服务机构的选拔机制尚不健全。扶贫志愿服务机构的志愿者可进入门槛较低，欠缺完善、健全的专业志愿者的招聘和选拔机制。以湖北省HF县志愿者协会为例，该协会的志愿者JLY表示："我们现在有注册志愿者400多名，想要成为志愿者一般只需要在相关志愿者协会网站上进行自主注册就可以了。也不需要考试这些，注册过程中主要对其进行政审，有违规违纪的审核都通不过，几乎不涉及扶贫领域专业知识和技能的考核评选。"这在某种程度上也不利于扶贫志愿服务机构对内部人员管理工作的开展。另外，志愿者参与扶贫的渠道尚不完善。现阶段志愿者参与扶贫的渠道尚不明确且较为单一，而且扶贫志愿服务机构实施扶贫活动的方法、标准、流程尚不统一，以致志愿者在参与扶贫活动的过程中"各行其是"，由此致使内部人员管理困难。

内控体系方面。扶贫志愿服务机构的监督考评机制、激励机制尚不完善，不利于志愿者扶贫活动的开展。首先，志愿服务参与精准扶贫的监督考评机制空白化严重。精准扶贫政策以效率、效果为要求与导向，志愿服务则主要依据自身能力和公益精神来从事扶贫开发工作，缺乏结果导向和目标要求，再加上扶贫志愿服务的监督检查机制不健全，由此导致扶贫志愿服务的效率与效果不易测量。另外，扶贫志愿服务组织的激励机制不健全，激励方法较为单一。调研时发现较多志愿机构存在这样的情况，如某志愿者协会的一名志愿者 FER 表示："当前我们机构的主要激励方式即为评选'优秀志愿者''最美志愿者'等，别的就没了，可能激励措施方面比较单一。"实践中参与扶贫的志愿者人数众多，然而机构的激励行为单一，主要依靠口头表扬、荣誉表彰的激励措施，缺乏多元化的激励方法和路径。

四　扶贫志愿服务的可持续性不强

志愿服务在精准扶贫中发挥的作用是重大的，取得的成就也是显著的，然而随着扶贫志愿服务参与扶贫活动的深入开展其可持续性问题也逐渐凸显，主要表现为人员、资金和项目的不可持续性①。根据《2019年慈善蓝皮书》可知，历年来60%以上的志愿服务组织的生存周期在五年以内，这也从侧面反映了扶贫志愿服务的不可持续性现状。

人员的不可持续性方面。首先，扶贫志愿者因志愿性而参与扶贫的动机，其本身具有不稳定性。出于慈善目的的志愿者只在自己时间、精力允许的条件下参与扶贫活动，人员流动性较大，可持续性较弱。另外，人员培训机制、福利机制、保障机制等的欠缺，使得众多

---

① 王晓芳：《新时代社会组织参与精准扶贫的困境与对策研究》，《经济研究导刊》2018年第4期。

志愿者既不能拿到工资报酬,又不能获得专业技能的提升,为了生计问题只能另谋职业,以致扶贫志愿者的大量流失,不利于扶贫工作的持续开展。在调研时,某志愿者协会的工作人员 TZY 表示:"目前我们机构主要参照体制内的管理进行,并没有专门的激励啊保障这种机制。"

资金的不可持续性方面。扶贫志愿服务机构缺乏稳定的资金来源,以致扶贫机构难以实施活动。作为志愿性、自治性的志愿服务机构,不仅没有国家的强制力作为资金来源的后盾,而且非营利的特征也决定了其无法赚取利润而自我供养。调研时志愿者 FGL 说:"虽然志愿组织可以开展公开募捐的活动,但是这也是需要拿到国家许可才能进行的。现在许多新生的志愿者机构较为年轻化,这些组织中可以获得募捐资格的仍占少数,其还是主要依靠民众的自发捐赠来维持生存并开展活动。"众多扶贫志愿服务机构参与扶贫活动的资金,大多来源于社会捐赠,而民众自发进行捐赠的金额和公益热情本身通常是有限的,具有不稳定性和资源整合的困难性等特点,以致存在扶贫资金不可持续性的问题。

除此之外,扶贫志愿服务机构囿于自身人财物等因素的限制,会选择阶段性、短期性的扶贫项目,以获得大众认可从而获取更多的社会捐助,因而具有短视性色彩,不利于扶贫志愿服务的可持续性发展。

第二节 扶贫领域中志愿服务的外部环境困局

扶贫志愿服务的生存与发展除却自身因素外,必然受到其所处的外部环境的影响。扶贫领域中志愿服务主要面临政策机制不健全、社会认同感相对较低和志愿扶贫碎片化等困局。

一 扶贫志愿服务的法规机制尚不完善

扶贫志愿服务的健康发展,离不开国家层面系统、有效的法律法规和制度机制。现阶段,扶贫志愿服务面临法律法规不健全、监督保障和激励机制不完善等的实践困局。

志愿服务扶贫的法律法规方面。2016 年 3 月 19 日《中华人民共和国慈善法》、2016年7月11日《关于支持和发展志愿服务组织的意见》以及2017年8月22日《志愿服务条例》等一系列政策文件的出台，促使志愿服务活动逐渐制度化并活跃于国人眼中。国家虽然十分重视扶贫志愿服务的重要作用，却并无专门针对志愿服务协同精准扶贫的相关法律政策规定。例如，缺乏有关扶贫志愿服务协同目标、协同任务、协同领域和协同时间规定的专门法律法规，仅江西省出台了《关于引导和支持社会组织、专业社会工作和志愿服务力量参与脱贫攻坚的指导意见》这部专门引导志愿服务参与脱贫攻坚的地方性法规。扶贫志愿服务法律法规的不健全，致使志愿服务实施扶贫活动时的随意性较强，进而不利于扶贫效率的提升。

志愿服务扶贫的监督、保障和激励机制方面。首先，缺乏完善的扶贫志愿者的权利保障机制。贫困地区之所以贫困，主要源于自然生态条件恶劣、物质财富稀缺、经济发展落后等原因。扶贫志愿者深入贫困地区和贫困者家中时，由于地形险恶、交通不便、气候恶劣等因素极易发生人身危险。与此同时，国家却缺乏有关扶贫志愿者的人身权利保障机制。在此基础上，仅靠慈善公益和奉献精神驱动的扶贫志愿者，在实施扶贫活动时的主动性会大打折扣。调研时，某志愿机构负责人表示："很多农村贫困地区大多处于山区且比较偏远，许多志愿者参与扶贫活动时看到蜿蜒山路或者遇到诸如下雨、下雪等的恶劣天气时，人身保障机制的缺乏，导致很多志愿者不愿再次从事此类活动。"其次，缺乏健全的扶贫志愿服务的监督机制。陆军说"NGO也需要自律、监督和批评，其同样且更加需要反腐败"①。志愿服务参与扶贫的过程中自我问责意识不强、财务信息不公开等问题仍然存在，而且来自政府、媒体、第三方等的外部监督机制欠缺，以致志愿扶贫中侵吞善款现象的发生。② 扶贫志愿服务机构中内外监督机制的不完善，导致扶贫效能的低下。最后，缺乏完善的扶贫志愿者的激励机制。现阶段，我国政府仍采用社团常规管理的方法管理扶贫志愿服务机构。政府也仅仅采用评选"优秀志愿者""最美志愿者"以及宣传等的形式激励扶贫志愿者，激励效果略显不足，激励机制较为欠缺。

---

① 陆军：《NGO同样需要反腐败》，《社会工作》2009年第9期。
② 张宏伟：《社会组织扶贫的困境与出路》，《人民论坛》2017年第35期。

二 扶贫志愿服务的社会认同感相对较低

近年来，志愿服务参与扶贫获得了快速发展，与以往相比，民众对于扶贫志愿服务给予了更多的支持和认同，但与发达国家相比，我国扶贫志愿服务的社会认同感仍然较低。志愿服务协同扶贫时存在"政府动员"多于"社会动员"的现象，以致扶贫志愿服务出现公众观念落后、慈善精神认知不足、主动参与扶贫的意识薄弱等问题。

第一，公民对于扶贫志愿服务的概念、内涵了解不够深入。受到传统"大政府、小社会"和计划体制的影响，公民一直将贫困治理视为政府的责任，而对扶贫志愿服务的作用和职能了解不清。调研时许多贫困户表示："扶贫应该就是党和政府应该做的事情，党和政府就是要为人民服务的啊，像扶贫志愿服务这种我都没怎么听过，不过倒是偶尔有些穿着红衣服、戴着小红帽的人过来我们村里，也不知道他们具体干啥。"此外，公民社会在我国兴起较晚且发展缓慢，社会大众自身奉献意识缺失、思想守旧，这也致使公民的责任意识和参与意识较为低下，进一步导致较低的社会认同感。调研时发现许多贫困地区的农村，其"老龄化"和"空心化"现象严重，众多有劳动能力的青年人大多外出务工，其村庄的整体文化知识水平及其参与扶贫的意识相对较低。

第二，扶贫志愿服务的外源推动多于内源推动，扶贫志愿者大多处于行政推动的"被志愿"阶段。当前社会中政府主导下的扶贫志愿者仍占多数，而纯粹出于慈善公益的目的而参与扶贫活动的人相对较少，扶贫志愿者的"被志愿"现象仍存。政府动员志愿服务参与扶贫的结果，使得社会公众、企业等公民群众认为扶贫依然是政府不可推卸的责任，志愿服务的存在只是为了辅助政府的完成其脱贫目标。无论是江西慈善总会的"栽富树、扶自立"等慈善扶贫工程，还是山西大同的爱心超市项目，抑或是红十字会等非营利性公益组织，都在不同程度上反映了政府主导和政府动员的力量，政府机构对于志愿服务的"社会动员"关注不足。调研时，有志愿者表示："我们机构现在有规定，会把参与志愿服务的时间和次数纳入工作考核体系之中，为此我们很多人都会去当志愿者，这对我们来说也是一种收获和成长。"与此同时，有学者作归纳："对于官办性质浓厚的第三部门组织，我国公众往往将其视作第二政府看待,而对于实力较弱的草根组织,社会公众往往对其能力持怀疑态度,从而忽视他们的存在或坚持对他们进行谨慎的评价"。①

除此之外,扶贫志愿服务本身慈善公益的属性;扶贫志愿服务政策法规机制的不健全;扶贫志愿服务机构发展现状的参差不齐、有限的影响力和公信力等因素也或多或少降低了公众对扶贫志愿服务的社会认同感。

三 扶贫志愿服务的碎片化现象仍存

近年来,志愿服务作为脱贫攻坚的重要主体,对减贫事业做出了积极的贡献。志愿服务扶贫主体在参与扶贫开发时的作用也日益凸显。与此同时,当前扶贫志愿服务仍存一定的问题,如帮扶资源较为分散、参与主体无法形成合力、扶贫信息孤岛和帮扶质量和水平较低等,扶贫志愿服务的"碎片化"现象仍存。

首先,帮扶资源分配较为不均。国务院扶贫办主任刘永福曾在接受采访时表示:"扶贫开发资源要统筹协调、综合平衡,尽量减少差距过大,防止帮扶不公平现象发生。"实践中,作为社会力量形式之一的志愿服务在参与扶贫开发的过程中,存在基层政府政策设计短视化、政策执行山头主义、激励政策地方主义的碎片化现状。② 各地区政府扶贫政策和资助标准的不同,致使政府投入至贫困县和贫困村的资金不足。调研时发现一个现象就是,每到一个贫困村其基础设施建设及村容村貌会与非贫困村的硬件设施相同,甚至比非贫困村的设施还要更好。而扶贫志愿服务所募集的扶贫资金,往往也倾向于响应国家号召将其投放在集中连片特困地区、贫困山区等地,两者叠加后产生"马太效应"。青海师范大学社会工作系教授 QYJ 说:"对于福利院的 100 多个孤残儿童来说,获得的志愿服务和捐赠资源非常丰富,但是福利院之外的孤残儿童则无法得到足够的关注。这种志愿服务资源分配不均的现象在各地都很

---

① 刘志欣等:《非政府组织管理——结构功能与制度》,清华大学出版社 2013 年版,第 61—86 页。

② 陈成文、王祖霖:《"碎片化"困境与社会力量扶贫的机制创新》,《中州学刊》2017 年第 4 期。

明显。"① 从整体上来看，帮扶资源分配较为分散，碎片化现象凸显。

其次，各参与主体无法形成合力。志愿服务本身凝聚了各行各业的力量（如政府机关、企业、事业单位等），并呈现出多元化特征。由于缺乏统一的协调整合机制，各个扶贫志愿服务机构参与扶贫时难以获得行动上的协同而各行其是，往往表现出"分散化、个体化"的扶贫特点。调研开展时，有志愿组织说："我们确实缺少这样一个整合机制，在有些时候会出现帮扶的碎片化现象，这也是我们这些机构的薄弱之处，亟待加强。"而且扶贫志愿服务的不协同容易导致"重复帮扶"现象的产生。调研时，有些许养老院的老人表示："他们都会过来，今天上午来了一波，下午又来了一波，问我吃的咋样、身体咋样，给我收拾收拾卫生啊，人都挺好的。"正如 2012 年 10 月，曾报道的安徽省合肥市老年公寓前后有 4 拨爱心人士来给老人们送爱心，其中就有位老人甚至一天被志愿者洗了 7 次脚。② 由此看出，各参与主体间无法形成有效合力，造成扶贫人员和资源的浪费，进一步影响了志愿扶贫的效果

最后，扶贫信息孤岛现象仍存。现阶段，社会扶贫涉及面较广，政府各个部门掌握的相关信息大都也是"碎片"，而各个部门和扶贫主体之间又存在信息壁垒，由此形成了信息孤岛的现象。随着互联网信息技术的迅速发展虽然出现了众多社会扶贫网站，但是其扶贫信息发布仍然较为分散。由于缺乏统一的扶贫信息共享平台，志愿服务在实施扶贫活动时，往往难以及时有效地对接政府与贫困者。扶贫志愿服务与政府对接的困难使之不能精准掌握扶贫重点，而扶贫志愿服务与贫困者对接的困难使之不能精准施策，从而导致扶贫效果不尽如人意。

---

① 中国文明网：《资源分配不均欠持续 志愿服务质量提升任重道远》2013 年 12 月 4 日，http：//news.hexun.com/2013-12-04/160292925.html，2020 年 10 月 3 日。
② 人民网：《重阳节 养老院老人一天被洗 7 次脚》2012 年 10 月 25 日，http：//culture.people.com.cn/n/2012/1025/c172318-19383502.html，2020 年 10 月 3 日。

第十章

志愿服务与精准扶贫的协同惰性、辅位关系模式

志愿服务与精准扶贫密切相关、始终相伴。现实中基于扶贫志愿服务内外环境的考量，发现志愿服务协同精准扶贫不仅存在志愿服务自身的实践困境，而且存在志愿服务外部环境的实践困局。在此基础上，从国家与社会关系的角度来审视扶贫领域中政府与志愿服务的协同现状，具有一定的意义。

第一节 补位式协同：精准扶贫对志愿服务的实质定位

进入21世纪以来，中国政治、经济、文化观念及社会生活日益影响并推动了志愿服务力量的发展。随着我国贫困现状的改变和"小政府、大社会"改革目标的确立，仅仅依靠单一政府主导的传统扶贫模式显得不合时宜，而政府与作为社会力量形式之一的志愿服务协同扶贫成为当前的流行趋势。党的十九大报告提出："要动员全党全国全社会力量，坚持精准扶贫、精准脱贫。"其中，志愿服务协同精准扶贫成为新时代脱贫攻坚战略部署的重要内容，并被纳入党中央的扶贫规划之中。从国家与社会的关系来看，实践中精准扶贫对志愿服务的实质定位具有一定的补位意涵。志愿服务以其灵活性、贴近群众等的功能优势，可以有效地弥补扶贫开发工作的漏洞，并成为"政府主导"扶贫方式的革新和有益补充。[①] 总而言

[①] 吕承文：《志愿服务参与精准扶贫的现实动因：以N县为例》，《厦门特区党校学报》2018年第3期。

之，无论在政策层面还是在实践层面，志愿服务参与精准扶贫的独特优势和功能效果，不仅决定了志愿服务助力精准扶贫的契合性，而且决定了当前精准扶贫中志愿服务的实质定位——补位式协同，主要表现为需要与动机的协同、系统性与碎片化的协同、社会性与公益性的协同、生产性与可持续发展性的协同。

第一，需要与动机的协同。现阶段，精准扶贫政策愈发强调"扶贫与扶智、扶志"相结合的重要性，其核心理念更多地体现为"以人为本"。精准扶贫的政策导向为志愿服务参与脱贫攻坚提供了契机。以慈善公益、奉献精神为核心精髓的志愿服务，隶属于公益性社会服务的范畴。对于志愿者而言，安全、爱和尊重等的高层次需求对其具有很大的吸引力，而基于基本的生存需求通常与志愿服务无关。[1] 实践中，志愿服务更多出于自我实现、奉献等的高层次需求，凭借其慈善公益、灵活性等的特点实施扶贫活动，为贫困者提供针对性的服务，以激发贫困群众的脱贫动机和内生能力，更好地与精准扶贫政策相契合。

第二，系统性与碎片化的协同。精准扶贫既是国家的一项重大战略政策，又是一项系统的工程，在精准识别、精准帮扶、精准管理上组成了相应的扶贫体系。作为社会力量形式之一的志愿服务本身就具有人员构成"零散化、碎片化"的特征。由此出发，不同技能、不同类型的志愿服务补位到精准扶贫的政策系统之中，为不同致贫原因、不同需求的贫困者提供不同的帮扶活动，进而提高扶贫的效能和精准度。

第三，社会性与公益性的协同。纵观扶贫开发的历程进程，贫困治理一直被视为国家不可推卸的职责和政府职能的一部分。然而，大多数人并未看清精准扶贫所具有的社会性特征和由社会集体供给的本质，归根结底，精准扶贫属于一种公共服务供给的行为，应由社会集体共同实施。[2] 实践中，以民间性、大众性和慈善公益性等为特征的志愿服务，深入贫困者之中实施扶贫活动。由此出发，精准扶贫政策的社会属性与志愿服务的公益属性二者有机结合，共同推动脱贫攻坚的持续深入。

第四，生产性与可持续发展性的协同。社会大众出于获得个人幸福

---

[1] Knowles M. S., "Motivation in volunteerism: Synopsis of a theory", *Journal of voluntary action research*, February 1972, pp. 27-29.

[2] 吕承文：《愿服务参与精准扶贫的现实动因：以 N 县为例》，《厦门特区党校学报》2018 年第 3 期。

感、个人成就感和个人满足感等精神回报的目的而从事志愿服务工作。① 志愿服务所内含的高层次激励和回报,使得志愿服务工作具有生产性的特征,从而为他人参与扶贫提供契机,以辅助政府解决贫困现状,也能使社会变得更加美好。② 精准扶贫战略的总体目标是确保2020年贫困人口如期脱贫,从而全面建成小康社会。当前"扶贫与扶志、扶智相结合""造血式扶贫"等的扶贫要求,使得贫困者脱贫的同时增强其精神文明水平,从而实现精准脱贫和社会的可持续发展。③ 志愿服务的生产性特征与精准扶贫的可持续发展特点相结合,共同推动中华民族伟大复兴的中国梦的实现。

综上所述,志愿服务所具有的高层次需求、碎片化、公益性与生产性等的特征,正好与精准扶贫政策的人本动机、系统性、社会属性和可持续发展性等特点一一呼应,由此志愿服务逐渐被国家所重视,并且逐渐成为国家脱贫攻坚的重要补充和有力助手。志愿服务以"补位"的形式,在政府扶贫时间、技能、资源等的不足以及激发群众活力、凝聚社会合力、弘扬慈善互助精神等的方面,成为促进精准扶贫的有力抓手。但是受传统扶贫开发模式的影响,其主要路径仍以政府管理、志愿服务依赖、自上而下的协同模式为显著特征。当前表象上志愿服务协同精准扶贫的实质补位性,在一定程度上满足了贫困群众的多样化需求,进一步助推了脱贫目标的顺利实现。

第二节 志愿服务与精准扶贫的协同惰性

现阶段,志愿服务与精准扶贫在"需要与动机、系统性与碎片化、社会性与公益性、生产性与可持续发展"方面暗含着补位的意蕴,由此看出志愿服务协同精准扶贫实质上的补位特征,具体体现在理念、行为、机制和效果层面。志愿服务与精准扶贫的合作、互动及协同治理,能促进各类社会力量的能力发挥与资源整合,从而实现优势互补。志愿

---

① Cnaan R. A., Goldberg-Glen R. S., "Measuring motivation to volunteer in human services", *The journal of applied behavioral science*, March 1991, pp. 269-284.

② Shao Y., "An examination of the sustainable development of mass sports volunteer services in China", *Asia Pacific Journal of Sport and Social Science*, February 2013, pp. 129-137.

③ 汪三贵、郭子豪:《论中国的精准扶贫》,《贵州社会科学》2015年第5期。

第十章　志愿服务与精准扶贫的协同惰性、辅位关系模式

服务协同精准扶贫取得一定功能成效的同时，也存在着些许问题。志愿服务等社会力量以集体行动的方式广泛参与到国家的扶贫开发工作之中，志愿服务与精准扶贫协同的实质是扶贫领域国家与社会关系的具体体现。国家与社会的互动过程涉及二者的目标理念、行为、机制、效果等要素。其中，目标理念是二者互动的动力，行为是互动的具体表现，机制是互动的责任与保障，效果是互动的具体结果。

一　需要与动机的协同特征：理念的反向性

理念主要由需要、动机两个要素构成。需要和动机都与个体的主观意愿（即理念）有关。在扶贫领域中志愿服务的需求体现在，志愿者出于爱、尊重和自我实现等的高层次需求而助力扶贫开发的过程。而动机则主要体现在精准扶贫"以人为本"的核心理念上，即满足贫困者的不同需求。只有在需要与动机完全契合的情况下，才能达到志愿服务协同精准扶贫的最佳效能，然而实践过程中志愿服务与精准扶贫在需要与动机的协同过程中，存在着许多难题。

第一，志愿服务主体强烈的高层次需求及较弱的参与动机。志愿者个体参与精准扶贫的动机分为进入时初始参与和进入后的持续参与两个阶段，志愿服务可出于"功利型、被动型、快乐型、发展型、责任型"[①]等不同动机，采取相应的行为。从志愿服务的初始参与阶段来看，志愿服务本身具有较强的志愿性特征，但在精准扶贫政策倡导及行政动员的要求下，志愿服务更多地受到制度及"命令—服从"链条形式的驱使，而采取适应性策略来助力精准扶贫。从进入后的持续参与时期来看，志愿服务高层次的需求由于效果评估及激励措施的缺乏并未得到很好的满足，进而显现出较弱的参与动机。例如，江西黎川的志愿者WES 表示："说实话，我们都很乐意开展志愿扶贫活动，以期望从中可以收获快乐、成就和满足感，但是大多数情况下我们常常在单位的引导下开展扶贫，这样一来时间点变得不是很灵活，我们中有的人就不去参加了。"

第二，志愿服务对象强烈的精神需求及志愿者单一的资源供给倾

---

①　王民忠、狄涛：《基于需要理论的大学生志愿服务动机研究》，《思想教育研究》2013年第10期。

向。随着精准扶贫政策实施的纵深发展，国家越来越强调对志愿服务对象（即贫困者）"扶智、扶志"的精神需求的满足。不仅如此，随着人们生活水平和社会文明程度的日益提高，贫困者自身对精神帮扶、心理帮扶等的期望也越来越高。然而纵观志愿服务助力精准扶贫的实践经验，仍以物质性协同为主，缺乏专业性、技术性的服务技巧，表现为"有资源无技巧、有志愿无服务"的现状。这种反差致使贫困者的内在脱贫动机和其精神需求无法得到满足，极有可能使贫困者再度返贫。以实地调研过的湖北省十堰市的一名贫困者 ZEH 为例，该贫困户表示："志愿者会过来我家看看我，给我带点棉被、米面这种生活用品，特别热情，但是有时候就感觉他们来了也没什么用，我想要让他们教我一点技能的需求始终没有实现。"

第三，精准扶贫强烈的社会参与需求及志愿服务主体较弱的反应性动机。当前精准扶贫中贫困人口分散化、致贫原因多元化、返贫不确定性等特征，使单一的政府扶贫面临着效率低下、"漏桶效应"等困境[①]，从而形成对社会力量参与扶贫的强烈需求。但是志愿服务者却拥有较低的"反应性动机"。"反应性"一词来源于 Esmond 学者关于志愿者动机研究的基础上，即志愿者处于"修复"和表达他们自身过去或者现在的问题。[②] 将是否贫困作为划分依据，志愿服务者主要来源于贫困者和非贫困者两类。从非贫困者的角度来看，同欧美发达国家相比，我国的志愿服务兴起较晚、公民意识觉醒较迟、自身能力与资源较为有限，出于自身实际情况的考量往往仅有较少数能力高和资源丰富的人员真正参与到扶贫开发中来。从贫困者的角度来看，其多为老、弱、病等特殊困难群体，自身容易受低层次需求（如物质、报酬等）的驱使而产生相应行为，然而志愿者本身的利他特性决定了贫困者较低的反应性动机。无论是国家扶贫日的确立，还是各种社会力量参与精准扶贫政策文件的颁发，抑或是脱贫攻坚志愿服务活动的展示等，均表明了国家对引导志愿服务助力脱贫攻坚的日益需求和高度关注。然而实践中，以纯粹性的志愿服务参与扶贫开发的案例仍显不足。以在青海市循化县调研的一名

---

① 李鸥、叶兴建：《农村精准扶贫：理论基础与实践情势探析——兼论复合型扶贫治理体系的建构》，《福建行政学院学报》2015 年第 2 期。
② Esmond J., Dunlop P., *Developing the volunteer motivation inventory to assess the underlying motivational drives of volunteers in Western Australia*, 2004.

贫困者 EDL 为例，该贫困者说："我也想去帮助别人，可是你看看我现在的状态，除了吃穿用度外，还要供养父母、供应孩子上学，更别说去帮助别人了，我自己生活都困难。"再如，于湖北省十堰市调研的一名非贫困者 FGR 表示："做志愿者没有一点工资、报酬，我宁愿拿我自己的时间去工作，把打工挣钱的一小部分用于捐款帮扶贫困者，也不想浪费时间，自己亲自去进行扶贫济困。"

综上所述，志愿服务与精准扶贫在需要与动机的协同过程中，充分反映出了志愿服务主体、志愿服务对象和政府自身职责履行不到位、角色定位不清晰等问题，并主要体现为需求与动机协同过程中的理念反向性特点，在此特征的影响下降低了志愿服务与精准扶贫的协同效能。

二 系统性与碎片化的协同特征：行为的断层化

系统性与碎片化是相对的概念，在扶贫领域中，系统性主要体现为精准扶贫政策的系统化工程；而碎片化则体现为志愿服务主体构成的分散化。无论是系统性精准扶贫政策的实施还是碎片化志愿服务的开展，志愿服务协同精准扶贫首要表现在其帮扶行为上。系统性与碎片化的协同虽然为志愿服务助力精准扶贫提供了参与的契机，然而其在协同的开展过程中同样面临着以下问题。

第一，志愿服务协同精准扶贫仍存服务碎片化的特征。作为精准帮扶主体之一的志愿服务分为有组织的志愿服务和非组织的志愿服务两种形式。① 无论何种形式，扶贫开发的志愿服务主体多以局域联系为主，以"关系亲疏、距离远近"为依据开展帮扶活动。精准帮扶过程中志愿服务力量碎片化现象严重，以关系网络所构成的区域性帮扶为主，区域与区域间沟通较少，且资金、人员等社会资源较零散，易于造成"碎片化""重复化"的帮扶现状。例如，江西省新余市的社会组织孵化中心有约 80 家志愿服务机构，这些机构中的一半以上都开展了志愿扶贫项目，这些扶贫项目和机构之间不仅缺乏统一的扶贫信息共享中心，而且扶贫主体较为分散，对扶贫对象的帮助呈现出"碎片化""重复化"的帮扶状况，难以实现系统化的扶助。

第二，志愿服务的帮扶行为仍存注重部分而非整体的特点。精准帮

---

① 李国荣：《试论志愿者、志愿服务、志愿精神的内在底蕴》，《社科纵横》2009 年第 4 期。

扶在精准识别的基础上开展工作，而志愿服务主体又是在政府管控的基础上开展扶贫工作的，这使得志愿者主要着眼于政府所识别出的贫困户和致贫原因来实施扶贫活动，对于未识别出来的或处于贫困边缘的家庭困难人群缺乏必要的帮扶。调研时，江西省黎川县的一名志愿者 BGK 表示："我每次大部分每次都是从村委里提供的贫困户名单中，寻找并得知帮扶对象的家庭信息、致贫原因等，对于非贫困户的接触不是太多。"除此之外，囿于志愿服务本身人员分散、人才不足等原因，志愿服务在实施扶贫活动的过程中着重采用物质帮扶和关爱帮扶的方式，仅有为数不多的专业型志愿机构才开展专业服务性的介入。前往江西省上饶市调研时发现，某志愿服务机构主要从事教育帮扶工作，纵观其帮扶举措，着眼于对贫困儿童本身开展物质帮助、关爱慰问等的扶贫工作，但是缺乏专业性的人员对贫困儿童家庭的整体干预，以致许多家长对孩子是否上学的态度没有发生本质上的改变，进而导致贫困儿童厌学、满足感低等的现象依然存在。这种协同方式缺乏对贫困者和非贫者的整体需求分析，志愿服务注重贫困者而忽视非贫困难群体以及单一且分散的扶贫方式的存在，难以在根本上真正实现脱贫。

第三，志愿服务协同扶贫仍存短期化倾向。近年来，志愿服务作为精准扶贫的中坚力量之一，虽然在参与扶贫开发时的数量与质量都有明显提高，但志愿服务仍处于成长探索阶段，其帮扶行为欠缺系统性且尚存随意性的特点，使得志愿扶贫出现短期化的倾向。以青海省循化县某贫困户 DFL 为例，该贫困户表示："你们说的这些志愿者经常过来我们家里聊天啊这种，我现在已经脱贫啦，它们过来的频率就少了点，不过每次来还都是很热情的。"此外，具有慈善公益属性和自愿奉献精神的志愿服务机构，主要依靠社会捐赠来维持自身运作，而通过社会捐赠所获取的资金来源缺乏稳定性，致使志愿服务开展扶贫的过程中不免出现短期化、可持续差的现象。目前，大部分志愿服务机构不仅获得公开募捐资格相对不易，而且拿到政府购买服务项目的组织也在少数。例如，江西省新余市的社会组织孵化中心中约有 80 多家志愿服务机构，而这些机构中可以获得政府资助项目的仅 10 余家，而且获得资助的 10 余家机构也并非每年都能获得政府扶助。这一现象的存在，也使得部分志愿服务协同扶贫项目的持续性较低。

总而言之，志愿服务与精准扶贫在系统性与碎片化的协同过程中，仍存服务碎片化、忽视系统性和扶贫短期化等倾向。这些特点在同精准扶贫政策所要求的整体性、系统性帮扶行为相遇时，致使在实践中出现志愿服务协同精准扶贫的行为断层现象。

三 社会性与公益性的协同特征：责任的叠加性

贫困治理的责任应该归属于政府还是归属于社会，这涉及扶贫的机制问题。一个好的机制可以清晰地划分志愿服务的责任和义务，并为志愿服务协同精准扶贫提供制度保障。在扶贫领域中，社会性主要涉及精准扶贫政策的社会集体供给特性；而公益性则为志愿服务的本质属性。现阶段，志愿服务与精准扶贫在社会性与公益性的协同层面上取得了良好的成效（如引入多元化的社会扶贫主体），然而二者协同过程中仍存一定的问题。

第一，精准扶贫过程中志愿服务的行政化动员及补救式协同特点。我国志愿服务组织本身内含行政化的倾向，具体表现为"依附于行政部门进行注册登记、以行政机构为中心的工作目标的设立、以行政推动实施的组织活动、以行政机构运转为参照的管理运营"[1] 四个方面。在志愿服务协同精准扶贫方面，从动员志愿服务力量参与扶贫开发的角度来看，精准扶贫动员中存在动员主体过于行政化、动员方式过于单一、动员舆论参差不齐等的问题[2]，志愿服务在行政化动员的基础上，以公益性助力精准扶贫，形成政府、志愿服务组织、社会各界爱心人士的大扶贫格局，故而显现出帮扶合力的行政化倾向。此外，精准扶贫行政化动员本身决定了志愿服务参与精准扶贫的"补救式协同"特征，即主要于贫困已然发生还未得到解决的情境下弥补政府扶贫的不足。志愿服务协同精准扶贫过程中出现了较强的行政化动员、较少的预防式协同等现象，从而导致政府与志愿服务责任不明晰。在湖北省十堰市所调研的一个非建档立卡户 DRN 说："我们一大家人主要靠我自己外出打工来支撑，我两个孩子现在在上高中，但是他们马上要上大学了，我家也不是贫困户，这学费、生活费等的巨额费用我觉得有些吃力，我觉得我家很可能因学致贫。"

---

[1] 张杰：《我国志愿服务组织的行政化倾向及校正路径》，《理论月刊》2014 年第 9 期。
[2] 林彩虹：《农村精准扶贫动员机制分析》，《合作经济与科技》2018 年第 17 期。

第二，精准扶贫过程中志愿服务的免责倾向。传统的照顾工作与现代的志愿服务在义务关系和责任承担上明显不同，传统照顾过程含有强烈的情感方式表达，决定了照顾者对被照顾者负有无限责任，而新时代下现代志愿服务本身奉献性、慈善公益性的特征，决定了扶贫志愿服务的"无义务"行为、暗含了免责的意蕴。此外，目前扶贫动员政策多从鼓励、支持更广泛的志愿服务力量参与扶贫的角度出发，缺乏对志愿服务力量后续扶贫工作的责任机制、追责机制、激励机制等的阐述，进而在责任承担方面导致扶贫志愿服务免责心理倾向的存在，影响了志愿服务参与扶贫开发的积极性。调研时湖北省鹤峰县的志愿者 TJL 表示："我们机构就是按照政府的管理模式运行，没有专门的管理法规这种，也没有设置工作责任机制、监督激励机制等，不会像上班一样每天有固定的任务量或者要求达到什么目标这样的事情。"

由上可知，志愿服务与精准扶贫在社会性与公益性的协同过程中，虽然引入了志愿服务这一扶贫主体，但仍然存有扶贫志愿服务行政式动员、免责倾向等的特征，这些特征主要表现在政府与志愿服务的责任机制上，突显了政府与志愿服务的责任不明晰的叠加现象。

四　生产性与可持续发展的协同特征：效果的内卷化

志愿服务本质上是为社会无偿生产公共服务产品的有价值的劳动。生产性指志愿服务受到慈善公益、社会舆论等因素的共同驱动而自发主动进行相关扶贫活动的过程。精准扶贫内含的"造血式扶贫""扶贫与扶智、扶志相结合"等要求，不仅有利于社会精神文明程度的提高，而且有利于脱贫的持续深入和社会的可持续发展[①]。实践上，志愿服务与精准扶贫在生产性和可持续发展的协同过程中所表现出的特征具体如下。

第一，扶贫志愿服务外源推动的短期性协同。新时代下扶贫志愿服务具有短期生产性和长期生产性之分。外源推动和内源发展是脱贫攻坚中重要机制，新时代下我国扶贫开发的总体特征为外源推动下的内源发

---

① 汪三贵、郭子豪：《论中国的精准扶贫》，《贵州社会科学》2015 年第 5 期。

展，外源推动居重要地位，政府仍是推动扶贫开发中的主要力量。① 在外源推动的基础上，扶贫志愿服务大多采用送钱送物等的物质性帮扶方式，或采用健康扶贫、金融扶贫等的再生性帮扶手段，然而其帮扶措施仍以"短期性""一次性"为主，可持续性协同较差。

第二，志愿服务参与精准扶贫的"政策响应式扶贫"。所谓"政策响应式扶贫"，指的是志愿服务力量在党和国家政策、法律及各种会议形式的倡导和号召下，踊跃响应并参与扶贫开发的过程。政策响应式扶贫的本身或多或少地蕴含了志愿服务的被动参与特点，从而导致扶贫志愿服务易安于现状、缺乏创新性等现象的存在。调研时很多志愿者表示："为了响应国家、本地政府和本单位的扶贫号召，我们很多地方都成立了志愿机构或者志愿协会，以在扶贫开发中贡献自己的一份绵薄之力。"

由上得知，志愿服务与精准扶贫在生产性与可持续发展的协同过程中，依然存在外源推动的短期化特征和政策响应式协同的特点，进而致使扶贫效果呈现出内卷化的现状。"内卷化"概念最早由美国学者戈登威泽提出，后经格尔茨对其进一步拓展，并成为专用于描述社会发展迟缓现象的特定概念。② 而扶贫领域中的内卷化主要表现为扶贫效果难以持续、扶贫体系悬浮、扶贫投资边际效应递减等综合现象。③ 志愿服务协同扶贫的效果内卷化主要指扶贫志愿服务的资金和人员投入等均有所上升，却未取得长效化减贫增长的现象。

五 志愿服务与精准扶贫的特征：协同惰性

现阶段，虽然志愿者、志愿服务组织数量日益攀升并参与到扶贫开发中去，但是志愿服务协同精准扶贫的过程中在需要与动机、系统性与碎片化、社会性与公益性、生产性与可持续发展方面，分别存在理念反向性、行为断层化、责任叠加化和效果内卷化的弊端。其中，理念反向性是指理念层面需求与动机背道而驰；行为断层化是指行为层面志愿服务协同扶贫的碎片化实践与政策本身所要求的系统性帮扶出现脱节，进

---

① 万君、张琦：《"内外融合"：精准扶贫机制的发展转型与完善路径》，《南京农业大学学报》（社会科学版）2017年第4期。
② 甘满堂：《社会学的"内卷化"理论与城市农民工问题》，《福州大学学报》（哲学社会科学版）2005年第1期。
③ 方劲：《中国农村扶贫工作"内卷化"困境及其治理》，《社会建设》2014年第2期。

而呈现出断层现象；责任叠加化则指机制层面上免责及行政化倾向凸显，使得志愿服务扶贫出现责任不明晰乃至叠加的现状；效果内卷化指的是结果层面上响应式扶贫、短期性及外源推动扶贫的存在，致使志愿扶贫主体的投入虽有所增加，然成效却略显不足的现状。这些弊端的存在共同说明了志愿服务参与精准扶贫的过程中显现出特定的困境——协同惰性。所谓"协同惰性"，其概念来源于集体行动困境的分析，表示协同行为的绩效结果并不明显或绩效结果的效率十分低下，其中"效率低下、效果不明显"是协同惰性的主要特征。志愿服务与精准扶贫协同惰性的存在，在不同的层次上影响了扶贫效果和扶贫领域中国家与社会的关系，并最终降低了志愿扶贫的效率和效能。

第三节 志愿服务协同精准扶贫的辅位关系模式

惰性普遍存在于每种协同关系模式之中，且在不同的关系模式中表现形式各异。关系模式即关系的描述及存在形态，不同历史背景下政府与社会间的关系模式有所不同，不同的关系模式影响着社会一方与政府的不同互动形式。不仅如此，在不同时期、不同的协同模式下引发惰性的因素往往不同。胡克斯汉姆就曾指出，协同各方在组织结构、目标、文化、能力等方面存在巨大差异而导致协同惰性的产生。[①] 此外，公共服务供给中其协作体系内主体间关系的"中心—边缘"架构，成为协同惰性产生的主要原因。[②] 实践中，作为国家与社会关系具体体现的精准扶贫与志愿服务，在不同时期具有不同的关系形态，例如：政府与志愿服务等草根组织的关系形态经历了"政府主导下的排斥模式""政府主导下的合作模式"等阶段。[③]

目前，受到传统观念及扶贫模式的影响，政府与志愿服务的关系模式形态仍处在政府主导体系下。志愿服务在精准扶贫中起到补位式协同的作用，并扮演了"补缺者""拾遗者"的角色，形态上主要体现为志愿服务协同精准扶贫的辅位关系模式。作为一种独特的国家与社会互动

[①] Chris Huxham. "Theorizing collaboration practice", *Public Management Review*, May 2003.
[②] 张雅勤：《论公共服务供给中"协同惰性"及其超越》，《学海》2017年第6期。
[③] 乔松、王乐芝：《中国草根组织与政府关系模式的探讨》，《吉林建筑工程学院学报》2009年第4期。

模式，志愿服务协同精准扶贫的辅位关系模式在理念、行为、责任、功能结构等的不同层面，具有不同的特点。

第一，理念层面上，志愿服务协同精准扶贫"适应而非内化于心"的特征。理念是指导志愿服务、精准扶贫如何协同发展，达到何种协同目标的重要思想前提。实践中，精准扶贫的理念及目标在于政府动员全社会力量、整合扶贫资源、切实满足贫困者需求并于2020年实现脱贫目标，志愿服务的理念及目标在于慈善奉献精神指引下的行政推动扶贫，以精准扶贫的战略要求为准则参与扶贫开发。理念上，精准扶贫将志愿服务视作扶贫开发中一股重要的辅助力量，志愿服务在此要求下顺应精准扶贫的规则并外化于行，这在本质上就反映出了志愿服务与精准扶贫协同意愿和共同目标的些许不同，最终造就了志愿服务"外化于行而非内化于心"地适应扶贫政策而实施帮扶活动的现状。调研时发现，无论是志愿服务组织的设立，还是志愿扶贫主体的扶助活动，都或多或少地体现了志愿服务助力脱贫攻坚的适应性、辅助性的特征。

第二，行为层面上，志愿服务协同精准扶贫"配合而非倡导"的特点。行为是最能体现一个现象如何运作的概念。精准扶贫以国家、政府为实施主体，志愿服务以补位者的角色助力脱贫攻坚，以政府要求的扶贫任务和数量为指导，导致志愿服务体现出"无中心"倾向化的特点，即除带有行政性质的扶贫办等组织，志愿服务网络中缺少带有整合性、倡导性的中心人物或机构。这一有影响力的、中介性的志愿服务人员/机构的缺乏，也削弱了社会动员倡导扶贫的组织基础。此外，志愿者并未真正参与到精准识别中，且大多以个人和组织的协同方式参与精准帮扶，缺乏自身特色的服务技巧和专业治疗性的协同措施，具有明显的配合倾向，不利于精准脱贫的顺利进行。这些均导致了扶贫开发过程中志愿服务配合性行为而非倡导式协同的存在。调研时仍存的现象，即为志愿服务机构间以及志愿扶贫主体间缺乏系统性、统一性的整合机构，其从事扶贫活动多以政府要求的送爱心、送关爱等的活动为主，专业性、自身优势和特色的发挥略显不足，因而呈现出配合而非倡导的特征。

第三，责任层面上，志愿服务协同精准扶贫"免责而非自主担责"的特点。新时期贫困治理的最有效手段是依法扶贫。[1] 精准扶贫过程

---

[1] 杨秀丽：《精准扶贫的困境及法制化研究》，《学习与探索》2016年第1期。

中，志愿服务多以道义责任为准则和依据，对法治责任（如法律责任、行政责任）认知不足，主观上造成了扶贫志愿服务的免责而非主动担责倾向。客观上来说，志愿服务顶层设计的法律法规已然颁布，但是扶贫志愿服务具体执行过程中扶贫监督机制的缺乏、责任追究机制的不健全等，使得扶贫中志愿服务责任辨别困难且行政责任难以见实效，由此造成扶贫志愿服务的免责倾向。在主客观条件的双重影响下，出现了扶贫志愿服务"免责而非主动担责"的倾向。在江西省、湖北省、青海省等各省调研时，约有70%的贫困群众表示："志愿服务本身就是志愿性质的，只要不违背法律法规，不出什么大的原则性错误，都不应该承担责任。"与此同时，约有一半以上的志愿者表示："我们很多志愿机构本身多参照行政机构的模式进行管理和运营，本身就没有类似于监督、工作责任等的追责机制。"

第四，结果层面上，志愿服务协同精准扶贫"响应式而非解决问题"的特征。反贫困自始至终都是一个发展问题，其不仅应包含经济领域的可持续发展，而且应该包含生态领域和社会文化领域的发展。[①] 现阶段，扶贫志愿服务大多以脱贫指标为导向，着力解决贫困地区及贫困户经济层面的贫困，对于脱贫攻坚可持续发展所要求的生态层面及社会文化层面贫困问题，其关注度和帮扶举措略显不足，在效果上凸显了"响应而非解决问题"的特点。调研时发现，许多志愿服务力量多从"贫困户脱贫、贫困地区摘帽"这一精准扶贫的政策要求入手开展扶贫活动，对文化、生态等的帮扶仍停留在文艺汇演、开会宣传及临时性捡拾垃圾等的活动上，这一现象本身就蕴含了响应式扶贫的特质。

综上所述，志愿服务协同精准扶贫在理念、行为、责任和结果层面，分别具有适应而非内化于心、配合而非倡导、免责而非自主担责和响应式而非解决问题的特点，这些集中反映了扶贫志愿服务单一辅位关系模式的策略式适应特征。

---

① 陈浩、赵君丽：《中国农村贫困地区可持续发展分析》，《生态经济》2001年第12期。

第三篇

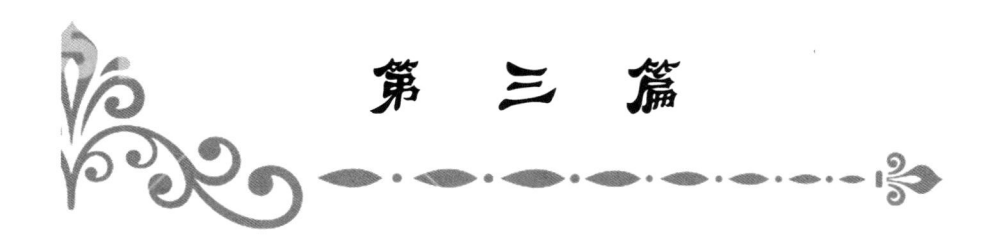

社会工作协同精准扶贫的实践状况

将社会工作视作一种助人活动，可以说自古就有，而将其作为一种有着专业价值观、专业方法、使命等指引的助人职业，其存在历史不过百年。专业社会工作最早出现于西方社会，脱胎于一般性质的助人工作。在一般性的助人活动中，救助者通常依靠慈善意识以及个人经验对被救助者进行帮扶。在此过程，一些学者通过对经验的整理，逐渐形成了一套科学助人的方法、价值观等知识体系，经由培训、教育等方式进行传递、实践，促进了专业社会工作的产生。专业社会工作于20世纪初经由传教士引入中国。近年来，在政府有关部门的推动下，社会工作行业面临较多发展机遇，行业发展速度得以加快。精准扶贫作为我国当前发展阶段的重点任务，社会工作力量也进行了大量的介入参与，发挥专业所长，践行专业使命；与此同时，各地社会工作者的专业实践，也可为我国减贫事业做出一定贡献。自2017年民政部、财政部、国务院扶贫办三部门联合出台《关于支持社会工作专业力量参与脱贫攻坚的指导意见》，提出实施社会工作教育对口扶贫计划、社会工作服务机构"牵手计划"、面向贫困地区的社会工作服务示范项目等项目计划以来，各地社会工作者积极参与到精准扶贫、提升贫困地区居民生活水平、促进地区脱贫的实现。

第十一章

社会工作协同精准扶贫的实践缘起及其目标定位

在精准扶贫之前，我国的一些社会工作组织就已经在反贫困领域进行了实践探索，并取得一定成果。2013年后，政府将社会工作力量大力引入精准扶贫工作中，一方面期望社会工作能够发挥自身专业优势，促进我国减贫事业的发展；另一方面希望通过社会工作参与精准扶贫，来推动社会工作行业的发展，发挥社会工作在社会建设方面的作用，进而实现社会工作发展与精准扶贫的双赢局面。本章主要通过列举大量国内社会工作组织参与地区反贫困实践，用以说明社会工作在反贫困工作中的成效，以此为社会工作介入精准扶贫提供依据。同时，结合相关政策文件及实践状况，概述社会工作在介入精准扶贫工作中的目标定位及特征。

第一节 社会工作协同精准扶贫的实践缘起

反贫困工作不仅存在于历史的各个时期，也存在于各个国家及地区。精准扶贫作为反贫困的一种具体方式，是在我国减贫事业发展背景下提出的。因此，追溯社会工作协同精准扶贫的实践缘起，既可从理论层面论述社会工作与反贫困的天然关系，也可以阐述早期社会工作参与到反贫困实践中的形成的一系列成果。

一 社会工作与反贫困的天然关系

（一）社会工作产生于反贫困实践过程

社会工作与反贫困的天然关系，首先表现在社会工作作为一种科学助人职业，是在反贫困工作中逐渐发展形成的，其专业助人方法、理念、准则等的形成，和反贫困工作有着千丝万缕的关系。在追溯社会工作起源时，学界常提及1601年英国针对本国贫困现象出台的《伊丽莎白济贫法》为社会工作助人思想的产生及职业化带来的影响。在政府对贫困实施救助之前，英国主要由教会办理济贫事务，但到了16世纪，面对教会无力应对当前国内出现的贫困问题，英国女王伊丽莎白颁布济贫法案，以期通过政府力量来应对贫困问题。[1] 在济贫法中，政府设置了专门从事济贫救助的人员，且对处于不同贫困状态中的个体进行差异化的救助：如对无劳动能力的老人、病患残疾人等，以实物或院内收容的方式进行救济；对不能自立的弃婴、孤儿等，让予他人领养或寄养，成年后再通过学艺或服役进行谋生；对于身体健康者则通过强制劳动的方式进行救济。[2] 由此，专门人员从事济贫活动，在某种程度上可视作社会工作职业化的开端，社会工作助人自助的理念在此也得以体现。[3] 其中差异化救助方式，成为社会工作类型化服务方式起点。[4] 济贫法时期的反贫困工作已经具有社会工作雏形，随之社会工作三大方法也在反贫困实践中逐渐形成。其中个案工作产生于济贫法后的反贫困工作：英国牧师查默斯在教区任职期间，通过亲自上门了解个人生活习惯、工作能力及家庭情况等，对个人需要给予不同的帮助，并在大量个案工作过程基础上，提出"程序指引"的救济理论，即依据贫民个体情况作为济贫、助弱的起点，以激励、自助作为济贫工作的准则。这被认为是个案工作方法的最早归纳，查默斯因此也被称为"个案工作第一人"[5]。此外，被认为是社区工作起源的慈善组织会社及社区睦邻运动，也是针对贫民进行救济的反贫困工作，且其救济方式在一定程度上受到查默斯对教区贫民进行救济方式的影响。[6] 而在追溯小组工作发展史时，不得不提伦敦成立的第一个睦邻会社"汤恩比馆"以及美国芝加哥创立的

---

[1] 李迎生：《社会工作概论》，北京大学出版社2018年版，第33页。
[2] 李建彬：《英国都铎时期的社会贫困与慈善、救济政策》，《华东师范大学学报》（哲学社会科学版）1998年第6期。
[3] 姚云云、李精华、周晓焱：《社会工作基础理论与实务》，哈尔滨工程大学出版社2016年版，第20—21页。
[4] 彭秀良：《一次读懂社会工作》，北京大学出版社2014年版，第35页。
[5] 许莉娅：《个案工作》，高等教育出版社2013年版，第18—19页。
[6] 夏建中：《社区工作》，北京大学出版社2015年版，第42—47页。

"胡尔馆",这些都是为贫民设立的睦邻会社,其中开展的旨在借助团体力量改善贫民工作和生活条件的教育性、娱乐性活动,被认为是小组工作发展初期的重要形式。[①] 专业社会工作的正式确立,在学界看来一般是社会工作专业教育和培训的进行。综上,在专业社会工作形成之前,一些反贫困工作中就已经出现专业社会工作服务方法的雏形,以及一些服务理念和准则。这在一定程度上可以认为社会工作产生于反贫困工作中,且其专业性的建立也和反贫困具有众多联系。

(二)反贫困是社会工作的使命要求

贫困作为一个复杂的社会问题,社会工作专业使命要求社会工作者必将参与到反贫困工作中。贫困存在于各个历史时期及地区,不同时期及地区的人们,对于贫困的认识存在着一定差异。如早期的新古典经济学理论认为,贫困成因在于个体不适当或缺乏生产性的行为,贫困者大都是能力缺乏、道德缺乏、满足现状、远见缺乏等形象。[②] 而到了19世纪末,市场经济条件下失业问题的出现,逐渐让社会各界认识到,贫困并非完全由个人原因所致,还受社会结构、社会制度等社会因素的影响。如马克思主义理论就将贫困归因于资本主义制度下资本家对穷人压迫与剥削的结果;新自由主义则认为贫困是机会不平等以及财富分配不公等的结果[③]。在进一步对贫困带来的影响探讨方面,从经济学家阿玛蒂亚·森对贫困的定义可知,贫困可能导致个体饥饿、营养不良、过早死亡等的发生[④];韦伯夫妇在吸收社会有机体论的基础上,认为社会中的每个人都是社会整体中的细胞,发挥着自身的作用,因而贫困在打击个体的同时,也会侵蚀其他社会机体,进而影响整个社会[⑤]。总之,从学者们的观点看来,贫困的成因既有个体自身的因素,也有社会的、历史的、自然环境等因素;贫困不仅导致个体困境,也影响着社会的发展。因而对贫

[①] 王思斌:《社会工作概论》,高等教育出版社2014年版,第117页。
[②] 冯希莹:《社会福利政策范式新走向:实施以资产为本的社会福利政策——对谢若登的〈资产与穷人:一项新的美国福利政策〉的解读》,《社会学研究》2009年第2期。
[③] 杨立雄:《社会保障:权利还是恩赐——从历史角度的分析》,《财经科学》2003年第4期。
[④] [印]阿马蒂亚·森:《以自由看待发展》,任赜、于真译,中国人民大学出版社2002年版,第30页。
[⑤] 曹婉莉、杨和平:《韦伯夫妇的福利济贫思想》,《西华师范大学学报》(哲学社会科学版)2009年第2期。

困的治理不仅要明晰个体贫困的成因,从对个体能力提升、物资救济等角度着手,还应从社会结构、社会福利制度等宏观层次进行改善。

国际社会工作者联合会(IFSW)认为,社会工作是一种促进社会变革、社会发展、社会凝聚力以及人民赋权和解放的实践;社会正义、人权、集体责任和尊重多样性的原则是社会工作的核心;社会工作鼓励人们参与解决生活挑战和增强福祉。因而面对社会不公、个体能力不足等因素导致的贫困,以及贫困使得个体生活面临挑战、社会发展受到阻碍,社会工作在其职业使命及价值观的要求下,必然参与到反贫困工作中。也正因如此,纵观社会工作发展历程,反贫困社会工作始终是社工实务的重要领域之一。

(三)社会工作在反贫困工作中具有专业优势

产生并发展于反贫困工作中的社会工作,凭借建立起的科学助人知识体系,在进行反贫困工作时,具有一定专业优势。如前所说,贫困问题的成因既有个体自身因素的存在,也有社会制度、社会结构等宏观层面的因素。但在贫困治理过程,国家"自上而下"颁布的制度与政策往往具有普遍性与抽象性等特点,在推进扶贫工作时,较难对个体贫困问题进行灵活处理,从而不能在个体上激发贫困者脱贫的潜能。[①] 此外,从贫困的发展机制看来,行政性扶贫更多在经济层面给予帮扶,而忽视贫困成因的其他因素,如文化、心理等方面,从而容易导致个体脱贫的不彻底、不持续,及对政府政策产生依赖。另外,传统行政救济工作更多采取缺乏视角,通过外来直接救济弥补受助者个人或环境存在的不足,以此进行一种"输血式"帮扶。而这在一定程度上导致帮扶对象在贫困治理过程中的客体化,变得被动,缺乏脱贫积极性,对外界形成依赖。

对此,社会工作无论是在理念、方法还是视角上对贫困问题的解决,都存在着一定的专业优势。首先,在服务理念上,社会工作一直强调服务对象的个体化差异及助人自助。对服务对象个体差异的关注,要求社会工作者在实施救济服务前,对服务对象的能力、资源、问题等进行评估,从而开展针对性帮扶,促使服务对象面临的困境得以系统性、彻底性解决。在助人自助服务理念下,社会工作通过调动服务对象解决困境的积极性、

[①] 李建霞、王志中:《反贫困社会工作的优势思考与反思》,《劳动保障世界》2018年第23期。

主动性，协调相关资源来提升服务对象对困境的解决能力，以此避免服务对象再次陷入相同困境，真正实现稳定性脱贫。其次在服务方法上，个案工作的开展使得社会工作者面对不同个体的贫困状况，可以进行差异性帮扶，服务方式更具有灵活性；对个体深层次贫困成因，也能开展针对性帮扶，促进问题的有效解决，如对于有需要的个体可进行心理疏导等，以此实现服务对象彻底性、稳定性脱贫；小组工作在注重个体间差异性的同时，也注重个体间的相似性，小组活动的开展不仅能使小组成员当前面临的困境得以解决，在团队协作过程建立起来的社会支持网络，使得个体今后在面临一些困境时，也能获得更多帮扶，以此降低困境带来的伤害；而社区工作通过培育社区组织、营造良好的社区互助文化及氛围、加强社区基础建设等手段，提升社区凝聚力，增强社区居民对社区发展信心及积极性，在更大层面改善个体所处环境，增加个体社会资本，促进个体脱贫。最后，社会工作为反贫困工作提供了优势视角，通过强调个体优势、能力及资源，为个体进行增能、赋权，增强受助者脱贫信心，促进其积极参与到反贫困工作中，从而实现"造血式"帮扶。

二 精准扶贫前专业社会工作对反贫困的自发性介入

社会工作与反贫困的天然关系促使社会工作不断参与到反贫困工作，并在反贫困工作中实现自身发展。我国社会工作发展时间并不长，最早可以追溯到1912年西方传教士的引入，从而推动本土社会工作教育和实践的发展；但在1952—1988年，社会工作学科取消，社会工作实践更多的是以行政性工作进行，因此，专业性社会工作在我国的发展进入了断裂期。直至1988年，高校社会工作教育的重启，社会工作才得以再次发展。在发展之后的三十余年里，社会工作在反贫困领域也进行了较多探索，除政府部门购买社会工作组织服务开展的反贫困实践外，一些高校社会工作组织在基金会或学校经费等的支持下，也进行了较多反贫困实践，如在云南绿寨和湘西老寨的社工实践。此外，我国民间社会工作组织在基金会的支持下，也开展过一系列反贫困活动，如上海浦东社工在四川都江堰地区开展的灾后反贫困项目。以下就这些项目进行介绍。

（一）基金会支持下，高校社会工作师生开展的反贫困实践

云南绿寨（化名）反贫困社会工作实践是在香港一些基金会支持下，

由香港理工大学和云南大学社工师生于2001年开始进行；凭借优势视角的指引，社会工作者在绿寨进行了以能力建设及资产建设为核心的实践，不仅促进当地居民个体能力的提升，还激发了村庄发展的活力，实现了村庄经济的发展。绿寨8个自然村里，有6个壮族村，2个汉族村，全村1469人里，男女性别比为147.3：100，壮族人口占了总人口的80%以上，是一个保存着一定少数民族文化传统的村落。但与此同时，在2000年的救助统计中，绿寨有62户、285人接受粮食救济，是一个没有解决温饱的贫困村庄。在社工团队介入之前，当地政府及村民就已经有进行过脱贫道路的探索，如对当地的产业结构进行调整、进行科技推广、旅游开发等项目，但一些项目不仅没有达到预期的效果，反而造成一些村民生活负担的加重，一些农户进而选择外出打工。社会工作者在介入之初，针对性别平等、儿童教育、社区文化建设等方面也开展过一系列活动，并取得一定效果，如建立起了妇女手工艺小组、资助失学儿童重返校园、成立乡村文艺队等组织等，激发了村庄发展活力，建立了良好的合作关系。在随后针对村庄经济发展方面的工作，社会工作者通过对村庄环境及资源进行一定考察评估，凭借优势视角的指引，决定从环境保护、文化建设及构建城乡合作平台着手，以促进当地经济的发展。具体而言就是社工洞察到绿寨有一定农作物生长环境，在环境保护的基础上，将村寨生产的绿色产品，输出给城市消费群体，满足他们对绿色食品的要求，从而建立公平的城乡合作平台，以此推动当地经济的发展。而与此同时，社工团队对村庄人员文化、技术水平等予以提升，一方面提升了当地居民的环境保护意识；另一方面通过提升知识水平，促进实现当地经济的可持续性发展。通过系列项目的实施，当地情况不仅有了较大改变，以此为样板的社工反贫困实践经验也在各地开始推广。

（二）高校支持下，高校社工师生开展的反贫困实践

湘西老寨社会工作实践于2003年在湘西自治州苗寨进行，实践团队由长沙民政职业技术学院的社工系师生组成，活动经费得到高校实习经费的支持。[①] 相比于云南绿寨费的实践更为很注重在经济层面改善当地的贫困状况，湘西老寨社工实践则把工作目标更多聚焦到文化层面的

---

① 史铁尔、刘静林、朱浩：《探索社会工作专业实践教学模式培养中国本土社会工作人才》，《长沙民政职业技术学院学报》2004年第4期。

反贫困,通过一系列活动来营造良好的社区发展文化及提升居民发展能力。湘西老寨有239户、1215人,其中60%的家庭是联合家庭;老寨的主要粮食作物是水稻,经济作物有沙田柚和蜜桃,在自给自足的生活中,村里80%的家庭至少有一人经常在外打工。在社工团队未介入前,村内几乎没有任何公共娱乐设施,村民大多数人的娱乐活动就是在家看电视或者打牌;村里也只有一所小学,2名教师,且只教到四年级;全村小学文化程度及以上的人数有357人,占比不到30%,其中大学文化程度只有2人、高中文化程度的有14人,初中文化63人,小学文化程度278人。此外,老寨具有苗族文化底蕴,但在现代文明的冲击下,老寨苗族文化的发展并不突出。因此,社工团队在2004年开始介入之时,一方面对村内公共文体设施进行资产建设;另一方面对社区文化进行重建。在公共设施建设方面,凭借多方努力,2005年老寨建立了社区综合服务中心,内设阅览室、活动室、放映室、电脑室、广播室等,其中藏书4000余册、电脑13台。在社区文化建设方面,社工服务队不仅举办了一系列以苗族文化为主题的活动,如开通了社区广播、发行社区报刊、举办歌手大赛等,提升居民的知识水平;还协助村庄成立了老年协会、经济发展协会、苗族文化协会、妇女协会等社区组织,以培养当地人才,促进村庄稳定发展。此外,在经济扶贫方面,社工服务队开展了针对不同人群的培训项目,如外出打工技能培训、妇女能力建设团队、农业技能培训等。社区服务站的建设,为村民提供物质文化基础,激发了村民学习及活动热情。而在各项活动的开展过程中,当地居民的日常生活得以丰富,更为重要的是,村民重拾了对苗族文化发展的信心,在现代文化及民族文化中找到民族自信及文化平衡,提升了他们对身份的认同以及建设社区的热情。

(三)基金会支持下,民间社会工作组织的反贫困实践

2008年汶川地震发生后,在一些基金会资金支持下,上海浦东社工在都江堰经济开发区滨河新村安置点开展了系列灾后生计恢复的反贫困服务。现主要就上海浦东社工在南都公益基金会支持下开展的灾后妇女绒绣技能培训项目,以及上海慈善基金会浦东分会支持下开展的灾后社区帮困计划进行介绍。在灾后妇女绒绣技能培训项目中,首先,社会工作者在了解到当地妇女具有一定刺绣技能的基础上,针对当地妇女生活情况进行相关调研,确定参与人员及参与时间;其次,通过为当地妇

女提供刺绣器材、邀请授课老师，提升妇女小组的刺绣技能；再次，为妇女小组生产的产品提供销售渠道，成立服务社等，促进妇女小组获得工作收入；复次，在小组活动进行过程，通过小组成员的互动支持、社工的心理辅导等工作，治疗地震给组员带来的心理伤害；最后，三期培训共培训225人，57人实现就业，组员月收入300—1000元不等，基本保障自身生活。而社区帮困计划主要是依托外界的提供生活物资，在社区成立"爱心加油站"，为社区居民提供物质支持。爱心加油站依据三类不同情况进行，一类是为没有劳动力的群体直接提供"爱心加油券"，如80岁以上的老人50分，70—79岁老人30分等；二类是通过鼓励有劳动力的群体进行劳动，获取可在"爱心加油站"进行物资兑换的积分，如鼓励青少年帮助照顾邻居小孩、主动参与社区文化活动、修理器材等；三类是依据每月颁发一次的社区互助奖励获取积分。通过"爱心加油站"形式，既使有需要帮助的群体得到相应的满足，又促进了当地需要劳动获取生计支持的群体实现某种程度的就业；但更重要的是，通过互助形式，营造了良好的社区氛围，促进了社区自助组织的形成，使社区得以发展。

三　精准扶贫实施前社会工作对反贫困的组织化介入

伴随着民间社工组织自发性介入反贫困工作取得较好成果，政府部门也更加肯定与重视社会工作专业在反贫困事业中可贡献的力量。早在2006年，中共中央就提出"造就一支结构合理、素质优良的社会工作人才队伍，是构建社会主义和谐社会的迫切需要"①，肯定了社会工作行业在社会建设方面的作用，发出政府部门将着手推动社会工作行业发展的信号。2007年民政部首次确定一批社会工作人才队伍建设试点县，成为中央政府部门首次在全国范围内推动社会工作实践的起点。其中，江西省万载县作为首批"社会工作人才队伍建设试点县"之一，在反贫困工作领域就取得较好成果，其社会工作服务经验形成的"万载模式"在其他地区也进行了推广。而到了2010年，国务院《国家中长期

---

① 人民政府网：《中共中央关于构建社会主义和谐社会若干重大问题的决定》2006年10月11日，http://www.gov.cn/govweb/gongbao/content/2006/content_453176.htm，2019年9月5日。

人才发展规划纲要（2010—2020年）》将社会工作者引入"'三区'人才支持计划"中，并在2013年，民政部进一步出台《民政部关于做好首批边远贫困地区、边疆民族地区和革命老区社会工作专业人才支持计划实施工作的通知》，完善落实社会工作者在"三区"进行服务的计划，以提升社会工作在"三区"进行服务的水平。为响应中央实施社会工作专业人才服务"三区"计划的号召，2013年湖南省民政厅就选派了一些社工组织到贫困地区进行服务，而湘西土家族苗族自治州古丈县默戎镇翁草村作为典型贫困村，由长沙仁与公益组织发展与研究中心"三区"计划项目工作团队负责开展服务。在此期间，为建立健全的政府购买社会工作服务制度，提升社会工作在保障和改善民生方面的工作水平，民政部、财政部在2012年出台《关于政府购买社会工作服务的指导意见》，中央财政安排专项资金以支持社会工作服务。中国社会工作协会"西部地区受灾群众专业社会工作服务示范项目"获得中央财政资金支持，在四川、新疆等西部地区为困难群众开展社会工作服务。

（一）社工建设试点县中的万载模式

万载模式是在政府主导、社工引领、农民参与下进行的反贫困实践。江西万载县是一个农业人口为主的、欠发达农业县，在2007年确定为社会工作试点县以来，当地政府就高度重视社会工作在当地的发展，不仅在县、乡、村各级设有社会工作组织，将社会工作资金纳入当地财政预算，还联合南昌大学在内的江西省高校组建"1+3模式"，即由一名专业社工带领一名民政干部、一名村干、一名志愿者组成的服务队伍，助力社会工作进行农村建设。在政府力量的推动下，社会工作介入反贫困领域取得较好成果，如在各个村落设立的"致富驿站"，就在很大程度上带动了当地经济的发展。罗山新村是万载县下的一个村庄，罗村在2006年进行建设，生态环境及生活设施较齐全，在万载县成为社工建设的设点县后，罗村也建设了本村的"致富驿站"，由专业社工队伍入驻进行服务。在社工带领下，罗村的运输业、渔业、杨树种植业得到较好的发展。针对罗村的一些贫困人口，社工队伍在调研过程发现，其贫困是由于自身未进行生产劳动而导致的，在社工鼓励下，当地村民认识到自身优势，参与到由社工带领的发展计划中。如在社工意识到一位农庄老板袁某，想扩大经营但又面临资金、场地短缺等问题时，通过协调各方资源，为其解决贷款、土地流转等问题，继而将当地赋闲

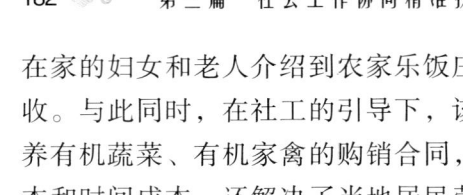

在家的妇女和老人介绍到农家乐饭庄工作，以此实现部分贫困人口的增收。与此同时，在社工的引导下，该饭庄与本村一些贫困家庭签订了种养有机蔬菜、有机家禽的购销合同，这不仅降低了饭庄采购时的运输成本和时间成本，还解决了当地居民劳动力闲置和实现增收的问题，在此过程实现双方互赢。罗村致富驿站的社工们，不仅通过协调各方资源增加当地居民的就业途径、就业岗位，实现个体增收、脱贫；为实现个体稳定性脱贫、罗村持续性发展，他们还对当地居民进行相关培训，如为之前所提的饭庄员工进行管理或素质培训，为退伍官兵进行技能培训等。此外，社工还大力扶持养鱼大户、成立渔业协会、倡导科学养鱼等，以此发展渔业，形成良好的村经济发展系统。[①]

（二）"三区"计划中的湘西翁草村社工反贫困实践

长沙仁与公益组织发展与研究中心介入湖南省湘西土家族苗族自治州古丈县默戎镇翁草村的反贫困实践，是以恢复当地民族文化为切入点，进而促进当地居民组织的形成，最终依托当地组织的带领下，开始发展特色产业进而促进当地居民实现增收。在社工介入翁草村开展反贫困实践时，当地青壮年大都外出打工，村寨主要是"三留守"人员。经由两个月的实地调研与融合，社工组织当地居民进行参与式协商，将村庄的需求与问题进行剖析及排序，充分评估当地资源之后，设计相关社区发展计划。从恢复当地传统的苗族文化着手，通过开展系列小组、社区活动，来激发村庄活力，培育当地组织，增强村民发展的信心。随后，在社工组织下，村民开会讨论决定成立养殖合作社以发展经济，解决村民的生计问题，"翁草村爱家生态养殖专业合作社"因此注册成立。合作社主要将一些生态产品，如腊肉、土鸡、蒿子粑粑等销往城市，以获得可持续收入。而在此基础上，为进一步满足村民的发展需求，社工团队以及合作社成员将无线网络引入村庄，在合作社负责运营的情况下，不仅保障了无线网络的持续服务，还使一些村民低于市场价格享受信息服务，促进村民自身发展的便利性。此外，在合作社组织、村民参与下，村里基础设施不断完善，与此同时，社工也不断引入外界资源以丰富村庄经济发展的途径，如与当地合作开展暑期儿童夏令营等

[①] 蒋国河：《中国特色农村社会工作：本土化探索与实践模式》，社会科学文献出版社2018年版，第22—25页。

社区活动；引导当地村民通过微信群等新媒体平台进行翁草村内外的线上互动，将当地建筑特色、生态环境等民族文化成果进行对外展示，吸引自然教育、艺术写生等团队，以此带动翁草村自然体验和乡村旅游的发展。①

（三）中央财政支持下的社会工作反贫困实践

中国社会工作协会在中央财政项目的支持下，依托协会内四川、新疆、青海、内蒙古等地培育的社工人才，分别在各地为困难群众开展以特色养殖和民族刺绣等为主要内容的生计互助服务，以社区邻里节庆、防灾减灾培训演练、社区伤残互助等为主要内容的社区综合发展促进服务。2013年年初的新疆阿勒泰市金山路社区项目点，当地社工在项目调研过程了解到一些因雪灾受困群众的生计发展需求及特长后，基于市场调研，组织当地40名困难群众成立了哈绣互助组，围绕哈绣生产致富开展相关社工服务。首先，在组织生产过程，社工为哈绣成员聘请专业教师、配发专业教材、配置合作伙伴、提供生产场地、提供生产器材等相关配套服务，以保障组员能顺利参与到哈绣生产过程。其次，社工组织组员外出参观刺绣厂、开展民族刺绣和刺绣旅游产品销售交流活动，进以提升组员刺绣水平。最后，在社工帮助下，哈绣组与当地刺绣公司进行对接，畅通了哈绣产品的市场销售渠道，使产品远销国外，组员实现增收。一些组员在刺绣生产小组的培养下，还积极参与社区的志愿服务队伍和相关社会活动中，为社区事务增添自身力量。与此类似，在四川成都郫县阳光社区项目点，社工组织了35名洪灾受灾群众成立蜀绣互助组，进而帮助组员实现增收。从致贫根源做起，四川汶川县项目点的社工开展了系列防灾减灾工作，如组织群众开展灾后社区的防灾减灾培训和演练活动，探索建立社区的防灾减灾逃生避难编组模式。

第二节 社会工作参与精准扶贫的目标定位及其特征

无论是社会工作组织主动参与到反贫困工作中，还是在政府推动下介入当地的扶贫工作，社会工作者在进行反贫困工作时无疑有着自身专

---

① 贺晓淳、湘西翁草村：《社工介入精准扶贫的实践样本》，《中国社会报》2016年3月4日。

业的特色及优势。基于社会工作在反贫困工作取得的一系列实践成果，2015年《中共中央国务院关于打赢脱贫攻坚战的决定》（以下简称《决定》）提出"社会工作专业人才服务贫困地区计划"，鼓励社会工作者参与到精准扶贫中。2017年民政部、财政部、国务院扶贫办三部门联合出台了《关于支持社会工作专业力量参与脱贫攻坚的指导意见》（以下简称《意见》），进一步对社会工作参与精准扶贫的工作进行说明，明确了社会工作参与扶贫的总体要求及服务内容等。由此，社会工作参与精准扶贫的目标要求也更加明确。

一 社会工作参与精准扶贫的目标定位

社会力量作为扶贫开发的主体，其实践目标无法脱离脱贫攻坚总目标，社会工作参与精准扶贫的目标要求亦是如此。从《意见》内容来看，社会工作参与精准扶贫的总目标是：通过支持实施系列社会工作专业力量参与脱贫攻坚项目及加强组织保障，扶持壮大贫困地区社会工作力量；发挥社会工作专业优势，精准识别扶贫对象需求，开展针对性帮扶措施，帮助贫困群众转变思想观念、树立自我脱贫信心、拓宽致富路径、提升自我脱贫能力，促进贫困群体实现长期、稳定脱贫。具体而言，社会工作参与精准扶贫，要实现贫困地区社会工作力量的壮大，精准识别服务对象需求，参与贫困群众的脱贫能力建设，促进贫困群体的社会融合，对贫困群体开展关爱服务等分目标。

（一）发展贫困地区社会工作力量

社会工作参与精准扶贫实践，首先要发展贫困地区社会工作人才队伍，壮大贫困地区社会工作服务力量，提升贫困地区社会工作服务质量，促进精准脱贫的实现。这就要求政府部门加强相关制度建设，一方面促进外来社会工作力量进入贫困地区进行实践；另一方面促进本土社会工作人才及社会工作组织的培育。为此，《意见》提出社会工作教育对口扶贫计划，鼓励高校社会工作专业教师到贫困地区开展督导工作，社会工作专业学生到贫困地区进行实习就业，帮助贫困地区培养社会工作专业人才，实现到2020年促成至少200所高校与贫困县建立社会工作专业培训、教师实践和学生实习实训基地这一目标；提出社会工作专业人才服务"三区"计划，计划通过中央财政和省级财政部门的支持，实现从2017年到2020年每年选派1000名社会工作专业人才，到中西部艰苦贫困地区开展社会工作服务这一目标；提出面向贫困地区的社会工作服务示范项目，积极利用各渠道资金，每年针对农村特殊困难群体、儿童、老人等，各实施一批社会工作示范项目；提出社会工作服务机构"牵手计划"，计划从2017年到2020年，在发达地区选择300家管理规范、服务专业、公信力强的社会工作服务机构，与贫困地区一些服务机构进行结对帮扶，以提升贫困地区社会工作服务水平。

此外，《意见》指出，通过加强民政、财政、扶贫等部门的领导作用，支持保障社会工作服务系列项目的实施；通过加强激励保障制度和宣传引导工作，吸引更多社会工作人才参与到精准扶贫中。社会工作在开展具体工作的同时，也要注意对当地社会工作人才及组织的培育，实现当一些社会工作项目结束，依旧有人员能为贫困群体实现长期稳定脱贫提供支持。由此，在建立健全及落实社会工作介入精准扶贫的系列制度基础之上，实现贫困地区社会工作参与精准扶贫"质"与"量"的提升。

（二）精准识别服务对象需求

社会工作在参与精准扶贫具体工作的过程，首先就要求对服务对象及其需求进行精准识别：利用社会工作专业方法，识别服务对象的致贫原因，评估服务对象的发展需求，分析其可利用的资源，设计针对性帮扶方案。笔者近年在对江西、云南、河北等地进行精准扶贫第三方评估项目时，常常听到一些农户反映贫困户评选不公、帮扶不公的情况，认为基层干部依据和一些农户的亲疏关系，对贫困户评选及帮扶措施进行了一定干预，剥夺一些贫困户应享有的政策利益；且在核对一些扶贫账本的过程，也发现有对贫困户致贫原因识别存在偏差而导致帮扶措施缺乏针对性的现象，如有农户家庭是因缺乏劳动技术而并非缺少劳动力导致的贫困，但基层干部在开展帮扶工作时，更加注重对其进行资金的补贴而缺少开展相关技能培训等工作，导致贫困户脱贫具有政策依赖性、不可持续性等问题。这就反映出，中国乡土社会是"关系社会"，基层扶贫干部和评选农户身在这一场域下，可能依旧存在推选"亲者"而并非"贫者"的情况；此外，当前基层工作任务量大、人手不足，加之一些基层干部知识水平较低，导致扶贫工作取得效果不高。而如前所述，社会工作参与贫困工作相较于行政性扶贫工作，存在着一定的专业优势。在开展服务过程，社会工作者因和当地居民存在较少利益往来，且在专业伦理和使命的引导下，更能公平开展工作；此外，社会工作者通过使用专业方法开展个案会谈等方式，对服务对象困境、需求、资源等进行深入了解，弥补基层力量不足和基层人员专业素质不高而导致的识别不精准、帮扶不精准的缺陷。通过社会工作参与精准识别，促进精准帮扶、精准脱贫、长期脱贫。

（三）参与贫困群体的脱贫能力建设

授人以鱼不如授人以渔，社会工作参与精准扶贫，要求通过激发贫困群体的内在发展动力、提高贫困群体的致富技能、拓宽贫困群体的致富渠道，来促进贫困群体实现脱贫、实现长期稳定脱贫。在贫困研究基本理论中，人力资本理论就认为可以通过对人进行教育、职业培训等投资方式来提升人口质量，改善穷人福利，从而在将来获得一定回报。[①]而在社会工作理论中，增能理论也强调，对遭受社会排挤和压迫群体进行能力开发，以促进个体自我实现。因此，开展对贫困群体的帮扶措施，要对其进行物质上的支持，保证其基本生活；对于一些贫困个体进行脱贫能力提升，更有助于实现其长期稳定脱贫。此外，对贫困群体的能力建设，不仅要注重外在技能的提升，其内在发展动力的激活更是关键。社会工作在专业知识和方法的指导下，参与贫困群体的脱贫能力建设，可以通过提供心理疏导等方式，转变贫困群体的思想观念，激发其脱贫积极性、主动性、创造性等，促进其提升自我的信心，参与脱贫实践；通过为贫困个体链接学习资源，提升技能水平，促进其实现增收；通过链接社会资源，拓展贫困群体致富路径，参与就业创业，实现增收；通过构建社会支持网络，增加贫困群体的社会资本，增强其对一些风险的抵抗能力，实现长期稳定脱贫等。

（四）促进贫困群体的社会融合

促进贫困群体的社会融合，要求社会工作者对一些易地扶贫搬迁群体、有不良行为的特殊人群及处于弱势地位的贫困人群，开展心理疏导、精神关爱、关系调适等社会工作服务，以促进困难群体融入社区、恢复和发展社会功能，促进脱贫目标的实现。易地扶贫搬迁本意是提升贫困群体的生活水平，但居民在搬迁到新环境后的一段时间，却容易出现对新环境无法融入的现象，如一些居民缺乏在新环境生存的技能、新社区居民间因为对资源的抢夺而造成关系紧张、与政府部门沟通存在障

[①] 向德平、黄承伟：《减贫与发展》，社会科学文献出版社2016年版，第69页。

碍等，进而限制此群体在新环境中进一步发展。而一些少年犯、社区服刑人员、刑满释放人员等特殊人群因对自身行为存在一定认知偏差或消极态度，加之外界对其不信任、持否定观念等，导致其无法正常融入社会并实现自身较好的发展，进而容易陷入贫困抑或再次出现不良行为。最后，一些弱势群体，如老人、残疾人、特殊疾病患者等群体，在与外界进行交往过程往往存在较多障碍，如受到歧视、不公正待遇等，导致可获得发展的机会较少，精神需求也较难满足。社会融合的概念和社会排斥的概念相对，前文对贫困概念的演进中就有提及，社会排斥会导致个体权力的剥夺，从而可能使个体陷入困境；而促进社会融合不仅能提升个体的生活幸福感，在一定程度上也增加了个体的社会资本，提升个体对抗贫困的能力。因此，社会工作在参与精准扶贫过程，要深入发掘贫困群体可能存在的致贫因素，针对群体因社会排斥而导致的贫困，要积极开展相关服务，促进群体的社会融合，帮助个体实现脱贫。

（五）为困难群体开展关爱服务。

社会工作者为困难群体开展关爱服务，主要是针对贫困地区困难老年人提供精神慰藉、生活照顾、临终关怀等服务；针对贫困地区困难妇女提供精神减压、心理支持、亲子辅导等服务；针对贫困地区青少年开展成长辅导、情绪疏导、社交指导等服务等。农村"三留守"群体问题是在我国工业化、城镇化、市场化背景下，因传统家庭功能缺失、公共服务提供不到位而产生的。但在传统的行政扶贫工作中，往往更多的是为贫困群体提供物质方面的支持，而较少对贫困群体心理层面的需求做出回应。因而社会力量的介入就成为必然。在2015年发布的《决定》中，也早就提出要健全留守儿童、留守妇女、留守老人和残疾人关爱服务体系，支持社会力量参与对贫困群体开展关爱服务，以提高求助水平，确保其基本生活。社会工作职业向来注重对弱势群体开展心理帮扶、权益维护、教育指导等服务：一方面提升个体对生活的积极性，积极应对生活难题；另一方面通过提供社会服务，让弱势群体感受到社会支持，促进其更好地实现自我。

二 社会工作参与精准扶贫的特征

从社会工作参与反贫困历史来看，《意见》的发布，使得社会工作参与精准扶贫更具有目标性和组织性；而相对其他扶贫力量开展的精准扶贫实践，社会工作的参与实践，又更具有专业性。因而从这两方面看来，社会工作参与精准扶贫，具有目标性、组织性、专业性等特征。

（一）目标性

社会工作参与精准扶贫的目标性主要体现在其服务内容的确定性以及服务目标的确定性两方面。从上节对社会工作参与精准扶贫的目标定位分析中，社会工作参加精准扶贫的目标性特征已经得以彰显，如要求社会工作组织在当地进行服务过程，培育地区社会工作力量、为各类群体开展相应服务等；且精准扶贫作为社会政策，本身就以实现2020年全面奔小康的这一目标开展工作，社会工作作为社会力量参与其中，也必然有脱贫数量及质量的要求。

（二）组织性

社会工作参与精准扶贫的组织性体现在，其介入工作受到政府各级部门的引导协同，同时政府部门实施众多计划保障，以配合社会工作组织开展服务。《意见》要求，各级民政部门要牵头研究制定社会工作参与精准扶贫的实施意见等，各级财政部门要发挥政府购买社工服务及整合社会资金为社工服务提供支持的作用等，各级扶贫部门将社会工作专业力量参与脱贫攻坚纳入总体工作部署等，社会工作参与精准扶贫的组织性由此得以体现。此外，政府部门通过实施社会工作教育对口扶贫计划、社会工作服务机构"牵手计划"、社会工作"三区"人才服务计划等，促进社会工作组织有组织的参与到精准扶贫当中。

（三）专业性

社会工作参与精准扶贫有着自身专业知识理论、方法和视角等作为指引，因而在开展扶贫工作过程，更能对服务对象发展需求开展针对性帮扶。相较于一般的志愿者或民政工作者，社会工作从业人员要求经过社工专业学习、掌握社工服务技巧、取得相应从业资格。社会工作在开展助人服务过程，需对服务对象困境及其可利用资源进行专业评估，并在社会工作专业伦理及理念的指导下，设计服务方案、开展具体服务。如个案方法、小组方法、社区方法，为社会工作者开展具体服务提供选择，促进工作高效进行；优势视角、增能视角、灵性视角等，为社会工作服务方向提供指引，保证助人服务的科学开展。

第十二章

社会工作协同精准扶贫的实践概况

自 2014 年 1 月政府部门正式出台精准扶贫政策以来，各地社会工作组织就陆续在政府部门的引领支持下参与到扶贫工作中，2017 年《意见》的出台，社会工作参与到扶贫实践的力量进一步增加，无论是民办社会工作机构，还是高校社会工作专业师生，参与到脱贫攻坚中的社会工作队伍数量都在不断增加。本章将通过对大量案例的描述，展示当前社会工作介入精准扶贫的领域、人群等。与此同时，通过展示相关案例，对社会工作介入精准扶贫的方法、视角以及目标进行分析说明，进而概述当前社工参与精准扶贫取得的实践效果。最后展示当前社会工作协同精准扶贫的成功案例。

第一节 社会工作协同精准扶贫的实践概况

从当前各地推进社会工作介入精准扶贫的实践来看，无论是东部发达地区，还是中西部地区，都取得了一定成果。社会工作者依据精准扶贫实施要求，在各个阶段都有介入相关工作，如在精准识别过程，积极配合有关部门开展工作，为真正需要帮扶的贫困群体进行需求评估，开展相关帮扶；在精准帮扶过程，为贫困群体设计个性化帮扶方案，进行心理辅导、能力提升、资源链接等服务；在精准管理过程，通过培养社区居民的自治意识，促进扶贫工作的透明公正开展；在精准考核过程中，通过考察实务绩效，进而决定是否结案抑或介入进一步干预。因此，本节基于对大量案例的分析，从社会工作介入精准扶贫政策的领域、人群，以及介入的方法、视角、目标定位等，对社会工作介入精准扶贫现状进行概括。

一　介入领域

在《决定》中,针对如何加快贫困人口精准脱贫,提出了健全精准扶贫工作机制、发展特色产业、引导劳务输出、实施易地搬迁、开展生态保护、加强教育、开展医疗保险和医疗救助、实行农村最低生活保障制度、探索资产收益、健全"三留守"群体和残疾人关爱服务体系等方面,来促进实现精准脱贫。社会工作依据自身专业性质及能力,也已经介入了较多领域,如产业扶贫、就业扶贫、易地扶贫搬迁、生态扶贫、教育扶贫、健康扶贫、农村"三留守"及残疾人服务等领域。现就结合相关案例,对社会工作介入相关领域进行一定描述,而针对农村"三留守"和残疾人群体的介入服务,将在介入人群展开描述。

(一) 产业扶贫领域

产业精准扶贫透过村庄直达农户,将资本及劳动力等要素进行了有机结合,使得贫困户的主体作用得以彰显;且在产业扶贫过程,不仅有助于贫困户实现当前收入增加,在发展产业过程,通过鼓励农户学习脱贫致富技术,提升个体的发展能力,进而消减农户的"等靠要"思想,促进实现个体实现长期脱贫。[①] 社会工作在进行扶贫过程,也同样重视扶贫对象自我脱贫意识及能力的培养,在具体实践中,社会工作者依据当地资源状况,链接外界相关资源,协同当地居民进行产业规划,激发当地村民进行产业发展的主体意识及动力;在产业发展过程,通过提升产业组织水平及生产能力,完善产业收益分配机制,增强产业抗风险能力,保障困难群众收益实现增收,推动产业进一步做大做强。

甘肃兴邦社会工作服务中心就以产业扶贫为突破口,结合甘肃省庄浪县郑河乡上寨村实际情况,通过发展中蜂养殖产业带领当地贫困村民脱贫致富。上寨村拥有着较好的自然环境,但当地的村民却在青山绿水中过着穷苦的日子。2017 年甘肃兴邦社会工作服务中心在省民政厅的支持下,在上寨村开始了产业扶贫的实践探索。前期工作中,社会工作者通过走访当地居民,了解村民发展意愿及制约村民发展因

---

① 刘建生、陈鑫、曹佳慧:《产业精准扶贫作用机制研究》,《中国人口·资源与环境》2017 年第 6 期。

素，结合当地资源情况，初步形成村庄产业脱贫设想。服务中心在邀请技术专家进行实地考察后，组织技术人员与村支书及一些农户进行座谈，确定产业扶贫项目的发展方向，将之前的小尾寒羊养殖和母牛养殖调整为中蜂养殖。在确定产业发展方向后，社工将价值近20万元的中蜂免费发放到了每个贫困家庭手中。与此同时，社工也协助建立起了相应的技术培训支持体系，如建立中蜂养殖技术交流微信群，邀请技术专家远程回应和解答养蜂户的问题；聘请专业技术人员，每月定期对养蜂农户进行一对一指导；定期举办养蜂技能培训等。在社会工作者的系列协调工作中，贫困家庭的脱贫积极性和潜能得以调动；且通过成立合作社，使得有劳动能力的家庭参与养殖，无劳动能力的家庭参与分红，做到真正精准扶贫、因户施策。在村民的蜂蜜养殖已取得一定产量时，社工进一步通过城乡对接、建立熟人网络、开展网络营销等方式，协助养蜂农户拓展销路。在随后的发展计划中，社工还将协助峰户打造蜂蜜品牌，通过市场化运营方式带动当地经济的发展，促进贫困家庭脱贫致富。[①]

（二）就业扶贫领域

促进农村贫困劳动力就业是开展"造血式"扶贫工作的一种方式，早在2016年，人社部就就业扶贫工作发布了《关于切实做好就业扶贫工作的指导意见》，为各地人社厅等部门开展就业扶贫工作明确工作方向，指出通过岗位开发、劳务协作、技能培训、就业服务、权益维护等方式，来帮助未就业贫困劳动力实现就业，帮助已就业贫困劳动力实现稳定就业，帮助贫困家庭未升学初、高中毕业生就读技工院校毕业后实现技能就业，进而带动促进1000万贫困人口脱贫。据此，社会工作在开展就业扶贫工作时，为未就业的贫困劳动力提供心理辅导、技能培训、就业信息链接等服务，促进贫困群体实现就业；为就业困难的贫困群体，提供心理疏导、权益维护、链接所需资源等服务，促进稳定就业。

2015年，江门市在新会区试点开展了社会工作介入精准扶贫工作，近年来，在"社工+扶贫"的模式下，新会区在促进贫困群体实现就业方面取得较多成果，如新会区彩虹社工服务中心自开展"春风计划"

---

① 何方：《小蜜蜂变身脱贫攻坚"主力军"》，《中国社会工作》2019年第16期。

以来，就促进 80 户贫困家庭通过就业等方式实现脱贫。早在 2015 年新会区开展社工介入精准扶贫试点工作时，社工就通过入户探访的方式，找准贫困户的"贫"根，为需要稳定就业的群体，提供情感疏导、树立信心、对接资源（如通过公共就业服务机构的"一对一"推荐）等服务，使需要就业的贫困群体找到合适岗位，家庭情况得以显著改善。此外，社工还通过链接相关资源，为有需要改变就业方式的个体提供援助，促进其家庭实现增收：如通过社工帮助，因残致贫的小卖部老板改变传统开店方式，在与新会供销社建立合作的基础上，走上电商之路，实现增收。"春风计划"是新会区彩虹社工服务中心面向会城街道当时未脱贫的 80 户扶贫户开展的就业扶贫项目，依托家政服务公司的家庭服务形式，为需要就业的群体提供就业岗位。在项目实施过程中，社工还邀请家政专业人士为帮扶对象开展上岗前培训，以提升他们的保洁和照料技能。目前，参与"春风计划"的 80 户贫困户已经实现脱贫，而"春风计划"将进一步整合政府资源，在育婴师、推拿师等更多就业扶贫方向上进行开拓，推进就业脱贫工作。①

（三）易地扶贫搬迁领域

易地扶贫搬迁主要是针对因地理环境限制发展而导致处于贫困境地的群众开展的帮扶措施，学者向德平认为，易地扶贫搬迁是"挪穷窝""斩穷根"的关键之策，在解决贫困群众生存性困难或发展性困难，改善搬迁群众生计结构，拓展收入来源渠道，重构社会关系网络等方面发挥着关键性作用。② 在《意见》中就指出，社会工作参与易地扶贫搬迁，要对贫困群众因搬迁带来的不良情绪进行疏导，加强群体关系调适；发展自助互助组织，重构社会支持网络；协助其链接就业资源，发展生计；使其更好地融入新社区的生活，并在新环境下实现脱贫发展。除此之外，在具体实践过程，社会工作还可以通过积极搭建政府与民众沟通的桥梁，提升社区居民自治意识，来促进搬迁活动的顺利进行以及实现社区更好的发展。

柳州市龙和社会工作服务中心在介入广西三江侗族自治县易地扶贫

---

① 唐达：《从"2112"到"春风计划"新会探索创新"社工+扶贫"模式发挥社工脱贫攻坚"补位"作用》，《江门日报》2019 年 9 月 19 日第 A02 版。

② 向德平：《社会工作助力开启易地扶贫搬迁群众的新生活》，《中国社会工作》2019 年第 22 期。

搬迁工作中,就通过构建政府与民众沟通的桥梁、促进居民自治、开展一系列主题活动,使得搬迁工作顺利进行,并促进居民在新社区实现自我发展。三江侗族自治县内是丘陵山区,长期以来土地匮乏、资源有限、交通不便、农业发展受限等客观因素限制了当地的经济发展。为实现精准扶贫目标,三江侗族自治县开启了易地扶贫搬迁工作。但在搬迁过程,由于管理不到位,民众就一些搬迁问题与相关部门存在沟通障碍,问题无法及时解决,从而不仅导致入住居民满意度不高的现象,还影响了后期入住居民搬迁欲望。对此,在民政部门支持下,柳州市龙和社会工作服务中心在 2018 年 10 月,于三江侗族自治县南站片区安置点开展易地扶贫搬迁服务项目。在对当地情况进行评估后,社工首先协助政府召开第一次居民委员会选举大会,以组建社区居委会成员,形成社区基本组织架构。在社工倡导与支持下,居民踊跃参与楼栋长竞选。居委会及楼栋长的确立使得居民向上反映问题的过程变得更加通畅,问题也能得到较好的解决,消减了居民搬迁生活后的怨气。针对社区居民搬迁后的生活适应问题,社工又以妇女、儿童以及老人为切入点,开展系列小组活动,如安全教育活动、城市交通规则与行为规范学习活动等,增强居民在社区生活的适应能力。针对社区居民对社区公共服务不了解的地方,社会工作者再次与相关部门对接,搭建居民与相关部门的沟通桥梁,促进居民问题的高效解决。此外,在社区治理及发展工作中,社会工作者还注重培养当地人才,以促进居民参与社区策划与服务,同时增强居民的社区归属感,带动其他居民参与社区活动,最终提升社区居民自主性,促进脱贫工作的顺利进行①。

(四)生态扶贫领域

2018 年 1 月,国家发展改革委、国家林业局、财政部、水利部、农业部、国务院扶贫办共同制定了《生态扶贫工作方案》,文件指出,通过实施重大生态工程建设,采取以工代赈的方式,增加贫困人口收入;通过设立生态公益性岗位,促进贫困群体得到稳定的工资性收入;通过发展生态产业,增加贫困群体的经营性收入和财产性收入;

---

① 苏明金、蒋何巧、黄敏:《让扶贫搬迁社区居民生活如常——社会工作介入广西三江侗族自治县易地扶贫搬迁》2019 年 4 月 23 日,http://mzzt.mca.gov.cn/article/zt_2018tpgjz/sgtx/sjdt/201904/20190400016910.shtml,2019 年 11 月 6 日。

通过实施生态保护补偿等政策，增加贫困群体的转移性收入；以此推动贫困地区扶贫开发与生态保护相协调、脱贫致富与可持续发展相促进，到 2020 年，贫困人口通过参与生态保护、生态修复工程建设和发展生态产业，实现收入水平明显提升，生产生活条件明显改善。在此基础上，社会工作参与生态扶贫工作，除为贫困群体链接相关生态扶贫岗位及保障贫困群体获得生态补偿，更多可聚焦于协助地区发展生态产业，拓宽当地贫困群体的增收渠道，促进地区经济实现可持续发展。

黔东南州住建局通过购买社会工作服务的方式，促进社会工作在贵州黔东南自治州黎平县双江镇黄岗村开展生态旅游扶贫工作，不仅使当地生态文化建设以较好的势头发展，同时还促进当地旅游业的发展，为当地带来了一定经济收益。黄岗村是侗族文化村，古建筑保存完好，传统文化资源丰富。黄岗村村民在生计层面，至今保持山地梯田"稻、鸭、鱼"混农渔生态稻作模式；在传统工艺层面，依然保持织、染、秀、木工建造、竹编、酿造等手艺及匠人体系；在文化精神层面，侗族大歌、抬官人、原始崇拜宗教仪式等至今也仍在进行。但与此同时，随着中国现代化、市场化的进程越来越快，当地社区生活也受到越来越多的影响，以社区团结和合作为基础建立起来的社区文化面临消退，传统村落面临瓦解。具体表现有：以农耕为主的生计支持逐步弱化，而依赖外出打工收入的发展生计在逐渐加强；劳动力互换方式逐渐被货币支付所取代，且货币支付压力逐渐增大；衣物、食品、日常用具等通过购买逐渐代替家庭制作生产等。基于对社区传统文化的保护及社区生计发展的需求，黔东南州住建局通过购买社会工作服务，开展生态扶贫工作。社会工作者首先对村落进行一定调研，在调研基础上形成社区工作计划，通过建立社区内部协商机制，形成社区发展计划共识；接着对生态产品开发、组建社区经济合作组织，并与外部机构建立市场合作，从而增加社区非农就业机会，促进社区居民实现增收。与此同时，社工推动村民对古建筑、原先的农耕系统、社区防灾系统及其他生态系统进行保护，传承非物质文化遗产。最后社工促进社区能力系统的全面建立，提升社区居民的社区治理能力、文化水平、学习能力，建立传统文化的传习机制。通过保护黄岗村原有的传统生态系统，建设特色乡村旅游文化，开展各类文化活动，黄岗村建立了以乡村旅游和生态产业为基础的可持续收益机制。①

(五) 教育扶贫领域

习总书记对于教育扶贫曾经提出"治贫先治愚，扶贫先扶智"的口号，认为教育扶贫是阻断贫困代际传递的重要途径。2016年12月，教育部等六部门印发了《教育脱贫攻坚"十三五"规划》，对教育扶贫总目标及其开展路径进行阐释说明。文件指出，教育扶贫要保障贫困家庭的孩子都可以有学上，都有机会通过职业教育、高等教育或职业培训来实现家庭脱贫。具体而言，是通过提升贫困地区的教育水平、发展普通高中教育和职业教育、激发贫困地区内生动力，来提升教育脱贫能力；通过提高公共卫生服务水平，推进乡风文明建设，推动现代信息技术应用等，助推教育扶贫的进行；通过完善就学就业资助服务体系，发展特色产业等，促进实现教育脱贫等。社会工作历来都重视促进人的自我发展，因而在介入教育扶贫工作时，社会工作同样可在多方面开展工作，如通过开展心理帮扶、助学资源链接等措施，促进失学儿童重返课堂；为贫困地区学生开展教育活动，为面临未就业失业等困境群体开展技能培训及链接就学就业等资源，提升群体反贫困能力；开展社区文化活动，营造良好社区环境，激发群众的自我改变动机，促进群体重视教育脱贫。

鲁东大学法学院社会工作专业师生在2017年成为首批"中国社会工作教育百校对口扶贫计划"院校，并在中央财政项目支持下，于祖国边陲西藏自治区墨脱县开展扶贫工作，其中，在教育脱贫工作中，就取得了立竿见影的效果，推动当地扶贫事业的建设。鲁东大学师生在墨脱县分三组进入三个村庄开展扶贫工作，并在抵达项目点之初，就对三个村庄开展了需求评估工作。进而发现，当地教育水平低、素质教育缺乏；村民文化水平低、文盲率高、思想闭塞；农民卫生习惯不好，健康意识薄弱；村民法律意识淡薄；毕业大学生就业方式单一，待业大学生比例高；社区社会组织缺乏，村民参与社区事务意识不强，参与度低；村民经济意识弱，有"等靠要"思想；村庄整体娱乐活动较少，精神生活匮乏等问题。为此，社工师生开展了一系

---

① 孙兆霞等:《生态旅游扶贫专题报告》，中国扶贫经验国际研讨会报告，北京，2017年5月，第5—8页。

列教育活动，以解决当地存在的一些问题，提升当地教育水平。如制定养成良好卫生习惯计划，从鼓励儿童勤洗脸着手，通过儿童带动家长，来帮助村民形成良好的生活习惯，增强村民卫生意识，改善家中卫生状况。其次，为从当地妇女举办"'字'信人生"识字班活动，帮助不识字的妇女学汉语、写汉字、学说普通话，提升当地妇女的思想文化水平和自信心。针对当地有大量野生罂粟的情况，社会工作者通过开展"珍爱生命，远离毒品"的讲座，为村民进行禁毒宣传。为解决当地青少年就学就业问题，社工与山东省城市服务技师学院进行协商沟通，促成该校为墨脱县困难家庭学生提供相关教育支持，如学费全免、提供勤工助学岗位、为困难家庭毕业生联系企业岗位等。此外，社工还积极培养当地社会工作人才与组织，如通过召集村中待业的贫困家庭大学毕业生参与社区相关活动，提高他们发展的社区意识；通过招募培训当地社工人才，孵化当地社会组织，提升当地社会服务力量。进而通过这些发展出来的当地组织，帮助当地居民提升保护民族传统文化艺术的意识、疾病防治意识、女童自我保护意识等，降低教育缺乏带来的贫困发生率。①

（六）健康扶贫领域

政府部门自实施精准扶贫政策以来，就着力保障农村贫困人口享受基本医疗卫生服务，通过实行县域内农村贫困人口住院先诊疗后付费、对患大病和慢性病的农村贫困人口进行分类救治等手段，切实减轻农村贫困人口医疗费用负担。但从现实情况看来，农村地区因病致贫、返贫的贫困户仍占据一定比例，对于一些并未纳入救助体系的病类，一旦发生，仍极有可能导致家庭陷入困境。对此，2016年多部门印发的《关于实施健康扶贫工程的指导意见》中就提出，要充分发挥协会、学会等社会组织作用，整合社会资本、人才技术等资源，为贫困地区在医疗救助方面提供帮扶；引导支持慈善组织、企事业单位和爱心人士等为患大病的贫困人口提供慈善救助。社会工作凭借自身链接资源的能力，在健康扶贫方面也能发挥专业优势。与此同时且医务社会工作作为社会工作实务领域的一个方面，也一直有参与到健康扶贫中。

潍坊市社工协会从2014年开始，在神华基金资助下，进行了精准

---

① 王勇：《社会工作教育对口扶贫取得新进展》，《公益时报》2019年8月13日第6版。

救助先心病儿童的实践。在一年半的时间内,帮扶人数达到1600人,帮扶资金将近1000万元,累计让114名先心病儿童获得手术治疗。潍坊市社工协会凭借协会资源,构建了先心病社会工作救助机制:通过携手全市多家社会组织,一起寻找、发现并帮助先心病患者到定点医院进行心脏病手术治疗;通过联系高校师生团队,为项目成员进行有关培训、增加项目志愿服务力量。协会起初经由相关调研,了解到市内存在先心病儿童患者的数量及其需要介入帮扶的家庭数量;再经由线下宣传、主动上门寻访等方式,让需要帮助的家庭知道项目的存在,从而开展相关帮扶。此外,协会还联系专家到潍坊市各地区组织筛查,对需要帮助的家庭介入服务,如提供相关咨询,为解决偏远贫困家庭因路途遥远而导致的车费紧张等问题、联系雷锋车队进行免费接送等;当一些家庭开始进行治疗时,协会社工也会再次介入,为一些家庭成员提供心理疏导、构建社会支持网络等服务;患儿手术出院后,社工依旧会进行跟进,协助家庭做好术后康复工作等。总而言之,潍坊社工协会在先心病患儿救助这一方面,已形成"术前服务、住院介入、出院跟进、困难帮扶、构建网络"的标准化救助机制,在健康扶贫领域实现社会工作精准救助。[1][2]

二 介入人群

从当前社会工作介入精准扶贫的实践来看,贫困老人、贫困妇女、贫困儿童、贫困青少年、贫困残疾人是社会工作者介入精准扶贫项目的主要服务群体,其中贫困留守儿童、贫困留守老人、贫困留守妇女更是引起社会的普遍关注。贫困地区由于经济落后,发展机会较少,很多青壮年选择以外出务工的形式来解决家庭的生计问题。而随着青壮年外出务工,贫困地区的劳动力出现缺失,老人生活因为缺乏子女的支持而存在一定困难;对于处在成长期的儿童来说,缺乏父母或其中一方的关爱,对其心理健康及其生活能力的发展也是不利的。从《意见》中明确的社会工作介入精准扶贫的服务内容来看,社会工作介入农村贫困群

---

[1] 张新民:《打通"最后一公里"救助先心病儿童一百名》2015年11月26日,http://trade.swchina.org/member/2015/1126/24538.shtml,2019年11月6日。

[2] 王钧:《社会组织参与精准扶贫的成功实践——以潍坊市为例》2017年4月28日,http://practice.swchina.org/case/2017/0428/28913.shtml,2019年11月6日。

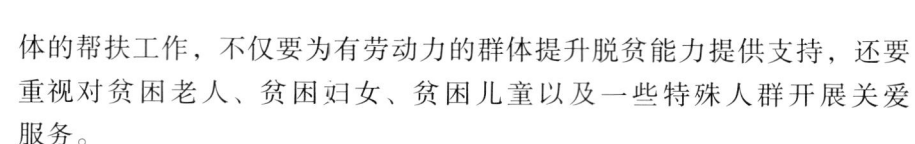

体的帮扶工作，不仅要为有劳动力的群体提升脱贫能力提供支持，还要重视对贫困老人、贫困妇女、贫困儿童以及一些特殊人群开展关爱服务。

(一) 贫困老年社会工作

当前，我国农村老年贫困人口的规模依旧较大，贫困程度深，行政性力量针对老年人进行的支持性工作还存在一定不足，社会工作的补位，为老年贫困群体提供了较多支持。在我国传统文化观念中，认为家庭应承担起养老的功能，然而在一些地区，随着青壮年外出务工，家庭在养老方面的作用逐渐衰退，年轻一辈较少能承欢膝下，老年人精神关爱得不到满足。且在特定的文化观念影响下，一些年轻群体对老年人持一种消极态度，认为老年"无用""拖累家庭生活"等，从而对老年群体不给予足够关注和支持，老年生活照顾面临危机，同时还有可能受到身体和精神方面的虐待。此外，对于老年人群体自身的生活来说，死亡一直是一个比较突出的问题，在面对伴侣或者自身的身体状况出现危机时，他们很容易陷入过度悲伤、消极生活的状态中。在行政性扶贫工作中，政府已经为不同年龄阶段的老年人发放养老金，在一定程度上保障了其生活来源；对贫困老年人，政府在医疗、住房、吃穿方面也给予了基本保障。但因基层资源和服务力量有限、基层人员开展服务的专业水平不高，从而较难实现对老年精神及行为方面的关怀，导致老年群体贫困现象较难彻底解决。因此，社会工作在基层开展老年服务工作时，注重发挥专业优势，为老年人提供精神慰藉、生活照顾、权益保障、临终关怀等服务。

2018年，青海天泽社会工作服务中心在青海省海东地区乐都区峰堆乡上帐房村为留守老人开展了一系列社会工作服务，通过将扶贫与扶志、扶智结合，对老人生计发展、社区照顾、心理健康等方面的问题给予介入，促进实现老有所为、老有所学、老有所乐。青海省海东地区乐都区是国家级深度贫困县，峰堆乡上帐房村是乐都区贫困村，当地村民种植业以马铃薯为主，农业人均年纯收入不足1000元，共饲养牛羊1400多只，但养殖效益较差。上帐房村里的中青年劳动力常年外出打工，村内"三留守"人数占总人口数的比例为14.85%。2018年青海天泽社会工作服务中心在政府项目支持下，以上帐房村留守老人和留守儿童为服务对象，在上账房村开展了扶贫实践。在社工初步调研过程发现，村中留守老人生活大多较为贫困；生理功能出现衰退，且普遍存在一些疾病；个别独居老人缺乏心理慰藉以及高龄老人的生活照料等存在一定问题。为此，社会工作者开展"欢乐的锅庄""情暖夕阳红""晚年幸福生活""生产队生活回顾"等小组活动，帮助老人解决精神慰藉、生活照顾等问题；举办"老有所为""传统手艺交流会""清洁环境卫生""探望高龄老人""大型健康讲座和义诊"等社区主题活动，为老年生活增添乐趣，促进老人参与社区活动、且对参与公益劳动的留守老人发放劳务补贴，为老人群体经济方面实现增收。除此之外，社工还依据当地环境状况，结合老人有养牛羊的经验，为留守老人发放了绵羊仔，并邀请专业技术人员为其普及养殖的基本常识，确保老人可以获得长期经济收入。最终，随着系列社工服务的开展，留守老人的心理得到较多慰藉，生理功能也得到一定恢复，收入增加明显，实现了老有所为。[①]

（二）贫困妇女社会工作

受我国传统文化和中国社会市场化、城镇化、工业化进程的影响，我国农村妇女群体在经济、政治、家庭、文化等方面还存在较大的发展空间，社会工作的介入可为农村妇女提供较多帮扶。在历史发展过程，我国农村区具有重男轻女的思想，农村女性在成长过程要面临较多挑战，在社会生活中容易成为弱势一方、受到欺凌，陷入贫困。随着我国城镇化、工业化的发展进程，贫困地区男性较多外出务工，女性因家里小孩和老人需要照顾等因素，常常要留在村庄。然而，农村地区发展机会较少，女性经济收入来源有限，在经济上需较多依附于男性，这在一定程度上容易造成男性和女性家庭地位不平等，女性获取医疗保健、教育等方面的机会受限，导致其容易陷入贫困；且在政治上，女性依附男性的情形，容易使女性参与社区事务管理的意识减弱，从而减少了女性提升自身地位的机会；与此同时，经济活动的较少、"从婚居"的模式也在一定程度上限制了女性社会关系网络资源的发展，进而再次限制自身发展的机会。此外，男性与女性异地分居的相处模式，不仅影响了两性关系的发展，还使女性在生活上获得较少支持、承担较多工作，精神

---

① 荣增举：《脱贫攻坚 社会工作在行动 "上帐房"的脱贫攻坚战——青海省天泽社会工作服务中心介入农村脱贫攻坚服务项目》，《中国社会工作》2018年第33期。

方面要面临较大压力。

从当前各地社会工作介入妇女群体的工作来看，主要是通过为妇女群体提供心理支持、技能培训、资源链接、社会支持网络建构等服务，来发挥妇女在促进家庭经济增收、提供社区服务、开展社区文化活动等方面的作用，实现家庭和地区脱贫。如在帮助妇女提升自身技能、实现就业增收、扩大社交网络方面，湖南省益阳市资阳区怡康社会工作服务中心在"三区"计划的支持下，于湖南省益阳市桃江县桃花江镇金凤社区组织起了妇女手工兴趣小组；社工通过链接相关资源，邀请当地剪纸老师和编织工匠，对妇女小组成员进行培训；组员通过剪纸、编凉席、丝网花等工作，在家实现灵活就业；在政府部门的支持下，组员们的手工纸品有了线下的销售场地。与此同时，社工也帮助妇女注册网店、进行网上销售。在小组活动过程，当地妇女不仅实现增收、减轻经济压力、提升家庭地位，还在小组工作过程丰富业余生活、建立互助组织、构建社会网络。① 而在为困境妇女提供心理支持和社会支持方面，江西省萍乡市莲花县琴亭镇西门村刘大姐在面对丈夫突然瘫痪、自己需承担起家庭重担时，陷入悲观情绪。为此社工通过开展系列心理疏导服务，逐渐使刘大姐的心态发生正向改变，使其意识到自身存在的力量，并寻求相关改变。在刘大姐需要外出工作而又无人照顾其丈夫时，社工又通过帮助其链接志愿服务资源来照顾其丈夫，以及帮助其收集就业信息促进就业，来帮助刘大姐和其家庭实现发展。② 在促进妇女参与社区治理方面，平凉市崆峒区上杨乡小岔村朱红在社工组织摄影比赛、外出参观等系列活动过后，积极参与到各种项目管理和村庄事务中。③

（三）贫困儿童社会工作

儿童时期是成长的关键时期，周围环境状况会对其成长产生较大的影响；农村地区能提供给儿童的发展资源较少，导致儿童在成长期要面临较多问题，影响今后的较好发展，当一些群体的发展受到阻碍时，就

---

① 文哲：《一步接一步 走稳脱贫路》，《中国社会工作》2019年第22期。
② 柴亚茹：《助她从悲观走向乐观》2019年6月12日，http://mzzt.mca.gov.cn/article/zt_2018tpgjz/sgtx/sjdt/201906/20190600017708.shtml，2019年11月6日。
③ 夏学娟：《脱贫攻坚中的别样力量——甘肃省社会工作参与脱贫攻坚纪实》，《中国社会工作》2019年25期。

容易陷入贫困之中。首先，对于一般的农村儿童而言，农村地区教育资源的缺乏，如师资力量薄弱、教学水平参差不齐、教学设备缺乏、课外活动缺少等，导致儿童无论是在学业上还是见识上，与城市儿童相比，都存在更大的进步空间。此外，对于一些留守儿童而言，家长在教育方面的缺席，导致其在学业上相对于同期儿童可能要面临更大困难；而教育是实现发展的根本，教育资源的缺乏、教育质量的低下，对儿童今后的发展造成一定程度上的阻碍。其次，在健康成长方面，当前农村地区儿童在物质上可享受营养午餐等政策带来的福利，但在儿童心理健康成长方面，农村地区的老师、家长等长辈群体因心理知识的匮乏，从而较少关注这方面问题，尤其是对留守儿童来说，父母的长期缺席、隔代监护人交流存在一定代沟，这本身就对儿童心理健康成长造成一定影响，如更容易出现脆弱、敏感、自卑、不信任等负面情绪，加之长辈群体对此类现象的不关注，儿童在一定程度上缺乏支持力量，更容易出现性格缺陷，从而陷入贫困。再次，儿童群体因自身知识、力量等有限，更容易在安全方面面临问题，如在校可能面临校园欺凌，校外对于突发危险现象缺乏自救知识和能力。农村地区安全教育及安全保护体系的缺乏，使儿童在成长方面面临较多安全风险。最后，在生活习惯和价值观养成方面，农村地区一些儿童受长辈群体不良生活习惯的影响，以及缺乏相关知识的教导，也容易形成不良的生活习惯，甚至在价值观形成方面存在一定偏差。

社会工作参与农村儿童扶贫工作，主要针对因贫困造成的儿童教育、安全、心理、社会交往等方面的问题开展服务，以增加儿童获取全面发展的机会，实现更好发展。2018年新疆克拉玛依市至善社会工作服务中心在民政部门"牵手计划"的支持下，于和田地区墨玉县扎瓦镇乔坎吉勒尕村为当地儿童开展了一系列社会工作服务。乔坎吉勒尕村有2000多人，其中幼儿园和小学学生就有800人；在家庭教育方面，因当地家庭少则四五个、多则七八个孩子，导致当地家长较少有能力去关注全部孩子的休闲生活，通常是大孩子带着小孩子到处玩耍；在学校教育方面，因当地教师资源、教学设备都较为匮乏，导致当地学生课程单一，只有数学和语文课；在休闲娱乐方面，因当地娱乐场地缺乏、安全教育不到位，时常有小孩因在水渠旁玩耍而发生溺水事件。对此，社工首先围绕安全教育开展服务，针对不同年龄阶段的小孩设计安全课程、发放安全知识手册、进行情景式扮演等。其次,针对当地课程设计单一、师资力量不足等问题,社工通过链接志愿服务资源及自身开展活动等方式,为当地儿童开设了美术、音乐、舞蹈等课程,以激发孩子们的想象力及创造力,增强自信、开阔视野,点亮儿童梦想。再次,针对当地儿童存在的不良卫生习惯,通过卫生课程及规范监督的方式,促使儿童改变。最后,针对当地儿童物资资源缺乏,社工通过链接爱心企业资源,为当地儿童争取到9万件、价值260万元的幼儿食品以及建立两个"石榴籽家园"。①

(四) 残疾人社会工作

当前农村贫困户的致贫原因中,因残致贫也占据了一定比例,一些残疾人因自身劳动力水平受限,在自身及其家庭实现脱贫方面存在一定难度。学者李霞在对我国残疾人贫困问题的研究中就指出,我国农村残疾人群体在就业方面存在一定困难,一方面是自身劳动力限制;另一方面是受到社会歧视,因而残疾人群体在收入来源方面较为单一,很大一部分需依靠家庭成员对其进行供养。且除残疾人一般生活支出外,家庭还需承担残疾人群体在医疗、康复方面的费用。在各种生活背景下,残疾人群体很容易形成自卑、自暴自弃的心理,在面对一些外界救助时,容易产生"等靠要"思想,失去发挥主动创造财富的积极性,进而较难实现真正意义上的脱贫。② 也就是说,残疾不仅容易使残疾人自身陷入贫困境地,对于一些需要家人看护及需要较多医疗消费的残疾人来说,也容易使家庭陷入贫困的境地;且残疾人群体在心理上,不仅因自身残疾陷入自卑,还会因拖累家庭而有负罪感,从而对脱贫的积极性不高。当前我国现行政策对一些残疾人也提供残疾补助及护理补贴,但在进一步实现就业及心理辅导等方面,还存在一定不足。因此,社会工作介入残疾人群体的脱贫工作,不仅要在经济上对其进行一定辅助,如链接社会资源救助、促进就业等,还要开展心理辅导,对一些个体的消极观念进行一定改变。此外,为残疾人家庭提供一定支持,在社区、社会营造接纳残疾人的氛围,促进残疾群体实现稳定脱贫。

---

① 新疆克拉玛依市至善社会工作服务中心:《爱撒南疆——"石榴籽家园"项目实施记》2019年4月16日,http://mzzt.mca.gov.cn/article/zt_2018tpgjz/sgtx/sjdt/201904/20190400016633.shtml,2019年11月6日。
② 李霞:《我国残疾人的贫困问题及对策研究》,《西部财会》2019年第1期。

2017年6月,天津市津南区八里台镇引入天津市若水社会工作服务中心,为残疾人提供居家托养服务,助力残疾人精准脱贫。项目自实施以来,社工在优势视角、增能理论等理论指导下,通过个案、小组、社区等服务方法,为当地残疾人群体开展了就业帮扶、心理帮扶、社会支持网络构建等方面服务。首先,在前期三个月的调研过程,服务中心确立了八里台镇贫困残疾人的数据库,对每个残疾人家中经济来源、重大支出项目、身体健康状况、服务需求等信息进行单独建档。其次,为每位残疾个体开展需求评估,制定个性化服务方案,做到精准识别、精准帮扶。在随后的服务过程,社工通过链接相关就业资源,为一些残疾人员提供就业机会,如帮助二级残疾者成功面试上门卫职位;又如链接手工活厂家,成立"爱心联盟手工坊",通过发送手工活的视频、组织厂家进行讲解、现场体验等方式,促进残疾人更好地了解、适应工作要求,实现在家灵活就业,进而增加家庭收入。对一些生活无法自理的残疾人员,社工积极链接公益资源,为其提供居家服务、生活用品、救助资金等,保障其基本生活;帮助其家人销售农产品等,促进其家庭收入的增加。最后,为有需要的残疾人或家属提供心理疏导服务,帮助其缓解压力;开展互助小组等活动,帮助残疾人建立社会支持网络;培养社区领袖,开展社区活动,促进邻里之间建立信任、友善的关系,使残疾人群体更好地融入社区,建立积极的脱贫想法。①

(五)贫困青年群体社会工作

青年群体是精准脱贫的主力军,在精准扶贫过程发挥着重要作用,从当前社会工作对青年群体开展的服务来看,可分为对一般贫困青年的服务以及基层扶贫干部的服务。对于一些有劳动力的青年群体来说,在脱贫过程也面临着一定压力,如自身技能不足、脱贫思想较为悲观、缺乏发展资源等,因此社会工作在这些方面提供了相应服务,如针对中青年群体的服务,鹤山市仁爱社会工作综合服务中心在政府购买服务后,通过为古劳镇贫困群体开展系列技术培训活动的形式,帮助贫困群体增强脱贫信心、提升就业能力;通过链接职业院校及提供勤工助学岗位

---

① 康华玲、赵磊:《脱贫攻坚 社会工作在行动 6 精准帮扶,为爱插上隐形的翅膀——天津市津南区八里台镇社会工作助力残疾人脱贫实践》,《中国社会工作》2018 年第 33 期。

等，为贫困家庭子女提供免费职业技术教育、实现家庭增收等。[①]

基层干部作为精准扶贫政策的最终落实者，其扶贫能力的提升，对推动群众实现脱贫具有重要意义。从当前社会工作介入情况来看，主要是为其提供相关心理支持，开展提升管理水平、服务水平以及政策解读能力等方面的培训活动。例如淮南师范学院社会工作教师在"中国社会工作教育百校对口扶贫计划"支持下，为寿县乡镇干部开展扶贫政策与业务培训；培训为基层干部介绍了针对农村"三留守"人员和贫困家庭工作，社会工作者如何从心理疏导、精神慰藉、资源链接、生计发展、能力提升、政策咨询、社会支持网络建构和社会融入等方面着手开展服务，为基层干部开展相关工作提供思路。[②]

三 介入视角

所谓"视角"，即看待事物或现象的一种思维方式，选取不同的视角做指引，社会工作者在对服务对象资源及问题判断时，会出现不同的结论。在进行具体服务方案设计时，也会有不一样的思路及服务方式。由此亦可能产生不同的实践效果。从当前社会工作介入精准扶贫实践状况来看，主要运用了优势视角、增能赋权视角、社会生态理论视角及女性主义视角进行指引。

（一）优势视角

优势视角取向的社会工作实践，要求社工积极发现和利用服务对象的优势和资源，协助他们达成发展目标。与优势视角相对的是"问题视角"或者说"缺乏视角""缺陷视角"，认为服务对象之所以成为服务对象，是因为他们在某种程度上就是有缺陷和有问题的，对其进行评估即是对其存在的问题进行确认强化，对其进行干预则是对问题进行解决，进而容易采取"输血式"扶贫，如给贫困群体贴标签、发钱、修路等，从而促成贫困群体问题的暂时性解决、实现快速脱贫。可以说，采取问题视角介入扶贫工作，在某种程度上容易忽略服务对象自身的主

---

① 鹤山市扶贫办：《鹤山古劳镇多措并举推进精准就业扶贫》2017年4月18日，http://www.gdfp.gov.cn/gzdt/gddt/201704/t20170418_833211.htm，2019年11月6日。
② 胡善平：《法学院：服务社会·责任担当——社会工作系教师深入基层开展社会工作教育对口扶贫服务之基层干部扶贫政策暨业务培训专题活动》2018年12月26日，http://wm.hnnu.edu.cn/2018/1215/c1581a62643/page.htm，2019年11月6日。

动性、能动性以及在环境给予的压迫性,从而导致服务对象容易对救助部门产生依赖,出现返贫现象,贫困根源没有得到彻底解决。而优势视角认为将服务对象"问题化",是社会制造、社会互动的结果,同样的方式也可以将服务对象的优势进行建构,给予服务对象发展自我的勇气。因此,优势视角在进行评估过程不再专注于对服务对象问题的发现以及将问题个体化,而是更加注重发现服务对象及其环境存在的资源、优势,以给予服务对象发展的勇气;这种勇气可激发服务对象内在的发展动力,再辅之存在的各种资源,从而可促进服务对象自我实现及稳定脱贫的实现。由此可见,优势视角下扶贫方式倾向于达到"造血式"扶贫效果。

从前文呈现的案例来看,较多社会工作实践采取了优势视角进行介入。在产业脱贫领域中,"因地制宜"的概念就是优势视角运用的体现。甘肃兴邦社会工作服务中心发现当地具有良好的养蜂环境以及存在一定劳动力群体,进而决定发展养蜂产业来促进当地村民实现增收;在生态扶贫领域,社工组织也是对当地传统民族文化资源进行再度发扬,与此同时引入旅游产业,进而使当地社区及居民实现增收;在就业扶贫领域,青海天泽社会工作服务中心为上帐房村的留守老人发放绵羊仔、湖南省益阳市资阳区怡康社会工作服务中心为金凤社区妇女开展手工兴趣小组、鹤山市仁爱社会工作综合服务中心为古劳镇贫困群体开展系列技术培训活动等,都是通过优势视角意识到服务对象群体自身存在的发展潜力,进而对其进行教育培训、资源链接等促进其实现脱贫。

(二) 增能赋权视角

增能赋权视角指导下的社会工作介入反贫困实践,要求社会工作者对一些发展动力不足或能力不足的群体提供意识觉醒服务,让其意识到自身贫困成因中的个体因素及社会因素,进而通过为其链接相关资源、教导技能和知识、促进决策参与、提升发展信心等方式,帮助其摆脱贫困。增能赋权理论作为社会工作专业理论,一般认为开始于所罗门在1976年对黑人群体的研究,她认为每个人在家庭、重要他人和环境中建立如自信、认知等个人资源,并在此基础上形成人际交往能力和一定的谋生能力,从而扮演重要社会角色。但有些人因权力障碍而导致个人资源、人际资源、谋生能力的发展受到限制,陷入无力感和负面评价中，进而降低个人对问题的回应能力[①]。在对贫困问题的分析中，"能力贫困说"也提及贫困个体可能面临功能型、知识型及观念型能力不足；"权力贫困说"也提及贫困个体可能丧失经济、政治、社会、基本人权和文化权利。因此，增能赋权视角下的社会工作参与精准扶贫实践，就要通过心理疏导帮助服务对象认识到这些权力丧失、观念偏差、能力不足对其发展的影响，促进其观念的改变；通过教育培训、技能培训等方式，提升服务对象的功能型和知识型能力；通过增加服务对象在个案、小组、社区活动过程的决策机会，使其获得对环境的控制权利及能力，获取个人发展资源。

分析前文案例可以发现，社会工作者在精准扶贫实践过程中，已经为服务对象提供心理疏导、开展知识及技能培训、促进参与决策等服务，使服务对象实现增权及脱贫能力得以提升。如在产业扶贫过程中社会工作者通过链接资源，如邀请专家群体为当地发展提供方向、发放蜂蜜、提供知识培训等，使当地贫困群体脱贫能力得以提升，进而实现脱贫；在就业扶贫过程中社会工作者通过为贫困群体提供就业信息、开展技能培训，使服务对象工作技能得以提升，进而实现脱贫；在生态扶贫过程中服务对象意识到自身发展优势，促进知识型能力的发展，并提供相关支持，促进地区生态发展；在易地扶贫搬迁过程中，社工不仅组织居民参与对新环境认识的小组知识培训，还促进居民参与社区治理、实施政治参与权利，从而减少了易地扶贫搬迁群体对环境适应的阻碍，以及更好地实现社区发展。

（三）社会生态系统理论视角

社会生态系统理论不仅在社会工作介入精准扶贫评估过程提供了理论视角，还为社工在设计贫困群体服务方案时提供方向：社会生态系统理论视角下的评估，不仅注重对服务对象当前生活环境资源进行评估，还注重对服务对象之前生活经验的了解；在对服务对象进行帮扶时，不仅注重对个体能力等的提升，还注重对其生活环境极其更大的社会系统进行改善。与此同时，通过协调环境资源来促进个体的发展。社会生态系统理论强调人与环境的互动性，因此在对个体困境进行分析时，不仅可在个体过去经历中、个体生活环境中找寻原因，还可以在个体与环境

---

① 何雪松：《社会工作理论》，上海人民出版社2017年版，第170页。

互动过程寻找可能的因素。另外,社会生态视角还强调环境有多个系统,诸如微观系统、中观系统、宏观系统等,且系统之间以及个人与系统之间总是处于相互影响和相互作用的状态,因此,在对服务对象困境进行干预时,可通过调适即改变系统或者改变个体来促进个体与环境的良好配合。① 社会生态理论视角下的社会工作介入精准扶贫,更为注重对服务对象环境进行改善,以及利用环境资源来促进个体实现更好的发展,如注重促进社区环境的改变、注重发掘社区存在的资源等。

从前文案例的呈现中可以发现,社会生态理论视角在社会工作介入精准扶贫工作中已得到较多的运用,如典型的生态扶贫过程,社会工作者就是在发挥自然生态系统功能的作用下,促进实现人与环境的友好发展,当地生态维持良好、当地居民实现经济增收;在健康扶贫领域,通过为个体建立社会支持网络,提升个体对环境的适应能力及对贫困的应对能力;在就业扶贫领域,通过为个体链接当地合作社资源,促进个体以电商的方式与更大的社会环境进行互换,实现经济增收,促进脱贫目标的实现;在老人扶贫领域,通过开展系列社区活动,营造良好的社区互助文化,促进老人对环境的适应能力,通过链接环境资源,提升老人的生活水平。

(四) 女性主义视角

女性主义视角下社会工作开展的反贫困实践主要面向农村妇女群体,在经济方面,通过促进妇女增收,满足妇女的发展需求;在政治方面,通过促进妇女参与社区治理,提升妇女对环境资源的控制能力;在社会方面,通过扩大妇女社交网络,增加妇女从环境中获取社会支持的资源。当前,社会工作介入农村地区开展精准扶贫工作,较为重视对农村妇女群体生活水平的提升,这在一定程度上带入了女性主义视角。女性主义视角认为,长期以来男性经验遮蔽了女性经验,忽视了女性的知识、能力、潜能和权利;女性关系没有得到足够重视,并被标签为具有依赖性和缺乏独立性;社会结构又赋予男性更多优势,而将女性置于受压迫的地位。因此,女性主义社会工作在为服务对象开展评估时,要注意性别刻板印象对服务对象的影响,以及家庭、社区等权利分配情况

---

① 文军:《西方社会工作理论》,高等教育出版社2013年版,第225—243页。

等，进而在进行干预时促进服务对象的意识觉醒，鼓励其采取社会行动。① 如前文在社会工作介入贫困妇女工作中所提及的，当前农村妇女在家庭、社区和社会中处于弱势地位，因承担家庭照顾责任，而缺少机会参与到社会工作及社会交往之中，进而既缺少经济支持又缺乏社会支持，对困境的抵抗能力及解决能力都有待提升。因此，女性主义社会工作介入精准扶贫既要提升妇女在经济发展方面的能力，又要增加女性实现经济增长的机会。此外，通过小组、社区等活动形式，增加妇女参与决策的机会，构建妇女的社会支持网络。女性主义视角下的社会工作介入精准扶贫工作可详见前文社会工作介入贫困妇女工作章节。

四 介入方法

行政体制下的精准扶贫实践是以村或街道为基本单位，对贫困户家庭及个人进行精准识别、精准帮扶、精准管理、精准考核。在此过程中，社会工作的三大方法也可以进行有效嵌入。如个案工作可以对个体及其家庭贫困成因进行精准识别、精准帮扶、精准考核、精准管理；小组工作可以在精准帮扶过程中介入；社区工作除在精准帮扶过程中进行介入外，亦可在精准管理、精准考核中发挥专业优势。社会工作三大方法在精准扶贫过程的灵活运用能够促进贫困群体及地区脱贫目标的实现。

（一）个案工作

当前精准扶贫实践中，个案工作的开展主要是针对面临复杂困境的贫困群体，以及需要社会工作者提供紧急介入服务的群体；在服务方式上，主要是为服务对象开展心理辅导、关系调适、资源链接等有针对性的帮扶措施，促进其实现脱贫及危机化解。个案工作在反贫困实践中的优势，前文也有所提及，相比于其他社工专业方法，个案工作的开展更能对服务对象存在的困境进行深入帮扶，在服务方式的运用上也更为灵活。史铁尔教授对个案工作在农村社会工作中的应用进行介绍指出，个案工作的服务对象是个人或家庭；认为个体或家庭在社会生产和生活中面临的不适，是个体或家庭与社会环境关系存在障碍。个案工作就是要找出这种障碍，提升案主使用资源、进行家庭建

---

① 何雪松：《社会工作理论》，第184—194页。

设、预防和解决问题的能力等,增强案主适应社会环境的能力,恢复案主正常的社会关系。① 通过此定义,也可反映当前社会工作者在精准扶贫实践中,开展个案不仅要促进个体能力的提升,实现物资上的脱贫;还要促进个体对环境的适应,实现精神脱贫。在前文案例呈现中,社会工作者对妇女群体开展服务,如为刘大姐开展的个案,即体现了个案工作通过心理辅导、关系调适、资源链接等针对性帮扶措施,促进其实现脱贫。

(二)小组工作

当前精准扶贫工作中,小组工作的开展主要是为提升贫困群体能力并提供娱乐活动、心理治疗等,通过社会工作者和小组成员的互动,促进小组成员目标的实现。史铁尔教授在提及小组功能时强调,小组工作可为组员提供更多交流和合作的机会,使个人价值观、态度及行为发生改变;提升小组成员解决问题的能力;使成员拥有更多资源获取的渠道;增强组员的归属感;促进个体和社区更好发展等。② 小组工作相对于个案工作过程,更强调小组成员发挥自身力量实现小组目标,社会工作者更多扮演的是辅助者的角色;小组成员通过在小组中学习、沟通、决策等,个人能力、权力在一定程度上得以提升,同时有助于提升其参与社区的实践意识。通过小组工作,组员的问题在小组交流合作间可能得以解决,通过在小组中的互动,还可以构建组员的社会支持网络,为其今后的发展提供社会资本。通过以上案例可以发现,社会工作者在扶贫实践工作过程,介入各个人群开展活动都较为注重对小组方法的使用,如注重建立妇女成长小组、儿童学习小组、老年人娱乐型小组、残疾人能力提升小组等。

(三)社区工作

当前,社会工作者在精准扶贫过程中,主要为贫困群体开展社区教育、社区娱乐活动、社区照顾以及社区发展等服务。社区工作以社区和社区居民为服务对象,通过组建社区组织、开展社区行动、整合社区资源等措施,对社区及社区居民面临的问题给予预防和解决,满足居民需

---

① 史铁尔、蒋国庆、钟涛:《农村社会工作》,中国劳动社会保障出版社2015年版,第230—231页。

② 史铁尔、蒋国庆、钟涛:《农村社会工作》,第233—234页。

求并促进社区的发展及社区居民福祉的增加；社会工作开展社区工作，应注重引导社区居民参与到社区活动中，进而提升社区居民的权利意识以及社区凝聚力等，通过社区居民集体智慧来促进社区的发展。与此同时，社区工作也注重社区居民良好关系的建立，鼓励社区居民相互关怀、互相照顾。从前文案例呈现来看，在社区发展方面，甘肃兴邦社会工作服务中心通过组织当地社区区民开展村民会议，就产业扶贫方向定位邀请社区居民积极参与商议；在社区教育方面，鲁东大学法学院社会工作专业师生为墨脱县墨脱村居民开展法律知识讲座活动，提升社区居民的法律修养；在社区娱乐活动方面，青海天泽社会工作服务中心为上帐房村留守老人开展了"老有所为交流会"等。

第二节 社会工作介入精准扶贫的成功模式

随着社会工作人才数量及社会工作职业专业化水平的提升，我国政府及民间群体对社会工作职业的认可度逐渐提升，社会工作参与精准扶贫工作得到了各界力量的广泛支持。从当前社会工作介入精准扶贫的实践来看，政府部门是社会工作服务购买的主体力量，且购买方式多样化，既有岗位式购买也有项目式购买；在购买对象上，既有对民间社会工作机构服务的购买，也有为高校社会工作组织参与精准扶贫提供专项资金。除此之外，民间力量如基金会等组织，也为社会工作机构参与精准扶贫提供了资金支持。以下就以政府部门支持高校社会工作组织、民间社会工作机构以及基金会购买民间社会工作组织服务为例，介绍当前我国社会工作组织参与精准扶贫的成功实践模式。

一 政府部门支持下的高校探索模式

当前，政府部门支持下的高校社会工作师生参与精准扶贫实践主要是依托社会工作教育对口扶贫计划以及"三区"计划，在购买方式上主要是项目式购买。从高校组织开展的脱贫实践来看，因高校师生投入力量及资源的限制，主要是为"三留守"群体提供关爱服务，如提供个案心理辅导、开展支持性小组活动、举办社区文化活动等。在此基础上，一些高校社会工作者也积极参与到当地产业的发展设计中，促进区域实现脱贫。如 2016 年，重庆城市管理职业学院社工师生在"三区"

计划支持下，前往重庆市秀山县云隘村开展扶贫社会工作服务，将"扶贫、扶志、扶智"相结合，为当地"三留守"群体开展专业社工服务、丰富精神生活、提升当代居民脱贫能力的同时，也参与到当地产业发展领域，促进当地居民实现增收。

社工在正式开展服务之前，就进行了为期一个月的调研，发现当地留守儿童偏多，且大部分由爷爷奶奶抚养，存在部分留守儿童独自居住的现象；当地留守老人面临的问题也较为严峻，没有医保和养老保险。针对留守儿童群体存在的一些问题，社工为其开展了系列能力提升及关爱活动，如举办了首个六一儿童节活动，使当地儿童不仅收获到不一样的喜悦和童年经历，还提升了当地教师在教育教学方面的积极性；接着，社工在暑假期间给当地儿童开设了安全小卫士、蓝韵朗诵社、墨堂书法社、梵星绘画社、乐儿合唱团、小精灵舞蹈团等课外活动，在丰富孩子们暑期生活的同时，也提升了孩子们的认知水平及生活技能；在亲子交往方面，社工通过成立亲情聊天室，让留守儿童可以与在外务工的父母通过视频电话进行沟通，促进亲情交流，还为留守儿童家长分发"亲子沟通手册"，使家长与孩子建立更好的沟通方式；通过链接相关图书资源，促进当地儿童养成良好的阅读习惯。在社区营造方面，针对村庄卫生环境较差现象，社工为居民开展卫生知识宣传、组织志愿者打扫卫生，提升当地环境卫生水平；针对村民对政策不了解而导致干群关系紧张等问题，社会工作者通过开展政策讲堂等活动，提升居民意识，促进基层工作的顺利进行。此外，社工还在当地建立了时间储蓄银行和慈善超市，组建了志愿者服务队、"山里红坝坝舞"等组织，提升社区凝聚力及文化活力。在产业发展方面，社会工作者通过制定产业管理计划、开展技能培训等工作，协助当地村民进行科学作物种植，实现增收。[①]

二 政府购买下社会组织服务的探索模式

当前，各地政府在购买社工服务开展扶贫工作方面，主要还是面向

---

① 王玉龙：《云上社工，与隘偕行——重庆城市管理职业学院社会工作服务队助力重庆市秀山县云隘村精准脱贫》2019 年 4 月 17 日，http：//mzzt.mca.gov.cn/article/zt_2018tpgjz/sgtx/sgfc/201904/20190400016740.shtml，2019 年 11 月 6 日。

民间社会工作组织，有购买岗位和购买项目两种方式。当前我国社会工作从业者主要还是集中在社会组织中，一些社会工作组织在市场竞争过程已经形成了自身的品牌特色，相对一些高校组织，社会组织在扶贫过程能够投入更多精力，在链接资源方面也具有更多优势。在购买服务方式方面，项目式购买相对来说要更为普遍；岗位购买方面，主要体现在社工服务站、家庭服务中心等的引入。在具体扶贫实践中，一些机构依据自身服务特色开展专项服务，如面向老人的服务项目、面向儿童的项目以及面向妇女群体的项目；除此之外，也有针对某一扶贫领域的社工服务项目，如易地扶贫搬迁后的社区融入项目、就业培训项目、生态扶贫项目等，提供特色服务。

2016年，潍坊市鸢都义工公益服务中心在中央财政项目的支持下，于潍坊市临朐县嵩山生态旅游区管委会北黄谷村开展社会工作参与精准扶贫项目，项目过程中，社会工作者充分利用当地资源，积极培育和发展当地社区组织，为有需要的群体提供关爱支持服务，通过发展社区生计项目，促进当地居民实现增收脱贫。

北黄谷村自然环境优美、物资资源丰富，是省级传统文化古村落，但因为交通不便、产业结构不合理等原因，当地青壮年劳动力大都外出打工，该村从而变为了一个典型的农村"三留守"贫困村。社工在进入村庄后，首先为当地儿童开展了系列教育活动，将停用的村委会办公室作为"四点半课堂"活动场地，由社工及老师志愿群体为当地儿童开展自我保护、人际交往、课业辅导等方面的服务；组织留守儿童及其家长外出游览潍坊市区；引入中国青少年发展基金会"爷爷奶奶一堂课"活动，邀请当地老人群体定期为孩子们讲述村落历史、山水故事、农事农活等；通过发挥当地人才优势、物资资源等，丰富当地儿童学习生活、扩展当地儿童的知识面，激发村庄文化活力。其次，社工积极推动当地居民成立社区组织，如协助村民组建"黄谷义工"山村志愿者团队，为村庄活动的开展提供各种支持；组建"黄谷居家养老服务社"，让村中留守妇女和赤脚医生为有需要的村民提供持续的日常照料和医疗服务；组建黄谷戏社、黄谷歌舞队、"黄谷老年协会""黄谷公益小天使"等社区组织，在丰富村民文化生活的同时，发挥社区力量，对需要社会支持的群体提供相应帮扶。再次，在养老服务方面，除协同社区组织为65岁以上老人开展社区照顾相关服务外，社工还通过链接相关资源，对当地民宿进行改造，将民宿获取到的收益用于村中50—64岁村民的居家养老服务中。最后，在社区生计方面，基于北黄谷村拥有的优美景观及文化资源，通过将村中闲置院落打造成学生公寓和民宿，建立北黄谷村美术写生基地、文化旅游基地，促进当地居民实现增收。①

三 基金会支持下社会组织探索模式

如前所述，我国社会组织参与精准扶贫实践主要是依靠政府资金的支持，基金会等社会力量在支持社会工作参与精准扶贫方面的投入相对较少。2014年，李嘉诚基金会捐款2000万元，用以促进内地社会工作机构参与到贫困群体的服务中；与此同时，民政部门及各级财政部门也提供了1855万元配套资金，与李嘉诚基金会共同推动"大爱之行——全国贫困人群社工服务及能力建设项目"的实施。其中，安庆市全人社会工作发展中心在皖西南大别山地区开展的生计服务项目就受到大爱之行项目的资金支持，并在实践中获得较好的效果。

全人社工服务中心实践地点在安徽省安庆市岳西县头陀镇石盆村，当地栽种茶叶的历史悠久，有着远近闻名的茶叶交易市场，但当地居民的生计却存在一定问题。石盆地处大别山深山区，属于特困村，全是山地地貌造成当地人均耕种面积不足1亩，粮食不能自给。此外，当地村民文化程度普遍偏低，与外界接触少，对于村庄生计发展存在较多疑惑。为此，全人社工在调研基础上决定从生计角度切入，通过培养社区骨干，组织村民成立茶叶协会，为当地村民进行能力培训，发展线上线下产品销售渠道等方式，促进当地实现脱贫。首先，通过链接相关资源，社工为有一定群众基础的油茶合作社负责人提供前往北京培训的机会，进而引导村民进行脱贫致富。其次，通过召开村民议事会，号召居民激发村民参与社区事务的激情，为村庄发展出谋划策；接着，让村民积极参与到成立茶协的事务中，通过民主参与的形式，制定茶协相关规章制度，推选茶协的骨干成员；通过"引进来、走出去"的形式，邀请专家对当地茶叶产业的发展给予指导，明确当地产业的发展方向，推选成员外出进行培训。最后，在科学指导下进行的茶叶生产获得了良好

---

① 张健：《打造黄谷的"扶贫综合体"》，《中国社会工作》2019年第18期。

的效果,社工进而组织举办免费采摘茶叶的体验活动,以及茶叶文化节等,吸引城市居民进入当地体验,与此同时,建立网上专卖店,拓宽茶叶的销售渠道,促进当地经济的发展。①

第三节 社会工作介入精准扶贫的效果分析

自精准扶贫政策提出以来,在"三区"计划、中央财政项目购买计划等项目计划的支持下,社会工作组织就围绕精准扶贫政策方针要求,在农村地区开展了系列反贫困实践;自2017年《关于支持社会工作专业力量参与脱贫攻坚的指导意见》出台以来,社会工作参与精准扶贫实践的支持力量大大增加、服务方向也更加明确、组织管理也更为完善,社会工作参与精准扶贫的队伍数量也极大增加;社会工作自精准扶贫实施以来就参与到了政策落实过程,从近年的扶贫实践来看,协同扶贫收获了良好效果,以下即从社会工作参与精准扶贫实践的直接效果及间接效果对此进行探讨。

一 直接效果

(一)个体层面:贫困状况缓解,生活水平提升

社会工作参与精准扶贫实践无疑在服务过程提升了服务对象的物质生活水平和精神生活水平。通过前文案例可以发现,社会工作在为贫困群体开展服务过程中,注重激发服务对象内在发展动力,改变服务对象"等靠要"的思想,且在促进服务对象以实际行动实现脱贫方面,社会工作者提供了相应的技能培训、就业资源链接、销售平台及销售渠道资源等服务,促进贫困个体实现经济增收。在对甘肃省庄浪县郑河乡上寨村养蜂产业获得良好效果进行总结时,当地帮扶工作队长就认为技术指导起了重要作用,而这正是由甘肃兴邦社会工作服务中心的社工每月组织技术专家为村民提供指导,从而助力当地家庭户实现2500元的增收。② 而湖南省益阳市资阳区怡康社会工作服务中心在桃江县桃花江镇

---

① 李昺伟等:《中国贫困人群的社工服务:"大爱之行"项目研究》,社会科学文献出版社2016年版,第120—140页。
② 何方:《小蜜蜂变身脱贫攻坚"主力军"》,《中国社会工作》2019年第16期。

金凤社区开展妇女小组脱贫实践的成功案例,则体现社工通过就业资源链接和产品销售渠道拓展来帮助服务对象实现经济增收。此外,社会工作者还通过为服务对象链接社会救助资金等方式,来增强服务对象应对贫困风险的能力,缓解服务对象贫困状况,进而促进其实现脱贫;如天津市若水社会工作服务中心通过链接社会资源,为天津市八里台镇南义村一就学困难的学生提供助学款,以提升其家庭户的生活水平;再如新疆克拉玛依市至善社会工作服务中心为物资缺乏的乔坎吉勒尕村儿童争取到9万件、价值260万元的幼儿食品,提升了当地儿童的物质生活水平。

社会工作参与精准扶贫除在经济方面促进贫困群体实现增收外,也使得贫困群体的精神生活更加丰富。社工为贫困群体改变"等靠要"的思想是精神生活水平的一方面提升,而为贫困群体开展针对性的心理疏导服务,亦是精神关爱的一种体现,如在前文案例中,江西省萍乡市莲花县琴亭镇西门村刘大姐在接受社工一系列心理疏导后,生活态度由悲观转向乐观,进而促进刘大姐通过再就业的方式缓解了家庭贫困状况。此外,社工还通过开展娱乐性小组活动、教育性小组活动、治疗性小组活动以及相关社区活动,提升贫困群体的知识水平,丰富贫困群体的精神生活。如鲁东大学法学院社会工作专业师生在西藏自治区墨脱县为儿童、妇女等群体开展的教育性活动,促进其知识水平的提升,从而实现更好的人生发展;又如青海天泽社会工作服务中心在青海省海东地区上帐房村为留守老人开展的一系列娱乐性及互助性活动,为当地老人群体提供了精神慰藉等关爱服务,丰富了老人的日常生活。另外,社会工作者还为贫困群体提供意识觉醒服务,促进服务对象积极争取自身权益,如平凉市崆峒区上杨乡小岔村的朱红即在社工帮扶下,形成积极参与社区治理、为群体争取利益的意识。总而言之,社会工作介入农村地区的精准扶贫实践,很好地体现了扶贫扶志与扶智相结合的特征,为贫困群体缓解当前贫困状况,实现今后更好的发展提供大量支持服务。

(二)社区层面:治理水平提升,社区资本增加

社会工作参与精准扶贫在社区层面实现治理水平的提升主要体现在,通过社工服务开展,居民参与基层干部社区治理水平提升、社区治理的意识及人数增加、社区自治组织增加、专家指导次数增多等方面。

首先，在基层干部社区治理水平提升方面，社会工作通过为基层干部群体组织开展相关能力提升、政策解读等培训服务，促进了社区发展目标的实现。如淮南师范学院社会工作教师通过为寿县乡镇干部开展扶贫政策解读与基层服务开展技巧培训，来提升当地干部的基层治理能力，进而促进当地实现更好的发展。其次，在居民参与社区治理的意识及人员增加方面，前文在个体层面的实现效果已有提及，柳州市龙和社会工作服务中心在介入广西三江侗族自治县易地扶贫搬迁工作中，也通过系列措施促进居民参与到社区治理之中，既缓解了民众与政府之间的紧张关系，又增加了居民对社区的归属感，通过集体献策、集体决策的方式促进社区实现更好的发展。再次，社区自治组织增加方面，社会工作者在社区开展服务时，注重培养当地人才及服务组织，一方面可满足该群体的自我发展需求；另一方面，通过相关活动的开展，可为社区营造良好的氛围，提升社区凝聚力、激发社区发展动力，促进社区长期发展的实现，如重庆城市管理职业学院社工师生在重庆市秀山县云隘村开展扶贫工作时，为当地组建起了志愿服务队伍及社区活动组织，促进社区互助文化的形成及丰富社区居民的精神生活，即便社工撤离当地服务，社区依旧能维持较好的生活状态。最后，社会工作介入精准扶贫还注重链接外界资源，如引进专家指导，来提升当地治理效果。甘肃兴邦社会工作服务中心通过为上寨村引进技术专家，促进当地找寻产业的发展方向，进而实现了社区经济的发展。

社会工作参与精准扶贫增加的社区资本主要体现在社区经济资本、人力资本、文化资本及社会资本等方面。首先，在经济资本增加方面。如前所说，社会工作通过系列帮扶措施促进社区个体实现增收，体现社区经济资本增加的一个方面；而另一方面，通过产业帮扶、引入社会资金等方式，社工在社区层面促进了社区经济资本的增加，如潍坊市鸢都义工公益服务中心通过在北黄谷村开展产业扶贫活动，促进了当地集体收益的增加。新疆克拉玛依市至善社会工作服务中心在乔坎吉勒尕村"石榴籽家园"的建设中，链接到民生银行50万元的资助。其次，在社区人力资本增加方面。再次，社会工作者为当地贫困群体及基层干部开展系列技能培训及知识教育等活动，对当地人力资源进行开发，从而提升当地人力资本。此外，社会工作还通过引入外界扶贫力量，如链接专家群体、社会志愿服务群体等进入当地工作，进而增加了社区的人力资本。再次,在文化资本增加方面。除对原有社区文化进行发掘发扬外,社会工作者通过为贫困地区群众开展系列主题教育培训、社区文化活动,以及促进当地青少年就学等,来提升当地群体的文化知识水平、社区文化发展活力,进而使社区文化资本得以增加。最后,社区社会资本增加体现在社会工作为当地发展链接各类社会团体及社会资源后,形成的社区发展支持网络。如鲁东大学法学院社会工作专业师生为墨脱县一些困难家庭学生链接山东省城市服务技师学院教育资源,在该校进行就读,也为该地学子获得其他可能的就学途径。

(三)政策层面:精准性提升,政策落实到位

社会工作促进精准扶贫政策实施的精准性主要体现在精准帮扶方面。如前所述,精准扶贫政策实施的精准性主要体现在精准识别、精准帮扶、精准管理及精准考核四个方面。从当前精准扶贫政策开展情况来看,基层干部在贫困户精准识别、精准管理及精准考核方面的精准性,因群众监督和第三方人员评估督促,在一定程度上都可以得以保证。而在精准帮扶方面,因基层干部群体扶贫力量、扶贫知识及扶贫资源等的不足,还存在一定缺陷。社会工作则是通过介入扶贫工作的具体帮扶过程,利用专业方法和专业知识理论,为贫困群体精准识别致贫原因并开展针对性帮扶,进而促进扶贫过程中精准帮扶的实现。从前文案例来看,甘肃兴邦社会工作服务中心通过对当地资源及产业发展方向多次评估,最终依据当地自然资源的优势,确定在上寨村发展养蜂产业而不是小尾寒羊养殖和母牛养殖,且在后期开展系列针对性帮扶措施过程,为有劳动力群体发放蜂源提供技术指导促进脱贫,为没有劳动能力的群体通过加入合作社参与分红促进脱贫的个性化扶贫方式,来提升扶贫工作的精准性。此外,社会工作者为贫困群体开展个案工作过程,如前文江门市新会区社工针对残疾店铺老板开展的个案工作,通过链接电商平台促进其脱贫目标的实现,也是帮扶工作精准性提升的一方面表现。

从社会工作介入精准扶贫实践情况来看,社会工作在政策方针的指导下,介入各个领域、各个环节、各个群体开展扶贫工作,促进了精准扶贫政策的落实。首先,社会工作介入各个领域开展扶贫实践方面在前文已有较多分析,产业扶贫领域、就业扶贫领域、易地扶贫搬迁领域、生态扶贫领域、教育扶贫领域、健康扶贫领域等的介入,践行了《中共中央国务院关于打赢脱贫攻坚战的决定》中的扶贫方略要

求。其次,从精准识别、精准帮扶、精准管理、精准考核等环节的实践情况来看,社会工作在基层开展扶贫实践过程,注重对贫困群体建立相关档案,精准识别服务群体发展需求,如天津市若水社会工作服务中心为八里台镇贫困残疾人建立了数据库,对每个残疾人家庭的经济来源、重大支出项目、身体健康状况、服务需求等信息进行了单独建档,促进基层扶贫工作中精准识别的开展;在精准管理方面,通过个案记录、项目信息管理等方式,也促进了基层扶贫信息的动态管理,进而促进精准管理机制的良好运行;在精准考核过程中,一些社会工作机构也通过承接第三方评估工作,从而促进了基层扶贫精准性的实现。最后,社会工作介入各个群体开展关爱服务,这在前文也进行了较多分析,如"三留守"群体、残疾人以及基层干部等,贴合《决定》中精准扶贫方略的实施要求。总而言之,社会工作在精准扶贫过程,通过系列服务项目的开展,促进了扶贫政策的精准、公正落实,促进了我国反贫困工作的总体进程。

二 间接效果

(一) 社会层面:城乡差距缩小,社会矛盾缓和

社会工作参与精准扶贫的实施,无论是在经济层面还是在社会服务层面,都促进了城乡差距的缩小。在经济方面,精准扶贫政策实施本身就在于提升农村贫困地区的经济水平,缩小城乡差距,而社会工作的参与,则通过发挥链接资源的专业优势,促进城市资源向贫困地区流动,在一定程度上促进了社会资源的有效配置、城乡差距的缩小,社工为社区链接社会资金资源,增加了社区资本,从而在一定程度上缩小了城乡之间的经济水平差距。此外,如潍坊市鸢都义工公益服务中心通过引入城市居民到北黄谷村乡村旅游,促进城乡之间进行交易互换,进而也使当地经济实现了增长,缩小城乡经济差距。而在社会服务方面,一直以来,我国农村地区社会工作服务的开展相对城市要更为欠缺,因此精准扶贫过程引入社会工作的参与,有助于农村地区群体同样享受社会工作服务。且社会工作者在为农村地区群体开展服务过程中,也注重对社区整体环境进行改善,以促进社区居民生活水平得以提升,如新疆克拉玛依市至善社会工作服务中心在乔坎吉勒尕村为当地儿童建设了"石榴籽家园",使得当地儿童拥有和城市

儿童类似的娱乐场所；又如重庆城市管理职业学院社工师生为云隘村儿童链接图书资源，使得当地儿童拥有更多教育资源，促进城乡教育资源的平等。

社会工作参与精准扶贫实践缓解了社会矛盾主要体现在提升了贫困群体的生活满意度，降低了因贫犯罪的可能。当前，我国的贫困问题主要表现为绝对贫困，贫困人口的基本生活需求难以得到满足，由于经济上的低收入性和生活中的贫困性，贫困人口在社会中的心理压力较大，有比较严重的相对剥夺感和较为强烈的受挫情绪。而当相当数量的社会成员的正当需要不能得到满足时，有可能导致社会的动荡与混乱，从而威胁社会稳定。[①] 因此精准扶贫政策的实施，在一定程度上也是为了缓解阶层群体间的矛盾冲突，促进社会和谐稳定发展。而社会工作介入精准扶贫，一方面，社会工作作为第三方服务人员，在为贫困群体开展社会福利服务时更注重公平正义，更强调对弱势群体及需要心理疏导的群体开展帮扶工作，因此可避免一些群体因资源分配不均产生极端行为、因贫犯罪等现象；另一方面，社会工作活动的开展在一定程度上使得贫困个体生活水平得到提升，社区互助文化等形成，进而可提升贫困群体对政府工作及社工服务的认可。如在精准扶贫工作中，社会工作者扮演社会关系的协调者及疏导者的角色，在化解社会矛盾、促进社会稳定、维持社会和谐方面起到重要作用；通过就业帮扶、技能培训及资源链接等方式对社会上的贫者、弱者施于援助，给予贫困群体社会关爱等，满足贫困人口的最低生活需求，避免了消极行为的大量出现。

（二）社会工作层面：行业发展加快，专业认可度提升

社会工作参与精准扶贫推动行业的发展主要体现在社会工作人才队伍、实务开展质与量以及理论研究的增加方面。依据《2018年度中国社会工作发展报告》，2013—2018年我国社会工作持证人数变化及社会工作服务机构变化如图12-1、图12-2，社会工作人数及社会工作机构数量在2017—2018年实现了巨大增长。而自组织实施社会工作专业人才服务"三区"计划、社会工作服务机构"牵手计划"、社会工作教育对口扶贫计划以来，就为贫困地区选派了6000名、培养了3000名社会工作专业骨干，协调东部地区和发达城市的332家社会工作服务机构

---

① 李迎生：《社会工作概论》，中国人民大学出版社2018年第3版，第29页。

结对帮扶贫困地区的社会工作服务机构和民政事业单位，支持202所社会工作高等院校在118个贫困县建立151个社会工作实习实训基地。[①]这说明在社会工作参与精准扶贫的系列计划下，农村地区的社会工作力量得以壮大、社会工作实务得以增加，与此同时，"牵手计划"下的农村地区社会工作服务质量在一定程度上也得到了提升。结合社会工作持证人数及社会工作服务机构数量的变化，有理由相信，社会工作参与精准扶贫实践以来，社会工作行业人才队伍数量、实务开展的质与量因此得以较快发展。在行业理论研究方面，指导我国社会工作者进行实践的知识体系主要来自西方发达国家，但近年来，随着社会工作在我国发展取得一定进展，业内学者遂提出发展本土化或本土社会工作知识理论的口号，而精准扶贫政策的实施，则在很大程度上推动了本土化或本土社会工作理论知识的形成，如自精准扶贫政策提出以来，我国学者就围绕社会工作介入路径、介入反思进行了大量研究，丰富了社会工作在反贫困领域的研究。

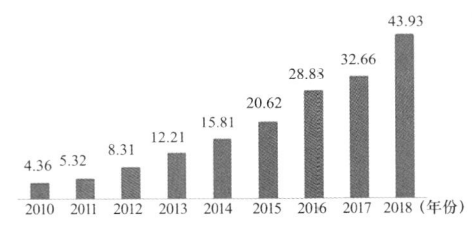

图12-1　全国社会工作者持证人数

图12-2　社会工作服务机构发展趋势

社会工作参与精准扶贫促进专业认可度提升主要体现在，通过各地社会工作服务的开展，越来越多群体知道社会工作作为一门专业学科及职业的存在；而社会工作在扶贫实践中取得较多的成果，也让政府部门及社会民众更加认可社会工作的专业性。社会工作作为一门专业学科，作为一项专业助人实践，在我国起步较晚，大众对其缺少认知，在很长一段时间内它被冠以非专业或专业性不足的"帽子"，甚至一些社会工作专业学生、从业人员也对专业存在质疑。从我国早期社会工作发展状

---

① 徐健、姜微、张红、王俊山、赵怡婕、王欣懿、俞汶君：《2018年度中国社会工作发展报告发布》，《公益时报》2019年3月26日第7版。

况来看,城市发达地区社会工作的发展相对农村贫困地区的发展要更为快速,相应的,发达地区人们对社会工作的了解要多于贫困地区。精准扶贫工作作为一项系统的社会工程具有极高的社会关注度,为社会工作专业在我国的发展提供了新的机遇。在相关政策的推动下,大批社会工作力量参与到精准扶贫工作中,随着为贫困群体开展服务的增加并取得了部分成效,公众对社会工作的知晓度和认可度都有所增加。在媒体宣传方面,对专业服务曝光率的增加,一方面让大众认识到社会工作专业存在;另一方面也促进了专业从业人员的从业信心、增加专业认同感,如民政部门官网就建立专栏介绍社会工作参与精准扶贫的实践成果,促进大众对社会工作专业的认可。

(三) 政府方面:扶贫压力减少,政与民关系改善

社会工作参与精准扶贫对政府扶贫力量、扶贫知识、扶贫资源及扶贫效果等方面的不足给予帮助,减少了行政人员扶贫的工作压力。自2017年政府加强对基层扶贫工作的考察与重视以来,基层干部群体普遍反映基层扶贫工作难、扶贫工作压力大,而通过政府购买社会工作服务的形式,将社会工作引入基层扶贫工作,在很大程度上分解了基层干部的扶贫重担。首先,从扶贫力量来看,社会工作参与扶贫工作本就分担了基层干部的部分扶贫工作量,还通过引入社会志愿服务人员,进一步壮大扶贫工作队伍。其次,在扶贫知识方面,社会工作参与精准扶贫也注重对基层干部进行扶贫知识提升及能力提升培训等,促进了基层干部扶贫工作的顺利开展。再次在扶贫实践开展方面,社会工作也为贫困地区引入国际反贫困经验及专业知识理念等,增加地区发展思路,促进脱贫目标的实现。复次,在扶贫资源链接方面,乡级政府及村级单位还存在较大的不足,而在社会工作的助力下,有利于促进社会资源的流入。最后,在扶贫效果方面,行政性扶贫工作在很大程度上已经能保证贫困群体的物资生活水平,但从一些地区扶贫现状来看,扶贫措施较为单一、依靠当下扶贫资金直接补贴实现脱贫的现象依旧存在,长期脱贫还存在一定不足。而社会工作在精准扶贫过程中兼顾物质水平与精神生活、他人协助与自助水平的提升,有利于脱贫效果的长期维持,减少政府在反贫困领域面临的难题。

社会工作参与精准扶贫促进政府与民众间关系的改善主要体现在社会工作在扶贫工作中促进了扶贫工作的公正进行,以及改变了一些群体

"等靠要"的依赖思想。除自身专业价值理念要求社工的实践公平正义，在具体活动开展层面，社会工作也很好践行并且促进了社会公正的实现，如相较于行政性扶贫工作将扶贫资源直接面向贫困群体，社会工作通过社区活动等服务方式的开展，促进更多群体享受社会福利、实现更好发展，进而在一定程度上缓和一些群体（尤其是贫困边缘群体）对于行政性扶贫工作的不满。在改变一些群体的"等靠要"的依赖思想方面，政府作为国家资源的分配者，在对一些群体开展思想工作过程，容易进一步引起群体对政府工作的不满。而社会工作作为扶贫工作的第三方人员，在为一些群体开展心理疏导服务时，更能处理好群体对扶贫工作及自我发展的认识，使群体建立积极的脱贫观。如在前文社会工作介入易地扶贫搬迁案例呈现中，社会工作通过搭建政府与民众之间的沟通桥梁，对民众不满情绪进行疏导，不仅改善了政府与民众的对立关系，还进一步促进民众积极参与社区治理，促进政与民的融合。此外，政府引入社会工作进入贫困地区的开展扶贫工作，本身就在一定程度上消解了一些农村群体因城乡发展分化严重而产生的不满情绪。

第十三章

社会工作介入精准扶贫的案例分析

为贯彻《关于支持社会工作专业力量参与脱贫攻坚的指导意见》中提出的"实施社会工作教育对口扶贫计划"要求，全国社会工作专业学位研究生教育指导委员会、中国社会工作教育协会于2017年12月联合启动"中国社会工作教育百校对口扶贫计划"，鼓励高校社会工作专业师生深入贫困地区，利用专业知识开展精准扶贫相关工作。南昌大学积极响应中国社会工作教育协会号召，组织社工师生在瑞金市叶坪乡山岐村开展为期两个月的社会工作教育对口扶贫活动。

第一节 社会工作介入精准扶贫的实践状况

一 项目实施背景

（一）社区概况

瑞金是中央苏区的中心，是中外闻名的红色故都、中华苏维埃共和国临时中央政府诞生地，名副其实的共和国摇篮。同时，瑞金也是罗霄山集中连片特困地区县市，在历史因素和自然条件的制约下，全市经济社会发展存在一些困难和问题。瑞金市作为南昌大学的对口扶贫单位，在此开展社会工作教育对口扶贫有利于深化双方的沟通，将对口扶贫工作推向深入。山岐村隶属于瑞金市叶坪乡，是整个瑞金市扶贫发展最中心、最集中的地区，共有2589人，586户，贫困人口339人，贫困户81户，分为17个自然村，4个片区。山岐村气候条件好，当地的洋葱、南瓜、山药、绿苹果、香瓜、百香果、莲藕都是特色农产品。2015年以来，水利、国土和扶贫办在该村投入资金约8000万元，通过方案招标的方式，发展了68个扶贫项目，发展特色产业，加大低保、社保、医保和住房保障方面的投入。但由于地区经济发展落后，很多年轻人涌向发达地区务工，造成当地有大量的留守儿童、留守老人和一些留守妇女，"三留守"群体的发展状况需要引起相关人员的重视。

（二）项目实施目标

依据中国社会工作教育协会对高校开展教育扶贫的要求，社工团队结合对村情的实地调研情况，决定项目实施主要围绕以下服务目标进行。

第一，回应贫困群体及留守群体的心理需求。当前，经由行政性扶贫工作，山岐村留守群体及贫困群体在物质方面基本能够实现两不愁三保障，但是在其精神方面还存在一定困境。因此，社会工作专业学生在介入项目实施地开展服务时，一方面，要链接相关资源促进服务对象物质生活环境的提升；另一方面，要注重为服务对象提供心理疏导、精神慰藉、关系调适、社会支持网络建构等服务，提升服务对象精神生活水平，促进服务对象对生活环境的适应，提升服务对象生活满意度。

第二，提升贫困群众的脱贫能力及基层扶贫工作者扶贫能力。促进贫困地区群众脱贫目标的实现，不仅要为贫困群众开展相关技能培训及知识教育活动，还要注重对基层干部的能力培养。社会工作专业凭借自身链接社会资源的优势，可通过辅导形式对贫困地区群众面临的知识困境进行回应，促进服务对象生活状况的改善。社会工作专业教师通过对基层干部开展社会工作服务技能的相关培训及精准扶贫相关政策解读和指导，也能促进基层干部更好地为贫困群众开展帮扶工作，带领区域群众实现发展。

第三，激发社区发展的活力。在市场化、城镇化等时代背景影响下，社区居民间形成的社会网络相对传统社区要更为疏松，而社区作为贫困群体开展活动的主要场所，在促进贫困群体实现发展方面还存在较多支持资源。因此，社会工作者在为服务对象开展服务的过程中，不能只对焦于服务对象个体的发展，还要营造良好的社区氛围，促进个体间进行互助，如通过开展系列社区活动，满足社区居民精神层面的一定需求，进而激发社区文化活力、提升社区凝聚力，促进地区居民互助及发展。

第四，推动社会工作专业的发展。当前贫困地区较多群众还对社工作专业认知不清晰，通过服务项目的开展，可发挥社会工作专业助人的作用，提升服务对象生活水平；与此同时，通过社会工作为贫困群体开展有效扶贫工作、进行宣传交流等，可促进贫困地区群体对社会工作专业的了解，认可社会工作专业在助人方面的作用，加入社会工作行业队伍，进而推动地区社会工作行业的发展，促进实现社会工作行业发展的光明局面。

（三）项目实施计划

依据中国社会工作协会对高校开展教育扶贫计划的要求，高校在服务团队设计上要保证1—2名教师、10—20名学生参与项目实施过程。在服务数量上，项目服务团队要求至少开展10个个案服务，每个个案服务至少开展8次，服务80人次；至少开展2期小组，每期小组至少6次，服务至少120人次；至少开展2次社区活动，服务至少200人次。因此，在设计项目实施计划时，团队将学生暑期实践与教育扶贫对口计划相结合，组成项目服务团队，将时间定在2018年的7—8月。在前期预调研的基础上，项目最终定为分三阶段实施。

在2018年2—5月，团队6位老师以及20余位学生对瑞金市13个乡镇的54个贫困村进行调研，了解到该市精准扶贫政策的实施状况等。在此基础之上，并定开展服务的主要对象为"三留守"群体。

项目实施的第一阶段为需求评估。主要是通过入户访问、问卷调查的形式对村民进行需求调研，了解社区村民的大致情况，并在问卷和访问数据分析的基础上形成需求报告，摸清当地村民的发展需求，为后期开展服务奠定基础和服务方向。

项目的第二阶段为具体服务阶段。由第一批次的志愿者在2018年7月进驻社区，对接当地政府和村委，宣传项目目的和意义，为留守群体开展精神关爱等社会工作服务，营造起良好的工作氛围，回应服务对象需求。

二 社区需求评估

任何社会服务的有效开展都离不开针对服务对象的需求调研。为确切了解贫困户与儿童的更多需求，发现贫困户在生产生活中潜藏的阻碍脱贫致富的因素，运用适当社会工作方法帮助贫困户解决问题，根据调研中掌握的关于村情村貌的大致信息，团队设计了调查问卷，力求掌握访问对象存在的教育扶贫需求。问卷设计完成后进行了预调查,修改了问卷中存在的不合理之处,使问卷适于大面积发放。2018年7月开始在项目点对贫困户中留守儿童和留守老人进行调查。为提高样本的代表性,通过分层抽样和随机抽样,一共抽取43位留守老人和23位留守儿童开展调查。调查过程科学运用访谈法、问卷调查法,以更准确获取留守老人和留守儿童的信息。

(一)项目点留守老人情况

第一,生活来源渠道多元,老人基本生活有保障。村里养老保险缴纳率率高,大部分的老人不仅有来自子女的赡养费也有养老金,贫困户家庭的老人也有相应的低保金或者社会救济,一定程度上能够弥补子女赡养费用的缺失。调查显示,有16.28%的老人生活费用主要来自自己多年以来的积蓄,55.81%的老人生活费用主要来自儿女的供给,32.56%的老人生活费用主要来自自己的劳动(工作、耕地等)所得,58.14%的老人生活费用主要来自养老保险,76.74%的老人生活费用主要来自政府、社会救济,2.33%的老人生活费用来自其他途径。以上数据表明,村里留守老人的生活来源并不单一,主要有子女、政府和养老保险三大块,其基本生活可以得到保障。此外,调查显示,村里留守老人每月平均开支基本在0—700元,占样本的73.09%,仅有16.28%的老人每月平均大于700元,还有11.63%的老人无法给出大概数值。据调查人员了解,即使没有劳动能力的留守老人,他们也有保障房(免房租)可以居住,医保报销95%,74.72%的老人都表明可以承担自己的医疗费用,并且他们的基本生活状况可以得到保障,大部分老人一周都至少能吃上一次肉。由此可知,村里留守老人的"两不愁、三保障"已经基本实现,老人的收入能够维持基本生活。

第二,受教育程度普遍偏低,隔代培养力不从心。该村是"十三五"规划中的贫困村,虽然现在面貌焕然一新,民生事业、教育事业有了进一步的提升,但是由于历史遗留原因,村里老人的受教育水平普遍较低。调查显示,留守老人未受教育者占较大比例(62.79%),拥有小学学历者占25.58%,拥有初中学历者占11.63%。由于青壮年外出务工,村里大多数未成年儿童都由爷爷奶奶抚养,与此同时,老人知识水平和各方面素养跟不上时代的改变,难以在生活、学习、性格养成等各方面很好地培养孙辈。所以,村里留守儿童获取良好的家庭教育就成了一个难题。

第三，精神生活单调，担忧养老问题。村中劳动力外出务工，只剩老人和小孩在家，留守老人在家中缺少照料和谈心的对象，并且缺少娱乐活动，生活乏味，缺少精神慰藉。调查显示有大约三分之一被调查的留守老人有较强的空虚感，部分老人是由于儿女回家间隔时间太长加上很少与儿女联系而感到寂寞，且部分老人在访谈中反映觉得自己没文化没法和别人交流。所以留守老人们常感到内心空虚，生活单调，幸福感低。此外，即使留守老人的基本生活不成问题，但还是有近7%的留守老人担心自己会陷入老无所养病无所依的状态，更是有41%的老人表示他们缺乏子女的照顾。

（二）项目点留守儿童状况

1. 缺少关爱，精神空虚

儿童正处需要足够关爱的年纪，父母外出务工或一方外出务工会导致留守儿童缺少关爱或者关爱不平衡。调查显示，村里有73.91%的留守儿童由爷爷奶奶或者外公外婆负责抚养，且从留守儿童对于父母务工的态度来看，大部分留守儿童非常需要父母更多的关爱，在被调查的留守儿童中对父母外出务工持反对态度的占43.48%，持中立态度的占21.74%。对于父母均外出务工的留守儿童来说，隔代教育会产生很多问题，比如由于代沟导致孩子与长辈之间不能相互理解，或是教育方式的扭曲等。在调查中，有42%的留守儿童不会向他人倾诉心事，如果遇到困难，有30%的留守儿童选择自己解决。很多留守儿童倾向于不向外界宣泄情绪，长期如此可能会导致儿童性格冷淡内向、缺少社交能力。

2. 缺少学习伙伴和部分学习资源

样本中有73%留守儿童和祖辈生活在一起，但前文已经提到村里留守老人多数未受过教育，不能为留守儿童提供学习上的帮助，而有52%的留守儿童表示希望得到老师在学习方面的指点和帮助，65.22%的留守儿童希望有人能够陪伴自己玩耍甚至仅仅只是陪伴。尽管留守儿童就读的学校都配备了供学生借阅的校园图书馆，供学生娱乐活动的体育器材（乒乓球桌、排球、篮球等），但通过校园图书馆阅读课外书籍的儿童占52.17%，自己购买书籍阅读的占8.7%，其余皆为不怎么阅读课外书的孩子。这表明村里的学习资源还不能很好满足留守儿童的发展需要。

3. 基本生活有保障，物质支持需进一步提升

有关留守老人的结果中提及他们的基本生活是有保障的，但是仅仅只是温饱问题解决了而已，调查显示多数留守儿童从父母那拿到的生活费是用来交学费和伙食费的，占样本的78.26%，没有多余的钱去购买自己想要的一些物品。对自己的居住环境持满意态度的也占样本的73.91%。

三 社会工作的服务介入

根据对项目点贫困户中留守儿童和留守老人的需求状况调查结果，社会工作团队将社会工作介入的重点放在如何链接更多资源来满足留守人员更高层次的需求上。团队期待通过运用社会工作的个案、小组、社区方法来达成目标。

（一）第一阶段

1. 个案工作

依据之前调研成果，在本阶段服务过程，个案服务对象确定为五个贫困留守儿童和一个贫困留守老人，社会工作专业学生以一对一的形式对这六个服务对象分别开展了八次个案服务工作。本阶段个案工作的开展介绍主要围绕留守儿童群体进行；在介入服务对象前，工作者依据理论指导及现实经验的指引，为服务对象进行服务方案设计，并对服务过程可能出现的问题，给予解决。与此同时，依据服务对象需求，社工还安排其参与小组活动、社区活动，以促进服务效果。具体而言，在对贫困留守儿童的个案服务中，主要围绕贫困留守儿童因精神关爱缺失而导致的性格问题、因学习资源不足导致的学业问题开展服务。

在第一次个案活动过程中，社会工作者主要是进一步收集服务对象的信息，如服务对象的家庭信息、学习情况、心理状况、人际关系状况等，建立信息档案，培养相互信任的专业关系以及介绍服务项目、澄清活动目的。在第二次服务过程中，通过对服务对象家人进行访谈，了解服务对象更多信息，如个人兴趣、学业状况、性格特点等，进而从家庭成员着手，促进家庭成员为服务对象提供精神关爱及学业方面的支持。在第三次个案服务过程中，以服务对象感兴趣的事情着手开展对话，如喜欢的明星、运动爱好等，针对服务对象存在的性格问题给予澄清解决。在第四次个案服务中，通过游戏的方式，激发服务对象的学习兴趣，并为服务对象提供学业辅导服务，给予其学习资料。在第五次个案服务过程中，与服务对象一起制定成长计划，其中包含学习计划及能力提升计划等，并针对上期个案学习任务，为服务对象提供学业支持。第六次个案服务融入小组活动中，通过使服务对象参与到小组活动的趣味运动会，为服务对象建立更多同伴关系，打开服务对象的内心，增加认知、留下童年印象。第七次个案服务对案主家庭关系进行适当干预，通过叙事疗法，让案主回忆家庭成员之间存在的一些矛盾以及相互协助的画面，对服务对象进行心理疏导，引导其理解对家庭成员的一些行为方式，并实现自身发展。第八次个案服务组织服务对象家庭成员一起进行，回顾个案工作历程，总结个案收获，邀请服务对象及其家庭成员畅想未来，鼓励其勇敢面对未来，最后处理好离别情绪。

2. 小组工作

在小组服务方面，团队共开展了六次小组活动，服务对象为 8—10 岁贫困或留守儿童，小组定位为成长性小组，服务人次 11 人。此外，团队还通过数次走访、访谈组建起了一个以村委妇女主任为领导的小规模留守妇女发展小组，主要活动为每晚的广场舞排练。

第一期小组活动主要是通过系列破冰游戏，促进组员与组员、组员与工作者之间的相互认识，让组员了解活动开展的意义。首先，在活动开始前，社会工作者进行自我介绍和项目介绍；其次，开始"挤眉弄眼"破冰游戏，营造良好的活动氛围，提升组员参与的热情；再次，通过"五指山"活动让组员画下自己的手型，从大拇指依次写下自己的星座、个性、最喜欢吃的东西、最喜欢的运动、最喜欢的歌，并在中间写上自己的姓名，工作者在组员完成后进行收集，以在下期活动开展过程使用；复次，开展"你画我猜"游戏，热场且为接下来制定小组规范进行铺垫；最后，社工引导组员画"好一棵大树"，并用白纸裁剪好"果实"，组织小组成员讨论对小组期望以及小组规范，把期望写在果实上后贴于希望树上，形成的小组规范作为"土壤"写在希望树的根部。活动结束，社工告知组员下次活动开展时间和地点，并制作小组通讯录。

第二期小组活动以建设团队为主要目标，通过游戏环节来增强了组员之间的团队凝聚力和协作能力，使组员之间的感情得以上升。首先，将上期活动中"五指山"环节组员的制作成果进行展示，随机发送给其他组员，并邀请组员将卡片内容进行朗读，并指认是哪一位组员的成果，由此增进组员间的认识；其次，通过"桃花朵朵开"游戏，提升组员参与活动的热情，增加小组的凝聚力及合作意识；再次，开展"趣味画坊"，让小组组员进行限时讨论，然后通过一人一笔的形式，完成一幅水彩画，让组员选出志愿者对作品进行公平评比，由此来促进留守儿童想象力、观察力、表达力和动手能力，增强团队的协作能力和公平意识；最后，邀请组员对本次活动进行总结，发现活动的意义及其不足，从而提升活动效果。

第三期小组活动中，面对留守儿童存在的学习问题，工作者期望通过激发组员的阅读兴趣给予帮助。首先，通过词语接龙的游戏，激发组员的参与热情及思考能力，让组员了解自身词语积累水平，明白积累词语的重要性，从而引入阅读的主题；其次，通过经典导读，让组员对一些古代作品进行分析，进而进行分组书画创作，作品最终由组员志愿者进行评比，从而获得相关奖励；再次，工作者邀请组员分享阅读过的一些书籍，为组员提供展示自我的机会，并激发其他组员的学习热情；最后，工作者对本次活动进行适当总结，并分享自己的阅读书籍，让组员选择其中两本进行发散思考。

第四期小组活动工作者为组员开展了趣味运动会活动，以期通过运动会的形式丰富组员童年经历，帮助他们培养有益身心的爱好，让组员在运动中收获快乐和友谊。在前几期活动过程，工作者了解到组员们大多都喜欢在家看"奔跑吧兄弟"这档综艺节目，因此工作者依据节目内容，设定了一些可开展的小组活动。如"背对背夹气球""踢气球""贴膏药""呼啦圈接力"以及组员们擅长的"扔沙包"游戏，最后为他们提供小零食以及颁发活动奖品。活动过程组员积极参与，在一些游戏中，组员通过组间竞争、组内协作的方式，来增强自身的拼搏意识和组织协调能力。

第五期小组活动以"感恩有你，一路前行"为主题展开活动，通过感恩故事分享会的形式，培养组员对父母的日常行为的同理心，树立起感恩意识，认识感恩父母的重要性。在小组活动开始前，组员对于上期"扔沙包"环节印象深刻，因此让工作者再次开展，工作者就将之前服务方案设计的活动进行一定改变；游戏环节的结束，工作者带领组员对

"诺亚方舟"的情景进行思考,即主持人给出设定情境,假设洪水暴发,组员有一艘诺亚方舟,让组员选择愿意搭载的五个人,接着随着方舟渐渐漏水,他们要删去一些人,来保证方舟不会下沉,最终删到只剩下两个人。游戏结果和工作者预估相差无几,大部分组员最后剩下的通常是父母,主持人由此发问为什么最后剩下这两个人,从而引出感恩父母的话题。活动过程每个组员都很认真,陷入沉思,工作者先分享了自身的感恩故事,随后组员也开始一次分享。活动最后,工作者和组员约定今后在日常生活中要常怀善意、感恩的心。

第六期小组活动中,工作者主要带领组员对前期活动进行回顾总结,促进组员相互交流,巩固组员在小组中所取得的成效;同时针对结案,处理好组员的离别情绪。在前两期活动中,工作者就和组员说明了结案日期,以使结案工作顺利进行。活动开始,工作者先组织大家开展"心有灵犀一点通"暖场游戏;接着带领组员回顾前五期活动,边回顾边提问边反思,加深组员印象;回顾完毕邀请每位组员分享在小组中的收获与感悟,以及印象最深的一次活动或一件事;最后,工作员对整期活动进行总结,指出组员所取得的进步与改变,对情绪低落的组员进行安抚,为每位组员发放纪念相册,以期望组员记得活动过程所学所感,进而促进今后行为的改变。出乎意料的是,一些组员也悄悄为工作者准备了留念礼物和信件。

3. 社区工作

在介入过程中团队开展了多次社区活动。活动之一为社区文艺汇演。在开展社区活动前,工作者通过村委召集、自身入户宣传等手段,号召村民参与活动,集中展示团队参与村里的精准扶贫工作,及其所带来的变化和影响。在开展个案和小组工作时,工作者就巧妙地融入一些社区工作准备活动。在读书小组活动开展中,工作者带领组员读过的《少年中国说》拓展成一次集体诗朗诵,并在社区活动中进行表演;对某内向自卑的个案对象开展工作时,培养其成为朗诵领读者。此外,以妇女主任为领导的留守妇女活动小组,经由每晚的广场舞排练,其排练成果也在社区活动上向村民进行展示。在本次社区活动中,尽管工作繁多,但工作者尽早设计了活动方案,设计布置舞台、招募村民、争取村委支持、争取当地志愿者协会支持、联系乡镇领导、联系报社记者、采购物资以及排练节目等程序全部有条不紊地进行。文艺表演过程,社会工作者指引村民及当地领导入席就座;主持人上台致开幕词,介绍到场的重要嘉宾;社会工作者进行暖场表演;领导上台致辞;项目负责人向村民介绍项目;村留守妇女小组及社会工作者进行广场舞表演;留守儿童及社工进行《少年中国说》诗朗诵表演等。

社区活动之二为"七夕上门拍照"活动,活动主要以老年人为主,以弥补老年人因年轻时生活条件约束而造成的浪漫体验不足、增强夫妻感情、丰富老年人晚年生活为目标,使老年人在七夕佳节同样可以感受到节日的快乐与幸福感。与此同时,通过走访社区,在社区营造浓厚的传统节日氛围,传播社区文明和谐新风,教育青少年发扬"敬老·助老·爱老"的传统美德。社会工作者在前期初步拟定社区活动方案后,团体内部进行了任务分配。活动得到了村领导干部的支持与帮助,带领工作者挨家挨户走访社区。与此同时,社会工作者发动了当地儿童(包含两阶段的个案和小组服务对象)作为志愿者引领社工走访村庄,协助相关活动的开展。在实际活动开展过程,工作者们聆听村里老人的爱情故事,记录下他们生活的点滴感受和他们的生活状态。一段时间后,社工将冲洗好的照片赠送给村民,同时将照片汇集成册。

社区活动之三为社区医疗卫生大讲座。考虑到村里主要人员构成是老人和儿童,八月天气暑热、疾病多发,工作者于是策划了一场医疗卫生大讲座活动。活动邀请到当地卫生院副院长进行讲座,以普及健康安全知识和常见疾病防控为重点,为农村的留守老人及留守儿童提供全面的医疗安全知识教育。在讲座结束后,护士为老人进行免费测量血压和心率,给老人普及高血压疾病日常需要注意的事项。

四 项目效果

项目共开展正式个案工作 60 次、服务对象 10 人,开展小组工作 126 次、服务 21 人,开展社区活动 4 次、服务 212 人,基本完成项目服务的数量要求。与此同时,社工个案、小组、社区活动的开展,对当地贫困人口的精神文化需要也给予了一定满足。社会力量的协作,也为村庄发展提供更支持,从而使精准扶贫工作圆满完成。

(一)个案工作效果

个案服务对象主要聚焦留守儿童和留守老人,针对留守人员存在的一些物质缺失及情感缺失进行帮扶。在为儿童开展个案工作的过程中,工作者主要帮助服务对象进行自我认识，树立其自信心；提升其人际交往能力；培养积极的生活态度，正确认识生活环境及处理生活面临的一些问题；提升其认知水平，协助其树立的奋斗观。在一些服务中，工作者发现，服务对象在交流过程从之前的"低头沉默"转变为"正视沟通"；不仅不再排斥与外界建立联系，而且主动为外界提供帮助。而一些服务对象在多次会谈后，与家人相处的方式方法有了极大的改善，开始理解家人，主动与家人建立良好的互动关系，协助家人做力所能及的事务。在对老人的个案服务中，工作者采取优势视角，帮助一些服务对象消除自卑情绪，客观认识到自身所处环境。与此同时，工作者抓住服务对象生活的主要支撑者如服务对象妻子、孙女等其他重要关系人物，为服务对象构建支持性社会网络，促使老人发生关键性的改变，建立起积极乐观的生活态度。此外，工作者通过链接可利用的资源，协助服务对象解决生活所面临的一些困难。丰富了服务对象的业余生活，扩大了服务对象及其家庭的社会支持网络，减轻了服务对象的生活负担，使服务对象获得更多社区及社会的关爱。

（二）小组工作效果

小组工作侧重为贫困或留守儿童提供成长陪伴型服务，促使农村留守儿童的关爱需求得到较大程度满足。通过系列小组活动，服务对象在服务过程中接触了新观念，开拓了眼界和视野，逐渐树立自信。活动过程中，农村留守儿童与他人交流的意愿得到激发，互动积极性和交往主动性提高，对人际交往有了更加全面和积极的认知，在群体中初步构建起了社区情感互助网络。内向胆怯的组员在工作者的鼓励引导下敢于表达自己的想法。有些不注意遵守规则的组员，在组员的影响下树立了规则意识和互助合作的团队精神；还有部分积极的组员参与到活动设计中，具备一定的协调组织能力。这些活动对留守儿童家庭以及农村社会环境还产生了潜移默化的影响。在活动过程中，儿童家长以及村委领导就一些小组活动内容和工作者进行讨论。

（三）社区工作效果

在社区活动中，通过节目表演，为一些外向、有能力儿童提供提升自己、展示自己的舞台，为一些性格内向的留守儿童搭建可以表现的平台。在活动前，几位儿童告诉工作者，他们特意叫了自己家长和朋友前来观看，由此可以感受到儿童对活动以及亲人关注的期待。在活动进行时,很多家长都特意给自己孩子的表演进行摄像。这次社区活动,不仅使村庄热闹起来了,将村庄的闲置场地用起来了,更重要的是将大家聚起来了。而对于留守妇女,工作者在前期就号召一些成员加入广场舞队,并教授相关舞蹈,使其在社区活动中进行展示。无论是排练过程还是社区活动过程,她们都积极参与,使本次节目收获良好效果。在经过这一次有组织的排练后,当地妇女主任向工作者透露,她准备将村内更多贫困留守妇女号召起来,扩展这个小组,并计划每周一起学习一支新的舞蹈,充实她们的闲暇生活。通过此次合作,提升了村中留守妇女对自我的认同和赏识。

在七夕拍照活动中,当工作者进行入户宣传的时候,村民们虽然腼腆,却也对活动表现出极大的兴趣,纷纷整理装束配合拍照,并在拿到照片的时候都露出了害羞却不失自豪的笑容。领到照片的村民不仅将照片摆放于客厅、卧室的醒目位置,还时不时来社区服务站走动,参加村里的一些自发活动,而一些没有拍到照片的村民还隔三岔五向工作者询问是否仍有这样的活动。而健康知识讲座不但让村民们接触一些与自身生活息息相关的医学常识,还在活动过程进行相关体检,了解自身身体状况。响应本次活动最为积极的就是村庄的老人,有好几位行动不便的老人,在得知活动主题后,仍结伴而来。健康的体魄,对于一些村庄留守老人来说更加重要,对他们其中的一些人来说,身体一旦出现问题,就意味着没有了家庭收入,并且可能陷入就医难、生活难的境地。活动的开展,一方面抚慰了他们对病痛恐惧的内心;另一方面也可感受到村集体以及外界的关爱及支持。

第二节 社会工作介入精准扶贫的困境分析

尽管扶贫实践取得一定服务效果,但在服务过程,项目团队在活动开展过程也面临一定困境,其中包含社会工作在介入精准扶贫过程存在的困境,以及在扶贫工作中存在的困境,以至于最终形成的服务效果并未达成预期所想。

一 社会工作介入精准扶贫的困境

第一,扶贫条件相对艰苦,专业人才参与度不高。对专业认同度不高、扶贫工作薪资待遇少、基层工作环境差、任务艰巨等问题，是造成社会工作专业人才不愿参与到农村地区工作的主要因素，进而导致社会工作介入扶贫的力量较为薄弱。在组建社会工作瑞金扶贫团队时，并不是所有社工专业学生都参与其中，通过对部分未参与的学生进行访谈发现，一些学生对专业认同度不高的现象依旧存在，如有同学觉得自己今后不从事社工职业，因此并不愿意积极参与其中，转而从事其他职业。且学生认为，相对从事其他职业及进入专业社工机构所能得到的薪资报酬，社会工作学生参与精准扶贫的津贴相对较少；另外，在农村开展社会工作相对城市的工作环境要较为恶劣，一些同学进而不愿前往农村开展扶贫工作。一些学生缺乏在农村生活的经验，对当前农村政策、农村生活经验不了解，面对农村工作有畏难的心理，因而不愿参与到扶贫工作中。

第二，服务对象对社工认知度低，社工活动开展受到质疑。社会工作在我国的发展已有三十多年，但在各地发展成熟状况却并不一致，相对而言，东部发达地区社会工作发展较西部地区更为成熟；而在一些社会工作发展并不成熟的地区，一些服务对象群体甚至不知道社会工作专业到底是什么，当看到社工和政府部门有联系，便将社工看作政府人员。团队的入户调查往往由当地干部带领下开展，因此，一些农户一开始就将社工认为是大学生村官、"领导"等。这就导致社会工作者在介入服务时，有些服务对象一开始就形成上下级关系的概念，从而对社工信赖度不高、使劲哭穷等。社工较难获得服务对象的真实信息，影响接下来工作的开展。当然，在走访社区的过程，也有一些群体因对基层工作不满意，进而对社工工作也不认同、比较排斥，拒绝社会工作者介入服务。此外，除对社工身份缺乏认知，一些年龄较大的服务对象还对社工开展扶贫工作的能力及其专业性存在质疑；看到前来开展服务的是尚不成熟的大学生，服务对象一开始的积极性就不高，认为社工帮不到自己什么。

二 社会工作参与精准扶贫的实现困境

第一，社工扶贫知识不足，扶贫效果弱化。尽管前往项目点开展活动的主要人员是社会工作专业师生，但在农村开展社工服务过程，依旧存在扶贫知识不充足的现象，如对农村生活知识、农村政策、社会工作实务方面的欠缺。尽管项目开始前对团队成员就精准扶贫政策以及农村生活方面做过一些培训，但在实地活动开展过程，一些学生依旧未能将服务效果最大化。比如一些学生因农村政策不了解，在设计服务过程，容易忽视对相关政策资源的链接；同样的，一些学生因缺乏农村生活经验，不了解当地居民生活习惯及话语体系，在开展社区活动过程无法与当地群体适应，从而出现社区服务效果没有实现最大化。此外，一些学生在为老年群体开展服务时，因觉得自身对老年社工服务知识的缺乏，而在实践中不知如何开展老年社工服务，影响服务进行。

第二，行政力量支持不足，扶贫力量弱化。精准扶贫是一项国家政策，在基层开展社工服务过程，基层干部的大力支持，有利于达到较好的服务效果。相应的，缺少行政力量的支持，社会工作服务在一定程度上会受到影响。项目团队在介入过程中，常常需寻求当地干部的力量，如引导社工学生入户，为社工学生提供扶贫资料，对扶贫对象生活情况给予介绍等。但有时基层干部自身具有较多工作，从而无法为团队提供较多帮扶，如因缺少基层干部对社工工作的宣传，在开展第二阶段的社区服务时，团队要花费更多精力进行上门宣传。在社区入户工作中，因缺少行政力量的支持，一些居民还不知道社工的身份，从而导致社工较难进行介入。

第三，项目化运作，服务效果持续性弱。当前我国社会工作介入精准扶贫的实践，很大一部分是政府部门或民间组织对社工服务的项目化购买，但项目化开展社工服务有时间、人力、财力等限制，以及对工作完成数量有指标要求。因此，这在一定程度上就容易导致社工为了在规定时间、资源内完成项目要求的服务数量，而无法对服务效果给予保证；甚至有些社工组织在开始时就形成只注重数量、不注重质量的认知，服务开展积极性较弱，服务效果质量较差。本案例受制于高校的既有教学安排，只能采取 2 个月集中介入的方式进行。为了完成项目规定的服务数量，社工学生常常时隔一天就得再次对同一个服务对象开展服务，从而限制活动开展的张力，如在个案工作过程，可能刚与服务对象建立信任关系，就面临结案的情形。此外，项目化操作也容易导致项目结束、服务终结后，服务对象在后期发展过程所需支持资源中断，使服务前期效果大打折扣。随着项目的结束，服务人员也从当地撤离，最后只能依靠电话回访等方式了解服务对象后续发展,甚至一些服务对象在很长一段时间依旧联系社工想寻求一定帮助。这呈现了项目购买服务下的后续力量跟进不足的问题,难以形成长期、专业成体系的社会工作介入精准扶贫的服务模式。

第十四章

专业性与实践性：社会工作协同精准扶贫的困境分析

第一节 社会工作协同精准扶贫的实践缘起与目标

社会工作起源于扶贫济困工作，同时作为社会组织的核心组成部分，与精准扶贫工作密切相关。国家层面也看到了社会工作与精准扶贫的同构性，提出"实施社会工作专业人才服务贫困地区计划"。实践表明，社会工作参与人类反贫困事业具有与生俱来的优势，其为困难人群服务的价值观、以评估为基础开展服务的科学精神与实践[①]、扶贫方法和角色上的技术靶向[②]都与精准扶贫不谋而合。经过多年的反贫困实践，社会工作在主体性和组织性两个层面形成了一套相对成熟的嵌入模式。主体性介入层面，指以社会工作为倡导者、引领者发起的一系列反贫困行动。组织性介入层面，即社会工作作为行动者参与的一系列反贫困行动，政府或相关部门作为倡导者，鼓励社工介入反贫困而开展的措施。例如在教育领域，依据国务院扶贫办等《关于支持社会工作专业力量参与脱贫攻坚的指导意见》提出的"实施社会工作教育对口扶贫计划"，中国社会工作教育协会先后召开两次教育扶贫大会，动员202所高校参与社工教育扶贫；在贫困地区留守群体领域，截至2016年年底，民政部启动实施了支持300多个国家级贫困县发展"三留守"人员社会关爱的社会工作服务；在儿童服务领域，民政部于2017年启动实施了社会工作服务机构"牵手计划"，扶持发展社会工作服务机构100家

---

① 王思斌：《精准扶贫的社会工作参与——兼论实践型精准扶贫》，《社会工作》2016年第3期。

② 侯利文：《社会工作与精准扶贫：理念牵引、技术靶向与现实进路》，《学术论坛》2016年第11期。

第十四章 专业性与实践性：社会工作协同精准扶贫的困境分析

等等。

由上可知，在精准扶贫背景下，外部社会环境的驱动加之社会工作内部发展的主动性为其专业性实践带来了一系列契机，而目标的达成，是社会工作参与反贫困效果的直接衡量因素。具体而言，社会关系协同精准扶贫的目标主要涉及两个方面。首先是实践层面的两大功能的实现，第一是实现照顾，一直以来，社会工作关注弱势群体的生活质量，而残疾人、重病者、"三无"老人、失依儿童是农村贫困群体的重要组成部分。给予这部分群体照顾是社会工作者可以提供的专业服务，社会工作者依托社区平台，通过社会供给和个人服务的形式，提供照顾服务，是社会工作的核心目标；第二是改变社会，在反贫困领域，社会工作一直是积极的实践者，尤其是在精准扶贫背景下，社会工作通过扮演一系列角色，例如服务提供者、资源链接者、支持者等提供服务，其目的不仅仅是改变个人的困境，更期望通过倡导者、改革者的角色，改变对贫困群体的消极公共态度。① 改变社会是社会工作的最终目标。其次是专业层面的目标达成，由于历史等因素，国内的社会工作发展深受西方社会工作的影响，尤其表现在理论的舶来和经验的引进，这一做法在社会工作发展早期起到了非常大的成效，但是也为本土专业社会工作的理论建构与专业自信方面的发展留下了隐患。借助精准扶贫这一具有代表性的反贫困工程，社会工作寄希望通过实践性的参与，能带来专业性层面的发展，尤其是专业自信的树立与本土化社会工作理论的发展。

由此可知，社会工作在参与精准扶贫工作中带有一定的任务导向和目标导向，表现在不仅要求实践层面的发展同时关注专业层面的提升。但是，在具体的操作过程中却发现，社会工作协同精准扶贫依然存在一系列困境，尤其是制度缺位导致反贫困社会工作存续更这些加艰难。② 在区域资源上的供给不足，也导致社会工作效率低下。社会工作自身实践中的"问题视角"也阻碍了反贫困社会工作的模式创新。可以看出，政策的支持与社会工作的实践表现尚未达成一致，导致在具体的操作中出现类似矛盾。而此类矛盾归根结底在于社会工作的实践性与专业性的

---

① [美] 莫拉莱斯：《社会工作：一体多面的专业》，顾东辉等译，上海社会科学院出版社2009年版。

② 曹迪：《社会工作在我国精准扶贫战略中的发展困境反思》，《吉林广播电视大学学报》2018年第12期。

失衡。理解专业性与实践性的失衡不仅可以为社会工作理论和反贫困理论提供新的思路,而且对于社会工作协同精准扶贫也有更具体可操作的指导意义。基于这样的需要,本书从社会工作协同精准扶贫的专业性和实践性出发进行研究,以期望能为矛盾的缓解提供指导。

第二节 社会工作介入精准扶贫的实践困境分析

在具体的实践中,社会工作通过对领域、视角和过程三方面进行专业化介入,首先是介入领域方面,当前社会工作主要对建档立卡户的个人或家庭进行干预;其次是介入视角方面,社会工作以优势视角为主要视角,挖掘贫困户潜能,提升其可行能力;最后是介入过程方面,社会工作主要是与政府合作,设定指标以帮助贫困群体。不可否认,借助于以上三大措施,社会工作在介入精准扶贫中取得了显著成效,但是,介入领域的单一化、介入视角的表面化以及介入过程的指标化也为社会工作干预的服务成效、服务专业化以及社会效益上带来了一系列困境。

一 介入领域的单一化倾向,导致服务成效带有区域性

现行标准下的贫困人口是精准扶贫的帮扶对象,让被认定为贫困户的群体脱贫是脱贫攻坚的最终目标。社会工作参与精准扶贫便是对建档立卡户进行干预,提供服务,提高这部分人群创收的主动性和可及性。在农村中,被评为贫困户的核心指标是经济收入是否达到规定线,这一衡量方法确实能识别出一部分服务对象。然而根据美国社会工作协会者协会(NASW)对社会工作的定义,社会工作是帮助个人、群体和社区提高或恢复其社会功能能力的专业活动,并致力于建设有利于达致此目的的社会环境。[①] 可知,社会功能受损的个人、群体和社区才是社会工作的服务对象,主要包括老、幼、病、残、鳏、寡、孤、独等弱势群体和边缘群体等,为服务对象营造良好的社会环境也是其服务内容。因此,社会工作的对象不仅是经济上处于贫困线以下的群体,其他无法良好地适应社会的个人、家庭或社区都有可能成为社会工作的服务对象。

---

① Washington, D. C. & NASW, "Standards for Social Service Manpower", *National Association Of Social Workers*, 1973.

仅将经济水平作为衡量是否成为服务对象的标准会导致社会工作在反贫困中带有介入领域的单一化倾向，而这也不可避免使得社会工作的服务成效呈现区域性，即获得国家贫困身份认证的个人、家庭享受绝对优势的社会工作服务，而同属于贫困区域的非贫困个人、家庭则被边缘化，这也为日后埋下风险。例如，入户调查发现，部分贫困线以下的村民通过接受政府帮扶，例如低保、合作社分红、田地补贴等收入经济上可以达到贫困线以上，不能成为社会工作的服务对象，但是其生活状态及社会关系都非常混乱，家庭功能丧失，主观上十分消极被动，这类村民其实也十分需要社会工作的服务。

二　介入视角的表面化倾向，难以保证服务的专业性

所谓的视角（perspective）是人看问题的不同切入点，是人的不同思维架构和不同的思维模式①，视角的运用帮助社会工作用系统性、组织性的方法看待事物，社会工作的产生与发展都不开"视角"二字。当前，社会工作已经形成了相对成熟的视角体系，包括心理动力视角、认知和行为视角、沟通和建构视角、人际关系视角、系统和生态视角、增能视角、优势视角、多元文化视角、社会发展视角等等，视角的应用保证了社会工作服务的专业性。但是在精准扶贫中，由于扶贫工程一开始就带有强烈的"政治意图"和"政治色彩"，加之脱贫任务重、周期短，导致整个扶贫过程的明显的任务导向和指标导向，贫困户的经济水平达标是唯一也是最终目标。但是社会工作的干预是一个系统性的过程，干预视角的选择依据是对服务对象情况非常综合细致的了解和评估，有时候一个案例甚至涉及多个视角的综合运用，后期计划——介入的行动与策略——评估都是以此为基石展开。但是在调查中发现，为了应对扶贫的各项指标、在短期内完成经济脱贫任务，社会工作在操作中往往保守选取最简单易操作的视角，以此为指导进行干预，这也就导致社会工作服务的专业性得不到保证。

三　介入过程的指标化操作

社会工作概念来自于西方，我国社会工作虽然处于起步阶段，尚未

---

① 闻英：《社会工作中问题视角和优势视角的比较》，《南阳师范学院学报》（社会科学版）2005年第10期。

形成成熟的发展体系,但是近几年的实践取得了很好的发展成效,尤其是东部地区由于地理优势,实践经验相对丰富。但是在中西部农村地区,社会工作的认识度低,尤其是区域性差异、基础设施状况、社工实际发展程度等因素使得社会工作在农村地区的服务开展举步维艰。而我国的贫困地区又集中在中西部民族地区、边疆地区,这无疑增加了社会工作介入精准扶贫的难度,也间接地导致了社会工作过度依赖政府,无法形成双向互动关系。调查时发现,部分专业社会工作机构和实务人员在对贫困户的干预时,越来越倾向于绩效,以考核指标和核心流程为主,指标达成即意味着介入结束。例如一位接受了社会工作服务的贫困户反映:"每次参加社会工作活动前就让我们签字,一次活动就要签好几张表,我们大字也不认识几个,听那些认识字的人说这是证明活动对我们有效果的表。"这种"赶考式"社会工作忽视服务对象的社会联系和关系,不能把握社会和个体因素在社会情境中的影响,迷失了社会工作独特的专业价值,更不要说实现工作的改变社会目标,即无法在社会层面产生效益。

四 介入结果短期化,扶贫质量有待考究

社会工作协同精准扶贫的初衷是帮助贫困者实现长期脱贫,而不仅仅是为了在干预期内应付考核、完成任务。当前的干预模式主要是以目标为导向,强调发现贫困者的贫困问题,并对问题进行具体化、简易化以及可操作化干预,从而改善对贫困者的现状。这种做法确实可以呈现非常漂亮的脱贫数字,但是,精准扶贫的最终目的是实现贫困者"智志双扶",提高贫困群体的社会福利,社会工作作为专业的助人活动,其目标是帮助社会上的困难群体,预防和解决部分因经济困难或不良生活方式而造成的社会问题。同时开展社区服务,完善社会功能,提高社会福利水平和社会生活素质,实现个人和社会的和谐一致,促进社会的稳定与发展。[①] 如今一味追求干预结果的短期化,社会工作的专业价值不仅会遭到质疑,其扶贫成效也有待考究。例如,一位农户反映:"社会工作办活动就是送东西给我们啊,有米啊,油啊,被子啊那些,有时候

---

① 王思斌:《精准扶贫的社会工作参与——兼论实践型精准扶贫》,《社会工作》2016年第3期。

拿完东西就可以走,有时候要坐在那里听他们讲,讲完了就给我们东西。"为了在短期内取得成效,社会工作频繁地向贫困对象送米、送油等,并没有站在贫困者的角度思考贫困对象到底缺什么,这也就导致整个干预结果短期化,质量不高。

第三节 专业性与实践性:社会工作介入精准扶贫的困境机制

一 专业性视野中的社会工作与反贫困

专业性视野认为,长期的实践使社会工作在反贫困领域形成了一套自己的扶贫模式。在介入精准扶贫的过程中,社会工作首先强调以人为本,尊重处于弱势地位的贫困群体的权利,在具体的服务过程中尤其强调倾听贫困群体的声音,以专业理念为指导,采取干预行动,从发展的视角看待贫困群体,协助贫困群体进行行为和观念的调整和改变。促使贫困群体改变动机、增强其自我功能的同时,社会工作也尤其强调从生态系统理论视角看到其发展,不仅关注贫困群体当下,也关注其过往经历;不仅关注心理、生理维度的适应,更强调社会维度的改变,并不断营造良好的社会支持环境,接纳、鼓励他们,从而使贫困群体拥有更多的改变机会。只有社会工作与贫困群体建立了信任合作的辅导关系,共同理解整个"助人自助"的过程,贫困群体才能充分参与其中,由表及里、由内到外实现脱贫致富,社会工作才能真正发挥专业价值,维护专业权威。具体而言,这一模式具有以下特点。

第一,社会工作有自己的价值驱动:注重贫困群体的内在改变。社会工作在协同精准扶贫的过程中有自己的价值驱动,即注重贫困群体的改变,表现在关注贫困群体内源式增长。所谓的内源式增长是相对于外源式增长而言,指的是贫困群体脱贫致富的动力主要来自于主体的内源要素,通过对这些要素的干预实现贫困群体自我发展的一种内生逻辑的增长模式[①],由于服务对象的自身信仰系统包含主体的各项内源要素,因此,社会工作认为,在为贫困群体提供服务时,应当尊重和理解贫困

---

① 杜书云、徐景霞:《内源式发展视角下失地农民可持续生计困境及破解机制研究》,《经济学家》2016年第7期。

群体的自身信仰系统，其中包括贫困群体对自身现状的价值、原则、态度和期望等等。[1] 自身信仰系统的各项要素决定贫困群体对自我功能的认知方式和深度，而自我功能作为贫困群体内源式增长的重要决定因素，那么价值观、原则、态度以及期望不可避免地成了影响贫困群体内源式增长的主要要素。在"助人自助"价值理念的驱动下，社会工作通过与服务对象建立信任合作的专业关系，深入了解贫困群体的信仰系统，通过引导、提问、倾听、接纳、理解等技巧，可以了解服务对象无法摆脱甚至回避贫困现状时的主要困扰要素，并以此为切入点，帮助服务对象修复信仰系统，挖掘服务对象的内在能力，包括自我独立性、自我自主性、寻求改变的动力等。

第二，关注能力增长、注重可持续解决贫困问题。能力增长一直是社会工作努力的方向，相比于短期的物质帮扶，社会关注更注重帮扶成效的长期性和脱贫的可持续性，在社会工作看来，提升贫困群体的可行能力是实现这一目标的最佳途径。因此，在精准扶贫中，社会工作更关注对贫困群体的能力挖掘，尊重贫困者作为个体的尊严和潜能。贫困群体既是贫困问题的呈现者，同时也是贫困问题的解决者，而贫困者能力的丧失是其无法发挥解决者角色的最大障碍，基于此，社会工作专业服务活动的焦点是发现、修复及提升服务对象的能力。具体在精准扶贫中，社会工作主要发展贫困群体的两个方面的能力。一是贫困者自身的能力，主要涉及就业能力、需求的表达能力、资源的寻找和协调能力、与家庭、社区的沟通和互动能力等；二是贫困者心理层面的能力，主要是贫困者个人的人格系统中自我和超我的功能，具体包括理性判断能力、行为的控制能力、对美好生活向往的能力、心理承受能力、自我效能感等。为了帮助贫困者发现和提升能力，社会工作者会借助制度安排、惯习传统、意义世界、社会组织、物质设施等与贫困者进行互动。当贫困者的某一能力得到提升时，社会工作通过奖励或者惩罚的方式使其得到及时的强化，并引导这一能力即使在服务活动结束之后依然能够运用在生活中，从而使脱贫的成效得到可持续性维持。

第三，坚持整体视角，注重人与环境的整体交互改变。一直以来，系统和生态视角在社会工作专业活动中始终占据着重要的地位，尤其在

---

[1] 童敏：《社会工作理论》，社会科学文献出版社2019年版。

反贫困领域,社会工作更关注人与环境的整体交互改变,个人与环境始终处于相互转换的过程中,贫困者个人的改变不是直线的方式,从需要的起点到目标的终点,而是发生在与环境互相影响的过程中。因此贫困者与环境之间就具有了一种交互影响的特征,不仅贫困者个人会影响环境,同时环境也会影响贫困者,如果不了解环境的影响,离开了社会工作者,贫困者便无法预测未来变化的。[①] 而也正是基于个人与环境之间的内在关联和相互转化的思考,社会工作的关注焦点必然转换到个人与环境之间的匹配状况,既包括人对环境的适应,也包括环境对人的支持。在精准扶贫中,社会工作的重心有两方面,一方面提高贫困者对外部环境的应对能力,包括在家庭、社区、政府、社会组织的环境中做出自己的应对行为;另一方面是为贫困者的发展提供外部环境的支持,涉及家庭功能的完善、社区活动的开展、各项扶贫制度及措施的完善等。值得注意的是,在贫困者与环境的交互改变中,合作与冲突必然共存,协助贫困者在动态调整中对其包括心理、生理、社会以及文化及价值观等层面的行为进行意义解释,是社会工作的专业性所在。

第四,注重长时段干预,且社会工作力量的构建需要社会背景脉络。社会工作专业理性要求,社会工作必须在已经编织好的社会背景脉络中开展实务,特定的条件和承托是社会工作发挥专业性力量的条件。主要包括三个方面。首先是社群认可。社会工作要想精准扶贫中实现专业价值,首要的是在以服务对象为成员的社群内取得认可,包括社群成员对社会工作有较高的知晓度、对社会工作的价值意义有较高的认可度、与社会工作有相对稳定的联系和互动。其次是社会期望,即群体根据社会工作的角色和身份,对其提出的期望,涉及包括服务对象、公众、政府以及社会工作自身等多个主体,是对社会工作的价值判断。社会期望将社会工作的实践放到了中心位置,迫使社会工作采取一系列行动回应社会期望,这一过程也将增进社会工作的专业自信,更好地发挥其显功能和潜功能,在整体上产生一种合力。由此可知,社会工作力量的建构对社会背景提出了较高的要求,与此同时,社会工作有自己的介入程序,包括接触、预评估、制定方案、实施、评估、反馈等,环环相扣而又独立,下一个环节的实施只能等前一个环节完成,加之社会工作

[①] 童敏:《社会工作理论》,社会科学文献出版社2019年版。

需要一定的社会背景脉络支持,因此,在社会工作正式介入前,为了营造一个合适的介入氛围也尤为重要。总体而言,社会工作介入精准扶贫以及产生作用的耗时比较长。

二 实践性中的社会工作与反贫困

精准扶贫的实施为社会工作实践提供了一个场域,在这个场域中,社会工作通过与政府建立委托代理关系参与贫困治理,具体而言,社会工作可以发挥以下几个功能。

第一,利用社会工作的治疗取向特点来解决贫困群体的个体问题。精准扶贫的对象是引发社会问题的"高危人群",我国社会工作作为一种后发型社会工作,解决这部分社会弱势群体的问题既是社会工作的专业需求,也是在国家和社会面前树立专业价值的契机。精准扶贫作为一项政治任务,脱贫任务是衡量扶贫成效的关键指标,为了完成这一任务,社会工作实践不可避免地要采取治疗取向、面向个体的实践方式。

在这样一种问题导向的实践方式下,社会工作持有个体主义价值取向,并付诸在具体的扶贫实践中。社会工作者认为其介入精准扶贫的价值在于帮助贫困者个人摆脱贫困,而这些贫困个体之所以陷入贫困,是因为个人在适应社会中出现了问题。因此,要使这部分人成功脱贫,社会工作必须在贫困者个体身上找到其需求,发现这些贫困者个人的问题,如性格缺陷、身体缺陷等,并以此为切入点,发现个体的动机、目的、意识,从一般性关爱、贫困户自我问题的解决、自我增能以及个体社会资本的重建来对这些个体进行干预,如此才能解决贫困问题,完成精准扶贫任务。例如,在2017年开展的对XS县中社会工作机构实施的扶贫项目调查发现,XS县作为国家扶贫开发工作重点县,政府扶贫力度相当,社会组织也不断介入,但是在XS县下面的HA乡ST村走访发现,村里存在不少具有劳动能力但待业在家的贫困者。在2018年,调研团队再次回到XS县调查,据村民反映:"两三年前村里懒汉很多,这两年好了很多,社会工作机构来了之后,带我们种树还挨家挨户看家里情况,帮我们解决问题,带着我们忙起来了,哪还有空打牌打麻将。"在一个村庄中,针对有劳动能力但待业在家的贫困者,个体主义价值观下的社会工作者以精准扶贫的任务需求为前提,在现有的扶贫政策框架内,以贫困者个人为干预单位,了解其困难,并对这些困难提供或者链接相对应的资源，必要时提供行为治疗、认知治疗、叙事治疗等服务，为其摆脱贫困提供帮助。

第二，利用社会工作的资源链接功能来协同精准扶贫的各个项目。为了完成脱贫攻坚这一政治任务，协助贫困者摆脱贫困，精准扶贫实施了一系列项目，包括十大工程、七大政策板块等，涵盖医疗、就业、教育、住房等各个领域。不可否认，很多项目都发挥了极大作用，为贫困者提供了更多层面的改变机会，但是在实施的过程中，却出现了部分贫困者同类帮扶资源重复、异类帮扶资源真空的困境，究其原因在于贫困者与各个项目、各个项目间缺乏交流。而社会工作者的介入刚好可以弥补这一实践缺陷，社会工作者认为，之所以出现以上问题，一方面是因为项目实施者将关注点仅仅放在了如何解决贫困群体的贫困问题上，缺少对贫困问题的分析；另一方面也缺少与其他项目的理解和把握。通过扮演"中间人"，社会工作首先将贫困者的贫困问题拉远一些，拉远贫困问题与贫困者的关系，关注对贫困问题的分析，将帮扶者和贫困群体的注意力转到对贫困问题的原因分析上。其次帮助各个项目增进与其他扶贫项目的差异的理解，并对如何更准确地发挥自己的功能进行更明确的把握。这样，社会工作者便可把扶贫项目的资源与贫困群体"贫困问题"的改变进行整合，同时也可促进扶贫项目间合作和资源效能，营造脱贫氛围。例如针对江西省 W 县 Y 村妇女贫困现象，2007 年社会工作开始对 W 县 Y 村进行干预。结合农村经济发展和脱贫致富的需要，在评估 Y 村的现状和困境的基础上依托已有的妇女种植业合作组织——妇女互助储金会这一社区优势资产和组织资源，社会工作者在 Y 村主要进行了以妇女为主要对象的农村反贫困社会工作试点的妇女互助储金会项目。经过十多年的发展，该会不仅有了固定资产，还建起了百合基地，开办了碾米加工厂和幼儿园等，成为妇女自食其力、集体发展的典范，成为社会工作在农村地区、贫困发展的一个典范。①

第三，利用社会工作对人的需求研究框架嵌入精准扶贫的各个环节。社会工作认为，贫困者的需求研究在扶贫的各个环节中发挥着重要的作用。在社会工作者看来，贫困者之所以陷入贫困，是因为部分发展

---

① 蒋国河、平卫英、孙萍：《发展性社会工作视角下的农村反贫困实践——W 县 Y 村妇女互助储金会的案例分析》，《江西财经大学学报》2018 年第 6 期。

需求得不到满足或者被拒绝，而确保扶贫的精准性和有效性在于实现贫困者的这些需求。基于这样的实践需要，社会工作在具体的实践中非常注重对贫困者的需求界定，通常而言，会涉及三个阶段，分别是需求的探索、需求的具体化以及需求的呈现，社会工作的重心由站在贫困者角度，了解贫困者问题的呈现方式、频率、严重程度以及把握的原因，转向将贫困需求用具体、可操作化和易解决的方式描述，最后回到将呈现阶段，即站在贫困者的立场从实现这些需求的角度来呈现这些需求，以便让贫困者认识到可以采取什么具体行动改变目前面临的需求不满足问题。① 而社会工作在明确了需求的界定之后，通过将需求研究这一逻辑框架和专业知识系统，嵌入精准扶贫的各个环节，从而对贫困群体的需求进行准确的把握，提高扶贫的质量。例如，南京市某机构联合各大高校的社会工作专业硕士组成社会工作队伍，从2014年7月开始对南京市11个区72户贫困家庭开展服务。由于部分贫困家庭处于南京周边偏远山区，交通极其不便，72户贫困对象的家庭情况极为复杂。基于这样的现实，社会工作将明确案主需求作为重中之重的工作关键点。通过与帮扶对象建立服务关系，充分了解和把握其个人及家庭状况信息，为每一位对象建立帮扶对象档案。通过掌握的信息，为帮扶对象企划帮扶方案，协同社区及社会组织等共同开展初步帮扶工作。在后期具体的干预中，也会分阶段关注服务对象的需求弹性，并及时调整帮扶方案。对服务对象需求的关注保证了服务的有效性和精准性，目前该项目已经成为民政部的重点示范项目。

第四，利用社会工作的评估功能来为精准扶贫提供效果评估。社会工作一直具有评估的功能，在精准扶贫中可以发挥重要价值，尤其是在扶贫效果评估上，具有独特优势。社会工作的评估功能的优势主要表现在其评估视角及评估内容上。首先在视角上，不同于当下精准扶贫所采取的静态视角评估，社会工作评估采用动态视角，把贫困者的过去、现在及未来进行评估比较。社会工作者认为，贫困者的现状是衡量扶贫成效的重要指标，但是社会工作者也认为，现在是过去发展的成果，因此也应当对贫困者过往的贫困经历投以关注。而对未来的期望不仅反映贫困者对现在的满意度，也是考察脱贫效果质量的重要工具，因此，社会

---

① 童敏：《社会工作理论》，社会科学文献出版社2019年版。

工作也将未来期望纳入评估。其次在评估内容上,社会工作的评估坚持"人在情境中",坚持将社会工作放到特定的场景中进行评估,认为贫困者处在多重的系统中,资源的改变只是扶贫效果的一个部分,贫困者自我功能的修复也是需要十分关注的点。因此,在效果评估中,社会工作要从贫困者外部的环境和内部的心理进行评估,包括两不愁三保障、就业能力、家庭功能、社区参与、价值观、生活期望、贫困态度等等。评估视角和评估内容的结合保证了社会工作在评估精准扶贫效果的系统性和全面性。评估结果的呈现为回应当前针对脱贫质量尤其是可持续性的问题提供了有力证明。

例如在 2018 年对江西省 JL 社会工作服务机构的调查中发现,JL 机构的社会工作服务越来越被政府和社会关注的原因在于其十分擅长运用评估,评估贯穿项目全过程,包括背景评估、输入评估、过程评估和结果评估。首先在背景评估中,JL 机构要求社会工作者坚持"人在情境中",对贫困者生存的生活场景和社会场景双向关注,包括个人、家庭和社区三方面,正如机构工作者说:"我们首先要知道服务对象到底要的是什么。"其次在输入评估中,主要帮助分析扶贫方案中干预目标设定的可及性和科学性以及方案自身的合理性和有效性。然后是过程评估,主要是对方案实施过程的持续动态监督、检查和反馈,包括开展了几个个案、几次小组,活动时长,参与人次,服务对象活动的反馈情况等等。最后是结果评估,是对整个过程最终形成实际效果、解决现实问题、需求满足状况的测量、判断与评价。① 正如一位督导反映:"活动开展的目的不仅仅是为了解决一个个案我们想要达到的是可以通过一个个案,总结经验,在社会层面产生影响力。"

三 专业性与实践性的差异互构:隔阂与形塑

根据前面可知,在协同精准扶贫方面,社会工作在专业性和实践性上都有自己的要求及模式,专业性与实践性的和谐互构保证了社会工作服务的质量,但是在反贫困的具体实践中,社会工作的专业性与实践性出现分歧,难以相互影响导致二者产生隔阂与形塑。表现在社会工作坚

---

① 袁小平、姜春燕:《社会工作在精准扶贫中的应用研究——基于 CIPP 评估模式》,《社会建设》2018 年第 5 期。

持专业主义，但是当前精准扶贫的一些特点不符合专业主义的背景要求，导致社会工作者、社会服务机构很容易选择自我的专业圈，仍在自己的圈子里跳舞，用自己的标准去对精准扶贫介入。但是，精准扶贫的政治自信，使其常常居于强势的一方，对社会工作的介入进行支配，为了生存，社会工作倾向于采取策略性的应对方式，与此同时，扶贫政策带有的阶段性和指标性固化这一行为。

隔阂的表现1：撤退主义，退出与坚守。精准扶贫作为一项重要政治任务，随着扶贫的推进，其自带的强制性、补偿性、物质性的特征不断暴露，尤其是其所带有的政治色彩将精准扶贫推向了强势地位，与此同时，社会工作专业理性要求，社会工作必须在已经编织好的社会背景脉络中开展实务，特定的条件和承托是社会工作发挥专业性力量的条件。专业视野下社会工作介入反贫困必须具备社群认可、社会期望以及环境—结构三大社会背景支持。社会背景脉络的尚未成熟加之精准扶贫过于强势的地位，在无形中增加了社会工作协同精准扶贫的困难。面对这一现状，社会工作却依然坚持专业主义，采取一种撤退主义取向的方式，表现为坚守自己的各项专业标准、价值取向、干预框架，不愿意与精准扶贫的各个环节相融入，继续做传统的社会工作增能项目，从比较难产生影响的领域退出，并且坚定这是社会工作的扶贫方向。

例如在调查的 XS 县的社会工作中发现，在对贫困对象进行干预时中，社会工作者往往采取三阶段法，接触为主的开始阶段，面谈为主的中间阶段，评估为主的结束阶段，仅仅围绕如何提高贫困者思想脱贫展开。这种方法在短期内产生了一定成效，但是由于其过于坚持专业自信，缺少与精准扶贫的其他项目的互动，难以产生同扶贫项目产生 1 + 1 > 2 的效果。社会工作介入反贫困是一项整体性的工作，不仅体现在社会工作与精准扶贫项目的整合，更体现在贫困者能力提升的整体性。在当前背景下，社会工作的撤退主义，退出新场域，在自己的圈子里坚守传统干预项目，这种战略性的撤退表面上有利于维持社会工作的专业性，然而实际上是增加了社会工作被边缘化的风险，对贫困者的全面脱贫也不利。

隔阂的表现2：老瓶装新酒，互动与交互。为了适应当前精准扶贫政策下的反贫困，社会工作机构已经开始申请精准扶贫的项目，尝试用精准扶贫的话语，但是实际上还是照着自己的一套方法、在原有的话语

第十四章 专业性与实践性：社会工作协同精准扶贫的困境分析

体系内参与扶贫，即所谓的"老瓶装新酒"。在这种方式下，社会工作虽然与精准扶贫有互动但却无法产生交互影响，即社会工作通过项目代理参与扶贫，扶贫也通过项目委托的方式与社会工作产生互动，项目资源流动、成效考核增进了社会工作与精准扶贫的相互影响，但是由于社会工作在项目的实施中坚持传统态度、原则、内容、方式等，例如社会工作一直认为贫困者自我功能的恢复、社会关系的修复，是摆脱贫困的首要目标，但是精准扶贫项目由于其独特性，针对贫困者的两不愁三保障才是其最主要的目标，在社会工作专业自信下，贫困者可行能力依然是最高目标，这就可能导致项目的政治目标的实现延迟。

不可避免，社会工作与扶贫项目之间会缺少交互影响。在整个项目的实施过程中，扶贫项目与社会工作看似相互作用，实际上各自都是作为一个独立的因素，社会工作可以完全独立于项目进行扶贫，精准扶贫项目也可以独立于社会工作。"老瓶装新酒"看似可以有互动，却没有交互影响，社会工作与精准扶贫的隔阂产生。在这种隔阂下，社会工作采取的是因果分析法看待与反贫困之间的关系，认为社会工作具有自己的专业价值，是不需要改变的，需要改变的是精准扶贫及贫困群体，在这种逻辑框架下，社会工作自然而然就成了指导精准扶贫或者贫困群体改变的"专家"，不需要调整其专业方法和专业行为，精准扶贫和贫困群体成为被改变对象，不能对社会工作的调整产生影响。

形塑的表现1：中短期取向下的增量嵌入。精准扶贫作为一项政治任务，由于政府在整个关系中的特殊地位，政府利益和政府作为始终是其绕不过去的因素，加之脱贫的时间紧、任务重，为了在非常有限的时间内完成扶贫任务，但是相应地，政府与社会工作机构签订的协议也必然带有时间和任务要求，而为了完成政府的购买订单，社会工作对扶贫群体的改变不得不放弃长期的能力目标，而选择一些立竿见影的增能方式，以最快的速度发现贫困户的问题，例如身体缺陷或是家庭功能的丧失等，以此为出发点进行干预改善贫困户境遇，导致整个扶贫呈现出以量计算的嵌入特点。

政府作为委托方，为了对代理方的福利服务进行监督保证购买服务的质量，通常会对社会工作的干预进行评估，当前采用的主要是政府工作人员的评估方式，受扶贫考核指标的影响，委托方参照政府内部绩效考核体系对社会工作服务的专业化和规范化进行考核，具体指标包括做了多少个案活动、小组活动，帮助多少贫困户增收创收，多少贫困户在其帮助下脱贫等。为了在短时间内完成数以量计的考核指标，社会工作机构将很大一部分精力放在完成量化的指标上，在扶贫实践中带有量化的干预特点。其次是结构化的干预。众所周知，社会工作是由一整套标准化的干预程序的，涉及接案与预估、制定计划、实施计划、评估结案与跟踪，各个环节相互关联。① 在扶贫中，贫困对象在贫困原因及现状、家庭功能、关系网络等方面各有不同，而社会工作是一个与服务对象协商交流的过程，最终帮助服务对象提升能力，自己解决问题。程序的严苛、服务对象的复杂，加之脱贫任务迫在眉睫，社会工作在具体的实践中往往采取结构化的干预，即干预项目即干预过程等都是有规划的，甚至是直截了当的。增量的嵌入特点在短期内可以产生效用，但是却无法保证扶贫质量尤其是脱贫的可持续性。

形塑的表现2：目标取向，非内源性取向以及先易后难的关爱。社会工作与精准扶贫产生形塑的第二个表现是社会工作的目标取向，具体而言表现在两个方面，一是非内源性取向。"助人自助"是社会工作的原则，在此原则下，社会工作积极与案主建立平等对话的信任关系，尊重案主的主体性地位，通过共同合作帮助服务对象恢复和提高自我功能，可见，社会工作的是一种内源式取向的干预。然而在具体的扶贫实践中，为了帮助贫困户达到"两不愁三保障"，完成扶贫任务，社会工作采取了一种目标取向的干预，提供服务的目的是为了解决问题、消除问题。在这个过程中，社会工作者充当专家的角色，将贫困户视为有问题的人并放置了被动的地位，直接告知贫困者什么是对的什么是错的，简单总结、观察和评估贫困者的问题，并以此为依据，对贫困者进行干预，从而更好地回应扶贫任务，帮助贫困户收入达至标准线之上。

二是模式上采取先易后难的关爱。对于社会工作者来说，社会工作者与贫困对象之间的关系绝不是简单的服务或者被服务的关系，更是一种信任合作的关系，其中包含了社会工作者对贫困者的关爱、接纳、理解、共情、用心等。关爱是社会工作可以提供的最简单的服务，如果仅仅只有关爱，缺少接纳等技巧，那么社会工作也无法准确把握贫困者的

---

① 李迎生、郭燕：《推动社会工作精准介入反贫困实践》，《中国人民大学学报》2018年第5期。

需求，与其他助人组织相比也没有其独特的专业价值。而在社会工作协同精准扶贫的过程中，目标为主的取向往往将社会工作推向最简单的关爱操作，甚至将此简化为解决贫困问题的具体步骤和方法，这种缺乏对贫困者价值和发展潜能的关爱，必然会导致扶贫成效大打折扣。

精准扶贫为社会工作在反贫困领域提供了一个很好的施展身手的机会，通过二者的互动可以实现双赢。但在具体实践中，精准扶贫与社会工作却产生了不均衡的互构，精准扶贫的政治自信，导致社会工作比较难影响精准扶贫的场域，而社会工作的专业自信，又助推了其在自己的圈子里跳舞，用自己的标准去对精准扶贫介入。最终形成了精准扶贫与社会工作产生隔阂，但是又形塑了社会工作的局面。隔阂与形塑都是专业自信衍生品，归根结底是社会工作在我国弱小的表现。

第四篇

提升社会力量协同贫困治理效能的策略

本篇拟在借鉴社会力量参与反贫困国际经验的基础上，结合新时代贫困治理对社会力量协同的新要求，探讨社会力量协同贫困治理的思路、原则以及提升策略。

第十五章

社会力量协同贫困治理的
国际经验与趋势

贫困是一个全球性问题，不仅发展中国家，发达国家也同样面临这一社会问题。为实现联合国《2030年可持续发展议程》中"消灭贫困，消除一切形式的贫困"的目标，世界各国政府均积极展开反贫困行动，以推动贫困地区经济、社会的全面发展，提升贫困家庭及个人的能力素养，最终实现摆脱贫困的目标。实践表明，反贫困是一项系统的社会工程，具有艰巨性、复杂性、长期性等特点，仅依靠政府的力量难以完成，多股社会力量形成合力、共同应对反贫困难题是世界各国的必然选择。世界各国尤其是发达国家在社会力量协同反贫困的道路上积累了非常丰富的经验，并取得了一定成效。本章分别梳理总结了发达国家、发展中国家社会力量协同反贫困的发展历程、主要举措及取得的主要成就，并结合我国国情，提炼出了对我国精准扶贫的有益经验，这对于提升我国社会力量参与精准扶贫的广度和深度，打赢脱贫攻坚战具有十分重要的借鉴意义。

第一节　发达国家社会力量协同反贫困的经验

一　发达国家的贫困问题

发达国家（Developed Country）又称已开发国家和先进国家，是指那些经济和社会发展水准较高，人民生活水准较高的国家，又称作高经济开发国家（MEDC）。发达国家具有基础设施较完善、公共服务水平较高、人均国民生产总值较高、人民生活品质较高等普遍特征，总的来说，发达国家的国民生活水平要高于发展中国家。但这并不意味着发达国家不存在贫困问题，统计资料显示，英国、法国、美国、加拿大、澳大利亚等高度发达国家都存在不同程度的贫困现象。以中位收入（Median Income）的50%或以下作为贫困线，2016年，美国贫困人口的比例是丹麦和冰岛的3倍——美国是17.8%，后两个国家均在5.5%左右，加拿大和澳大利亚的贫困率也很高，分别是12.4%和12.1%①，资料显示，加拿大目前共有490万贫困人口，每七个人中就有一人生活在贫困中。② 欧洲国家尤其是欧盟成员国作为老牌资本主义国家，工业发展起步早，经济发达，社会不平等水平较低，但根据官方数字和标准，欧盟的贫困现象也很普遍。2017年，欧盟成员国约有1.128亿人生活在贫困或有社会排斥风险的家庭中，占总人口的22.4%，其中6.6%的人处于极度贫困状态。③ 综上可知，发达国家的贫困问题同样突出。

与发展中国家不同的是，发达国家的贫困更多地表现为相对贫困。欧美学者对于贫困的解释也更多采取多维视角，不仅仅局限于收入层面。如学者鲍罗·怀特尔（Boro white）认为，美国的贫困更多的是一种心理行为，一种主观感受，在美国有相当一部分穷人所面临的真正问题是富裕国度中的贫困问题。④ 马歇尔·萨林斯（Marshall Sahlins）则认为，贫困并不一定意味着个人财产的缺乏，世界上最原始的人很少占有什么，但他们并不穷，贫困既不是东西少，也不仅仅是手段与结果之间的一种关系，更重要的是，它是人与人之间的一种关系，贫困是一种社会地位。⑤ 阿马蒂亚·森则提出"可行能力"的概念，他认为平等和不平等并不仅仅是指获得的社会和物资产品——个人还必须有能力能够有效地使用他们，贫困背后的实质是能力低下和社会权力的被剥夺。⑥ 以上三位学者不再局限于物质层面，而是采用相对贫困的视角，分别从心理感受层面、社会地位层面以及个人能力、个人权利层面来定义贫困。

---

① OECD: *Poverty Rate* (2019), https://data.oecd.org/inequality/poverty-rate.htm.
② *Canada Without Poverty: Basic Statistics About Poverty in Canada*, http://www.cwp-csp.ca/poverty/just-the-facts/.
③ Eurostat: *People at Risk of Poverty or Social Exclusion by Age and Sex*, September, 2020, https://appsso.eurostat.ec.europa.eu/nui/submitViewTableAction.do.
④ 汪树民：《战后美国贫困问题研究》，博士学位论文，复旦大学，2004年，第24页。
⑤ 杜宇：《农村残疾人扶贫二十年》，《中国残疾人》2012年第3期。
⑥ ［印度］阿玛蒂亚·森：《以自由看待发展》，任赜等译，第85页。

二 发达国家的反贫困历程

发达国家的反贫困斗争是一个漫长的过程,按反贫困主体的不同,可以将其划分为以下几个阶段。

第一阶段:个人、家庭以及邻里为主体的自助阶段(工业革命前)。工业革命爆发以前,和落后的自然经济相适应,抵御生、老、病、残、灾等生存风险亦主要由个人和家庭来承担。统治阶级出于维持统治和剥削的需要,有时也在低水平与小范围内,对于尚能参加劳动的统治和剥削对象,在他们尚能参加劳动的时候,承担最低生活保障的义务,并于被统治对象陷入贫困时实际提供最低生存保护。① 这一时期,统治阶级虽然在一定程度上为贫民提供保障,但其范围和水平都极其有限,大多数贫民都没法获得来自官方及时、有效的救助,个人在陷入困境时,更多的是向家人或邻里求助。"一个好邻居不仅要关心和同情住在他隔壁的寡妇或孤儿、痛苦的贫困者、承受丧亲之痛者,或者为恶人所困者,而且要出手相助,要拜访他们,以言辞安慰,解决他们迫切需要,并真诚且有爱心地劝告那些误入歧途的人。"② 这说明邻里之间的守望相助是当时重要的反贫困方式。

第二阶段:慈善组织为主体的慈善救济阶段(工业革命时至第二次世界大战期间)。工业革命爆发后,欧美国家的经济社会结构发生了巨大变化,社会转型加速了传统社会福利模式的解体,原来农业社会传统的生活方式与家庭保障、邻里互助传统遭到破坏。③ 市场经济的推进又导致了社会贫富差距拉大,贫民、失业者人数大增,社会问题频发,社会矛盾尖锐。④ 西方国家为了缓解社会矛盾,也制定了相应的反贫困制度,如英国《伊丽莎白济贫法》、德国汉堡制以及爱尔伯福制,但由于贫困人口激增,政府只负责救济没有劳动能力的老、弱、病、残、孕和精神病患者,还有大量贫困人口在政府的救济范围之外。为弥补政府扶

---

① 孟曙初:《统筹城乡社会保障制度建设研究》,博士学位论文,中共中央党校,2004年,第53页。
② [美]罗伯特·H.伯姆纳:《捐赠:西方慈善公益文明史论》,褚蓥译,社会科学文献出版社2017年版,第8页。
③ 李迎生:《西方社会工作发展历程及其对我国的启示》,《学习与实践》2008年第7期。
④ 李迎生:《社会工作概论》,中国人民大学出版社2010年第3版,第33页。

贫的缺口，各类民间慈善组织纷纷成立，开展募捐、施粥、庇护服务，救济贫民。汉娜·摩尔（Hannah Moore）在《时髦世界的宗教》一文中，将18世纪称为"仁善时代"（the Age of Benevolence）。统计资料显示，到1861年，仅伦敦地区就有640个慈善机构，到1872年，慈善组织增长到900家以上①，这表明发达国家的反贫困斗争由自助阶段进入慈善救济阶段。

第三阶段：国家为主体的福利国家阶段（第二次世界大战结束后至20世纪80年代）。第二次世界大战结束前，美国总统富兰克林·罗斯福（Franklin Roosevelt）在《大西洋宪章》中提出"言论自由、信仰自由、免于恐惧的自由与不虞匮乏的自由"，这四项自由是人的基本人权，这为西方各国家建立社会保障提供了依据。第二次世界大战结束后，英国经济学家威廉·贝弗里奇（William Beveridge）认为要在战后重建英国，必须铲除疾病、贫穷、愚昧、怠惰和匮乏这"五害"，建立"从摇篮到坟墓"的一整套社会福利制度。据此，"福利国家"的雏形初步建立，继英国之后，瑞典、法国、丹麦、挪威、奥地利、比利时、荷兰、瑞士、意大利等先进工业化国家也纷纷按照"福利国家"模式建立社会保障体系，国家成为社会福利的主要提供者。② 此外，金融危机的爆发也在一定程度上促使西方发达国家反贫困的主体由慈善组织向国家的转变。20世纪30年代金融危机在美国爆发后迅速向全球范围蔓延，西方发达国家受到的冲击尤为严重，企业倒闭、银行破产、工人失业等问题的出现导致贫困人口暴增，贫困由经济问题转变为严重的社会问题，为维持社会稳定，政府开始接过慈善组织扶贫济困的"担子"，承担对公民的救助责任。这一阶段，政府成为国民福利与公共服务的直接提供者，替代了原先慈善组织在社会救助与社会服务中扮演的角色。

第四阶段：国家、慈善组织以及个人的多元主体阶段（20世纪80年代后至今）。长期以来，福利制度一直被看作发达工业化民主国家的一个本质特征。但是随着经济全球化的深入发展、社会矛盾与冲

---

① 中国公益研究院：《慈善与社会体制改革——历史背景和政策导向》，中华慈善百人论坛，2013年。
② 李迎生：《西方社会工作发展历程及其对我国的启示》，《学习与实践》2008年第7期。

突的加剧，发达国家的福利开支不断增加，政府的财政负担日益加重，欧美等发达国家普遍面临福利危机。以英国为例，20世纪70年代后，英国遭遇严重的经济与社会危机，经济发展停滞不前，"从摇篮到坟墓"的福利制度让政府财政不支，负担过重。80年代，以撒切尔夫人为首的保守党政府削减社会支出，收缩社会服务项目，将社会服务私有化，通过契约外包方式购买慈善组织的服务，慈善组织再次成为英国反贫困斗争中的重要主体。20世纪八九十年代，社会工作作为西方发达国家反贫困斗争中的重要力量，其理论体系已日趋完善。社会工作组织在参与反贫困工作中始终坚持"助人自助"的助人理念，坚持贫民的主体地位。综上所述，20世纪80年代后，西方发达国家开启了以政府、慈善组织以及个人等为多元主体的反贫困阶段。

三 发达国家社会力量协同反贫困的主要经验

从上述西方发达国家反贫困主体的演变历程中可以看到，社会力量尤其是慈善组织一直是发达国家反贫困事业中的重要组成部分，它们凭借先进的服务理念、专业的服务技巧以及规范的管理制度为贫困地区带来希望和改变，其中有许多成功的经验值得我们借鉴和学习。

（一）独立性强，扶贫工作效率高

发达国家倾向于让非营利组织自我发展、自我管理和自我监督，政府只在宏观层面为非营利组织提供政策支持，为其营造良好的外部环境。具体实践上，如怎样募集资金、资金如何配置，开展哪些服务、怎样开展等则完全由组织内部自行决定。因而，在反贫困实践中，这些非营利组织的独立性非常强，具体来说，其独立性主要体现在组织结构上。

组织结构上，我国社会组织的发展不仅是市场经济的产物，同时也是党和政府简政放权的产物[①]。与我国不同，西方慈善组织大多是民间人士出于强烈的人道主义精神而自发组织成立的，这些组织与政府是一种合作伙伴关系而非上下级关系，组织内部架构精简，办事效率高，自治能力强。

---

① 曾永和：《当下中国社会组织的发展困境与制度重建》，《求是学刊》2013年第5期。

（二）注重能力建设，扶贫成效具有可持续性

发达国家非营利组织在扶贫过程中始终坚持"助人自助"的理念，不仅仅局限于为贫困家庭及个人提供物质上的援助，还注重培养他们的自助意识，提升他们的自助能力。以某国非营利组织为例，其反贫困项目主要由以下四个子项目组成。

①庇护服务。致力于为那些流离失所的家庭和个人提供短期和长期的住房援助，每年，该组织约为9905970名无家可归者提供安全、舒适的住所，并帮助贫困家庭及个人恢复健康、重建尊严以及重返稳定的生活。

②膳食援助服务。贫穷意味着贫困家庭常常需要在"吃饱"和"穿暖"之间做出痛苦的选择，但在这两者之间进行选择是一件不可能的事情，也正因如此，该组织成立食品商店，为贫困家庭及个人提供营养指导、食品选购以及膳食援助等服务。

③希望之路项目。该项目旨在为那些希望采取行动打破贫困代际传递的儿童家庭提供个性化服务，除了提供情感慰藉服务外，该组织还致力于找出导致家庭贫困的最根本原因。通过帮助贫困家庭及个人克服失业、住房不稳定、缺乏教育等难题，逐渐引导贫困家庭走上一条稳定的道路，最终实现自给自足。

④就业援助服务。该组织在反贫困事业中始终坚持"授人以鱼不如授人以渔"的助人理念，他们认为如果贫困家庭想从根本上摆脱贫穷就必须增强自身能力，因而致力于为贫困家庭提供教育资源、职业训练和就业岗位。当家庭为稳定的就业做好充足准备时，该组织会减少资金、食物以及住房等方面的援助。

由上可知，该组织在具体的反贫困工作中，除了提供必要的资金、食品以及住房援助外，还非常注重贫困家庭及个人的能力建设，重视贫困人口的能力和素质的提升，使其在失去外力援助的情况下也能独立发展，能有效降低贫困人口返贫风险。

（三）因地制宜，扶贫工作针对性强

发达国家非营利组织尤其是慈善组织较大规模的反贫困实践可追溯至英美慈善组织会社时期。这一阶段，虽然慈善组织主要是通过物质援助的方式为乞丐、流浪汉以及难以维持基本生活的家庭和个人提供帮助，但也体现了一定的专业性，比如家境调查设友好访问员对申请者的

家庭背景、生活环境以及个人情况等进行详细的调查，一方面是为了核实贫民申请资料的真实性；另一方面是增加对贫民的了解，以提供针对性、个别化的救济。经过一个世纪的发展，发达国家反贫困实践也呈现出一系列新特点，其中最为明显的是反贫困重点从反绝对贫困变为反相对贫困，反贫困内容从反物质贫困转变为反精神贫困，反贫困方式从生活救助变为资产建设①。这些新变化、新目标在扩张了非营利组织参与减贫工作广度与深度的同时，也要求非营利组织提供更为专业、更具针对性的服务。

（四）组织公信力高，扶贫资金使用效率高

非营利组织的公信力是指社会和公众对非营利组织的认可度、信任度和满意度。②公信力作为一种无形资产，象征着组织的生命力，直接决定组织获得资源的多寡、与利益相关方的合作关系，对组织的成长发展起着至关重要的作用。

发达国家民众对非营利组织很信任，非常热衷于慈善捐款。CAF（Charities Aid Foundation，英国慈善救助基金会）发布的报告称，2018年，在被问及"以下哪一项最能说明你向慈善机构捐款的频率？"时，约有51%的英国公民认为他们"时不时"（from time-to-time）向慈善组织捐赠，25%的英国公民"每月"（monthly）向慈善组织捐赠。该报告还显示，约51%的英国公民认为慈善组织非常值得信任，而认为慈善组织不值得信赖的只占16%。从上述数据可以看出，英国社会公众对慈善组织的信任度处于较高水平。③

发达国家非营利组织之所以有较高的公信力，究其原因主要有三点：社会大环境的信任值普遍较高、完善的监管体系以及严谨的行业自律。宏观社会环境方面，发达国家由于长期受"自由、平等、博爱"宗教思想的熏陶，人与人之间的信任度非常高。"2017—2020世界价值观调查"（World Value Survey）数据显示，73.9%的丹麦人认为社会上绝大多数人可以信任，挪威、芬兰、冰岛的数据分别为72.1%、68.4%、62.3%。相反，发展中国家尤其是较贫困国家如津巴布韦、阿

---

① 李迎生等：《社会政策与反贫困：国际经验与中国实践》，《教学与研究》2009年第6期。
② 李迎生：《慈善公益事业的公信力建设论析》，《中共中央党校学报》2015年第6期。
③ Charities Aid Foundation：CAF UK Giving 2018, An Overview of Charitable Giving in the UK, March 2018, https://www.cafonline.org/.

尔巴尼亚、尼加拉瓜等国只有少数人认为其他人是可信的,其占比分别为2.1%、2.8%、4.2%。① 可见,发达国家的社会信任水平较发展中国家高。

监管体系方面,发达国家政府对非营利组织非常信任和支持,监管较宽松,主要是通过注册资格的审批、年度报税、主要捐款者和管理人员基本信息报告以及要求财务信息披露等方式来进行监管,发达国家对非营利组织的具体监管更多依靠第三方评估机构以及媒体、社会公众来进行,如德国的社会福利问题中央研究所、英国的慈善委员会等,这类机构的存在对于约束、规范非营利组织的行为具有重要作用。

行业自律方面,发达国家非营利组织的自律程度非常高,组织内部设有理事会和监事会,代表公众管理监督该组织的事物。此外,为了共同维护行业声誉、改善服务质量、更有效地动员资源,非营利组织还成立了行业协会。由于发达国家的非营利组织具有完善的监管体系和严谨的行业自律传统,这些组织的运作非常透明、信息公开化程度高,每年都会主动发布详细的年度报告,公众可以随时获取组织活动的开展情况以及资金流向,因而对非营利组织非常信任。

第二节　发展中国家社会力量协同反贫困的经验

一　发展中国家的贫困问题

发展中国家的贫困问题表现为绝对贫困。1985年1月,时任世界银行行长克劳森(Clausen)在美国佐治亚州的讲话中曾提到:所谓绝对贫困,就是指那些穷得难以取得足够量热卡食物的人们,缺少热卡的人是没有足够的精力去做其他任何事情的,当一个家庭无法取得足够热卡食物时,他们的孩子容易患病。② 我国学者李珍则认为,绝对贫困即指贫民在较长时期内处于一种低于最低的物质生活水准的生活状态,基本生活需求难以得到满足。③ 可以看到,国内外学者对于绝对贫困的定

---

① World Values Survey: Online Data Analysis,July 2020,https://www.worldvaluessurvey.org/WVSOnline.jsp.
② 克劳森、柳卫玉:《发展中国家的贫困问题》,《现代外国哲学社会科学文摘》1986年第6期。
③ 李珍:《社会保障理论》,中国劳动保障出版社2001年版,第143页。

义有不同的表达，但其本质含义是一样的，即在绝对贫困状态下，人们的基本生存需求得不到保障。当前，发展中国家的贫困现象更多表现为绝对贫困，其中最明显的表征为食品不足，面临饥饿问题的人口数量大。食品援助基金会（Food Aid Foundation）发布的数据显示，发展中国家的营养不良率为12.9%，亚洲地区的面临饥饿问题的人口数量最多，撒哈拉以南非洲地区的饥饿发生率最高；在发展中国家，三分之一的儿童发育不良，六分之一（约1亿）的儿童体重不达标，6600万小学生饿着肚子上课。① 经过漫长的反贫困斗争，发展中国家的贫困问题虽然已经有所减轻，现阶段呈现出绝对贫困和相对贫困并存的特点，但更多的还是表现为绝对贫困问题，消除绝对贫困依旧是各个发展中国家的重点。

发展中国家的贫困范围广，程度深。作为后发国家，发展中国家尤其是最不发达国家的工业化、城市化起步晚、进程慢，社会经济水平低，国民生活水准普遍低于欧美等发达国家，贫困的范围和程度都要比发达国家严峻。按照世界银行"每天生活费为1.9美元或以下"的贫困标准，2015年世界贫困发生率为10%，也就是说还有7亿多人生活在贫困线以下，其中大部分贫困人口分布在发展中国家尤其是撒哈拉以南非洲地区以及南亚地区，这两个地区的贫困人口约占世界总贫困人口的83%左右。② 从上面的数据可以看到，发展中国家的贫困范围广，贫困人口基数大。由于发展中国家社会经济发展水平较低，贫困地区更是缺乏相应的发展资金，因而普遍存在基础设施落后、产业结构单一、教育水平低下、思想意识落后等问题，导致这些地区的贫困程度日益加深，反贫难度大。

发展中国家的贫困问题集中表现为农村贫困。从贫困人口的城乡分布来看，大多数极端贫困人口——约有80%生活在农村地区，发展中国家农村和农村人口更是贫困的主体。统计资料显示，发展中国家18.2%的乡村人口生活在极度贫困（即每天生活支出不满1.9美元）之中，而城市人口的这一比例为5.5%；27.4%的乡村人口生活在中度贫困之中，而

---

① Food Aid Foundation: Hunger Statistics, https://www.foodaidfoundation.org/about-hunger.html.

② The World Bank: Poverty & Equity Data Portal, http://povertydata.worldbank.org/Poverty/Home.

城市人口的这一比例为 10.7%。① 发展中国家的贫困人口主要集中在乡村是由多重原因造成的，自然条件方面，贫困乡村地区大多地处偏远，具有生态环境恶劣、物质资源匮乏、自然灾害频发等特点，如我国的"三区三州"深度贫困区，印度的比哈尔邦、曼尼普尔邦、奥里萨邦，撒哈拉以南非洲地区等的发展都受到自然条件的限制。贫困农村地区的基础设施、生产技术以及思想意识等极其落后，缺乏有利的发展条件。

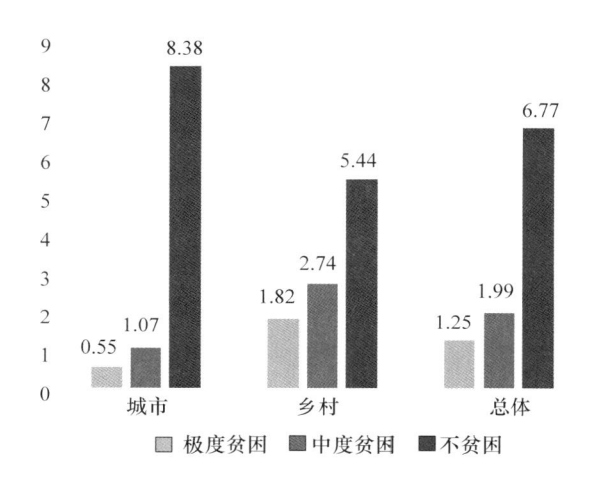

	极度贫困	中度贫困	不贫困
城市	0.55	1.07	8.38
乡村	1.82	2.74	5.44
总体	1.25	1.99	6.77

图 15-1　发展中国家城市与乡村极度贫困、中度贫困以及不贫困的比例
数据来源：联合国粮食及农业组织官网（http://www.fao.org/home/en/）。

二　发展中国家的反贫困历程

发展中国家在反贫困的道路上已经走了许久，未来也还有很长的路要走，与发达国家慈善组织积极参与反贫困的传统不同，发展中国家的反贫困工作普遍由政府主导、实施并推进。这一方面源于发展中国家经济发展水平低、区域发展不均衡；另一方面，发展中国家的贫困强度深、范围广，反贫困的难度远远大于发达国家，因而需要调动大量的人力、物力和财力来应对贫困问题。在这种社会结构和贫困形势下，只有运用政府强大的政治动员能力，从国家层面出发，整合多方资源，才能

---

① Food and Agriculture Organizationg of the United Nations, Ana Paula de la O Campos, Chiara Villani, Benjamin Davis and Maya Takagi: Ending extreme poverty in rural areas- Sustaining livelihoods to leave no one behind, http://www.fao.org/3/ca1908en/CA1908EN.pdf, 2018.

达成反贫困工作的规模效应，从整体上降低本国的贫困发生率。世界经验表明，越是贫困地区，其市场主体越脆弱，市场越不容易发挥其作用，扶贫对政府的依赖程度越高，这些地区也是最容易脱贫后再次返贫的地区。但是面对普遍的贫困问题，发展中国家政府的人力、物力、财力等资源有限，反贫困斗争仅依靠政府单方面的努力是难以取得胜利的。为此，政府应该加强与商业机构、NGO 组织的多方协作机制构建，明确精准脱贫这盘"大棋"中不同主体的角色定位，只有扶贫各主体职责分明、利益协同，扶贫事业才能真正激发起全社会的澎湃动力。① 此外，世界银行的调查数据显示，世界贫困率从 1990 年的 36% 下降至 2015 的 10%，平均每年约下降一个百分点，但是 2013 年到 2015 年两年的时间里，贫困率才总体下降一个百分点。② 贫困率下降速度减缓也表明仅仅依靠政府单方面的努力已无法解决当前的贫困问题，联合社会力量协同反贫困是各个发展中国家的必然选择。

例如，1987 年，泰国第六个农村发展计划明确提出"改善农村贫困人口生活质量、增强贫民自力更生能力"的目标，其四大战略之一便是提高民间组织和私营部门的参与程度，改变政府单一作战的局面。1995 年，越南也在政府的支持下成立了社会政策银行，社会政策银行是一家非营利性机构，专门为穷人提供信贷服务以帮助他们摆脱贫困。1992 年，在印度政府及印度农村和农业发展银行的支持下，印度农村妇女自助团体（Self-Help Groups，以下简称 SHGs）成立，作为一股民间力量，SHGs 在提升了贫困地区农村妇女经济收入的同时，也增强了她们的能力与社会资本，有效弥补了政府反贫困工作中的不足。由此可见，协同社会力量参与反贫困工作，是当前广大发展中国家反贫困历程中的必然选择，发展中国家反贫困工作经历了政府单一主体向政府与社会力量多元主体共同协作的转变。

三 发展中国家社会力量协同反贫困的主要经验

（一）实施教育扶贫，打破贫困亚文化

刘易斯的贫困文化论认为，穷人由于长期生活在贫困中，会形成

---

① 石文先：《推动社会力量可持续扶贫》，《江淮时报》2019 年 4 月 19 日第 6 版。
② The World Bank: Poverty & Equity Data Portal, http://povertydata.worldbank.org/Poverty/Home.

一套特定的生活方式、行为规范、价值观念等，即"贫困亚文化"，此种文化一旦形成，便会对周围的人，特别的穷人的后代发生影响，从而代代相传，贫困于是在这种亚文化的保护下得以维持和繁衍。该理论认为，穷人往往知识贫乏，眼界狭窄，只关心眼前利益和个人利益，具有强烈的及时行乐倾向，穷人自身的精神、观念、知识等是他们陷入贫困的主要原因。① 发展中国家的反贫困工作长期由政府主导，主要是通过社会保障和社会福利制度来缓解贫困，在专门的反贫困计划中，也较多以"输血式"扶贫的路径开展，如 2013 年，印度政府开启了现金扶贫计划，直接向数百万贫民派发现金，这一计划虽然减少了扶贫过程中的腐败现象，但容易使贫民产生依赖心理，难以从根本上改变贫民的生存状况。总而言之，"输血式"的反贫困模式，不仅无法打破贫困亚文化、提升贫困地区及个人的自我发展、自我积累能力，同时还会助长贫困家庭及个人"等、靠、要"的依赖思想。因而，发展中国家社会力量在参与反贫困过程中，非常注重教育扶贫，通过教育来激发贫民及其子女的自助动机、提高贫民的参与意识，以弥补政府扶贫的不足。

Sunshine Project 是由一对普通夫妇于 2002 年成立的印度非营利性机构，创始人 Kuku 初到德里时发现街头到处都是沿街乞讨的乞丐，这些乞丐中，非常大一部分是儿童，有的是无家可归的弃儿，有的则是贫民窟家庭的孩子，也有举家行乞的情况。为了改善这一状况，Kuku 和妻子决定照顾这些儿童，给贫穷孩子一个正常的童年，帮助他们建立正确的生活态度和人生观。Sunshine Project 除了提供课业辅导和饮食外，还帮忙付学费、接送孩子上下学、提供干净的衣服，在孩子不舒服时带他们去看病，可以说，Sunshine Project 的服务项目非常完善。但即便如此，在机构成立初期，很多家长仍不愿意把孩子送过来，因为他们觉得孩子在街上乞讨赚得更多，能够补贴家用。为此 Kuku 和妻子常常去这些乞讨儿童的家中，一遍一遍和这些家长沟通儿童教育及正常童年生活的重要性。经过十几年的努力，Sunshine Project 第一批救助的儿童已经长大成人并学有所成。如穆罕默德·乌马尔是该项目第一批儿童之一，在刚开始的时候，他的父母并不同意他来 Sunshine Project，甚至故意不

---

① 李迎生：《社会工作概论》，中国人民大学出版社 2018 年第 3 版，第 560—561 页。

照料他，因为这样他看起来会更惨一些，能在街头讨到更多的钱。在Kuku的劝说下，穆罕默德·乌马尔加入了Sunshine Project，顺利完成了学业，并在马克斯·穆勒·巴万（歌德学院）上了德语课程，毕业后在奥地利的一家公司里找到了一份好工作，可以说，Sunshine Project从根本上改变了穆罕默德·乌马尔的一生。由此可见，Sunshine Project不止照顾贫困儿童的生活，并且言传身教，通过教育帮助他们建立了正确的生活态度和人生观，砍断了贫穷代际间的传递。[1]

（二）注重农村金融体系建设，实施金融扶贫

农村金融服务，一般是指在农村地区提供的存款、贷款、汇兑、保险、期货、证券等各种金融服务。[2] 我国学者贺雪峰认为农村金融的重点并非金融本身，而是通过金融来激发起农村基层组织的活力，从而可以对接国家资源，保持农村社会治理的底线。[3] 部分发展中国家如孟加拉国、印度等农村金融体系非常完善，通过金融扶贫有效为贫困家庭及人口提供了有力的资金支持，助力贫困地区脱贫攻坚。

孟加拉国的乡村银行扶贫模式被认为是世界上规模最大、效益最好的扶贫项目之一。孟加拉国乡村银行又被称为格莱珉银行，是由孟加拉国经济学教授穆罕默德·尤努斯于1978年创立的一种民间扶贫模式，主要是向贫困农民发放小额信用贷款，支持他们发展风险小、易操作、见效快的生产经营项目，帮助他们尽早摆脱贫困。[4] 到2018年，仅40年的时间，尤努斯已经在孟加拉农村地区成立了2568家银行，共2893个办公点，为900多万元借款人提供贷款服务。从上述数据看来，格莱珉银行在孟加拉国的规模非常大，基本上每1.5个乡就有一个办公点。这一模式的反贫困效应也非常显著，调查数据显示，格莱珉银行帮助65%的借款人及其家庭成功摆脱贫困，并且97%的借款人为妇女。格莱珉银行在帮助贫困家庭摆脱生活困境的同时，也增强了女性的自助意识、自助动机，提高了贫困地区女性的家庭及社会地位。格莱珉银行的

---

[1] Sunshine Project, *Story of Sunshine Project*, http://www.projectsunshineindia.org/story_sun_project.html.

[2] 中国人民银行农村金融服务研究小组：《当前中国农村金融发展存在的主要问题——中国农村金融服务报告第四部分》，《农村工作通讯》2008年第19期。

[3] 贺雪峰：《最后一公里村庄》，中信出版社2014年版，第217页。

[4] 袁赞礼：《孟加拉乡村银行扶贫模式利在何处》，《中国改革》1997年第7期。

创始人尤努斯也因此被称为"为穷人服务的银行家",并于 2006 年被授予"诺贝尔和平奖"①。

孟加拉国的扶贫模式具有以下几个特点:①严格筛选贷款扶贫对象。格莱珉银行的贷款审核标准非常严格,银行工作人员会亲自上门调查家庭情况,此外,申请人还需接受为期七天的有关格莱珉银行政策的培训,并要通过相应的考试才能获得贷款资格。对此,尤努斯教授认为:"由小组与考试造成的压力,有助于确保只有那些真正有需要,而且对此十分严肃的人,才能够真的成为格莱珉的成员。那些日子还过得去的人们,通常会觉得那些麻烦、不值得。即便认为值得去做,他们也通不过我们的测试,还是会被迫离开小组的。在我们的小额贷款规划中,我们只需要有勇气、有抱负的先行者,他们才是能够成功的人。"② ②无抵押贷款,实行小组成员联保制。尤努斯教授在进行考察时发现,因为贫民没什么可抵押的,因而很难从银行获得贷款,在遇到急难时,贫民只能向民间高利贷借款,最终只能在贫困的泥潭中越陷越深。为破解这一难题,尤努斯首创了"小组成员联保制",即扶贫社成员按照家庭背景、生产项目、贷款需求相似的原则,每 5 户自愿结成一个小组,相互承担联保责任,一户不能按时归还贷款时,其他 4 户有义务代为偿还。③ ③实行分期还贷制,提升贫民还贷信心。尤努斯的乡村银行实行五十周还贷制,贫民在贷款后,只需在贷款的第三周开始,每周向银行归还小额的本金即可,有效减轻了贷款人一次性偿还款项的压力,"整借零还,按周还贷"的贷款模式完美契合了贫民的现状和需求。④借款人既是客户也是股东,确保了还贷率。格莱珉银行创立初期并不被看好,因为大多数人都认为:穷人是不值得被信任的,连饭都吃不上,借了钱是不会还的。但事实证明这些穷人非常守信用,格莱珉银行 2020 年 6 月的月度报告显示,7 月份的还贷率为 99.29%,远远高于商业银行。④ 这一方面得益于"按周还贷"的扶贫模式;另一方面还因为这些贫民在首次贷款时都会购买一个

---

① *Grameen Bank*:*Grameen Bank Historical Data Series 1976 – 2018*,http://www.grameen.com/data-and-report/historical-data-series-in-usd/.
② 胡静:《农村小额信贷信用管理初步研究,尤努斯模式的中国之道》,《企业家天地》(下半月刊) 2014 年第 6 期。
③ 袁赞礼:《孟加拉乡村银行扶贫模式利在何处》,《中国改革》1997 年第 7 期。
④ Grameen Bank,MONTHLY REPORT:2020 – 06 ISSUE 486 IN USD(31 August, 2020),http://www.grameen.com/monthly-report-2020-06-issue-486-in-usd/.

价值3美元的股份而成为银行股东,目前贷款者们拥有银行94%的股权,是银行最大的股东,为了让"自己的"银行运作良好,贫民们即使遇到困难也会想办法按时还贷。

(三) 注重引进境外非政府组织开展扶贫工作

发展中国家,尤其是处于撒哈拉以南非洲地区、南亚地区的国家,自然条件恶劣、生态环境脆弱、地区资源贫乏,这些国家贫困程度深、范围广、脱贫难度大。近些年,这些地区的经济、社会以及文化等获得了较大的发展,但仅依靠自身的力量仍难以解决本国面临的贫困难题。因而,发展中国家在动员本国社会力量参与反贫困工作的同时,也非常注重引进境外力量尤其是国际非政府组织(International Non-Government Organizations,以下简称INGOs)的力量来开展扶贫工作。INGOs 的发展非常迅速,资料显示,1990 年,全球仅有 6000 家国际非政府组织,到 1999 年,仅 9 年的时间这一数字已上升至 26000,当时有学者预计,2013 年国际非政府组织的数量将达到 40000。[1] INGOs 强大的组织力量为参与反贫困工作提供了可能性。较为大型的国际反贫困组织有世界银行、国际救援委员会、国际红十字会、乐施会、国际小母牛组织等,这些组织参与发展中国家扶贫的形式非常丰富,其扶贫模式可总结为三类:①提供资金支持;②协助培育本土社会组织;③设立分支机构,开展扶贫工作。研究表明,无论采取哪种模式,INGOs 都能对发展中国家的反贫困工作产生积极影响。[2] 下面以国际劳工组织(International Labor Organization,以下简称 ILO)在加纳开展的"体面工作项目(Ghana Decent Work Project,GDWP)"为例,进一步探讨 INGOs 如何在发展中国家开展减贫工作以及其反贫困效应如何。

加纳共和国位于非洲西部,近几十年来,加纳的反贫困工作取得了巨大进展,但南部和北部地区的贫困问题仍然十分突出,大部分人每天的生活费不足 1 美元,约有 24.2% 的国民生活在贫困线以下。[3] 体面工作项目始于 2002 年,是国际劳工组织、加纳政府和各社会力

---

[1] Ben-Ari, Rephael Harel, *The Legal Status of International Non-Governmental Organizations: Analysis of Past and Present Initiatives* (1912 – 2012), Boston: Martinus Nijhoff Publishers, 2013.

[2] Edmore Mahembe & Nicholas M. Odhiambo, "Foreign aid and poverty reduction: A review of international literature", *Cogent Social Sciences*, 2019, pp. 1 – 15.

[3] OXFAM: https://www.oxfam.org/.

量的一项联合倡议,由荷兰伙伴关系计划(NPP)资助,该项目旨在为贫民创造机会,使其能够在自由、公平、安全和有尊严的条件下能够体面且做出富有成效的工作。体面工作项目主要在加纳的中部和东部地区实施,在这些地区,国际劳工组织设立了生产及效益专业委员会(Sub-Committees on Productive and Gainful Employment,以下简称SPGE),SPGE一般由15人组成,成员需接受国际劳工组织的培训,培训项目包括体面工作、战略规划、资源调动、宣传倡导、地方治理以及性别议题等。小组成员负责发掘地区的潜在资源,并有效利用这些资源促进社区发展,造福社区居民。此外,SPGE还将促进社会对话,鼓励公共部门、正式经济体以及非正式经济体之间的合作,加强弱势群体以及边缘群体如非正式工作者、妇女、残疾人等的声音。如2009年,国际劳工组织在Ajumako设立了一个油棕加工厂,目前该工厂已经成为当地的一个经济增长点,直接或间接创造了约200个工作岗位。此外,国际劳工组织还在Ajumako组织推行了小型企业管理与技术培训计划,为300多名小型企业的管理者提供培训,使这些企业的业绩得到提升。

体面工作项目极大地推动了加纳经济及社会的发展,为加纳的反贫困事业做出了重大贡献,其具体减贫效应体现在以下几个方面:①培育了本土企业。该项目组织的职业培训和能力建设计划帮助本地人更好地挖掘和利用当地的资源,立足本土资源,培育本土企业、提升企业的生产力。②创造了体面工作机会。研究表明,该项目已在棕榈油行业创造了约1500个工作岗位。③改善贫民经济状况。通过参与国际劳工组织有目的、有计划的培训活动,社区居民提升了自身的能力,并借此寻得一份体面工作,从根本上改变了自身的处境,从而有能力负担基本生活必需品并支付子女的学费,将他们抚养成人,打破贫困代际传递。④改善贫民健康状况。项目参与者获得了稳定的工作,自身经济情况得以改善,因而有资金去注册国民健康保险,来获得医疗健康服务,这将改善他们的健康状况,让他们更有精力去工作,并且延长自身和家人的寿命。[1]

---

[1] International Training Centre of the ILO, Up-scaling local economic development: lessons from the Ghana decent work programme.

第三节　社会力量协同反贫困的主要国际经验

欧美等发达国家的反贫困历程源远流长，至今已有 200 多年的历史，社会力量尤其是非营利性组织参与反贫困工作已经形成了一套成熟的运作体系。相较于发达国家，发展中国家社会力量协同反贫困的工作虽然起步较晚，但它们也能够在结合本国国情、依据地区的实际、发挥自身优势的基础上探索出独特的发展道路，成功探索出适合当地发展的扶贫模式。因而无论是发达国家还是发展中国家的反贫困都为我国社会力量协同反贫困工作至少奉献了以下几条值得学习和借鉴的经验。

一　加快社会组织改革步伐，提升扶贫专业性

自 1986 年我国实施大规模的开发式扶贫以来，我国社会组织开始参与反贫困工作，2017 年 11 月 22 日，国务院扶贫开发领导小组发布了《关于广泛引导和动员社会组织参与脱贫攻坚的通知》，进一步激发了社会组织参与精准扶贫精准脱贫工作的积极性。[1] 民政部发布的数据显示，截至 2018 年年底，我国共有社会组织 81.7 万个[2]，这些组织在精准扶贫领域发挥了不可替代的作用，已成为我国新时代开展精准扶贫工作的一支强劲队伍。社会组织的扶贫开发工作取得了一系列成就，具有政府扶贫不可比拟的优势。如侯国凤等认为，社会组织参与反贫困具有理念先进、瞄准程度高、扶贫效率高、扶贫成效可持续等优势；[3] 祝慧等则认为社会组织的扶贫项目具有理念先进、灵活性高、专业性强等优势；[4] 李迎生等则通过分析社会工作介入反贫困的实践，认为社会工作介入反贫困具有不可替代的专业优势，即社会工作者看待问题的独特

---

[1] 国务院扶贫开发领导小组办公室：国务院扶贫开发领导小组关于广泛引导和动员社会组织参与脱贫攻坚的通知，2017 年 12 月 5 日，http://www.cpad.gov.cn/art/2017/12/5/art_50_74541.html，2019 年 9 月 12 日。

[2] 中华人民共和国民政部：《2018 年民政事业发展统计公报》，http://images3.mca.gov.cn/www2017/file/201908/1565920301578.pdf，2019 年 9 月 12 日。

[3] 侯国凤、戴香智：《社会组织参与农村扶贫的优势与瓶颈——基于社会政策视角的分析》，《中国集体经济》2012 年第 1 期。

[4] 祝慧、陈正文：《社会组织参与扶贫开发的研究现状及展望——基于 2006—2015 年研究文献的分析》，《学会》2016 年第 6 期。

视角（如优势视角）、专业的助人技巧（尊重、接纳、个别化）、科学的工作程序、专业的工作标准、长远的工作目标有助于贫困问题的个性化、针对性、系统性的解决，促使贫困户的自我完善、自我发展，从根本上解决贫困问题。①

但我国社会组织起步较晚，是政府简政放权的产物，其产生背景具有浓厚的行政色彩，社会组织参与扶贫工作还存在很多有待完善的地方。侯国凤等认为当前我国社会组织参与农村扶贫所遭遇的瓶颈有：缺乏法律保障、准入制度过于僵化、政府扶持力度弱、公信力低；② 祝慧等认为我国大部分的社会组织实力较弱，筹资能力差、专业化水平不高、行政化严重、相关法律法规不健全是我国社会组织参与扶贫工作的主要阻碍因素；③ 王世强等通过研究潍坊市的社会组织扶贫实践发现，社会组织的扶贫开发工作普遍存在政府支持有限，社会组织多而不强、全而不精等问题④。为充分发挥社会组织参与精准扶贫的优势，助力打赢脱贫攻坚战，各社会组织在积极参与精准扶贫的同时也需要加快自身变革以适应时代需要。针对上述学者总结的不足，本书认为我国的社会组织需要在组织性质、资金来源、具体服务等方面借鉴国际社会组织扶贫成功经验。

组织性质上，国外社会组织尤其是发达国家的社会组织基本上是个人基于人道主义精神而发起、形成的，独立于政府，具有民间性。以乐施会国际联合会（OXFAM International）为例，乐施会国际于 1995 年由一群独立的非政府组织组成，目前有 19 个成员组织，他们联合起来作为一个联盟，最大限度地提高效率和实现更大的影响，以减少全球贫困和不公正。这些成员组织都没有任何宗教或政治背景和目的，也不归属或服务于任何宗教或政治团体，具有民间性，因而更贴近民众，能与贫民建立信任关系，了解贫民的真实需求，从而达到"精准扶贫"的效

---

① 李迎生、郭燕：《推动社会工作精准介入反贫困实践》，《中国人民大学学报》2018 年第 32 卷第 5 期。
② 侯国凤、戴香智：《社会组织参与农村扶贫的优势与瓶颈——基于社会政策视角的分析》，《中国集体经济》2012 年第 1 期。
③ 祝慧、陈正文：《社会组织参与扶贫开发的研究现状及展望——基于 2006—2015 年研究文献的分析》，《学会》2016 年第 6 期。
④ 王世强、李凡华、刘婷婷：《社会组织参与精准扶贫的成效、问题与对策——以潍坊市为例》，《学会》2019 年第 6 期。

果。相对比之下，我国社会组织的发展不仅是市场经济的产物，同时也是党和政府简政放权的产物，是政府在市场经济条件下转变职能、进行增量改革的产物，由于社会组织脱胎自政府部门和准政府机构，行政权力对其有着与生俱来的渗入，如民政部之于中华慈善总会，全国妇联之于中国妇女发展基金会，共青团中央之于中国青少年发展基金会。这些大型社会组织的官办身份往往使扶贫工做出现行政化倾向，工作效率低，也给自己树立了"高高在上"的组织形象，难以深入基层。作为中国社会组织的"领头羊"、国家社会力量参与扶贫的主要组成部分，这些组织需尽快实现"官家"身份向"平民"身份的转变，深入贫困地区，增加对贫困群体的认识与了解，并提供针对性服务。

资金来源及使用上，发达国家社会组织的资金来源具有多样性，对政府的资金依赖程度低，且扶贫资金的使用率也较高，如英国乐施会承诺，捐赠人捐赠的1英镑，其中83%将用于反贫困工作，10%用于管理费，7%用于筹集下一个1英镑。由上可知，发达国家的社会组织具有社会认可度高，公信力高等优点。与发达国家相比，不少研究认为我国社会组织的资金来源过于单一，主要依靠政府扶持。如刘伟认为政府的财政支持是社会组织最主要、最稳定的财政来源；[1] 李江则认为我国非营利组织的资金筹集方式存在结构性缺陷——公共部门提供的财政资金所占比例过高，在主要资金来源中，政府提供的财政拨款和补贴高达49.97%。[2] 为增强我国社会组织的生命力，保障扶贫项目的可持续性，我国社会组织应向发达国家学习，一方面减少对政府资金的依赖，拓宽筹款渠道，增强资源动员能力，提升自我生存能力；另一方面政府也应该自觉减少对社会组织的干预，放手让社会组织按照自身的使命、宗旨以及服务范围去筹集资金，开展扶贫活动。社会组织在具体的扶贫项目中应坚持"专款专用"的原则，提高资金的使用效率。

具体服务上，发达国家社会组织开展的扶贫服务具有系统性及可持续性，注重贫民的个人能力建设。如2017年英国乐施会开展的反贫困项目有以下三大类：①人道主义援助：灾后救援及重建服务；②发展性

---

[1] 刘伟：《地方政府向社会组织提供财政支持的模式分析》，2015年12月29日，http://www.chinanpo.gov.cn/700102/92559/newswjindex.html，2019年9月12日。

[2] 李江：《国内非营利组织资金来源困境的影响因素浅析》，《现代商业》2015年第21期。

服务：帮助人们建立没有贫困的生活；③社会运动：让全社会关注贫困问题。也非常注重提高贫困人口的能力和素质，使其在失去外力援助的情况下也能独立发展。[①] 当前我国社会组织如社会工作力量介入精准扶贫工作还存在介入领域单一、介入视角表面化、介入过程指标化、介入结果短期化等问题，发达国家社会组织反贫困项目对于贫民个人能力的建设值得我国学习和借鉴。一方面，我国社会组织应转变扶贫理念，坚持"助人自助"的原则，除了提供必要的物质援助外，还要注重培养贫民地区及个人自我发展、自我完善的能力，使贫困人口由"被动扶贫"转变为"主动脱贫"；另一方面，社会组织应创新扶贫方式，当前，我国社会组织参与精准扶贫还存在形式化、指标化的问题，如到贫困村开一场精准扶贫政策宣传活动、给贫困户送一袋米一桶油就结束了，项目没有可持续性，难以从根本上解决贫困难题。社会组织应在倾听多方心声、整合社会资源的基础上，制定出符合地区实际的、具有持续性的扶贫项目。

二 完善农村金融服务体系，实施金融扶贫

国外的农村金融服务体系非常完善，不仅发达国家如此，许多发展中国家如印度、孟加拉等国的农村金融体系也相当健全。金融扶贫作为最有效的扶贫手段之一，在为反贫困工作提供资金支持方面发挥了巨大作用，其中有许多的成功经验值得我们学习和借鉴。

以印度为例，1969年，印度政府要求每家商业银行必须在其所在区域的农村开设一家分支机构，这一政策使向农村提供金融服务的银行网点数量大大增加。截至2005年3月，印度农村的银行机构网点数为15.3万个，平均每万名农村人口拥有的银行机构网点数量为2个；[②] 截至2016年9月，向印度农村地区提供金融服务的机构网点数量上升至58.98万个，平均每万名农村人口拥有的银行机构网点数量为6.7个。[③] 除商业银行外，印度储备银行、农村合作银行、国家农业农村发展银行

---

① OXFAM: *OXFAM Annual Report & Accounts* (2019), https://www.oxfam.org.uk/what-we-do/about-us/plans-reports-and-policies/annual-report-and-accounts-2018.

② 臧景范：《印度农村金融改革发展的经验与启示》，《中国金融》2007年第2期。

③ Reserve Bank of India, *Report on Trend and Progress of Banking in India* 2015 – 2016, 29 December, 2016.

也是印度农村金融合作体系的重要组成部分,各类型银行之间有明确的分工,也有一定的竞争与合作。综上所述,可以发现印度的农村金融服务体系健全完善,内部结构合理,具有服务网点多、覆盖率高、贷款难度低等特点。这些在农村扎根的银行网点专门为贫困地区及个人提供信贷服务,即便是处于赤贫状态的贫民也有贷款资格,为地区的反贫困工作提供了有力的资金支持。此外,印度商业银行不仅关注信贷流程的管理,而且关注与信贷管理密切相关的产业链、价值链的研究,这不仅使贷款安全可靠,确保了回收率,同时也增加了农产品附加值,提高了贫困人口的家庭收入。[①]

我国金融扶贫起步较晚,经过多年的实践探索与经验总结,我国农村金融服务现状已经有了较大的改善,然而,我国农村金融体系的发展与当前农村经济的发展需求还存在一定的差距。根据中国人民银行发布的数据显示,截至 2017 年年末,我国农村地区银行网点数量为 12.61 万个,也就是说,每万名农村人口拥有的银行网点数量为 1.30 个[②],无论是网点数还是人均拥有量上都还不及 2005 年印度的水平。从上述数据可以看出,我国农村金融服务仍存在服务网点少、覆盖率低、贫困户借贷难等问题。此外,现有研究认为,我国金融扶贫还存在结构和方式过于单一、成本高、风险大、资金使用效率低等现实难题。[③] 为此,一方面,政府应出台完善金融扶贫相关政策,鼓励商业银行、政策性银行以及股份制银行在农村地区设立分支机构,增服务加网点,提高覆盖率,增强贫困人口贷款的可及性;另一方面,各银行机构应简化和放宽条件,对于没有资产可抵押的贫困人口,可以学习孟加拉、印度等国家的"小组联保制",确保贫困人口贷款的可能性。金融扶贫主体除了关注贫困地区的资金融通外,还应关注农村产业的发展,可聘请专门的农业专家,为农户提供技术指导,确保产业的健康发展,提高贷款资金的使用率。银行等扶贫主体还可发挥自身优势,向企业推荐贫困地区的农产品,促进企业与农户

---

① 臧景范:《印度农村金融改革发展的经验与启示》,《中国金融》2007 年第 2 期。
② 赵海荣:《关于我国农村地区普惠金融发展的思考》,《辽宁经济职业技术学院 辽宁经济管理干部学院学报》2019 年第 2 期。
③ 骆伽利、蔡洋萍:《我国农村金融机构扶贫现状及影响因素分析》,《科学与管理》2017 年第 2 期。

的合作，拓宽农产品销售渠道，增加农户收入，从而提高还贷率，确保金融扶贫的可持续性。

三 加强与国际社会力量的合作

据世界银行的统计报告显示，至 2020 年，估计还有 3300 万人的生活处于极度贫困之中，其中大部分贫困人口分布在撒哈拉以南非洲地区。① 如 2015 年，南非有 25.2% 的人处于极度贫困中，他们的基本生存需求得不到满足；② 赞比亚有 57.5% 的人每天生活支出不足 1.9 美元；③ 坦桑尼亚约有 70% 的人每天生活开支不足 2 美元④。从统计数据上来看，这些发展中国家大都面临贫困范围广、程度深、脱贫难度大的问题，靠自身力量仍难以解决贫困这一难题。因而，发展中国家特别南非、东非以及南亚地区的最不发达国家在动员本国社会力量参与反贫困工作的同时，也非常注重引进境外力量尤其是国际非政府组织的力量来开展扶贫工作。一些大型的国际非营利组织如国际行动援助（Action Aid International）、无国界医生（Doctors Without Borders）、乐施会（OXFAM）、国际小母牛组织（Heifer International）等都在非洲地区设有办事处，在与当地政府、社区合作的基础上积极开展减贫行动。

东非青年包容项目（East Africa Youth Inclusion Project，以下简称 EAYIP）是国际小母牛组织在乌干达、塔桑尼亚两国开展的一项青年赋权增能项目。⑤ 乌干达 30 岁以下的青年人口占总人口的 70% 以上，坦桑尼亚的青年人也多达 3000 万，这些青年人大都生活在贫困程度很高、受教育和就业机会有限的农村地区，EAYIP 则致力于改变上述现状。这两个国家的主要生计是农业。因此，EAYIP 的工作人员认为，在恰当的

---

① The World Bank: *Understanding Poverty*, April 2020, https://www.worldbank.org/en/topic/poverty/overview#1.

② Kate Wilkinson, *Factsheet*: *South Africa's official poverty numbers*, February 2018, https://africacheck.org/factsheets/factsheet-south-africas-official-poverty-numbers/.

③ The World Bank: *Poverty & Equity Data Portal*, http://povertydata.worldbank.org/poverty/country/ZMB.

④ DA ES SALAAM, *Tanzania Mainland Poverty Assessment*: *A New Picture of Growth for Tanzania Emerges*, May, 2015, https://www.worldbank.org/en/country/tanzania/publication/tanzania-mainland-poverty-assessment-a-new-picture-of-growth-for-tanzania-emerges.

⑤ Heifer International: *East Africa Youth Inclusion Projects*, https://www.heifer.org/our-work/flagship-projects/east-africa-youth-inclusion-project.html.

第十五章　社会力量协同贫困治理的国际经验与趋势

培训、投资和支持条件下，青年人可以生产出优质的农产品，由此创立受益颇丰的企业并进入新的市场。对农业不感兴趣的青年人，EAYIP 则为他们提供具体工作的技能培训，并与企业建立合作关系，以确保接受培训的青年人可以在本国的私营企业找到工作。

具体执行上，EAYIP 与来自乌干达、坦桑尼亚各地区的 25000 名青年一道工作，为他们提供相应的技能培训，帮助他们成立青年团体，并在自己的社区内确定创收的项目。此外，EAYIP 也正在建立以青年为重点的中心，以便在这些企业扩大规模时建立网络联系。餐馆需要各种各样的食品来制作健康的菜肴、面包店需要鸡蛋和面粉来制作他们的产品、酸奶生产商需要可靠的优质牛奶来源，通过这些中心，这些企业背后的年轻企业家能够相互支持，共同建立包容性市场。

资金支持上，随着青年团体开始创业，他们往往需要流动资金，但是许多青年人没有房子或土地可以作为银行贷款的担保，因此很难获得流动资金。为了应对这一难题，地方团体启动了储蓄和贷款计划，利用所募集的资金对企业进行战略性投资。在他们继续制定业务计划和确定扩大业务规模的机会时，他们还可以通过该项目设立的 100 万美元循环贷款基金获得信贷。

通过 EAYIP，乌干达和坦桑尼亚的青年人通过创业或者去私营部门就业极大地改善了自身的生存状况。自从加入乌干达布吉里的布凯青年发展协会以来，丹尼尔·沃科拉赫（Daniel Walker）得到了他以前无法获得的援助。他说："我的生活从来没有任何方向，我几乎每天都勉强维持生计。"现在，在 EAYIP 的支持下，丹尼尔种植花卉、树篱和树木，包括橘子、芒果、针叶树和大里拉等，并雇用了另外七名年轻人帮他干活。

1958 年，联合国儿童基金会在我国开展的"贫困地区社会发展项目"（SPPA）可以视为是国际社会组织在新中国开展扶贫工作的开端，此后，世界银行、英国乐施会、国际小母牛组织、救世军等国际组织相继进入了我国的扶贫领域，截至 2005 年年底，已有近 50 个国际机构参与了中国的扶贫事业[①]，开展了一系列的反贫困项目，如世界银行的西

---

① 中国政府门户网站：《国务院扶贫办：外资扶贫成效巨大，仍需国际参与》2005 年 12 月 6 日，http://www.gov.cn/jrzg/2005-12/06/content_119121_3.htm，2019 年 9 月 12 日。

南扶贫项目、秦巴山区扶贫减贫项目，香港乐施会安徽省利辛县的社区发展与艾滋病关怀试点项目，澳大利亚国际发展署的中澳合作喀斯特环境恢复与扶贫项目等。截至 2010 年，我国在扶贫领域直接引进利用外资接近 14 亿美元，加上国内配套资金，投资总额达到 198.2 亿元人民币，共实施了 107 个外资扶贫项目，项目覆盖了中西部 18 个省（区、市）的 320 个县，使近 2000 万贫困人口受益。① 国际（境外）扶贫项目的实施，增加了我国扶贫开发的投入总量，弥补了国内资金不足的问题，这对于改善贫困地区的生产生活条件、提高贫困人口的收入水平和生活质量、加快我国扶贫开发的进程具有重要作用。

---

① 赵海荣：《关于我国农村地区普惠金融发展的思考》，《辽宁经济职业技术学院 辽宁经济管理干部学院学报》2019 年第 2 期。

第十六章

农村贫困态势变化对社会力量协同贫困治理的要求分析

第一节 农村贫困态势的变化分析

没有贫困地区的小康,没有贫困人口的脱贫,就没有全面建成小康社会。这是以习近平同志为核心的党中央对广大人民群众的庄严承诺。经过多年艰苦卓绝的努力,我国脱贫攻坚终于取得全面胜利。在2020年12月3日召开的中共中央政治局常务委员会会议上,习近平总书记郑重宣告:"经过8年持续奋斗,我们如期完成了新时代脱贫攻坚目标任务,现行标准下农村贫困人口全部脱贫,贫困县全部摘帽,消除了绝对贫困和区域性整体贫困,近1亿贫困人口实现脱贫,取得了令全世界刮目相看的重大胜利。"这是世界减贫史上绝无仅有的大事,而且中国的脱贫攻坚工作也带动了世界减贫事业的发展。2020年国际消除贫困日前夕,世界银行发布的数据显示,中国对世界减贫事业的贡献率超过70%。脱贫攻坚的全面胜利也让我国农村的贫困态势发生了变化。

一 农村贫困由绝对贫困向相对贫困转变,巩固脱贫攻坚成果变得异常重要

过去8年的努力虽然让我国近1亿人摆脱绝对贫困,提前10年实现联合国可持续发展议程确定的减贫目标,14亿人即将迈入全面小康生活。但是也应该看到,我国现行的贫困标准是绝对贫困标准,以保障贫困群众的"吃、穿"为主,兼顾教育、医疗和住房安全。这一标准实现后,农村的贫困特点由绝对贫困向相对贫困转变。所谓"相对贫困"是一种在整个社会中处于一种被"相对剥夺"和受到社会

排斥的状态。① 汤森认为这种受排斥状况也应该被认定为贫困。有学者认为相对贫困也是一种主观和比较的贫困。随着农村贫困特点的改变，解决相对贫困问题将作为接续减贫的工作重点。根据相对贫困的特点，在后续的贫困治理中，应该转变相应的工作重心，由注重解决温饱目标向提高发展能力转变，由注重重点人群、重点区域的攻坚向所有低收入人口常态化扶贫监测转变，由外界帮扶向内源治理改变，由注重物质向注重主观健康改变。

同时，贫困的治理具有脆弱性特点。国家也提出下一阶段巩固拓展好脱贫攻坚成果至关重要。保持政策总体稳定，投入力度不减、帮扶队伍不撤，各级财政投入要与巩固拓展脱贫攻坚成果、做好衔接要求相匹配。健全防止返贫监测帮扶机制，对脱贫县、脱贫村、脱贫人口开展监测，对脱贫不稳定户和边缘易致贫户及时发现、及时帮扶。

二 贫困治理主体多元化取向已经成型

受"大政府，小社会"传统治理格局影响，我国反贫困工作历来由政府主导，社会力量的参与较薄弱，但随着精准扶贫精准脱贫工作的深入推进，我国扶贫开发的主体具有多元化取向，反贫困主体由政府单一主体转变为社会多元主体，社会力量在精准扶贫工作中扮演着越来越重要的作用。

从2017年起，国家陆续颁布了多个文件，支持、引导、鼓励社会力量参与精准扶贫。2017年11月21日，中共中央办公厅、国务院办公厅印发了《关于支持深度贫困地区脱贫攻坚的实施意见》，意见指出，深度贫困地区是打赢脱贫攻坚战的"坚中之坚、难中之难"，要加大社会帮扶力度，集中力量攻关。② 2017年11月22日，国务院扶贫开发领导小组发布了《关于广泛引导和动员社会组织参与脱贫攻坚的通知》，通知明确指出参与脱贫攻坚是社会组织的重要责任，要广泛引导和动员社会组织参与产业扶贫、教育扶贫、健康扶贫等重要领域，创造

---

① 陈基平、沈扬扬：《从关注需求到关注平衡发展》，《南京农业大学学报》2021年第2期。
② 新华网：《中办国办印发意见 支持深度贫困地区脱贫攻坚》2017年11月21日，https://www.cast.org.cn/art/2019/3/28/art_1232_93321.html，2019年9月10日。

条件支持社会组织参与脱贫攻坚。① 2018年1月15日,教育部、国务院扶贫办出台了关于印发《深度贫困地区教育脱贫攻坚实施方案(2018—2020年)》的通知,通知强调统筹东西部扶贫协作、对口支援、中央单位定点扶贫、携手奔小康等方面帮扶力量,形成对口帮扶"三区三州"教育脱贫攻坚的合力;鼓励社会力量广泛参与,引导支持各类社会团体、公益组织、企业和个人参与"三区三州"教育扶贫工作。② 2018年1月18日,国家发展改革委、国家林业局、财政部、水利部、农业部以及国务院扶贫办等多个部门联合发布了关于《生态扶贫工作方案》的通知,通知强调生态扶贫工作要坚持政府引导、主体多元,创新体制机制,广泛动员社会力量及贫困群体共同参与生态扶贫工作。2018年2月28日,国家旅游局发布了《关于进一步做好当前旅游扶贫工作的通知》,通知指出旅游扶贫是脱贫攻坚战略的重要组成部分,是产业扶贫的主要方式,要从政府和社会力量两方面入手构建旅游扶贫大格局。

2018年6月,中共中央、国务院颁布了《关于打赢脱贫攻坚战三年行动的指导意见》,意见再次强调要动员全社会力量参与脱贫攻坚,加大东西扶贫协作和对口支援力度、深入开展定点扶贫工作、扎实做好军队帮扶工作、激励各类企业和社会组织扶贫、大力开展扶贫志愿服务活动。意见指出社会力量参与反贫困工作,构建专项扶贫、行业扶贫、社会扶贫"三位一体"的大扶贫格局是我党打赢脱贫攻坚战、到2020年全面建成小康社会的必然要求③。2019年4月25日,民政部、财政部、国家卫生健康委员会、国务院扶贫办、中国残疾人联合会出台了《关于在脱贫攻坚中做好贫困重度残疾人照护服务工作的通知》,通知强调要搭建社会力量参与贫困重度残疾人照护服务的平台,鼓励社会力量通过给予资金支持、提供帮扶物资、参与志愿服务等方式为贫困重度残疾人提供照护服务。

习近平总书记关于引导社会力量参与精准扶贫的重要讲话。2017年

---

① 高艺源:《乘众人之智 用众人之力 志愿服务组织参与脱贫攻坚经验分享》,《中国民政》2019年第11期。
② 国务院扶贫开发领导小组办公室:《鼓励社会力量广泛参与,引导支持各类社会团体、公益组织、企业和个人参与"三区三州"教育扶贫工作》,2018年2月27日,http://www.cpad.gov.cn/art/2018/2/27/art_46_79213.html,2019年9月10日。
③ 人民日报:《中共中央国务院关于打赢脱贫攻坚战三年行动的指导意见》,《人民日报》,2018年8月20日第001版。

10月，习近平同志在党的十九大上提出：坚决打赢脱贫攻坚战，要动员全党全国全社会力量，坚持精准扶贫、精准脱贫，坚持大扶贫格局。2018年2月，习总书记在四川成都主持召开打好精准脱贫攻坚战座谈会，在会上，总书记指出"坚持社会动员、凝聚各方力量，充分发挥政府和社会两方面力量作用，形成全社会广泛参与脱贫攻坚格局"是我国脱贫攻坚实践中的宝贵经验，要长期坚持并不断完善和发展。2018年6月，习总书记对脱贫攻坚工作做出重要指示，强调脱贫攻坚时间紧、任务重，必须真抓实干、埋头苦干，要调动社会各界参与脱贫攻坚积极性，实现政府、市场、社会互动和行业扶贫、专项扶贫、社会扶贫联动。①

政府出台的各项文件及习总书记的系列重要讲话对社会力量参与脱贫攻坚工作起到了强有力的动员作用。近年来，参与精准扶贫的志愿服务组织、专业社会工作组织以及企业组织的数量不断增加。以江西省为例，据统计，2018年参与扶贫的省级社会组织达202个，帮扶1704个贫困村、25.78万贫困人口，投入资金11.74亿元、物资数额23.2亿元，实施帮扶项目1870个，开展扶贫志愿服务的志愿服务团队达7793个、32.2万人。② 贫困治理工作中，各参与主体在充分发挥自身优势的基础上，结合地区实际，不断探索精准扶贫的新模式、新方法，为我国的反贫困事业做出了重大贡献。社会多元主体共同参与的精准扶贫，改变了以往以政府为单一主体的扶贫格局，政府、市场、社会等多元主体共同参与的"三位一体"大扶贫格局成为我国贫困治理的重要特色。

三 扶贫重点由注重物质扶贫转变为精神扶贫

物质贫困与精神贫困是贫困的两个方面。一般来说，物质贫困与社会经济发展水平相关，是指在一定环境条件下，人们在较长时期内难以维持一种生理上所要求的、社会文化可接受的、社会公认的基本生活水准的状态③，地理环境的限制、天灾人祸等因素是导致物质贫困的主要根源。精神贫困是与物质贫困相对应的贫困形式，是指某一社会群体或个人在思想、道德素质，文化知识水平及能力，价值观念、价值取向和

---

① 中共中央党史和文献研究院：《习近平扶贫论述摘编》，中共文献出版社2018年版。
② 江西省扶贫办公室：《江西省积极引导支持社会组织参与脱贫攻坚》，《老区建设》2019年第7期。
③ 李珍：《社会保障理论》，中国劳动保障出版社2001年版，第143页。

风俗习惯，思维方式和行为方式上落后于社会主要物质生产方式以至影响物质生活资料的获取和精神生活需求满足的生存状态。① 精神贫困是历史长期积攒的文化形态，是文化贫困的最高表现形式。② 物质扶贫侧重于对改善贫困人口的生活条件、提高贫困群体的生活水平，属于"输血式"扶贫；精神扶贫则重在消除贫民"等、靠、要"的依赖思想，激发贫困人口脱贫攻坚的内生动力，提高贫困户的文化知识水平及职业技能，从而形成贫困地区及个人自我发展、自我积累的能力。

按现行农村贫困标准（当年价）衡量，1978 年我国农村贫困发生率为 97.5%，农村贫困人口 7.7 亿人③，有相当大一部分人的生存需求得不到满足，因而，在过去几十年的扶贫工作中，我国有很长一段时间将重点放在反物质贫困上，且主要通过给钱、给物的"输血式"扶贫模式来开展。相比于物质扶贫，精神扶贫则处于一个相对被忽视的地位，精神扶贫角色的缺失，使得我国的贫困治理工作出现了一些不良现象，如有的贫困户本来可以自己办的事情却不办，等着政府和社会的救济和赞助；有的缺乏过紧日子的思想，领导扶贫款后不是用来发展生产，而是用于吃喝玩乐。这直接导致了一批贫困户"年年扶贫年年贫"的现象，经过多年扶贫仍家徒四壁，一贫如洗。④ 实践表明，仅开展物质扶贫难以形成贫困地区及个人的自我发展能力，不仅不能从根本上消除贫困现象、解决贫困问题，还助长了贫民"等、靠、要"的依赖思想。因此，开展精神扶贫工作显得尤为必要。十九大以来政府出台了多项关于精神扶贫的文件，总书记的系列重要讲话也强调了物质扶贫与精神扶贫相结合的重要性。

政府各部门出台的关于精神扶贫的文件。2017 年 11 月 21 日，中共中央办公厅、国务院办公厅印发了《关于支持深度贫困地区脱贫攻坚的实施意见》，意见对深度贫困地区脱贫攻坚工作做出了全面部署，指出要

---

① 余德华、黄镇根：《欠发达地区全面建设小康社会过程中的精神脱贫问题》，《甘肃社会科学》2003 年第 6 期。
② 辛秋水：《文化扶贫的发展过程和历史价值》，《福建论坛》（人文社会科学版）2010 年第 3 期。
③ 国家统计局：《农村经济持续发展 乡村振兴迈出大步——新中国成立 70 周年经济社会发展成就系列报告之十三》2019 年 8 月 7 日，http://www.stats.gov.cn/tjsj/zxfb/201908/t20190807_1689636.html，2019 年 10 月。
④ 张占斌、张青：《新时代怎样做到精准扶贫》，河北人民出版社 2018 年版。

打赢深度贫困地区脱贫攻坚战,必须要发挥贫困地区贫困群众主动性创造性,激发深度贫困地区和贫困人口脱贫致富内生动力,坚定打赢深度贫困地区脱贫攻坚战的信心。2017年12月24日,中共中央办公厅、国务院办公厅印发了《关于加强贫困村驻村工作队选派管理工作的指导意见》,意见明确将"注重扶贫同扶志、扶智相结合,做好贫困群众思想发动、宣传教育和情感沟通工作,激发摆脱贫困内生动力"列为十大主要任务之一。2018年6月,中共中央国务院颁布了《关于打赢脱贫攻坚战三年行动的指导意见》,意见明确将"坚持扶贫同扶志扶智相结合"列为工作要求,指出脱贫攻坚要正确处理外部帮扶和贫困群众自身努力的关系,强化脱贫光荣导向,更加注重培养贫困群众依靠自力更生实现脱贫致富的意识,更加注重提高贫困地区和贫困人口自我发展能力。[①] 2018年10月29日,国务院扶贫办、中央组织部、财政部等十三个部门联合出台了《关于开展扶贫扶志行动的意见》,意见指出:加强扶贫扶志,激发贫困群众内生动力,是中国特色扶贫开发的显著特征,是打赢脱贫攻坚战的重要举措;打赢脱贫攻坚战更加注重培育贫困群众主体意识,更加注重提高贫困群众脱贫能力,更加注重改进帮扶方式,更加注重营造健康文明新风,激发贫困群众立足自身实现脱贫的信心决心。[②]

习总书记关于精神扶贫的重要讲话。2017年12月18日,习总书记在中央经济工作会议上的讲话指出:脱贫攻坚要激发贫困人口内生动力,把扶贫和扶志、扶智结合起来,把救急纾困和内生脱贫结合起来,把发展短平快项目和培育特色产业结合起来,变输血为造血,实现可持续稳固脱贫。[③] 2018年2月12日,习总书记在四川成都主持召开打好精准脱贫攻坚战座谈会,在会上,总书记指出精准扶贫要坚持群众主体、激发内生动力,充分调动贫困群众积极性、主动性、创造性,用人民群众的内生动力支撑脱贫攻坚。2019年4月17日,习近平在重庆考察并主持召开解决"两不愁三保障"突出问题座谈会,他强调脱贫既要看数量,更要看质量;

---

① 人民日报:《中共中央国务院关于打赢脱贫攻坚战三年行动的指导意见》,《人民日报》2018年8月20日第001版。
② 国务院扶贫办等:《关于开展扶贫扶志行动的意见》,《当代农村财经》2019年第1期。
③ 中共中央党史和文献研究院:《习近平扶贫论述摘编》,中共文献出版社2018年版。

要加强扶贫同扶志扶智相结合，让脱贫具有可持续的内生动力。① 2019 年 9 月 17 日，习近平在河南省光山县考察精准扶贫成效的讲话中指出："党的政策好，还要靠大家去落实。你们要自力更生、自强不息，不仅自己脱贫，而且要争当脱贫致富的带头人。""我一直强调扶贫既要扶智，又要扶志，一个是智慧，一个是志气，不光是输血，还要建立造血机制，脱贫后生活还要不断芝麻开花节节高。"②

四 贫困治理方式的方式日益创新，多样化特征明显

关于精准扶贫具体应该"怎么扶"的问题，习近平总书记在 2015 减贫与发展高层论坛上强调精准扶贫要坚持"六个精准"原则与实施"五个一批"工程。在过去八年的精准扶贫工作中，以上扶贫方式发挥了不可替代的作用，国家通过无偿或有条件的提供资金的方式，极大地完善了农村的基础设施，提高了农村公共服务水平；通过大力扶持农业产业化建设，实施产业脱贫，实现了贫困户的持续稳定增收，极大地加快了贫困地区及贫困户脱贫攻坚的步伐。这些手段仍是我国今后最有效的扶贫开发方式之一。

近些年来，相关部门不断总结脱贫攻坚经验，在实施"五个一批"工程的基础上，结合地方实际相继提出了旅游扶贫、文化扶贫、金融扶贫、网络扶贫、大数据扶贫、设计扶贫、健康扶贫、消费扶贫、司法救助扶贫、留学人员扶贫等扶贫方式，极大地丰富了精准扶贫的内涵，创新了精准扶贫的形式。各部委也出台了相关的支持政策，具体如下。

旅游扶贫：2018 年 2 月 28 日，国家旅游局发布了《关于进一步做好当前旅游扶贫工作的通知》（以下简称《通知》），《通知》指出旅游扶贫是脱贫攻坚战略的重要组成部分，是产业扶贫的主要方式，是全面建成小康社会的重要推动力量，做好旅游扶贫工作应明确指导思想、落实工作责任、推进重点工作、完善受益机制、动员社会力量、抓好监督落实。③ 2018 年 3 月 14 日，国家旅游局办公室、国务院扶贫办综合司、

---

① 新华网：《习近平在重庆考察并主持召开解决"两不愁三保障"突出问题座谈会》2019 年 4 月 17 日，http://www.xinhuanet.com/2019-04/17/c_1124379968.htm，2019 年 9 月 11 日。
② 人民网：《在河南考察的三天 习近平总书记关注了哪些问题?》2019 年 9 月 19 日，http://cpc.people.com.cn/n1/2019/0919/c164113-31361745.html，2019 年 9 月 11 日。
③ 卢玉平：《旅游扶贫益处多多》，《人民论坛》2018 年第 36 期。

中国农业发展银行办公室联合发布了《关于组织推荐金融支持旅游扶贫重点项目的通知》(以下简称《通知》),《通知》主要是针对企业和项目的融资贵、融资难、融资慢等关键问题,通过加大对旅游扶贫项目的优惠贷款支持力度,培育和发展一批开发建设水平高、精准扶贫机制实、经营管理发展好、示范带动效果强的旅游项目,以带动更多建档立卡贫困村、贫困户和贫困人口脱贫增收。[1]

文化扶贫:2018年6月27日,文化和旅游部办公厅发布《关于大力振兴贫困地区传统工艺助力精准扶贫的通知》(以下简称《通知》),《通知》指出非物质文化遗产尤其是传统工艺联系千家万户、遍布城镇村庄,与人民群众生产生活密切相关,具有带动贫困地区群众就近就业、居家就业的独特优势,是助力精准扶贫的重要抓手;为探索"非遗+扶贫"工作,有关部门及地方应加大贫困地区传统工艺振兴力度,加强贫困地区非遗传承人群培养,支持传统工艺项目优秀代表性传承人、工艺师到贫困地区开展讲习活动,支持贫困地区探索设立非遗扶贫就业工坊,搭建贫困地区传统工艺产品设计、展示和销售平台。[2] 2018年7月11日,文化和旅游部办公厅、国务院扶贫办综合司联合发布了《关于支持设立非遗扶贫就业工坊的通知》(以下简称《通知》),《通知》强调非物质文化遗产(以下简称"非遗")特别是传统工艺与人民群众生产生活密切相关,具有促进就业增收的独特优势;通知描绘了非遗扶贫就业工坊的基本路径:设计工坊—组织贫困户培训—组织专家对产品进行改造提升—搭建销售平台,旨在形成扶贫就业、产业发展和文化振兴的多赢格局。[3]

网络扶贫:2018年6月6日,工业和信息化部印发《关于推进网络扶贫的实施方案(2018—2020年)》,方案以深度贫困地区、定点县以及片区县为重点,以推进网络基础设施建设为突破口,以加快网络扶贫应用为方向,充分调动各方面积极性、主动性和创造性,不断缩小城乡

---

[1] 中华人民共和国文化和旅游部:《国家旅游局办公室 国务院扶贫办综合司 中国农业发展银行办公室 关于组织推荐金融支持旅游扶贫重点项目的通知》2018年3月14日,http://zwgk.mct.gov.cn/auto255/201803/t20180314_832562.html?keywords=,2019年9月11日。

[2] 孙丹、李源:《非遗生产性保护与精准扶贫相结合的策略研究》,《辽宁丝绸》2019年第2期。

[3] 中华人民共和国文化和旅游部:《文化和旅游部办公厅 国务院扶贫办综合司关于支持设立非遗扶贫》2018年7月11月,http://zwgk.mct.gov.cn/auto255/201807/t20180717_833857.html?keywords=,2019年9月。

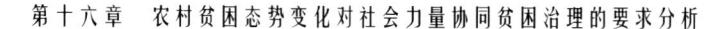

第十六章 农村贫困态势变化对社会力量协同贫困治理的要求分析

"数字鸿沟",为打好精准脱贫攻坚战提供坚实的网络支撑。2018年6月13日,中央网信办、国家发展改革委、国务院扶贫办、工业和信息化部联合印发《2018年网络扶贫工作要点》,《工作要点》指出应进一步发挥互联网、大数据等在脱贫攻坚中的作用,着力在弥合贫困地区"数字鸿沟"、发展农村电商、网络扶智、"互联网+医疗"等方面不断取得新成效,为打赢脱贫攻坚战做出新的重要贡献。《工作要点》部署了5个方面21项重点任务:一是深入推进网络扶贫五大工程,二是聚力攻克深度贫困地区脱贫攻坚任务,三是深入实施东西部网络扶贫协作,四是深化大数据在精准扶贫中的应用,五是加强统筹协调抓深抓实网络扶贫各项工作。① 2019年4月28日,中央网信办、国家发展改革委、国务院扶贫办、工业和信息化部联合印发《2019年网络扶贫工作要点》,部署了7个方面25项重点任务:一是聚焦深度贫困地区,加大网络扶贫工作力度;二是突出特殊贫困群体,创新网络扶贫帮扶举措;三是引导网信企业持续参与网络扶贫,增强脱贫攻坚的可持续性;四是加大组织实施力度,务实推进网络扶贫东西部协作;五是瞄准建档立卡贫困户,推进网络扶贫工程升级版;六是充分释放数字红利,增强贫困地区内生动力;七是压实工作责任,巩固和提升网络扶贫成效。②

消费扶贫:2019年1月14日,国务院办公厅印发了《关于深入开展消费扶贫助力打赢脱贫攻坚战的指导意见》,意见指出消费扶贫是指社会各界通过消费来自贫困地区和贫困人口的产品与服务,帮助贫困人口增收脱贫的一种扶贫方式,是社会力量参与脱贫攻坚的重要途径。深入开展消费扶贫工作需要动员社会各界扩大贫困地区产品和服务消费、大力拓宽贫困地区农产品流通和销售渠道、全面提升贫困地区农产品供给水平和质量,以及大力促进贫困地区休闲农业和乡村旅游提质升级。2019年8月22日,为贯彻消费扶贫助力脱贫攻坚的指导意见,国务院扶贫办印发了《政府采购贫困地区农副产品实施方案》,方案明确了任务目标、健全了工作机制、明确了实施步骤,并将加强贫困地区农副产

---

① 中华人民共和国国家互联网信息办公室:《中央网信办、国家发展改革委、国务院扶贫办、工业和信息化部联合印发〈2018年网络扶贫工作要点〉》2018年6月13日, http://www.cac.gov.cn/2018-06/13/c_1122978355.htm,2019年9月11日。

② 中华人民共和国国家互联网信息办公室:《2019年网络扶贫工作要点印发实施》2019年4月28日, http://www.cac.gov.cn/2019-04/28/c_1124426890.htm,2019年9月11日。

品货源组织、搭建贫困地区农副产品销售平台、组织引导预算单位购买贫困地区农副产品列为重点工作。①

第二节 社会力量协同贫困治理的新要求

我国农村贫困态势的转变也为后续社会力量如何协同贫困治理提出了新要求。

一 社会力量协同贫困治理要坚持党的领导

习近平总书记强调，党政军民学，东西南北中，党是领导一切的。中国共产党是中国特色社会主义事业的坚强领导核心，是最高政治领导力量，各个领域、各个方面都必须坚定自觉坚持党的领导。精准扶贫作为一项长期的、系统的、复杂的社会工程，需要调动国内外大量资源，而中国共产党作为历史的选择、人民的选择，恰恰有着强大的资源动员能力，因而无论是政府力量还是社会力量参与精准扶贫都需要坚持党的领导。各部委发布的有关精准扶贫的文件中，均强调脱贫攻坚工作要坚持党的领导、强化组织保证，习近平总书记在系列重要讲话中也指出了坚持党的领导的必要性。如 2018 年 6 月，习近平总书记对脱贫攻坚工作做出重要指示，指出："打赢脱贫攻坚战，对全面建成小康社会、实现'两个一百年'奋斗目标具有十分重要的意义。精准扶贫各参与主体要坚持党中央确定的脱贫攻坚目标和扶贫标准，贯彻精准扶贫精准脱贫基本方略，既不急躁蛮干，也不消极拖延，既不降低标准，也不吊高胃口，确保焦点不散、靶心不变"。② 个人、企业以及社会组织等社会力量在参与精准扶贫事业的过程中，唯有坚持党的领导，才能在更高水平上实现全党全社会思想上的统一、政治上的团结、行动上的一致，才能为打赢脱贫攻坚战、决胜全面建成小康社会提供根本的政治保证。

---

① 国家扶贫开发领导小组办公室：《关于印发〈政府采购贫困地区农副产品实施方案〉的通知》2019 年 8 月 22 日，http：//www.cpad.gov.cn/art/2019/8/22/art_46_102161.html，2019 年 9 月 12 日。

② 林萍姗：《脱贫攻坚，民生大事》，《就业与保障》2019 年第 15 期。

二 社会力量协同贫困治理要进一步加强部门合作,坚持大扶贫格局

贫困治理是一项系统的社会工程,需要全社会的关注、全社会的参与、全社会的努力。精准扶贫中,在政府多项政策的支持、引导、激励下,企业、社会组织等参与精准扶贫的积极性增强,社会力量、社会资源向扶贫基层聚集,形成脱贫攻坚的社会支撑,精准扶贫的主体已由政府单一主体转变为多元主体。然而,由于我国反贫困工作历来由政府主导居多,社会力量参与精准扶贫的经验不足,各主体间缺乏必要的交流机制,各社会力量往往"各念各的经,各唱各的调",没有形成合力,很难达成共同的目标和采取一致的行动,从而使扶贫成效大打折扣。因而,政府、市场以及社会等多元主体在参与脱贫攻坚工作的过程中,需要加强部门合作与联动,发挥合力优势,不能在自己的领域里"各自为政"。这方面,许多地方的探索值得借鉴。例如,陕西安康市着力构建了"1+5+X"大扶贫格局。"1"即坚持以大扶贫格局为统揽,集中政府、社会及市场力量构建专项扶贫、行业扶贫、社会扶贫联动的大扶贫格局;"5"即健全工作机制,创新帮扶载体,搭建"对口帮扶、驻村帮扶、群团助力、企业帮扶、志愿扶贫"五大平台;"X"为动员各方力量,汇聚帮扶合力。[①] 目前参与安康市精准扶贫工作的社会力量众多,具体见表16-1。

表16-1 安康市社会力量参与精准扶贫一览表

名称	数量	名称	数量
中央单位	5家	民营企业	536家
省级单位	124个	个体工商业	617家
市级单位	159个	社会组织	1200个
国有企业	17个	第一书记	1083名
高校	10所	驻村队员	4235名
医院	10所	爱心人士	7.5万名

---

① 黄海清:《力量在这里汇聚》,《安康日报》2018年12月27日。

在"1+5+X"扶贫模式下,"十二五"以来,安康市贫困人口累计减少55.11万人,贫困发生率下降了23个百分点,脱贫攻坚工作取得巨大进展。①

三 社会力量协同贫困治理要坚持群众主体地位,激发内生动力

贫困群众既是精准扶贫的对象,也是脱贫致富的主体。鉴于新中国成立初期积贫积弱的基本国情,在过去几十年的扶贫工作中,我国有很长一段时间将重点放在反物质贫困上,且主要通过给钱、给物的"输血式"扶贫模式来开展。相比于物质扶贫,精神扶贫则处于一个相对被忽视的地位,精神扶贫的缺失,使得我国的贫困治理工作出现了一些不良现象。如有的贫困户本来可以自己办的事情却不办,等着政府和社会的救济和赞助;有的缺乏过紧日子的思想,领导扶贫款后不是用来发展生产,而是用于吃喝玩乐。这直接导致了一批贫困户"年年扶贫年年贫"的现象,经过多年扶贫仍家徒四壁,一贫如洗。因此,仅靠物质扶贫难以形成贫困地区及个人的自我发展能力,不仅不能从根本上消除贫困现象、解决贫困问题,还助长了贫民"等、靠、要"的依赖思想。

"治贫先治愚,扶贫先扶智",我国精准扶贫的主要内容已经由物质扶贫转变为兼顾物质扶贫及精神扶贫两方面。新形势下,社会力量参与贫困治理工作不仅需要关注贫困地区、贫困人口的物质贫困状况,更为重要的是要解决贫困人口的意识贫困、精神贫困问题,消除贫困群众"等、靠、要"的依赖思想,激发贫困人口脱贫攻坚的内生动力。因而,社会力量在贫困治理中首先需转变服务理念,遵循"助人自助"的服务原则,引导贫困群众树立主体意识、发扬自力更生精神,把贫困群体的积极性和主动性充分调动起来,激发他们改变贫困面貌的干劲和决心,变被动扶贫为主动脱贫,实现"扶贫+扶志"的结合。其次,社会力量协同贫困治理应创新扶贫方式,坚持"授人以鱼,不如授人以渔"的思路,加强对贫困户的技能培训工作,提升他们的就业创业能力,实现"扶贫+扶智"的结合。

---

① 黄海清:《力量在这里汇聚》,《安康日报》2018年12月27日。

四 社会力量协同贫困治理要创新方式，提升服务专业性

要巩固脱贫攻坚成果需要有新的工作方式，对社会力量而言，就是要提升服务专业性。

首先，社会力量参与贫困治理工作需结合地方实际，坚持因地制宜原则。所谓因地制宜即扶贫项目既需结合贫困地区所具备的条件、所拥有的资源、所占据的优势来选定，也要和扶贫主体所具有的优势和资源紧密挂钩。这一方面可以充分发挥扶贫主体和扶贫对象的优势，提高扶贫效率，使得扶贫对象在更快的时间内迅速脱贫致富；另一方面，基于双方资源优势的扶贫项目具有可持续性，能够带动贫困地区和贫困人口稳定脱贫，并有效防止返贫现象的发生。其次，社会力量参与贫困治理工作需要注重人力资本的培育。传统的反贫困工作更多地强调物质资本投入在扶贫工作中的现实作用，却忽视人力资本的投入，这使得反贫困效果呈现出短期的、不稳定的现象。[1] 人力资本是相对于物质资本而言的，目前，我国学者对人力资本的定义多引用舒尔茨的观点，舒尔茨认为，人力资本是凝聚在人身上的知识、技能和熟练程度等，这些人力资本是通过教育、职业训练、医疗保健、迁移和"干中学"等人力投资而获得的。[2] 人力资本具有收益性、增值性、激励性等特征，加大对贫困地区以及贫困人口人力资本的培育，能够从根本上改善贫困地区及个人的贫困状况，杜绝贫困代际传递，打破贫困恶性循环。因此社会力量在后续参与贫困治理过程中非常有必要加大对人力资本的投入。

综上所述，随着我国反贫事业的深入推进，贫困治理在反贫困主体、反贫困内容以及反贫困方法上的系列新变化对社会力量的协同参与也提出了相应的要求。社会力量只有适应当前贫困治理主要形式的变化，才能更好地发挥其协同作用。

---

[1] 陈小荣：《舒尔茨人力资本理论视域下的精准扶贫路径探析》，《市场周刊》2018 年第 1 期。
[2] ［美］西奥多·W. 舒尔茨：《论人力资本投资》，北京经济学院出版社 1990 年版。

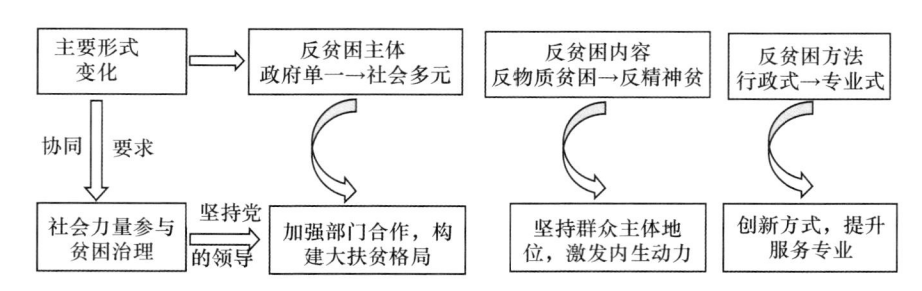

图 16-1　贫困态势改变及协同要求

第十七章

社会力量协同贫困治理：
思路与提升策略

在农村贫困态势发生改变的情况下，加强社会力量对贫困治理的协同参与仍具有非常强的现实迫切性。近几年来，企业、个人以及社会组织参与精准扶贫的数量不断增多，各社会力量在实践中不断探索精准扶贫工作的新模式、新方法、新途径，很好地发挥了协同作用。但由于受"大政府、小社会"治理格局的影响，我国扶贫开发事业历来由政府主导，社会力量的扶贫经验相较政府部门而言较缺乏，社会力量参与贫困治理的实践仍存在诸多有待改进的地方。在借鉴国外社会力量协同反贫困成功经验、结合本国志愿服务力量、社会工作专业力量协同精准扶贫实践困境的基础上，从外部政策层面、社会力量内部层面以及多元主体关系层面出发，提出了社会力量尤其是志愿服务力量、社会工作力量协同参与精准扶贫的几项思路与原则，并总结了相应的提升策略。

第一节 社会力量协同贫困的思路与原则

"协同"一词来源于古希腊语，与"协和、同步、协调、协作、合作"等词语含义相近。该概念由德国学者哈肯（Hermann）于20世纪70年代首创，并用于解决自然科学领域中的技术性问题。所谓"协同"，就是指协调两个或两个以上的不同资源或个体，协同一致地达成某一目标的过程或能力。[①] 第二篇、第三篇分别阐述了当前我国志愿服

---

① 张洪瀚、王维：《IT外包项目的协同管理流程分析》，《哈尔滨商业大学学报》（社会科学版），2011年第1期。

务力量、社会工作专业力量协同精准扶贫的现状，并着重论述了这两股社会力量协同精准扶贫的实践困境——社会工作力量协同精准扶贫中专业性与实践性的隔阂、社会力量协同精准扶贫中辅位关系模式与多元关系模式的困惑。为解决上述实践困境，本书认为社会力量参与贫困治理时，应结合地方实际以及扶贫主体自身情况，选择"参与式协同"或"互构式协同"路径，坚持用积极社会政策的视角看待贫困问题，加大对贫困地区以及个人的人力资本投资，并在贫困治理中坚持合作原则，注重多元扶贫主体间的互构合作，形成社会合力，实现资源整合。

一 社会力量协同贫困治理的思路

1969年，德国物理学家哈肯首次提出"协同学"这一概念，认为协同是指当一个系统在与外界进行交互时，它的各个子系统之间会产生某种联系并相互影响，最终会自发形成一个新的、有序的结构。[1]"治理"一词于1989年由世界银行首次提出，之后被广泛运用于各国的行政、政治、经济及社会的改革之中，并逐渐演变为"治理理论"。治理理论的实质是国家权力向社会的回归，即政府并不是国家的唯一权力中心，社会组织、NGO、民间组织、行业协会及社会个人等也可以成为社会权力的中心，参加政治及社会事务的管理，诸如社会福利的供给等。协同治理理论兴起于20世纪90年代，它融合了协同论和治理理论，发展至今，已成为一个相对成熟的理论。协同治理理论的本质是通过在共同处理复杂社会公共事物过程中的相互关系的协调、协同行动，促进结构耦合和资源共享，使政府、市场和社会进行有效协作，以最低的成本实现整体功能大于各部分功能之和。[2] 具体来说，协同治理理论视角下，政府、市场以及社会三大主体需加强合作，将更多的贫困群体纳入政府的保障范围之内，发挥各主体的优势，采取多样化的扶贫模式，建立信息平台，有效整合贫困人口需求和社会资源间的匹配度，实现全民脱贫和全面小康。[3]

---

[1] 许应楠：《乡村振兴战略下农村电子商务精准扶贫路径重构——基于协同理论视角》，《商业经济研究》2019年第8期。

[2] 杨雪英：《协同治理视角下的农村精准扶贫工作机制探析》，《广东行政学院学报》2017年第5期。

[3] 孟翔飞、高婷婷：《协同治理理论视角下的城市扶贫路径探析》，《理论界》2018年第10期。

综上所述，协同治理理论强调主体多元化、分权化、鼓励参与合作、多中心和自主治理等要素。而在先前的研究中过程中，发现我国当前社会力量参与反贫困治理工作仍存在参与动机低、独立性不足、专业性不强等问题。因此，在贫困治理中需要引入协同治理理论，引导个人、企业以及社会组织等力量参与精准扶贫，最大限度发挥三大主体的优势，形成社会合力。具体参与上，社会力量协同贫困治理又有"参与式协同"和"互构式协同"两条思路。

(一)"参与式协同"思路

参与，是指通过一系列正规和非正规机制直接使公众介入决策。20世纪70年代，美国康乃尔大学的Norman Uphoff教授提出的参与发展理论认为，发展对象不仅要执行发展，而且还要作为受益方参与监测和评价。[1] 也就是说，在发展过程中，要尊重社区成员的主体地位，在尊重差异、平等协商的基础上，引导社区居民共同参与社区发展项目，并监测与评估社区发展概况，从而实现可持续的、成果共享的、有效益的发展。参与式的概念在理论上包括三个层次的含义：政治学视角——对弱势群体赋权，弱势群体在发展决策中的参与以及最终在变革社会结构的过程中发挥作用；社会学视角——强调社会变迁中各个角色的互动，以此引申出社会角色在发展进程中的平等参与；经济学、管理学视角——经济学家以及发展援助的管理者则是更多地从干预效率这个方面来认同"参与"的概念。[2]

20世纪八九十年代参与式发展理论的思路和原则被广泛应用于贫困治理领域，并形成一整套实践操作方法和扶贫理念，即参与式扶贫理论[3]。具体到反贫困领域，参与式理论的核心理念是赋权与机会均等。参与式扶贫理论认为贫困地区及个人的发展动力源于发展主体本身，外界帮助只是一种激励手段，不能取代发展主体。因而在扶贫开发工作中，扶贫主体需要做的不是包揽一切，而是要赋予贫困群体更多的参与权、选择权以及决策权，让贫困人口自己选择扶贫项目，而不是政府、企业或者社会组织等替他们做决定。外来力量即政府、市场以及社会等

---

[1] 李小云：《参与式发展概论》，中国农业出版社2001年版。
[2] 陈建平、林修果：《参与式发展理论下新农村建设的角色转换问题探析》，《中州学刊》2006年第3期。
[3] 李兴江、陈怀叶：《参与式扶贫模式的运行机制及绩效评价》，《开发研究》2008年第2期。

扶贫主体应协助贫困地区人口从社会、文化、政治、经济和法治等角度，共同构建一套保障当地人尤其是贫困人口及弱势群体参与发展活动和从中直接或间接受益的正式或非正式机制等。①。

前文提到，面对当前的农村贫困特点，传统的以政府为单一主体的扶贫方式难以满足贫困户的整体需求，在政府各项政策的引导及激励下，社会力量也逐渐参与到精准扶贫中。但由于受传统"大政府、小社会"治理格局的影响，社会力量参与贫困治理还有许多不完善之处，效能还不能充分发挥。如前文提到的志愿服务力量和社会工作力量在扶贫开发工作中均存在专业性不足的困境，客观上，这一不足主要源于我国社会力量太过弱小，缺乏实践经验；但从主观上来说，社会力量在参与精准扶贫中存在的不足核心原因在于贫困群体主体地位的缺失，即没有激发贫困人口主动脱贫攻坚的内生动力。精准扶贫事业中，外部资源和超地方力量的支持固然重要，但贫困地区及个人的长久、可持续发展终究需要依靠农村内生力量的培养。因而，社会力量参与贫困治理，非常有必要采取"参与式协同"思路，坚持群众主体地位，引导贫困户参与扶贫项目的选定、实施、监督以及评估等全过程，有效整合内外资源，增强贫困户自主脱贫、自我发展的能力，从而从根本上解决我国的贫困问题。

（二）"互构式协同"思路

互构，是我们对参与互构主体间的关系的本质刻画，即指社会关系主体之间的相互建塑与型构的关系，"社会互构论"是由中国人民大学郑杭生教授继"社会运行论""社会转型论""学科本土论"之后于2003年提出的又一具有本土特色的社会学理论，该理论将个人与社会的关系问题作为原问题和基本问题，是关于个人与社会这两大社会行为主体间的互构共变关系的社会学理论。② 社会互构论摒弃了社会与自然、个人与社会、市场与国家之间二元对立的思考方式，认为国家和社会是相辅相成的，政府、市场和社会彼此联系、互为条件，同时相互规定、相互制约，

---

① 黄勇、尹少华：《基于参与式理论的湖南林业合作组织发展对策探讨》，《林业经济问题》2010年第5期。
② 郑杭生、杨敏：《社会互构论的提出——对社会学学术传统的审视和快速转型期经验现实的反思》，《中国人民大学学报》2003年第4期。

第十七章 社会力量协同贫困治理：思路与提升策略

是合作的三维。① 社会互构论中的"社会"，其外延既不是那种与自然界相对、包括经济、政治、思想文化、社会生活各个子系统的广义的"大社会"，也不是那种在政府组织、市场组织、社会组织的"三分框架"中的狭义的"小社会"，而是与国家相对而言、既包括市场又包括狭义社会的"中社会"②。由上可知，社会互构论中的"社会"与本书所述社会力量中的"社会"的边界与内涵具有一致性，因而，运用社会互构论来分析社会力量参与精准扶贫具有相应的契合性。

当前，我国社会力量参与脱贫攻坚工作的数量不断增加，范围也逐渐拓宽，涉及产业、文化、科技、生态以及社会服务等各个领域。但是通过案例研究发现，当前社会力量参与精准扶贫工作存在主体地位不彰、独立性不足的问题，即社会力量更多时候是作为一个配角，补充政府在扶贫工作中的不足，去做一些政府没有做、做不到或者效率低的工作，具有"拾遗补阙"的特性。在政府—社会关系上，社会力量参与精准扶贫呈现出"强政府—弱社会"的总体格局，政府在扶贫开发中仍占主导地位。③ 这种模式下，社会扶贫主体没有形成有效合力，多元扶贫主体的资源优势难以得到充分发挥。因而，为弥补上述不足，社会力量参与贫困治理非常有必要采取"互构式协同"思路，即各社会力量在有机结合、平等协商、目标一致的情况下，有序、有效、有力地参与贫困治理问题，实现扶贫过程中信息、知识、技术以及资源的共享，进而最大程度发挥社会力量的扶贫作用。互构式协同模式下不同社会主体的行动关联性更强，更加注重彼此的互动与合作，且社会主体与政府部门的关系更倾向于平等协商、互为主体，社会主体的话语权逐渐增强。

互构式协同思路下，政府、市场以及社会三大扶贫主体间能够实现良性互动、进行有效合作，且能最大程度上整合多方扶贫资源，增强贫困地区的整体优势，从而协助贫困人口及弱势群体实现脱贫致富目标，使其有能力应对生活中可能出现的各种风险。此外，政府、市场以及社

---

① 杨敏、高霖宇：《社会互构论视野下的民间力量与社会和谐》，《天津社会科学》2011年第2期。
② 郑杭生、杨敏：《社会与国家关系在当代中国的互构——社会建设的一种新视野》，《南京社会科学》2010年第1期。
③ 苑仲达：《创新社会救助治理亟须社会力量参与》，《光明日报》2016年11月28日。

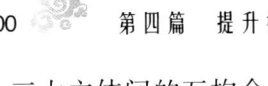

会三大主体间的互构合作能有效避免"失灵"——政府失灵、市场失灵以及社会失灵，为我国社会力量参与贫困治理提供新的视角。因而，贫困治理工作中加强各扶贫主体的有机结合、互构合作，构建社会力量参与贫困治理的互构式协同模式具有非常迫切的现实意义。

二 社会力量协同贫困治理的原则

（一）坚持积极社会政策视角

"积极社会政策"这一概念最早见诸2005年经合组织（OECD）发布的《扩展机遇：积极社会政策如何造福每个人》这一报告中。报告指出"经合组织国家需要寻找其他方式来应对当前社会的挑战，而不仅仅依靠税收和公共转移，旨在实现这一目标的政策被称为积极社会政策"[①]"积极社会政策在缓解贫困与消除社会排斥、促进儿童成长与发展以及提升老年人生活品质方面能发挥积极效用"[②]。在中国，积极社会政策是指政府和社会组织为全面提升公民的社会参与能力、意愿和机会，而以社会投资和积极干预的方式构建和实施社会政策类型[③]。经过十几年的发展与探索，积极社会政策的特征可归纳为以下几点：强调社会政策是一种生产要素而非一种成本和负担；强调社会政策对风险的预防，着眼于提高个人、社会和国家应对风险的能力；强调社会政策的关注点从"宏观增量"到"微观能力"的转变；强调社会政策全过程的干预是整体性的考量；认为社会服务是社会投资的有效手段之一；强调社会政策是经济社会协调发展的不可或缺的一环，实现包容、协调和可持续的发展。[④]

因而，我国政府及社会力量在制定相关扶贫政策时，要坚持积极社会政策视角，一方面，要注重对人力资本的投资，将扶贫与扶智、扶志相结合，激发贫困户脱贫的内生动力，提高贫困户的风险防御能力，即当政府以及社会力量支持撤离后，脱贫人口所获得的内生发展能力以及

[①] OECD, *Extending Opportunities: How active social policy can benefit us all*, OECD Publishing; Éditions OCDE, 2005, p.11.

[②] OECD, *Extending Opportunities: How active social policy can benefit us all*, OECD Publishing; Éditions OCDE, 2005, p.13.

[③] 胡位钧：《社会政策的"积极"转型：OECD 的经验及其启示》，《复旦学报》（社会科学版）2010年第6期。

[④] 林闽钢：《积极社会政策与中国发展的选择》，《社会政策研究》2016年第1期。

形成的外部支持网络能够有效抵御返贫风险，并支撑他们取得进一步的、长足的发展。另一方面，贫困治理是一项长期的、系统的工程，因而为确保扶贫项目的完整性及可持续性，政府及社会力量在制定政策、开展扶贫服务时，要注重扶贫项目的系统性、组织性以及规划性。最后，强化多元主体共责机制，精准扶贫不仅是政府的责任，更是千千万万中华儿女的责任。社会力量参与贫困治理，实际上是"福利国家"向"福利社会"转变的重要体现，也是政府一元主体到国家、市场、社会组织等多元主体的转化。

（二）坚持合作视角

贫困治理中的合作视角可追溯至西方20世纪90年代兴起的协同治理理论，该理论关注多元主体间多层次、跨界治理的可能，主张政府与企业、非政府组织、公民之间以协商和达成共识为基础，讨论复杂的社会问题，以期给出可以代表被管理对象利益的、长效的政策方案，即旨在通过互动合作更好、更高效地提供公共服务。[①] 受协同治理理论的影响，合作视角下，政府、市场、社会力量互为主体。政府不再是贫困治理的唯一主体，市场、社会力量以及基层组织等社会力量也是精准扶贫的重要主体，且与以往政府占绝对主导性地位的救济式扶贫不同，该视角下多元主体的地位是平等的，是在平等协商、目标一致的情况下，共同参与贫困治理。

贫困治理是一个系统工程，不仅需要政府力量的参与，还需要个人、市场以及社会组织等多元主体的加入。随着《国家八七扶贫攻坚计划》《中国农村扶贫开发纲要2001—2010》《关于进一步动员社会各方面力量参与扶贫开发的意见》《关于打赢脱贫攻坚战的决定》等政策性文件的出台，越来越多的企业以及社会组织参与到精准扶贫事业中。由于我国社会力量参与贫困治理经历了从"被排斥"到"被吸纳"再到"主动参与"的一个过程，因而，社会力量的扶贫经验并不充足，各力量之间还是一盘散沙，依旧停在自己的领域里"独舞"，没有形成合力。新时期，我国的贫困形势更为严峻、贫困原因更为多元，以往一盘散沙式的扶贫模式难以应对当前的贫困问题。因此加强各级政府部门与社会力量、基层自治组织与社会力量以及社会力量之

---

① 王法硕：《我国应急志愿服务协同治理的实践与对策》，《学习与实践》2014年第11期。

间的通力合作，使政府、市场以社会力量形成有效合力，确保扶贫资源利用最大化、效益最优化是当前社会力量参与贫困治理的重要一环。

第二节 提升社会力量协同贫困治理效能的策略

从1994年的《国家八七扶贫攻坚计划》到2018年的《关于打赢脱贫攻坚战三年行动的指导意见》，我国已经出台了几十项鼓励社会力量参与贫困治理工作的政策性文件，广泛动员全社会力量参与扶贫开发，是我国贫困治理工作取得伟大成就的成功经验，也是中国扶贫开发道路

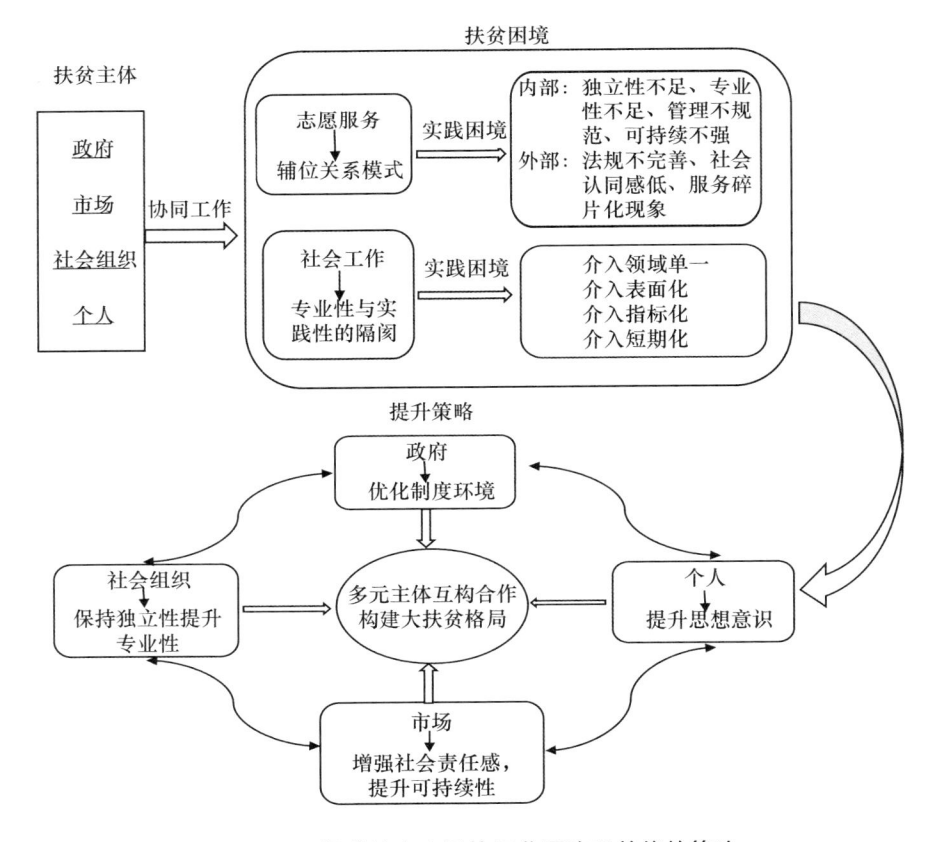

图17-1 提升社会力量协同贫困治理效能的策略

第十七章　社会力量协同贫困治理：思路与提升策略

的重要特征。当前，在政府的动员下，企业、社会组织和个人通过多种方式积极参与扶贫开发，社会扶贫日益显示出巨大发展潜力。但受"大政府、小社会"治理格局的影响，我国社会扶贫起步较晚，还存在着组织动员不够、政策支持不足、体制机制不完善等问题。因此，为解决社会力量参与贫困治理的困境，进一步提高社会力量参与贫困治理的积极性、主动性以及专业性，促进多元主体间的互构合作，本书将从外部环境层面、社会力量内部层面以及多元主体关系层面入手，对各社会力量协同贫困治理工作提出相应的策略。

一　外部环境层面：优化社会力量协同精准扶贫的制度环境

当前，我国政府虽出台了多项政策鼓励社会力量参与扶贫开发，但大都是宏观层面的引导性、动员性政策，具体层面的准入机制、激励机制、监管机制、反馈机制等没有详细规定，现有制度的操作性低、执行度不高，为此，需要不断优化社会力量协同贫困治理的制度环境。

第一，降低社会力量参与贫困治理的准入门槛。我国虽然鼓励社会力量参与精准扶贫，但往往对企业、社会组织有资历、资金、规模上的要求，社会力量尤其是社会组织参与贫困治理须达到一定的门槛。目前，我国无论是基金会、社会团体，还是民办非企业单位，要获得合法身份，首先必须经过业务主管单位的许可批准，然后须经登记管理机关的许可登记。① "双重许可"制度下，社会组织的登记成立程序非常烦琐，部分组织为避免麻烦，选择不登记，以"黑户"身份开展社会活动。社会组织没有合法身份，就意味着他们没有获得政府有关部门的承认、许可，严重影响了他们的募捐能力、税收减免资格、财务管理以及社会公信力，不利于社会组织的发展壮大。另外，在向社会力量购买扶贫服务时，政府往往倾向于选择那些具有官方背景的大型组织，规模较小的"草根"组织则难以获得政府青睐。大型社会组织参与贫困治理固然有它自身不可比拟的优势，如品牌效应大、筹款能力强、覆盖范围广等，但小型组织也有它独特的优势，由于出生"草根"，小型组织长期在基层活动，与贫困群体关系密切，对于解决一些微观及具体问题更有经验。因此，为进一步激发社会组织协同贫困治理的积极性，提升其

---

① 王名：《社会组织与社会治理》，社会科学文献出版社2014年版。

扶贫成效,一方面,政府应完善有关法规,简化社会组织的登记程序,让"黑户"组织取得合法身份,增加合法社会组织的数量,以"增量积累存量",扩大社会组织的扶贫效益;另一方面,政府向社会力量购买服务时,要降低社会组织的准入门槛,注重"草根"组织的引入,以结合大型组织与"草根组织"的优势。

第二,完善社会力量参与贫困治理的激励机制。为确保打赢脱贫攻坚战,中央和地方都建立了相应的激励机制,但稍加分析发现,这些激励政策往往只明确限定了肩负具体脱贫任务的责任人和责任单位,如安徽省专门出台了《安徽省脱贫攻坚一线干部激励关怀办法》,对奋斗在脱贫攻坚一线的村干部、选派帮扶干部和乡镇干部等群体明确了13条激励举措。而对"社会力量"的激励政策则相对来说还不够具体,目前主要是通过对参与精准扶贫的社会力量实行税收减免,对在贫困地区投资兴业的企业给予信贷优惠,对表现突出的个人、企业以及社会组织进行社会表彰等形式激励他们,其中,税收减免是影响企业慈善捐赠行为的主要因素之一。[①] 税收减免、财政补贴是最直接的激励方式,但也存在一些问题,如造成财政负担过重、企业套取补贴等现象,社会力量参与贫困治理的激励力度和形式有待于进一步完善。激励范围上,拓宽贫困治理政策的激励范围,除了对扶贫干部进行激励外,还需要加大对企业、对社会组织的激励。激励形式上,前面提到,税收减免、财政补贴等物质激励手段使得政府财政不堪重负,不利于有效激励机制的建构。因而,政府要转变激励方式,采取物质激励和精神激励相结合的形式。例如,有学者认为署名立传、授予荣誉称号、进行社会表彰、公益广告宣传等精神激励能提高个人、企业或者社会组织的知名度,并部分地、间接地转化为直接的物质利益,能使政府在无成本或低成本条件下,有效激励社会力量参与贫困治理。[②]

第三,完善社会力量参与贫困治理的监管机制。

根据《基金会管理条例》《民办非企业单位登记管理暂行条例》的规定来看,政府对基金会、民办非企业单位的管理主要采取年检制度,

[①] 朱迎春:《我国企业慈善捐赠税收政策激励效应——基于2007年度我国A股上市公司数据的实证研究》,《当代财经》2010年第1期。

[②] 叶立国:《试论我国慈善捐赠激励机制的构建》,《内蒙古大学学报》(哲学社会科学版)2008年第5期。

要求他们每年 3 月 31 日前向业务主管单位报送上一年的工作报告，其余时间则处于"放任自由"状态。现有条件下，我国对社会力量参与精准扶贫的监管比较弱，政府监督缺位，扶贫腐败问题屡见不鲜，2018年，中央纪委监察网站"扶贫领域腐败和作风问题曝光专区"共前后曝光 44 起经典案例，涉及骗取扶贫资金、权力寻租、截挪留用等多种腐败形式，严重损害了贫困群众的切身利益，损害了政府的公信力。慈善腐败、扶贫腐败问题之所以层出不穷，主要原因在于缺乏有效的监管机制，因此，建立政府监督、社会监督以及自我监督"三位一体"的监管机制尤为重要。首先，建立以结果为导向的财政扶贫资金监管制度，即资金监管制度与措施不能仅仅停留和满足于资金分配、使用、运转过程合规。另外，围绕多维监管主体建立全方位监管体系，充分发挥多维监管主体的交叉监管作用，发挥利益相关者、社会第三方机构、新闻传播媒介及社会公众等的监督作用。建立事前、事中、事后全方位监管体系，发挥多元主体的预防、纠正及补救功能。推动扶贫资金使用信息全面公开，信息公开是实现多元主体全方位监管的前提，一方面是对政府公开信息的义务加强督查执行，完善公众知情权被拒绝后的申诉机制；另一方面是加强扶贫信息大数据平台建设，为社会公众及时、快捷获取财政扶贫资金信息提供便利。[①]

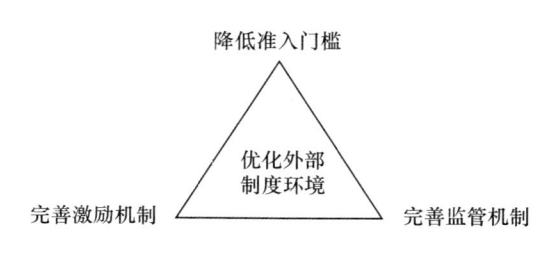

图 17-2 外部制度环境层面的提升策略

二 社会力量内部层面：提升个人、社会组织以及企业的反贫能力

社会力量协同贫困治理，不仅需要从外部制度环境、合作机制着手，还需要从个人、社会组织以及企业等多元主体内部层面着手，加强

---

① 群力、朱良华：《精准扶贫背景下财政专项扶贫资金的使用效率评价——基于广西 54 个贫困县的实证分析》，《经济研究参考》2017 年第 41 期。

其专业的反贫能力。

（一）个人层面：提升思想意识，增强脱贫发展能力

当前贫困人口自身脱贫的主动性不足，一方面表现在贫困人口参与脱贫攻坚的热情不高，甚至袖手旁观，存在"干部拼命干、百姓站着看"的现象；另一方面表现在部分贫困户"等靠要"依赖思想严重，热衷于直接拿钱式的扶贫而反感需要自己参与和劳动的扶贫方式。[①] 常言道"授人以鱼，不如授人以渔"，贫困治理工作不同于慈善救济，单纯靠外力援助难以获得长久的发展，因而要激发贫困人口的内生动力，增强他们的自我发展能力。在具体如何激发脱贫发展内生动力上，有学者认为可以从以下三方面着力：一是尊重扶贫对象主体地位，幸福生活等不来、要不来，幸福都是奋斗出来的！贫困人口既是脱贫攻坚的对象，更是脱贫攻坚的主体，扶贫的根本出路是增强贫困群众的"造血"能力，脱贫致富终究要靠贫困人口自己的辛勤劳动实现。二是重视发挥广大基层干部群众的首创精神，"只要有信心，黄土变黄金"，要做好对贫困地区干部群众的宣传、教育、培训、组织工作，引导他们树立"宁愿苦干、不愿苦熬"的观念，支持他们探索，为他们创造"八仙过海、各显神通"的环境和条件。三是振奋贫困地区和困难群众的精神风貌，扶贫既要富口袋，也要富脑袋！要坚持以促进人的全面发展的理念指导扶贫开发，发扬艰苦奋斗精神，丰富贫困地区文化活动，加强贫困地区社会建设。[②]

随着工业化、市场经济的推进，我国的社会结构发生了巨大变化，传统的以初级关系为主的社会转变成了以次级关系为主的社会，人与人之间的关系日渐冷漠，正如马克思、恩格斯所指出的，它（工业化）使人和人之间除了赤裸裸的利害关系，除了冷酷无情的现金交易，就再也没有别的联系了[③]。在这种次级社会关系中，"事不关己，高高挂起"似乎是一项隐含的社会规则，社会成员间的"守望相助"已成为一种奢侈品。在上述社会背景下，一般社会成员对贫困人口的关注较少，参与扶贫工作的意识不强，参与贫困治理的主动性、积极性自然也不强。对此，社会成员应树立正确的扶贫责任观，多关注贫困地区、贫困人口

---

① 陈红梅：《农村精准扶贫的现实途径思考》，《西部学刊》2019年第2期。
② 马建堂：《认真学习贯彻习近平总书记重要讲话精神 齐心协力打赢脱贫决胜攻坚战》，《国家行政学院学报》2016年第2期。
③ 马克思、恩格斯：《共产党宣言》，人民出版社2015年版。

第十七章 社会力量协同贫困治理：思路与提升策略　307

的现状，并为他们做一些力所能及之事，例如，从事相应的志愿服务和专业的社会工作服务等。

```
个人层面 ─┬─ 贫困户个人 ⇒ 尊重扶贫对象主体地位
         │              重视发挥广大基层干部群众的首创精神
         │              振奋贫困地区和困难群众的精神风貌
         │
         └─ 社会成员   ⇒ 树立正确的扶贫责任观
                        提升自身能力，创新扶贫方式
```

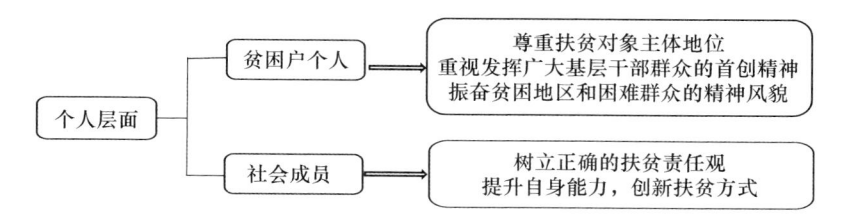

图17-3　个人层面协同贫困治理的策略

（二）社会组织层面：提升志愿服务力量和社会工作专业力量的反贫能力

社会组织作为助力我国脱贫攻坚取得胜利的关键性力量，具有瞄准程度高、反应迅速、经验丰富、组织性强等优势。但受我国"大政府、小社会"传统治理格局的影响，我国社会组织由于起步较晚，行业架构还不成熟，目前我国贫困治理工作仍存在诸多有待完善的地方。为使社会组织的优势得以充分发挥，更好地助力脱贫攻坚工作，前文所述的志愿服务力量和社会工作专业力量可以从以下几方面提升其扶贫能力。

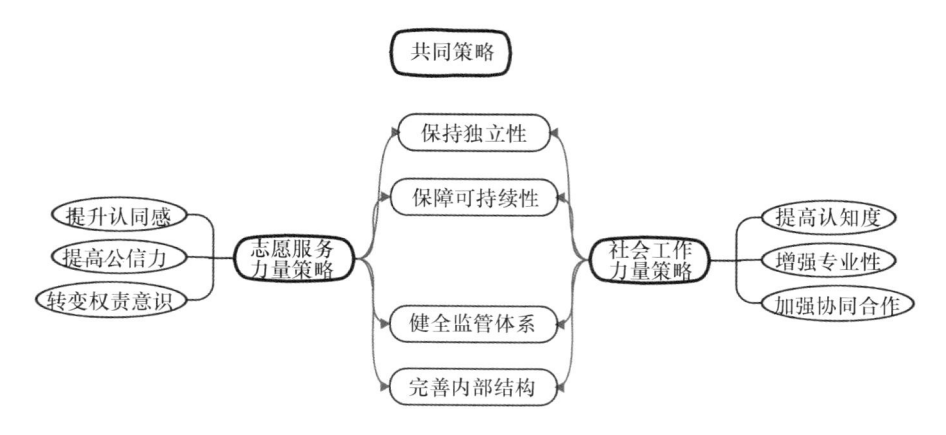

```
                    共同策略
                       │
                  ┌─保持独立性─┐
提升认同感 ┐      │             │      ┌ 提高认知度
提高公信力 ┼ 志愿服务│保障可持续性│社会工作┼ 增强专业性
转变权责意识┘ 力量策略│             │力量策略┤ 加强协同合作
                  │健全监管体系│      └
                  │             │
                  └完善内部结构┘
```

图17-4　社会组织层面协同精准扶贫的提升策略

两者共同需要完善的方面。通过前文的研究发现，无论是志愿服务力量还是社会工作专业力量，他们在脱贫攻坚工作中都面临对政府依赖性强、可持续性弱、监管体制缺乏以及内部管理缺乏规范等实践困境，因而，相应的要提升它们在反贫困中的效能可以从以下四方面入手。

一是保持独立性。我国社会组织起步较晚，且与政府有着千丝万缕的关系，对政府的资金及资源依赖性强，因而志愿服务组织以及社会工作服务机构有必要拓宽筹款渠道，增强自身的资源动员能力，这一方面有利于提升社会组织的自我生存能力；另一方面能明确与政府的界限，保持组织独立性。二是保障扶贫项目的可持续性。一方面社会组织在设计服务方案时应制定明确、详细的服务预算，并对项目开展过程中的财务收支情况进行严格的监管，保证项目资金的可持续；另一方面，社会组织应完善行业薪酬、培训、晋升体制，降低员工流失率，实现项目人员的可持续。三是健全行业监管体系。在完善监管体系上，社会各组织可以联合起来建立、完善行业监管体系，做好行业自律，主动向社会各界披露扶贫项目实施进度、财务状况等信息，实施透明化运作，提高社会组织的公信力。四是完善社会组织内部结构，主要包括内部管理结构及人员配置结构两方面。

除了上述四项策略外，根据志愿服务的特点，要提升志愿服务力量对贫困治理的协同效能还需从以下几方面入手。一是提升社会认同感。部分贫困户认为志愿者就是来做个调研，帮忙打扫个卫生，并不能从根本上帮助他们，因而贫困户不愿和扶贫志愿组织"吐露真情"。为此，扶贫志愿服务组织在提升自身专业性的同时，还需要做好宣传工作，改变社会尤其是贫困人口对他们服务的认知，使贫困户不仅愿意还乐意向志愿组织讲述自己的困难以及期望。二是提高公信力。志愿服务组织能否取得社会个人以及企业的信任是其扶贫项目成功与否的关键。志愿服务扶贫组织应主动发布详细的年度工作报告、财务报告，以便公众可以随时获取扶贫活动的开展情况以及资金流向，提高组织公信力。三是转变权责观念。志愿服务具有非政府性、非营利性以及利他性等特点，某种层面上来看，志愿服务扶贫组织的非政府性决定了它处于一个相对无权的状态，因而，这类组织尤其是草根式组织往往存在这样的想法：我是来做好事的，即便最后没有达到既定目标，甚至带来一些负面效应也不能怪我，我的初衷是好的。加上目前我国社会组织制度的缺位，对于那些产生负面扶贫效应的组织并无有效的惩罚措施，这样就容易陷入"扶而无效"的恶性循环，引起贫困户的厌烦情绪。为此，志愿服务组织在提供扶贫服务时应转变权责观念，对开展的扶贫项目负责。

对社会工作专业力量而言，一是提高社会认知度。社会工作在我国的起步较晚，目前在广东、上海、北京等沿海城市和发达城市发展较为成熟，但在贫困人口相对集中的中西部地区则相对迟缓，部分贫困人口直接将社会服务等同于志愿服务，对社会工作的认知不高。为此，社会工作从业人员应增强形象塑造意识，自觉主动塑造社会工作形象。二是增强专业性。目前社会工作服务介入精准扶贫存在领域单一化、视角表面化、过程指标化以及结果短期化的实践困境，这些困境归根结底是社会工作弱小、专业性不足的表现。因此，社会工作力量应增强自身专业性，加大对扶贫工作专业人才的培训，更新扶贫社工的知识库，增强专业性技能。三是加强与相关方的合作。前文提到，社会工作在介入精准扶贫过程中，过于坚守专业自信，缺少与精准扶贫其他项目的互动，存在项目分散、资金分散、宣传分散等现象，难以产生 1 + 1 > 2 的效果。因而，社会工作力量在介入精准扶贫时，应在专业性与实践性中找到一个平衡点，在坚守专业性的同时，加强与相关方的合作。

（三）企业层面：增强社会责任感，做好参与贫困治理的顶层设计

根据蒂特姆斯的观点，市场组织是社会福利的重要一级。因此，它也可以作为大扶贫格局中的关键一员。一直以来，市场组织也是扶贫事业中一支不可缺少的力量。当前，我国企业扶贫还存在一些现实困境，一是企业参与的积极性不高，社会责任感不强。即便国家出台了很多鼓励企业参与精准扶贫的政策性文件，仍有许多企业认为扶贫是政府的事情，企业参与扶贫的积极主动性及重视程度不高。二是企业参与扶贫开发意识不够。企业参与市场经济活动的根本目标是最大程度地获取利润，利润是企业参与扶贫开发的直接驱动力，但是，贫困地区投资兴业必须让渡一部分市场利润，以带动贫困户发展，因此，企业基于成本效益的考虑，往往不热衷于投资到成本甚大、受益甚微的扶贫领域，而更倾向于单纯的捐助。三是项目缺乏可持续性，表面化、形式化现象严重。与专业的社会组织相比，市场组织的反贫困技能低，更多采取直接的经济资助方式进行，对贫困群体能力增长的作用有限。

但是，企业作为大扶贫格局的重要一员，在反贫困中也有着自身优势，如能有效整合市场资源，充分发挥市场机制灵活性、适应性以及护理型的特点。为了更好地发挥企业主体的扶贫效益，开拓企业参与贫困治理的新路径、新思路，可以从以下几方面来提升企业参与扶贫的效能。一是企业应树立正确的扶贫责任观。1978 年，邓小平提出"让一

部分人靠诚实劳动先富起来,然后先富带后富,最终实现共同富裕"的论述。如今,四十余年过去了,一大批企业通过政府政策支持以及自身努力已经达成了先富起来的目标,这部分企业要牢记历史使命,勇担社会责任,积极投身扶贫开发事业。二是企业要转变扶贫观念。许多企业成功的扶贫经验表明,扶贫项目中企业的经济目标与公益目标两者之间并不是非此即彼的关系,企业应转变传统救济式扶贫的观念,树立兼顾企业、贫困户、当地政府三者利益的观念,坚持互惠互利的原则。三是企业扶贫做好顶层设计。在项目开始之前,企业要对贫困地区、贫困家庭及以及贫困户展开详细的调研,明确地区发展的优劣势,并结合企业自身优势制定帮扶计划。此外,企业还要清楚知道,为达成扶贫目标,需要动员多少资金资源、人力资源、组织资源,可能面临的风险和挑战是什么。总而言之,企业要对整个扶贫项目有一个整体的把控。

三 建立多元主体的协同合作机制

在精准扶贫中,政府、市场和社会三大组织实际上是一个利益共同体,有一致的目标。在新时代新形势背景下,还可以多这一多元主体间的合作机制进行优化。

(一) 加强社会力量与政府部门的合作

传统救济式扶贫中,政府是占绝对主导地位的主体,从政策制定、对象识别到服务开展均由政府"统揽"。后续的八七扶贫攻坚阶段、扶贫开发阶段虽然出台了多项政策,鼓励社会力量参与贫困治理工作,但政府的主导地位并没有发生改变,社会力量只是作为一个补充者的角色,起"拾遗补阙"的作用,其扶贫潜力还未被完全激发。新形势下,要打破政府、市场与社会之间的隔阂,消除政府主导扶贫的传统观念,坚持社会力量的独立主体地位,使其在平等协商的基础上与政府合作,共同参与扶贫规则制定、扶贫服务开展、扶贫成效评估等工作,将政府扶贫的政治优势、制度优势与市场扶贫的资源优势、效率优势结合起来,确保资源利用最大化、效益最优化。要注意的是,社会力量在与政府合作时,要注重理清与政府各部门的关系,明晰双方的权利与责任,避免出现权责不清、相互扯皮现象。

(二) 加强社会力量之间的合作

当前,参与贫困治理的社会力量分别来自不同领域,各有所长、各具优势。以市场力量为例,根据国务院扶贫办社会扶贫司与《中国社会责任百人论坛》联合发布的"中国企业精准扶贫优秀案例"来看,参与我国精准扶贫且排名前十的企业分别为华润(集团)有限公司、碧桂园控股有限公司、中国石油化工集团有限公司、中国民生银行股份有限公司、恒大集团有限公司、中国移动通信集团有限公司、亿利资源集团有限公司、三星(中国)投资有限公司、益海嘉里金龙鱼粮油食品股份有限公司、大连万达集团股份有限公司,参与企业来自商超、地产、能源、金融、通信、粮油等各个领域。从上述企业实施的扶贫项目类型来看,部分企业如恒大的"积极承担社会责任,助力毕节脱贫攻坚"扶贫项目为综合类,从产业扶贫、异地搬迁扶贫、吸纳就业扶贫、发展教育扶贫和特殊困难群体生活保障扶贫五方面实施结对帮扶措施,但大部分企业由于资源、能力、时间有限,往往只在自己擅长的领域开展扶贫行动,出现参与精准扶贫的社会力量虽然众多,但却呈现"各念各的经,各唱各的调"、一盘散沙的现象。贫困治理作为一项系统的社会工程,需要从全方位、多领域着手。因此,加强各市场力量之间的合作,充分发挥多元市场主体的专业优势、行业优势尤为重要。此外,企业可加强与专业社会组织的合作,与企业相比,社会组织长期扎根基层,对贫困地区的整体情况、贫困户的具体需求较了解,能够因地制宜制定扶贫措施,保障扶贫项目的精准性。建立企业与社会组织合作的长效机制,能使企业的资源优势与社会组织的专业优势在最大程度上得到发挥。

(三)加强社会力量与基层自治组织的合作

农村社会是一种基于熟人关系的社会结构,其治理方式、生产生活、文化教育等方面都与城镇有着很大的不同。① 农村扶贫工作更应该以村民为主体,鼓励村民的参与,而农村自治组织作为其中最基层的组织,是村民参与规划、表达意愿的最直接途径。农村自治组织是建立在我国最基层,与群众联系最直接、最密切的组织,对本地区经济、社会、文化等乡土资源的非常熟悉熟悉,是乡土资源的实际掌控者。精准扶贫"贵在精准,重在精准",立足乡土资源形成的扶贫项目与贫困地区农民的实际能力有很高的契合度,更适合贫困地区实际,从而保证扶

---

① 孙莹、张尚武:《我国乡村规划研究评述与展望》,《城市规划学刊》2017年第4期。

贫项目的精准性与可持续性。因此，社会力量参与贫困治理工作要加强与基层自治组织，尤其是农村基层自治组织之间的互构合作，社会力量方面，要与村委会工作人员进行充分的交流沟通，利用贫困地区乡土资源优势因地制宜，选定扶贫项目并制定具体实施方案。基层自治组织方面，有学者通过案例分析发现，基层自治组织对处于基本相同的时空结构之中的、在本地区开展扶贫工作的不同社会力量往往采用不同标准、不同行动策略，简而言之，我国的基层自治仍存在制度化程度低、自由裁量权强等问题，基层自治组织对社会力量参与精准扶贫的回应具有鲜明的策略选择性特征。此种情况下，社会力量参与贫困治理呈现出高度不确定性和不稳定性的特征，使得社会力量对于扶贫工作"望而却步"，因此提高基层自治组织在贫困治理方面的制度化建设势在必行。

（四）加强扶贫主体与贫困户之间的合作

以往救济式扶贫往往只给贫困户提供物质上的救援，很少去了解贫困户的真实需求，属于"输血式扶贫"，不仅不能解决我国的贫困问题，还滋长了贫民"等靠要"的思想。新形势下，社会力量参与贫困治理要坚持贫困户的主体地位，倾听扶贫对象的心声，了解他们想要什么、想走哪一条发展路子、想怎样走这个路，也就是说，要引导贫困户参与扶贫项目的选定、扶贫项目的开展以及扶贫项目的监督工作，激发扶贫对象脱贫攻坚的内生动力，培养贫困户的自力更生能力，变"被动脱贫"为"主动脱贫"，保障贫困治理的可持续性。此外，要加强与扶贫对象的交流，充分利用好乡土知识。贫困地区与贫困对象在长期的生活和实践中积累了非常丰富的乡土知识，如富有地方特色的养殖、种植和手工技术，这些技术对于提高当地农民的收入、保障农民的基础性生计安全、助力脱贫攻坚具有非常重要的意义。作为乡土知识的掌控者，贫困农民对乡土知识的使用和传承，可以显著提升贫困农民的自尊、自主和独立性，提升贫困农民的荣辱感与自信心，提升贫困农民在减贫发展中的主人翁意识，让农民真正成为减贫发展的主体。

（五）完善贫困治理的信息交流平台

2017年7月，国务院扶贫办主管的"中国社会扶贫网"正式上线，该平台将贫困户、贫困村的需求信息发布到网络上，以实现贫困户与社会各界的扶贫资源、帮扶意愿进行有效对接。截至2019年9月，中国社会扶贫网的注册用户达 4968 万人，但和我国 13 亿多的人口基数相比，这一数据并不算大，需要进一步加强宣传、推广，鼓励更多个人、企业以及社会组织关注该网站，提升网络扶贫效益。① 具体内容上，中国社会扶贫网主要致力于构建"扶贫对接、扶贫电商、扶贫众筹、扶贫展示、扶贫评价"五大平台，是一个链接贫困人口和社会爱心人士、爱心企业的服务平台，在一定程度上解决了个人、企业和社会组织"有爱无处放、有力无处使"的状况。这一网站方便了扶贫主体与贫困户之间的交流、对接，但并没有搭建一个扶贫主体之间的信息交流平台，没有形成合力，社会资源的整合效应无法发挥。为此，可以在中国社会扶贫网"五大平台"的基础上再增加一个"扶贫交流"平台，一方面，对政府、市场、社会及个人已开展的扶贫行动进行汇总，以明确哪些区域、哪些贫困户已经获得自助、获得了哪些自助、还需要哪些资助，避免造成扶贫资源的浪费。另一方面，各个企业、社会组织可将本企业、本组织计划开展或者已经在开展的扶贫项目上传至网站，并将自身优势、希望取得何种类型的合作等信息发布到该平台，以增强扶贫主体间的交流合作，实现优势互补。

　　贫困是一个永久的话题，反贫困更是一项艰巨的、长期的、系统的社会工程。经过七十载的努力，我国的扶贫开发事业取得了巨大成就，但这并不意味着我国的贫困问题已得到解决，一方面，我国当前着力解决的主要是绝对贫困问题，相对贫困问题依旧突出。在现行贫困标准下贫困人口脱贫了、贫困户摘帽了，但他们的生活仍处于较低水平，抵御风险的能力弱，随时都有返贫的可能。另一方面，我国的地区发展极不平衡，中西部地区贫困人口的发展能力依旧较弱。在此背景下，只有畅通多元主体的合作渠道，才能使资源汇聚起来，更快、更好、更准地帮助解决贫困人口的返贫与发展问题。

---

① 中国社会扶贫网，https://www.zgshfp.com.cn/index.html？p=1. 2019. 9.

参考文献

中文文献

一 专著

中共中央党史和文献研究院:《习近平扶贫论述摘编》,中共文献出版社2018年版。

蔡勤禹:《国家、社会与弱势群体:民国时期的社会救济(1927—1949)》,天津人民出版社2003年版。

曹立前:《社会救助与社会福利》,中国海洋大学出版社2006年版。

高鸿宾:《跨世纪的扶贫开发工作》,人民出版社1999年第1版。

龚维斌:《中外社会保障体制比较》,国家行政学院出版社2008年版。

顾长生:《传教士与近代中国》,上海人民出版社1991年版。

何雪松:《社会工作理论》,上海人民出版社2017年版。

贺雪峰:《最后一公里村庄》,中信出版社2014年版。

江立华:《社区工作》,华中科技大学出版社2009年版。

蒋国河:《中国特色农村社会工作:本土化探索与实践模式》,社会科学文献出版社2018年版。

黎帼华:《美国福利》,中国科学技术大学出版社2002年版。

黎民、张小山:《西方社会学理论》,华中科技大学出版社2005年版。

李昺伟等:《中国贫困人群的社工服务:"大爱之行"项目研究》,社会科学文献出版社2016年版。

李华:《国际社会保障动态:反贫困模式与管理》,上海人民出版社2015年版。

李瑞华:《贫困与反贫困的经济学研究——以内蒙古为例》,中央编译出版社2014年版。

李小云:《参与式发展概论》,中国农业大学出版社2001年版。

李迎生：《社会工作概论》，北京大学出版社 2018 年版。

李珍：《社会保障理论》，中国劳动保障出版社 2001 年版。

刘志欣等：《非政府组织管理——结构功能与制度》，清华大学出版社 2013 年版。

刘志扬：《我国古代的社会救助：途径与成效》，第三届社会政策国际论坛论文集，杭州，2007 年 7 月。

马克思、恩格斯：《共产党宣言》，人民出版社 2015 年版。

彭华民：《西方社会福利理论前沿：论国家、社会、体制与政策》，中国社会出版社 2009 年版。

彭秀良：《一次读懂社会工作》，北京大学出版社 2014 年版。

全球治理委员会：《我们的全球伙伴关系》，牛津大学出版社 1995 年版。

[瑞] 冈纳·缪尔达尔：《世界贫困的挑战——世界反贫困大纲》，顾朝阳译，北京经济学院出版社 1991 年版。

佘双：《志愿服务概论》，武汉大学出版社 2013 年版。

沈开艳、权衡：《经济发展方式比较研究——中国与印度经济发展比较》，上海社会科学院出版社 2008 年版。

史铁尔等：《农村社会工作》，中国劳动社会保障出版社 2015 年版。

孙兆霞等：《生态旅游扶贫专题报告》（精简版），中国扶贫经验国际研讨会报告，北京，2017 年 5 月。

孙中一：《耗散结构论·协同论·突变论》，中国经济出版社 1989 年版。

童敏：《社会工作理论》，社会科学文献出版社 2019 年版。

童敏：《社会工作专业服务的规划与设计》，社会科学文献出版社 2011 年版。

王朝明、申晓梅主编：《中国 21 世纪城市反贫困战略研究》，中国经济出版社 2005 年版。

王廉、崔健：《世界的扶贫实践与政策方向》，暨南大学出版社 1996 年版。

王名：《社会组织与社会治理》，社会科学文献出版社 2014 年版。

王瑞鸿：《社会工作项目精选》，华东理工大学出版社 2010 年版。

王思斌：《社会工作概论》，高等教育出版社 2014 年版。

王卫平、郭强：《社会救助学》，群言出版社 2007 年版。
王永红：《美国贫困问题与扶贫机制》，上海人民出版社 2011 年版。
王雨林：《中国农村贫困与反贫困问题研究》，浙江大学出版社 2008 年版。
文军：《西方社会工作理论》，高等教育出版社 2013 年版。
吴东民、董西明：《非营利组织管理》，中国人民大学出版社 2003 年版。
吴锋：《梦里开花：一位援建干部的扶贫手记》，法律出版社 2017 年版。
夏建中：《社区工作》，北京大学出版社 2015 年版。
向德平、黄承伟：《减贫与发展》，社会科学文献出版社 2016 年版。
谢立中：《西方社会学名著提要》，江西人民出版社 1998 年版。
徐旭初：《贫困中的合作：贫困地区农村合作组织发展研究》，浙江大学出版社 2016 年版。
许莉娅：《个案工作》，高等教育出版社 2013 年版。
杨鲁慧、牛林杰、刘宝全：《亚太发展研究（第 3 卷）》，山东大学出版社 2005 年版。
杨团：《慈善蓝皮书：中国慈善发展报告（2019）》，社会科学文献出版社 2019 年版。
姚建平：《中美社会救助制度比较》，中国社会出版社 2007 年版。
姚云云等：《社会工作基础理论与实务》，哈尔滨工程大学出版社 2016 年版。
俞可平：《治理与善治》，社会科学文献出版社 2000 年版。
翟海源、毕恒达、刘长萱、杨国枢：《社会及行为科学研究法（二）质性研究法》，社会科学文献出版社 2013 年版。
张磊：《中国扶贫开发政策演变》，中国财政经济出版社 2007 年版。
张占斌、张青：《新时代怎样做到精准扶贫》，河北人民出版社 2018 年版。
甄尽忠：《先秦社会救助思想研究》，中州古籍出版社 2008 年版。
［德］伍威·弗里克：《质性研究导引》，孙进译，重庆大学出版社 2011 年版。
［美］莱斯特·M. 萨拉蒙等：《全球公民社会：非营利部门视野》，贾

西津、魏玉译,社会科学文献出版社 2002 年版。
[美] 劳埃德·雷诺兹:《微观经济学——分析和政策》,马宾译,商务印书馆 1982 年版。
[美] 罗伯特·H. 伯姆纳:《捐赠:西方慈善公益文明史论》,褚蓥译,社会科学文献出版社 2017 年版。
[美] 罗伯特·K. 默顿:《社会理论和社会结构》,唐少杰等译,译林出版社 2008 年版。
[美] 迈克尔·豪利特、M. 拉米什:《公共政策研究:政策循环与政策子系统》,庞诗等译,生活·读书·新知三联书店 2006 年版。
[美] 莫拉莱斯:《社会工作:一体多面的专业》,顾东辉等译,上海社会科学院出版社 2009 年版。
[美] 萨利比:《优势视角:社会工作实践的新模式》,杜立婕译,华东理工大学出版社 2016 年版。
[美] 西奥多·W. 舒尔茨:《论人力资本投资》,北京经济学院出版社 1990 年版。
[美] 詹姆斯·N. 罗西瑙:《没有政府的治理——世界政治中的秩序与变革》,张胜军、刘小林等译,江西人民出版社 2001 年版。
[印] 阿比吉特·班纳吉,[法] 埃斯特·迪弗洛:《贫穷的本质:我们为什么摆脱不了贫穷》,景芳译,中信出版集团 2013 年版。
[印] 阿马蒂亚·森:《以自由看待发展》,任赜、于真译,中国人民大学出版社 2002 年版。

二 期刊

白增博、孙庆刚、王芳:《美国贫困救助政策对中国反贫困的启示——兼论 2020 年后中国扶贫工作》,《世界农业》2017 年第 12 期。
毕素华:《官办型公益组织的价值突围》,《学术研究》2015 年第 4 期。
蔡静、孟晨、李辉:《我国志愿组织产生的历史演进及转型发展》,《内蒙古师范大学学报》(哲学社会科学版)2019 年第 4 期。
曹迪:《社会工作在我国精准扶贫战略中的发展困境反思》,《吉林广播电视大学学报》2018 年第 12 期。
曹婉莉、杨和平:《韦伯夫妇的福利济贫思想》,《西华师范大学学报》(哲学社会科学版)2009 年第 2 期。
陈成文、陈建平:《社会组织与贫困治理:国外的典型模式及其政策启示》,《山东社会科学》2018年第3期。

陈成文、王祖霖:《"碎片化"困境与社会力量扶贫的机制创新》,《中州学刊》2017年第4期。

陈浩、赵君丽:《中国农村贫困地区可持续发展分析》,《生态经济》2001年第12期。

陈红梅:《农村精准扶贫的现实途径思考》,《西部学刊》2019年第2期。

陈建平、林修果:《参与式发展理论下新农村建设的角色转换问题探析》,《中州学刊》2006年第3期。

陈建先:《政府治理特征及模式抉择》,《行政论坛》2005年第5期。

陈开枝、谭畅、詹丹晴:《扶贫工作不是到2020年就一劳永逸》,《源流》2016年第3期。

陈霞、李佳璐:《美国农村贫困问题简析及启示》,《中国经贸导刊》2015年第22期。

陈小娟:《慈善组织参与精准扶贫问题探析》,《齐齐哈尔大学学报》(哲学社会科学版)2017年第10期。

陈小荣:《舒尔茨人力资本理论视域下的精准扶贫路径探析》,《市场周刊》2018年第1期。

陈瑶瑶:《精准扶贫与志愿服务》,《领导科学论坛》2016年第15期。

程玲:《可行能力视角下农村妇女的反贫困政策调适》,《吉林大学社会科学学报》2019年第5期。

程禹、王洪涛:《社会组织协同参与精准扶贫政策中存在的问题及对策》,《农家参谋》2018年第13期。

崔洁:《中美城市反贫困行动体系比较》,《劳动保障世界》(理论版)2012年第2期。

邓国胜:《中国志愿服务发展的模式》,《社会科学研究》2002年第2期。

邓阳:《扶贫理论与政策的演化发展对精准脱贫的借鉴》,《理论月刊》2019年第3期。

董慰、陈莹、董禹:《面向村民自治的精准扶贫规划机制与引导模式》,《规划师》2018年第12期。

杜书云、徐景霞:《内源式发展视角下失地农民可持续生计困境及破解机制研究》,《经济学家》2016年第7期。

杜宇:《农村残疾人扶贫二十年》,《中国残疾人》2012年第3期。

杜玉恒:《协同式精准扶贫研究综述》,《农村经济与科技》2019年第7期。

方劲:《中国农村扶贫工作"内卷化"困境及其治理》,《社会建设》2014年第2期。

甘满堂:《社会学的"内卷化"理论与城市农民工问题》,《福州大学学报》(哲学社会科学版)2005年第1期。

高强、同山、沈贵银:《2020年后中国的减贫战略思路与政策转型》,《中州学刊》2019年第5期。

高艺源:《乘众人之智 用众人之力 志愿服务组织参与脱贫攻坚经验分享》,《中国民政》2019年第11期。

共青团嘉兴市委:《创新志愿服务辐射新农村》,《中国共青团》2016年第10期。

緱杰、王志洋:《网络用语的社会功能分析——基于默顿功能论视角》,《高教学刊》2015年第4期。

苟天来、唐丽霞、王军强:《国外社会组织参与扶贫的经验和启示》,《经济社会体制比较》2016年第4期。

顾建光:《非政府组织的兴起及其作用》,《上海交通大学学报》(哲学社会科学版)2003年第6期。

管志利:《协同治理视角下精准扶贫工作机制的构建——基于广西实践的反思》,《贵州省党校学报》2017年第1期。

郭风英:《"国家与社会"关系的发展及理论探索》,《河南师范大学学报》(哲学社会科学版)2013年第6期。

郭熙保:《论贫困概念的内涵》,《山东社会科学》2005年第12期。

郭占锋:《走出参与式发展的"表象"——发展人类学视角下的国际发展项目》,《开放时代》2010年第1期。

国务院扶贫办等:《关于开展扶贫扶志行动的意见》,《当代农村财经》2019年第1期。

韩央迪:《从福利多元主义到福利治理:福利改革的路径演化》,《国外社会科学》2012年第2期。

何方:《"三社联动"模式下的儿童社会工作——以"童趣学苑"推动

社区参与》,《社会与公益》2018年第2期。

何方:《小蜜蜂变身脱贫攻坚"主力军"》,《中国社会工作》2019年第16期。

何佩群:《性别视角下的发展理论》,《复旦学报》(社会科学版)2006年第4期。

何水:《协同治理及其在中国的实现——基于社会资本理论的分析》,《西南大学学报》(社会科学版)2008年第3期。

何秀荣:《改革40年的农村反贫困认识与后脱贫战略前瞻》,《农村经济》2018年第11期。

贺晓淳、湘西翁草村:《社工介入精准扶贫的实践样本》,《中国社会报》2016年第13期。

侯国凤、戴香智:《社会组织参与农村扶贫的优势与瓶颈——基于社会政策视角的分析》,《中国集体经济》2012年第1期。

侯利文:《社会工作与精准扶贫:理念牵引、技术靶向与现实进路》,《学术论坛》2016年第11期。

胡位钧:《社会政策的"积极"转型:OECD的经验及其启示》,《复旦学报》(社会科学版)2010年第6期。

湖南省常德市社科联课题调研组、李云峰:《社会组织参与精准扶贫,支持乡村建设的研究》,《中国社会组织》2017年第3期。

黄承伟、刘欣:《本土民间组织参与扶贫开发的行动特点及发展方向——以贵州省某民间组织为例》,《贵州社会科学》2015年第1期。

黄承伟:《深化精准扶贫的路径选择——学习贯彻习近平总书记近期关于脱贫攻坚的重要论述》,《南京农业大学学报》(社会科学版),2017年第4期。

黄国勤:《中国扶贫开发的历程、成就、问题及对策》,《中国井冈山干部学院学报》2018年第3期。

黄建:《论精准扶贫中的社会组织参与》,《学术界》2017年第8期。

黄剑波:《福利慈善、社会资本与社会发展——论宗教在当代中国社会中的参与需要和可能》,《广西民族研究》2005年第4期。

黄林、卫兴华:《新形势下社会组织参与精准扶贫的理论与实践研究》,《经济问题》2017年第9期。

黄勇、尹少华:《基于参与式理论的湖南林业合作组织发展对策探讨》,

《林业经济问题》2010年第5期。

黄玉斌:《精准扶贫中社会力量融合及其实施途径》,《决策与信息》2018年第4期。

纪莺莺:《当代中国的社会组织:理论视角与经验研究》,《社会学研究》2013年第28卷第5期。

江西省扶贫办公室:《江西省积极引导支持社会组织参与脱贫攻坚》,《老区建设》2019年第7期。

姜振华:《社区协同治理视野中的"三社联动":生成路径与互构性关系——基于北京市将台地区的探索》,《首都师范大学学报》(社会科学版)2019年第2期。

蒋国河等:《发展性社会工作视角下的农村反贫困实践——W县Y村妇女互助储金会的案例分析》,《江西财经大学学报》2018年第6期。

焦婷:《国外反贫困经验对我国精准扶贫的启示》,《边疆经济与文化》2017年第2期。

康华玲、赵磊:《脱贫攻坚 社会工作在行动6 精准帮扶,为爱插上隐形的翅膀——天津市津南区八里台镇社会工作助力残疾人脱贫实践》,《中国社会工作》2018年第33期。

克劳森、柳卫玉:《发展中国家的贫困问题》,《现代外国哲学社会科学文摘》1986年第6期。

孔见、苏安星:《山东对108家全省性社会组织给予资金支持1500万元》,《中国社会组织》2019年第1期。

蓝志勇等:《印度、巴西、中国扶贫经验比较》,《人口与社会》2018年第34卷第3期。

雷安琪、杨国涛:《中国精准扶贫政策的国际比较——基于印度、巴西扶贫政策的案例分析》,《价格理论与实践》2018年第12期。

李冰:《农村贫困治理:可行能力、内生动力与伦理支持》,《齐鲁学刊》2019年第3期。

李芳:《枢纽型社会组织与民间公益组织的培育》,《东方论坛》2014年第4期。

李芳、谭建光、张晓红、林顺利:《志愿服务如何增力脱贫攻坚战》,《中国社会工作》2018年第7期。

李国荣:《试论志愿者、志愿服务、志愿精神的内在底蕴》,《社科纵横》2009 年第 4 期。

李汉卿:《协同治理理论探析》,《理论月刊》2014 年第 1 期。

李慧:《引导社会力量成为农村扶贫养老的生力军》,《中国社会组织》2017 年第 6 期。

李建彬:《英国都铎时期的社会贫困与慈善、救济政策》,《华东师范大学学报》(哲学社会科学版)1998 年第 6 期。

李建霞、王志中:《反贫困社会工作的优势思考与反思》,《劳动保障世界》2018 年第 23 期。

李江:《国内非营利组织资金来源困境的影响因素浅析》,《现代商业》2015 年第 21 期。

李鹍、叶兴建:《农村精准扶贫:理论基础与实践情势探析——兼论复合型扶贫治理体系的建构》,《福建行政学院学报》2015 年第 2 期。

李梅、吴俊林、张超、刘淑兰:《社会力量参与文化扶贫的成效、困境及路径》,《云南农业大学学报》(社会科学版)2019 年第 1 期。

李明锦:《我国城市贫困群体解析》,《现代城市研究》2002 年第 3 期。

李芹:《从参与脱贫攻坚看志愿服务的时代特质》,《中国社会工作》2019 年第 7 期。

李三辉:《河南农村志愿服务发展及其问题审视》,《云南农业大学学报》(社会科学版)2019 年第 13 卷第 4 期。

李霞:《我国残疾人的贫困问题及对策研究》,《西部财会》2019 年第 1 期。

李小云、许汉泽:《2020 年后扶贫工作的若干思考》,《国家行政学院学报》2018 年第 1 期。

李兴江、陈怀叶:《参与式扶贫模式的运行机制及绩效评价》,《开发研究》2008 年第 2 期。

李毅:《精准扶贫研究综述》,《昆明理工大学学报》(社会科学版)2016 年第 4 期。

李迎生:《慈善公益事业的公信力建设论析》,《中共中央党校学报》2015 年第 6 期。

李迎生等:《社会政策与反贫困:国际经验与中国实践》,《教学与研究》2009 年第 6 期。

李迎生:《反贫困的国际经验和中国实践》,《华夏时报》2016 年 12 月

19日第34版。

李迎生、郭燕：《推动社会工作精准介入反贫困实践》，《中国人民大学学报》2018年第32卷第5期。

李迎生：《西方社会工作发展历程及其对我国的启示》，《学习与实践》2008年第7期。

李颖：《社会扶贫资源整合的类型及其适应性》，《探索》2015年第5期。

李勇：《论非政府组织在我国扶贫开发中的作用》，《内蒙古农业大学学报》（社会科学版）2011年第13期。

李周：《社会扶贫的回顾与展望》，《中国乡村发现》2016年第6期。

李周：《社会扶贫的经验、问题与进路》，《求索》2016年第11期。

李姿姿：《国家与社会互动理论研究述评》，《学术界》2008年第1期。

廖建军：《公益慈善参与扶贫：成效、问题和对策——以广东省为例》，《理论探索》2014年第3期。

廖恳：《论志愿服务的社会功能及其形成》，《中国青年研究》2012年第3期。

林彩虹：《农村精准扶贫动员机制分析》，《合作经济与科技》2018年第17期。

林闽钢：《福利多元主义的兴起及其政策实践》，《社会》2002年第7期。

林闽钢：《积极社会政策与中国发展的选择》，《社会政策研究》2016年第1期。

林闽钢、王章佩：《福利多元化视野中的非营利组织研究》，《社会科学研究》2001年第6期。

林萍姗：《脱贫攻坚，民生大事》，《就业与保障》2019年第15期。

刘纯彬：《我国贫困人口标准再探讨》，《人口研究》2006年第30卷第6期。

刘冬梅、李俊杰：《印度非政府组织的科技扶贫经验与启示》，《中国科技成果》2014年第13期。

刘桂华：《"扶志"与"扶智"要有机结合》，《奋斗》2016年第2期。

刘继同：《英国社会救助制度的历史变迁与核心争论》，《国外社会科学》2003年第3期。

刘建生等：《产业精准扶贫作用机制研究》，《中国人口·资源与环境》2017年第6期。

刘解：《经济新常态中的精准扶贫理论与机制创新》，《湖南社会科学》2015年第4期。

刘金菊、邓国彬：《精准扶贫战略的社会动员探究》，《学校党建与思想教育》2017年第10期。

刘威：《"和而不同"：中国社会工作的实践分殊与经验会通》，《中州学刊》2010年第6期。

刘志扬：《我国古代的社会救助：途径与成效》，《学习与实践》2007年第9期。

卢玉平：《旅游扶贫益处多多》，《人民论坛》2018年第36期。

陆军：《NGO同样需要反腐败》，《社会工作》2009年第9期。

鹿斌、金太军：《协同惰性：集体行动困境分析的新视角》，《社会科学研究》2015年第4期。

吕承文：《愿服务参与精准扶贫的现实动因：以N县为例》，《厦门特区党校学报》2018年第3期。

罗公利、丁东铭：《论志愿服务在我国社会风险管理中的作用》，《山东社会科学》2012年第6期。

骆伽利、蔡洋萍：《我国农村金融机构扶贫现状及影响因素分析》，《科学与管理》2017年第2期。

马建堂：《认真学习贯彻习近平总书记重要讲话精神 齐心协力打赢脱贫决胜攻坚战》，《国家行政学院学报》2016年第2期。

么晓颖、王剑：《金融精准扶贫：理论内涵、现实难点与有关建议》，《农银学刊》2016年第1期。

孟翔飞、高婷婷：《协同治理理论视角下的城市扶贫路径探析》，《理论界》2018年第10期。

莫光辉：《国家治理能力现代化视域下贫困治理体系优化策略——2020年后中国减贫与发展前瞻探索系列研究之二》，《学习论坛》2019年第4期。

莫光辉、凌晨：《政府职能转变视角下的精准扶贫绩效提升机制建构》，《党政研究》2016年第5期。

莫光辉、杨敏：《2020年后中国减贫前瞻：精准扶贫实践与研究转向》，

《河南社会科学》2019年第6期。

潘慧、滕明兰、赵嵘：《习近平新时代中国特色社会主义精准扶贫思想研究》，《上海经济研究》2018年第4期。

彭华民、黄叶青：《福利多元主义：福利提供从国家到多元部门的转型》，《南开学报》2006年第6期。

彭小霞：《社会组织参与精准扶贫考察》，《开放导报》2017年第3期。

彭秀良：《中国社会工作发展史几个问题的讨论》，《社会工作》2016年第2期。

乔庆梅：《德国残疾人就业：立法、实践与启示》，《社会保障研究》2009年第2期。

乔松、王乐芝：《中国草根组织与政府关系模式的探讨》，《吉林建筑工程学院学报》2009年第4期。

邱霞：《如何理解必须坚持党对一切工作的领导，不断加强和改善党的领导》，《党课参考》2019年第1期。

曲天军：《非政府组织对中国扶贫成果的贡献分析及其发展建议》，《农业经济问题》2002年第9期。

邵海英、郭霞、卓金秀：《中国农村社会工作研究现状与展望》，《商业经济》2015年第3期。

施锦芳：《国际社会的贫困理论与减贫战略研究》，《财经问题研究》2010年第3期。

史铁尔：《探索社会工作专业实践教学模式培养中国本土社会工作人才》，《长沙民政职业技术学院学报》2004年第4期。

史志乐：《1978—2015中国扶贫演进历程评述》，《中国市场》2016年第24期。

宋坤、庞娜：《论非营利组织在社会保障中的参与》，《山东行政学院山东省经济管理干部学院学报》2004年第4期。

苏海、向德平：《社会扶贫的行动特点与路径创新》，《中南民族大学学报》（人文社会科学版）2015年第3期。

苏明、贾西津、孙洁、韩俊魁：《中国政府购买公共服务研究》，《财政研究》2010年第1期。

苏振兴：《反贫困斗争与政府治理能力——巴西案例研究》，《拉丁美洲研究》2015年第37卷第1期。

孙剑：《开启精准扶贫新时代》，《红旗文稿》2016年第21期。

孙群力、朱良华：《精准扶贫背景下财政专项扶贫资金的使用效率评价——基于广西54个贫困县的实证分析》，《经济研究参考》2017年第41期。

孙莹、张尚武：《我国乡村规划研究评述与展望》，《城市规划学刊》2017年第4期。

谭建光：《中国特色的志愿服务理论体系分析》，《青年探索》2015年第1期。

谭建光：《中国志愿服务：从青年到社会——改革开放40年青年志愿服务的价值分析》，《中国青年研究》2018年第4期。

谭建光：《中国志愿服务发展的十大趋势分析》，《广东青年干部学院学报》2005年第4期。

谭建光、朱莉玲：《中国社会志愿服务体系分析》，《中国青年政治学院学报》2008年第3期。

唐佳：《校地合作模式下的"三区"计划社会工作项目实践研究——以城口县"三区"计划项目为例》，《科技经济导刊》2018年第26期。

陶国根：《协同治理：推进生态文明建设的路径选择》，《中国发展观察》2014年第2期。

同春芬、张浩：《关于相对贫困的研究综述》，《绥化学院学报》2015年第35卷第8期。

万红燕：《江西省茶产业发展现状、存在的问题及对策建议》，《江西科学》2012年第1期。

万君、张琦：《"内外融合"：精准扶贫机制的发展转型与完善路径》，《南京农业大学学报》（社会科学版）2017年第4期。

汪锦军：《农村公共服务提供：超越"碎片化"的协同供给之道——成都市公共服务的统筹改革及对农村公共服务供给模式的启示》，《经济体制改革》2011年第3期。

汪三贵、郭子豪：《论中国的精准扶贫》，《贵州社会科学》2015年第5期。

汪三贵、曾小溪：《后2020贫困问题初探》，《河海大学学报》2018年第2期。

汪文斌：《用"专业化"聚焦扶贫脱贫"精准度"》，《行政管理改革》

2017年第11期。

王超：《志愿行动与党的群众工作创新》，《岭南学刊》2012年第6期。

王春燕：《动员社会力量参与扶贫攻坚的建议》，《财政科学》2016年第12期。

王法硕：《我国应急志愿服务协同治理的实践与对策》，《学习与实践》2014年第11期。

王宏娜、李米换：《农村社会工作实务模式问题探微》，《绥化学院学报》2015年第8期。

王建生：《西方国家与社会关系理论流变》，《河南大学学报》（社会科学版）2010年第6期。

王俊文：《国外反贫困经验对我国当代反贫困的若干启示——以发展中国家巴西为例》，《农业考古》2009年第3期。

王立剑、代秀亮：《2020年后我国农村贫困治理：新形势、新挑战、新战略、新模式》，《社会政策研究》2018年第4期。

王民忠、狄涛：《基于需要理论的大学生志愿服务动机研究》，《思想教育研究》2013年第10期。

王三秀、芮冀：《社会工作介入农村老年精准脱贫的困境与出路——基于Z县Y村的调查》，《四川理工学院学报》（社会科学版）2018年第4期。

王世强、李凡华、刘婷婷：《社会组织参与精准扶贫的成效、问题与对策——以潍坊市为例》，《学会》2019年第6期。

王思斌：《精准扶贫的社会工作参与——兼论实践型精准扶贫》，《社会工作》2016年第3期。

王思斌：《中国社会工作的嵌入性发展》，《社会科学战线》2011年第2期。

王晓芳：《新时代社会组织参与精准扶贫的困境与对策研究》，《经济研究导刊》2018年第4期。

王晓霞：《默顿功能分析中的几个重要概念》，《天津党校学刊》1998年第3期。

王学增：《中世纪英国乡村贫困与社会济助研究》，《历史教学》（下半月刊）2018年第5期。

王耀武：《中国农村反贫困面临困境与制度创新》，《兰州学刊》2008

年第 2 期。

王一：《后 2020 "参与式"反贫困路径探索》，《社会科学战线》2019 年 5 期。

王奕、陈寅瑛：《农村贫困代际传递链的形成机制研究》，《北方经济》2013 年第 12 期。

王志华：《论政府向社会组织购买公共服务的体制嵌入》，《求索》2012 年第 2 期。

魏后凯：《2020 年后中国减贫的新战略》，《中州学刊》2018 年第 9 期。

魏娜：《我国志愿服务发展：成就、问题与展望》，《中国行政管理》2013 年第 7 期。

文丰安：《新时代社会力量参与深度扶贫的价值及创新》，《农业经济问题》2018 年第 8 期。

文丰安：《新时代社会力量参与深度扶贫的价值及创新》，《农业经济问题》2018 年第 8 期。

文哲：《一步接一步 走稳脱贫路》，《中国社会工作》2019 年第 22 期。

闻英：《社会工作中问题视角和优势视角的比较》，《南阳师范学院学报》（社会科学版）2005 年第 10 期。

吴限红：《英国的宗教社会服务发展脉络及启示》，《北京理工大学学报》（社会科学版）2016 年第 18 卷第 2 期。

吴育频：《西方社会保障五种模式》，《经济体制改革》1995 年第 5 期。

夏学娟：《脱贫攻坚中的别样力量——甘肃省社会工作参与脱贫攻坚纪实》，《中国社会工作》2019 年 25 期。

夏学銮：《社会工作的三维性质》，《北京大学学报》（哲学社会科学版）2000 年第 1 期。

向春玲：《德国社会保障制度的改革》，《学习月刊》2009 年第 11 期。

向德平：《价值理性与工具理性的统一：社会扶贫主体参与贫困治理的策略》，《江苏社会科学》2018 年第 2 期。

向德平：《社会工作助力开启易地扶贫搬迁群众的新生活》，《中国社会工作》2019 年第 22 期。

向德平：《专业力量推动精准扶贫持续创新》，《中国社会工作》2017 年第 1 期。

向雪琪、林曾：《社会组织扶贫的理论基础与实践空间》，《中南民族大学学报》（人文社会科学版）2017年第5期。

肖鹏、余少文：《企业间协同创新惰性及解决对策》，《科技进步与对策》2013年第10期。

谢晓庆：《国际非政府组织在华三十年：历史、现状与应对》，《东方法学》2011年第6期。

谢宇：《社会工作介入志愿服务：能力与需求的框架》，《学术研究》2018年第8期。

辛秋水：《文化扶贫的发展过程和历史价值》，《福建论坛》（人文社会科学版）2010年第3期。

邢成举、李小云：《超越结构与行动：中国特色扶贫开发道路的经验分析》，《中国农村经济》2018年第11期。

徐缓、张汝立：《默顿功能分析在我国教育领域实证研究与思考》，《天津市教科院学报》2014年第5期。

许应楠：《乡村振兴战略下农村电子商务精准扶贫路径重构——基于协同理论视角》，《商业经济研究》2019年第8期。

许源源、邹丽：《"行政国家"与"隐形社会"：农村扶贫中的国家与社会关系》，《社会主义研究》2010年第3期。

鄢红兵：《创新"金融+"实施精准扶贫——当前我国金融扶贫的难点及对策》，《武汉金融》2015年第9期。

颜佳华等：《协商治理、协作治理、协同治理与合作治理概念及其关系辨析》，《湘潭大学学报》（哲学社会科学版）2015年第2期。

杨国涛等：《贫困概念的内涵、演进与发展述评》，《宁夏大学学报》（人文社会科学版）2012年第34卷第6期。

杨珂：《官民二重性：中国红十字会的发展瓶颈》，《福建教育学院学报》2017年第18卷第4期。

杨立雄：《社会保障：权利还是恩赐——从历史角度的分析》，《财经科学》2003年第4期。

杨立雄、谢丹丹：《"绝对的相对"，抑或"相对的绝对"——汤森和森的贫困理论比较》，《财经科学》2007年第1期。

杨丽艳：《马克思的无产阶级贫困化理论及其当代发展》，《马克思主义研究》2006年第2期。

杨敏、高霖宇：《社会互构论视野下的民间力量与社会和谐》，《天津社会科学》2011 年第 2 期。

杨平璋等：《协同治理范式下精准扶贫的理念变革及路径转向》，《广西大学学报》（哲学社会科学版）2018 年第 1 期。

杨秀丽：《精准扶贫的困境及法制化研究》，《学习与探索》2016 年第 1 期。

杨雪英：《协同治理视角下的农村精准扶贫工作机制探析》，《广东行政学院学报》2017 年第 29 卷第 5 期。

姚金海：《基于 ELES 方法的贫困线测量》，《统计与决策》2007 年第 2 期。

叶立国：《试论我国慈善捐赠激励机制的构建》，《内蒙古大学学报》（哲学社会科学版）2008 年第 5 期。

易居乐农：《用专业模式推动助农理念——彩生活服务集团加入"中国社区扶贫联盟"》，《中国广告》2018 年第 7 期。

殷丹丹、孙淼：《新时代社会组织参与农村精准扶贫的研究》，《法制与社会》2019 年第 3 期。

余德华、黄镇根：《欠发达地区全面建设小康社会过程中的精神脱贫问题》，《甘肃社会科学》2003 年第 6 期。

余文：《古代"裸捐"与最早的慈善组织》，《政府法制》2011 年第 2 期。

袁小平、姜春燕：《社会工作在精准扶贫中的应用研究——基于 CIPP 评估模式》，《社会建设》2018 年第 5 卷第 6 期。

袁赞礼：《孟加拉乡村银行扶贫模式利在何处》，《中国改革》1997 年第 7 期。

臧景范：《印度农村金融改革发展的经验与启示》，《中国金融》2007 年第 2 期。

曾永和：《当下中国社会组织的发展困境与制度重建》，《求是学刊》2013 年第 5 期。

张海霞、庄天慧：《非政府组织参与式扶贫的绩效评价研究——以四川农村发展组织为例》，《开发研究》2010 年第 3 期。

张和清等：《优势视角下的农村社会工作——以能力建设和资产建立为核心的农村社会工作实践模式》，《社会学研究》2008 年第 6 期。

张宏伟：《社会组织扶贫的困境与出路》，《人民论坛》2017 年第 35 期。

张晖:《非政府组织兴起的背景和理论依据》,《陕西行政学院学报》2008年第1期。

张健:《打造黄谷的"扶贫综合体"》,《中国社会工作》2019年第18期。

张杰:《我国志愿服务组织的行政化倾向及校正路径》,《理论月刊》2014年第9期。

张涛、季轩民:《社会工作介入民族地区精准扶贫中的困境及路径研究》,《湖北民族学院学报》(哲学社会科学版)2018年第5期。

张雅勤:《论公共服务供给中"协同惰性"及其超越》,《学海》2017年第6期。

张永丽、徐腊梅:《中国农村贫困性质的转变及2020年后反贫困政策方向》,《西北师大学报》2019年第5期。

张祖平:《脱贫攻坚志愿服务的成效、特点与发展思路》,《中国社会工作》2018年第7期。

赵海荣:《关于我国农村地区普惠金融发展的思考》,《辽宁经济职业技术学院辽宁经济管理干部学院学报》2019年第2期。

赵守飞、谢正富:《合作治理:中国城市社区治理的发展方向》,《河北学刊》2013年第3期。

赵文聘:《构建我国福利事业共建共享格局——基于国外构建公私伙伴关系的政策经验与启示》,《青海社会科学》2019年第3期。

甄尽忠:《试论先秦时期的宗族与宗族社会救助》,《青海民族研究》2006年第3期。

郑光梁、魏淑艳:《浅议国外非政府组织扶贫机制及其启示》,《辽宁行政学院学报》2006年第6期。

郑杭生、杨敏:《社会互构论的提出——对社会学学术传统的审视和快速转型期经验现实的反思》,《中国人民大学学报》2003年第4期。

郑杭生、杨敏:《社会与国家关系在当代中国的互构——社会建设的一种新视野》,《南京社会科学》2010年第1期。

郑军、彭欢:《中西方社会救助制度中政府责任差异的比较分析——基于制度文化的视角》,《经济问题探索》2010年第2期。

郑瑞强等:《精准扶贫政策初探》,《财政研究》2016年第2期。

周斌、吴梅:《城乡统筹进程中的志愿者及其管理制度探讨》,《科技创业月刊》2011 年第 24 卷。

周艳红:《改革开放以来中国农村扶贫历程与经验》,《当代中国史研究》2018 年第 6 期。

周扬、郭远智、刘彦随:《中国县域贫困综合测度及 2020 年后减贫瞄准》,《地理学报》2018 年第 8 期。

周真真:《Charity 概念在英国的历史流变及其社会意蕴》,《世界历史》2018 年第 1 期。

朱迎春:《我国企业慈善捐赠税收政策激励效应——基于 2007 年度我国 A 股上市公司数据的实证研究》,《当代财经》2010 年第 1 期。

祝慧、陈正文:《社会组织参与扶贫开发的研究现状及展望——基于 2006—2015 年研究文献的分析》,《学会》2016 年第 6 期。

庄天慧等:《精准扶贫内涵及其与精准脱贫的辩证关系探析》,《内蒙古社会科学》(汉文版)2016 年第 3 期。

左晓斯:《发达国家乡村贫困与反贫困战略研究——以美国为例》,《福建论坛》(人文社会科学版)2019 年第 1 期。

英文文献

一 专著

Amartya Sen, *Commodities and capabilities*, Amsterdam: North-Holland, 1985.

Ben-Ari, Rephael Harel, T*he Legal Status of International Non-Governmental Organizations: Analysis of Past and Present Initiatives（1912 – 2012）*, Boston: Martinus Nijhoff Publishers, 2013.

Evers, Adalbert, and H. Wintersberger, *Shifts in the Welfare Mix: Their Impact on Work, Social Services, and Welfare Policies*, Frankfurt am Main: Campus Verlag, 1990.

Evers, Adalbert, and H. Wintersberger, *Shifts in the Welfare Mix: Their Impact on Work, Social Services, and Welfare Policies*, Frankfurt am Main: Campus Verlag, 1990, Print.

James Buchanan, *Theory of Public Choice*, Ann Arbor: The University of Michigan Press, 1972.

Johnson, *The Welfare State in Transition: The Theory and Practice of Welfare*

Pluralism, Amherst: The University of Massachusetts Press, 1987.

Knight B., *Rethinking Poverty: What Makes a Good Society?* USA: Bristol University Press, 2017.

L. M. Salamon, *America's Nonprofit Sector: A Primer*, New York: Foundation Center, 1992.

President S. F. V., "Workers' Compensation Insurance", *Encyclopedia of Actuarial Science*, John Wiley & Sons, Ltd, 2006.

Runciman W. G., *Relative deprivation and social justice*, London: Routldge & Paul, 1966.

Townsend P., *Poverty in the Kingdom: A Study of the Household Resource and Living Standard*, London: Allen Lane and Penguin Books, 1979.

Washington, D. C. & NASW, "Standards for Social Service Manpower", *National Association Of Social Workers*, 1973.

Weisbrod, Burton A., "Toward a Theory of the Voluntary Nonprofit Sector in a Three-Sector Economy", *The Economics of Nonprofit Institutions*, editor/Susan Rose-Ackerman, New York: Oxford University Press, 1986.

二 期刊

Ali I., Hatta Z. A., "Microfinance and Poverty Alleviation in Bangladesh: Perspective from Social Work", *The Hong Kong Journal of Social Work*, Vol. 44, No. 2, 2010.

Andrews, C. W., "Anti-Poverty Policies in Brazil: Reviewing the Past Ten Years", *International Review of Administrative Sciences*, Vol. 70, No. 3, 2004.

Arellano-López S., Petras J. F., "Non-Governmental Organizations and Poverty Alleviation in Bolivia", *Development & Change*, Vol. 25, No. 3, 2010.

Atkinson A. B., "The Institution of an official Poverty Line and Economic Policy", *Welfare state program paper series*, No. 98, 1998.

Bank W., "Scaling-up Access to Finance for India's Rural Poor", *World Bank Other Operational Studies*, 2004.

Bator F. M., "The Anatomy of Market Failure", *Quarterly Journal of Economics*, Vol. 72, No. 3, 1958.

Byers S., "Who Deserves Charity", *Eureka Street*, Vol. 19, No. 13, 2009.

Cao Hongmin, "Research on China's Rural Development and Poverty Alleviation Mode, Ph. D. dissertation", *China Agricultural University*, 2003.

Cho. H. S, "Inequality, Poverty and Social Welfare in Korea", *Social Security Studies*, 2007.

Chris Huxham. "Theorizing collaboration practice", *Public Management Review*, May 2003.

Cnaan R. A., Goldberg-Glen R. S., "Measuring motivation to volunteer in human services", *The journal of applied behavioral science*, March 1991.

Coleman A., "Rebach. H. Welfare Reform", *Sociological Practice*, Vol. 3, No. 4, 2001.

Curran Laura, "The Psychology of Poverty: Professional Social Work and Aid to Dependent Children in Postwar America, 1946 – 1963", *Social Service Review*, Vol. 76, No. 3, 2002.

Dal Pont G., "Charity Law and Religion", *Research*, 2005.

de Mattos, Ely José, Bagolin I. P., "Reducing Poverty and Food Insecurity in Rural Brazil: the Impact of the Zero Hunger Program", *EuroChoices*, Vol. 16, No. 1, 2017.

Duggan M., Kearney M. S., Rennane S., "The Supplemental Security Income (SSI) Program", *Nber Working Papers*, 2015.

Edmore Mahembe &Nicholas M. Odhiambo, "Foreign aid and poverty reduction: A review of international literature", *Cogent Social Sciences*, 2019.

Garrow, E. E., "Does Race Matter in Government Funding of Nonprofit Human Service Organizations? The Interaction of Neighborhood Poverty and Race", *Journal of Public Administration Research and Theory*, Vol. 24, No. 2, 2014.

"Giving USA: American charity back to pre-recession levels", *Nonprofit Business Advisor*, 2015.

Gomez R. and Gunderson M., "Volunteer activity and the demands of work and family", *Relations Industrielles/Industrial Relations*, Vol. 58, No. 4, 2003.

Gould G., "Overview of the School Lunch Program", Education Digest,

Vol. 38, 1973.

Hacker Elizabeth, "Using Participatory Methodologies to Achieve Change in Valuing Volunteering", *IDS Bulletin*, Vol. 46, No. 5, 2015.

Hailong C., "New-village Movement in Korea and Its Enlightenment", *Journal of Henan Radio & TV University*, 2012.

Hall A., "From Fome Zero to Bolsa Família: Social Policies and Poverty Alleviation Under Lula", *Journal of Latin American Studies*, Vol. 38, No. 4, 2006.

Knowles M. S., "Motivation in volunteerism: Synopsis of a theory", *Journal of voluntary action research*, February 1972.

Kumudini M., "Microfinance: A Tool for Poverty Alleviation: A Case Study of Rastriya Seva Samithi, Andhra Pradesh, India", *International Journal of Innovative Research and Development*, Vol. 4, No. 10, 2015.

Li L., "Review on the Development of Public Housing Policy in the United States", *Historiography Quarterly*, 2010.

Marquez J., Costa Rica and El Salvador, "Finding the Appropriate Role for the Public and Private Sectors in Poverty Reduction", *Scaling Up Poverty Reduction*, A Global Learning Process' Conference, Shanghai, 2004.

McGregor-Lowndes M., "Australia-Two political narratives and one charity regulator caught in the middle", *Chi.-Kent L. Rev*, Vol. 91, 2016.

Mcsteen M. A., "Fifty years of Social Security", *Social Security Bulletin*, Vol. 48, No. 8, 1985.

Narayan S., "Why India is losing its war on hunger", *Oxfam Policy and Practice: Agriculture, Food and Land*, Vol. 11, No3, 2011.

Nicholson W., Needels K., "Unemployment Insurance: Strengthening the Relationship between Theory and Policy", *Journal of Economic Perspectives*, Vol. 20, No. 3, 2006.

Office U. S. G. A., "Social Security: Options to Protect Benefits for Vulnerable Groups When Addressing Program Solvency", *Government Accountability Office Reports*, 2009.

Puttaswamaiah K., Puttaswamaiah K., "Planning for poverty alleviation through rural development in India", *Poverty & Rural Development Planners*

Peasants & Poverty, 1990.

Robinson M., Riddell R. C., "Non-Governmental Organizations and Rural Poverty Alleviation", *OUP Catalogue*, Vol. 72, No. 3, 1995.

Rowntree B. S., "Poverty: a study of town life", *Charity Organisation Review*, Vol. 11, No. 65, 1902.

Shafai T., Mustafa M., Hild T., "Promotion of Exclusive Breastfeeding in Low-Income Families by Improving the WIC Food Package for Breastfeeding Mothers", *Breastfeeding Medicine*, Vol. 9, No. 8, 2014.

Shao Y., "An examination of the sustainable development of mass sports volunteer services in China", *Asia Pacific Journal of Sport and Social Science*, February 2013.

Sikligar P. C., "Rural employment in India: a study in two different geographical zones", *Asia-Pacific Journal of Rural Development*, 2008.

Spitzer H., Twikirize J. M., Wairire G. G., "Professional social work in East Africa: Towards social development, poverty reduction and gender equality", *Fountain Publishers*, 2014.

Strobel P., "From Poverty to Exclusion: A Wage-Earning Society or a Society of Human Rights?" International Social Science Journal, Vol. 48, No. 148, 1996.

Suri T., Jack W., "The long-run poverty and gender impacts of mobile money", Science, Vol. 354, No. 6317, 2016..

Ukireland O., "Development in Practice", *Development in Practice*, Vol. 9, No. 3, 1999.

Yutong J. and Lingwei W., "Social Work Involved in Targted Poverty Alleviation: From Individual Aid to System Change", *Contemporary Social Sciences*, Vol. 12, No. 4, 2018.